朱高正著

中華文化與中國未來

臺灣學生書局印行

序

余敦康

值此世紀之交，朱高正先生的《中華文化與中國未來》一書結集出版，可以說是一件既有理論價值，又有現實意義的大事。朱高正先生是臺灣政學兩界的知名人士，對康德哲學與《周易》頗有研究，多年來一直不遺餘力為推動臺灣民主化與中國現代化而努力，並且撰寫了大量的著作。前臺灣中央研究院院長吳大猷先生（一九〇七—二〇〇〇）對朱高正先生的從政與為學做了高度的評價，在為其《納約自牖》（一九九七）一書所做的序中曾說：「朱高正向來以啟蒙哲學家自詡，一直是個極具爭議性的人物」。「想要了解朱高正這個人，就一定要看他的書；關心國家前途的人，也非要看他的書不可」。「筆者深信他的思想一定會對二十一世紀的中國產生極大的影響」。

作為一個以繼承五四精神為職志的啟蒙哲學家，究竟朱高正先生的思想包含了哪些內容呢？我在認真拜讀了他這部大作以後，得到了兩點明確的認識：就其對中華文化的回顧而言，可以歸結為「文化主體意識的重建」；就其對中國未來的展望而言，可以歸結為如何理性地處理「自由主義與社會主義的對立與互動」。這是貫穿於《中華文化與中國未來》全書的兩大主題，也是朱高正先生長期關注運思的關鍵所在。這兩大主題的互為體用的辯證關係，從總體上構成了他的啟蒙哲學思想的全部內容。值得注意的是，朱高正先生對這兩大主題的闡述，雖然是立足於啟蒙哲學的理念，有著堅實的學理依據，但主要卻是緊密聯繫百餘年來傳統中國向現代轉型的歷史進程以及當前面臨的現實困境所做的一種戰略性思考，因而讀起來備感親切，引人入勝。

實際上，關於傳統中國如何向現代轉型的問題，自晚清以來，就已經成為關心國家前途的菁英階層熱烈討論的焦點問題，到了五四時期，發展為高潮，直到今天，仍然是思想界爭論的熱門話題。由於這場討論是在內憂外患的雙重逼迫下進行的，缺乏舒緩從容的操作空間，往往是焦慮浮躁，以激情的衝動取代理性的思考，倉促應對，進退失據。雖然在討論中形成了各種各樣的思想派別，相互攻駁，看來熱鬧非凡，但是對於究竟「什麼是現代化」和「什麼是傳統」這兩個根本問題的認識並沒有上升為理性的自覺，始終擺脫不了獨斷論與懷疑論的謬誤。誠如朱高正先生所言，近百年來，我國菁英階層的文化意識一直徘徊於「西化」與「虛無」之間。一方面將西方過度美化與理想化，彷彿西方即是我們未來的理想，另一方面則與傳統割裂，茫然無根，文化主體意識蕩然無存。針對這種「五四」以來普遍存在於我國當代菁英階層的文化意識，朱高正先生站在啟蒙哲學的理念高度，提出綱領性的批判，熱切地呼喚再來一次思想上的啟蒙。

五四時期，中國的菁英階層普遍的把現代化等同於西化，而對西方世界自啟蒙運動以來的社會、經濟、政治以及哲學思潮的了解則是停留於極為表面膚淺的層次，雖然如此，但是為了救亡圖存，急功近利，卻在中國如何走西化道路的問題上，分別做出了兩種獨斷論的選擇：一種以胡適為代表，選擇了走歐美式的自由主義的道路；一種以陳獨秀為代表，選擇了走蘇俄式的社會主義道路。從此在中國現代思想史的進程上，自由主義與社會主義就形成了兩大對立的思潮，彼此之間展開了激烈的鬥爭。隨著歷史的發展，社會主義在中國成為主流思想，特別是新中國成立以後，發動了一系列的政治運動，對自由主義大加討伐，除惡務盡，終於釀成了文革浩劫，使得中國現代化的事業嚴重受挫。直到鄧小平復出，提出了「社會主義初級階段」的理論，推行「社會主義市場經濟」的政策，才扭轉了這種局面，重新開始了現代化的進程，也為自由主義在中國的發展保留了一定的空間。關於如何全面地總結中國經歷了百年之久並且付出了沉重代價接受源於西方的自由主義與社會主義所累積的經驗教訓，使之達到理性的自覺，以便清醒地迎接未來嚴峻的挑戰，是所有站在時代前列從事思考的人士必須認真探討的跨世紀的大課題。朱高正先生根據自己多年長期的思考，為這個課題的解答提出了一條嶄新的思路。

照朱高正先生看來，所謂現代化是一個完整的概念，其實質性的涵義在於自由主義與社會主義的對立與互動。從學理的層面看，自由主義的核心理念是自由，社會主義的核心理念是平等，此二者合之則兩美，離之則兩傷。如果片面地強調自由，勢必侵犯平等；反之，如果片面地強調平等，勢必扼殺自由。這種關係有如經濟上的效率與公平，不能因效率而危害公平，也不能因公平而犧牲效率，只有使兩者保持一種必要的張力，尋求動態的平衡，才能使經濟的運作趨於合理化。對於源於西方世界自啟蒙運動以來所逐漸形成的現代化概念，也應作如是觀。儘管自由主義與社會主義所預設的核心理念互不相同，各自建構了以「主義」命名的思想體系，帶有某種意識形態的獨斷性，並且以對立的面貌出現，但是對立中卻有互動的一面，彼此抗爭同時也是相互的對話，作為自由主義者不能不傾心聽取社會主義者的訴求，作為社會主義者也不能不重視自由理念的價值。比如馬克思的社會主義以平等的理念為基石，但在《共產黨宣言》中明確指出，在未來組建而成的聯合體中，「每個人的自由發展是一切人的自由發展的條件」。因而為了完整地把握現代化的概念，絕不能以偏概全，只知其一，不知其二。遺憾的是，五四時期我國菁英階層恰恰是產生了這種認識論上的謬誤，或者把現代化簡單地等同於歐美式的自由主義化，或者簡單地等同於蘇俄式的社會主義化，看不到兩者之間的既對立又互動的辯證關係，由此而付出了百年來沉重的歷史代價，也就是不可避免的了。

作為由傳統社會向現代轉型的現代化模式，無論是自由主義或是社會主義，都是可行性的選擇。二十世紀初時，前蘇聯選擇了社會主義的模式，西歐北美選擇了自由主義的模式，這兩種不同的選擇都有其歷史的合理性，也分別創造了相當可觀的成績。二次世界大戰以後，東歐和東亞的一些國家走前蘇聯人的路，選擇了社會主義的模式，西歐北美則仍然堅持自己的自由主義的模式，從此在全世界的範圍內形成了兩大陣營對立並峙的冷戰格局，互爭雄長，進行不是東風壓倒西風，就是西風壓倒東風的鬥爭。到了二十世紀末時，前蘇聯解體，社會主義陣營瓦解，冷戰結束，許多人認為，這是自由主義的勝利、社會主義的失敗，歷史已經為這場戰爭劃下了圓滿的句號。朱高正先生則力排眾議，指出這種歷史巨變並不意味著社會主義的失敗，而是由於斯大林主義的失誤。斯大林執政期間，政治上專制獨裁，經濟上排斥市場經濟，大力推行計畫經濟，文化思想上實行嚴密控制，對異端無情打擊，其總的特徵是對自由主義採取一刀兩斷的措施，完全拒絕自由主義對社會主義進行必要的補充。正是由於這種極端片面而又頑固僵化的錯誤政策，導致了整個社會主義陣營以骨牌效應紛紛解體。至於西歐北美的資本主義之所以垂而不死，仍然煥發出旺盛的生命力，也並不單純意味著自由主義的勝利，而主要是由於他們在一定程度上採納了社會主義的因素，比如德國的社會市場經濟、法國的左右兩黨的折衷共治以及美國的新政，因而這些國家的現代化模式雖然以自由主義為標榜，實際上卻是自由主義與社會主義兩者之間透過綿密交錯的對峙和對話的一種互動的發展。

就中國在二十世紀在現代化道路上所走過的坎坷歷程以及近二十年來改革開放政策所取得的驚人的成就而言，業已從實踐中摸索出了一套具有中國特色的發展模式，使得以計劃經濟為主導的社會主義和以市場經濟為核心的自由主義在祖國大陸上趨於和解、並行前進。因此，朱高正先生認為，為免於重蹈覆轍，避開今後可能出現的誤區與陷阱，更好地迎接新世紀的挑戰，我們應站在既有的基礎上，總結自由主義與社會主義的歷史經驗，記取教訓，萃取其進步合理成分。絕不能再像過去那樣，以簡單的二分法來片面地對待自由主義，也不能使社會主義淪為僵化的教條。唯有深入探索自由主義和社會主義從對立到互動、互補的歷程，才能為「社會主義初級階段」定性，也才可能確切掌握「社會主義市場經濟」的要義。

根據這種戰略性的思考，朱高正先生進一步討論了重建文化主體意識對建設有中國特色社會主義的現實意義。所謂文化主體意識是指一個民族自覺到其所擁有的歷史傳統為其所獨有的，並對此歷史傳統不斷做有意識的省察，優越之處予以發揚光大，不足之處奮力加強，缺失之處則力求改進，從而超越傳統、創新傳統。唯有建立文化主體意識才能培養出有自信、有自尊的現代化國民，也唯有現代化的國民才能建立現代化的國家。這種文化主體意識是一個民族的「內在的我性」，蘊含於由長期的歷史發展所形成的文化傳統之中。追求現代化不能脫離傳統，全世界沒有任何一個國家可以徹底否定自己的文化傳統，而能夠完成現代化的。因而立足於中國的文化傳統，發掘其固有的精神資源，重建一種鮮活的、適應於現代化需要的文化主體意識，對於當代中國正在進行的跨世紀的宏偉實踐來說，就顯得特別的重要。

既然如此，那麼在中國的文化傳統中，究竟有哪些精神資源值得我們格外珍惜、認真發掘呢？朱高正先生對這個課題作了多方面的探討，提出了許多富有啟發性的見解，其所表現出的思路，總的來說，是從展望未來的角度來回顧過去，政治家高瞻遠矚的戰略眼光大於純學術性的嚴密細緻的研究視野，務求經世致用，目的在於為解決當前現實的困境提供文化上的決策依據。朱高正先生認為，自由主義和社會主義作為兩種現代化的思潮固然是由西方輸入的舶來品，但是作為價值理想的追求和思想的成分，在中國的文化傳統中，卻有著極為深厚的精神資源。比如孔子的大同思想與孟子的王道仁政思想皆以均平為原則，就帶有社會主義的色彩。晚清的嚴復大力介紹西方的自由主義思潮，主張「自由為體，民主為用」，同時也在中國的文化傳統中發掘自由主義的資源，謀求兩者的契合會通。他在翻譯穆勒的名著《群己權界論》的凡例中指出：自由主義的真諦是人得自由而必以他人之自由為界，「此則《大學》絜矩之道，君子所恃以平天下者矣」。「吾觀韓退之《伯夷頌》，美其特立獨行，雖天下非之不顧，王介甫亦謂聖賢必不徇流俗，此亦可謂自由之至者矣。至朱晦翁謂雖孔子之言，亦須明白討個是非，則尤為卓犖峻偉之言。誰謂吾學界中，無言論自由乎？」實際上，自鴉片戰爭以來，中國的有識之士為追求現代化而輸入西方思潮，其思想底蘊，無論是自覺或不自覺，都是立足於中國所固有的文化傳統。儘管「五四」時期的反傳統的口號盛極一時，但是傳統仍然如影隨形，揮之不去，無法脫離。當前中國學界所面臨的問題是，如何根據未來的展望來重新認識傳統，上升為理性的自覺，進行新的文化創造，使傳統由因襲的重擔轉化為促進現代化建設的強大精神動力。

由於中國未來發展的戰略選擇是建設有中國特色的社會主義，這種模式既不同於西歐北美的自由主義，也不同於斯大林主義的那種僵化頑固的社會主義，而是追求平等與自由的有機結合、社會主義與市場經濟的良性互動，因而這種模式在歷史上並無先例可循，而只能立足於中國文化的主體意識，憑藉中國人的傳統智慧，由中國人自己來創造出一個成功的範例。這是一個充滿風險、歧路橫生的艱難選擇，關係到中華民族的命運。為了解決這個時代課題，朱高正先生根據他對《周易》哲學的深刻研究，從博大精深的易理中抽繹出一套「太極思維」，認為這就是中國人傳統智慧的結晶，可以為合理地處理自由主義與社會主義兩者之間既對立又互動的關係提供全方位的理性支撐。所謂「太極」，宋代哲學家張載把它界定為「一物而兩體」。「兩體」即指陰陽、剛柔相互對立之二分。「一物」即指此二分並非絕然對立，而是分中有合，對立中蘊含著統一，陰陽協調，剛柔並濟，共存於一物之中而永葆其生生不已的活力。關於這種「太極思維」的價值取向及其基本哲理，張載用了四句話作出了經典性的表述：「有象斯有對，對必反其為，有反斯有仇，仇必和而解」。這意思是說，由太極而生兩儀，陰陽各成其象，這就產生了相互的對立，有了對立，陰陽的行為必相反而互為仇，但其發展的方向卻不是進行一方消滅另一方的不可調和的鬥爭，而是相反相成，互動互補，最後歸本於和諧。和諧的最高境界名之曰太和，大而言之，是宇宙的和諧，天人整體的和諧，全人類的和諧；小而言之，是國家的和諧，社會的和諧，地區的和諧，家庭的和諧，個人身心的和諧。這種和諧的境界凝聚為中華民族的核心價值觀，是歷代的中國人奮力追求的理想目標。因而面對著各種各樣的激烈衝擊和尖銳對立，如何審時度勢，執中守正，尋求兩者之間的互動互補，使之趨向於和諧的理想目標，也就成為太極思維的精義所在。就中國當前對現代化模式的戰略選擇而言，自由主義與社會主義的對立與互動就是一個「一物而兩體」的張力結構，分中有合，合中有分。如果只有單向度的自由主義而取消了社會主義，或者只有單向度的社會主義而取消了自由主義，這就犯了《周易》哲學所反復告誡的獨陰不生，孤陽不長的大忌。從而破壞了這種模式的張力結構，喪失了中國的特色。儘管這種戰略選擇充滿著風險，在前進的道路上有許多意想不到的誤區與陷阱，如同走鋼絲繩一樣，稍一不慎，即跌落一邊，但是朱高正先生滿懷信心地指出，只要我們以周易作為重建文化主體意識的基礎，掌握其中所蘊含的「太極思維」的精髓，就可以有效地迎接全方位現代化的挑戰，悠遊從容地為中華民族創造出一個美好的未來。

近幾年來中國大陸知識界的思想動向，大致可以歸結為「新左派」、「自由主義」和「文化保守主義」三種思潮。朱高正先生以啟蒙哲學家自詡，他的思想實際上是對三種思潮的進一步的反思和整合。作為一種積極的回應，必然會引起很大的爭議，有人贊同，也有人反對。但是無論怎樣，他的這部書是值得一讀的，正如吳大猷先生所說的，「想要了解朱高正這個人，就一定要看他的書」；「關心國家前途的人，也非要看他的書不可」。

中華文化與中國未來

目錄

文化主體意識的重建

——當代菁英階層的文化意識批判

本文是朱高正為紀念「五四」七十一週年，應邀赴臺灣大學做專題演講而寫的。在這篇文章中，朱高正對「五四」以來普遍存在於我國當代菁英階層的文化意識，提出綱領性的批判。

百餘年來，我國菁英階層的文化意識一直徘徊於「西化」與「虛無」之間。一方面將西方過度美化與理想化，彷彿西方即是我們未來的理想。另一方面則與傳統割裂，茫然無根，文化主體意識蕩然無存。

「文化國」一直是朱高正從政的終極理想，他不僅接受康德所主張的「國家是一群人生活在法律規範之下的共同體」，他更進一步指出「國家是一群人以共同創造文化而相與結合的法權共同體（Rechtsgemeinschaft）」。只有從事文化創造，人才能獨顯尊貴於萬物。

本文先從「主體的時間性」導出「每個人都有其獨有的歷史」。一個有自覺的人格，其

「內在的我性」必然更深刻、多樣與精緻。同樣地，一個有文化主體意識的民族能更清楚地判別過去的光榮與恥辱，進而合理地規劃全民族未來的發展。「主體性」的凸顯，對個人而言是認識自己、批判自己、超越自己，從而創造自己。對整個民族文化而言，則是接受傳統、承認傳統，進而認識傳統、批判傳統、超越傳統，從而創新傳統。

朱高正痛陳今天臺灣的政治與文化亂象，究其根源，問題出在文化主體意識的淪喪，以致遑遑如喪家之犬。在面對前所未有的巨變，一般人不知何所適從，只知怨天尤人，隨波逐流。為今之計，只有痛改前非，從接受、承認傳統、尊重傳統，卻又不受制於傳統。立大根大本於傳統，重建文化主體意識，滿懷自信，迎接挑戰，才能為國家、民族開創新局。

壹、導言

臺灣自解嚴以來的近三年之中，在「民主化」方面雖有起步，其過程卻充滿著波折、不順暢，乃至混亂的現象，顯示臺灣的政治迄今並未步上正軌。筆者認為，政治上的亂象其來有自，不能頭痛醫頭，腳痛醫腳。光停留在政治層面的考慮是不足的，亦是浮面的；要正本清源，一定要從文化著手。

筆者曾對哲學投注過相當多的時間，從政之後亦習慣於從哲學的角度來思考當前的政治問題。本文試圖根據胡塞爾的「現象學」、海德格的「存在主義」以及康德的「先驗哲學」

等幾個觀點來探討文化主體意識的重建問題，並針對臺灣當代菁英階層的文化意識提出初步的批判。

文化主體意識的淪喪與重建，牽涉到民族自信心和自尊心的消沈與恢復。近代德國的精神導師費希特（Fichte）在拿破崙所率領的法軍打到柏林時所發表的〈告德意志國民書〉和中國近代革命領袖孫文為救亡圖存所發表的〈三民主義〉中的「民族主義」，皆針對民族重建的問題提出類似的看法：「對一個四分五裂的民族，要其站起，重新出發，必須先從恢復這個民族的自信心與自尊心著手。」

臺灣這四十年來處於偏安的局面，文化上沒有任何主體性可言，民族的自信心與自尊心也幾乎喪失殆盡。從政治、經濟、社會、法律各方面來看，雖然不斷地引進外來的文化，但是在選擇上卻是完全沒有主見，哪一國影響力大，就用哪一國的，囫圇吞棗，雜亂無章，看不出有任何長期規劃的用心。這都是因為我們那些在政治決策過程中，積極參與並發揮影響力的政治菁英怠惰落伍，而知識界的菁英又未能善盡其責的緣故。

任何一個社會，其菁英階層的文化意識足以影響到國家興亡的百年大業。以下舉德、日兩國的例子供參考：

德國哲學家康德總結了法國大革命前夕歐洲哲學思想的成就，他的思想觀念直接影響到往後二百年的德國。例如，康德把人的尊嚴視為至高無上，人之所以為人，人之所以尊貴，就在於人是自由的、自律的，從而是有尊嚴的。維護此自由、自律的「人」乃是規範整個國家生活的基本價值。西德的基本法即採用康德的精神，在第一條第一項規定：「人的尊嚴不可褻瀆。」一般人將其譯成「人的尊嚴不可侵犯。」實無法充分表達其本義。蓋德文的「unantastbar」一字是引自聖經，意為「不可觸摸」。人跟上帝所做的約定置放在約櫃內，約櫃是「神聖不可觸摸的」，一旦觸摸，必遭天譴。康德即把人的尊嚴視同人與上帝之間的約定，是「神聖不可觸摸的」。

從康德的例子，我們可以發現一個思想家的看法，是如何具象化到國家基本生活秩序裏面，成為國家施政的最高指導原則。迄今，德國聯邦憲法法院在從事司法判決時，仍時常援引康德的著述。如此，一個在哲學思想上有高度成就的文化菁英，其看法直接影響到當代（甚至後世）的政治菁英，使得這些政治菁英在制訂法律或經營憲政生活的實踐過程當中，也會念茲在茲，那麼，這個國家必然充滿著無限的希望與活力。

日本在明治維新時期，也有一位偉大的教育家兼啟蒙思想家福澤諭吉。福澤諭吉一方面認真引進西方的思想，一方面聲嘶力竭地呼籲，要建立現代化的日本，須先培養現代化的國民，而現代化的國民則要具有獨立的精神與人格；有獨立的國民，方才有獨立的國家。福澤氏的思想直接促成明治維新的成就，近代日本的政治菁英多受其薰陶，對往後日本的發展影響甚大。

反觀我們，自民國肇建以來，迄未有一位思想家建立起足可振衰起敝的思想體系，並以其思想對政治發揮長遠的影響力，這誠然是我們的遺憾。卻也正是我們針對當代菁英階層的文化意識進行清算、批判的切入點。而我們批判的目的，正在於了解真相、尋找對策、解決問題，以超越原有的困境，並重建我們的「文化主體意識」。

貳、個人的人格自覺與民族的文化意識

在處理「個人的人格自覺」這個問題時，筆者想要藉助於胡塞爾與海德格，先從「主體的時間性」開始談起。

所謂「主體的時間性」即相對於「客體的時間性」而言。依常識判斷，人總認為一切事物均存在於時間之中，一切事物的生成變化也在時間之中進行。但是按照胡塞爾現象學分析的方法，人做為一個認知的主體，並非存立在時間裏面，時間乃是由人的主體性所賦予的。譬如：「鐘聲在響」或「鐘聲曾響」。「聲響」本身是一回事，那是聲音本身在客體方面的時間性；至於「我」「聽到」鐘聲在響或「我」「曾聽到」鐘響那是另一回事，是主體方面的時間性。

「時間性」的意義何在？從現象學的角度來看，時間性是內含於做為一個認知主體的人裏面，是任何一個認知主體所不可或缺者。由於主體的時間性，認知主體得以將雜多的現象世界依序排列，分其先後。主體若是沒有時間性，則任何思考的行為皆不可能，任何反省的行為亦不可能，最後導致所有的意識活動皆不可能。

以下我們將從「回顧」和「反省」這兩個重要的現象學概念來進一步論述主體的時間性。回到剛剛鐘響的問題來做比喻：客體上的「鐘在響」與主體上的「我聽到鐘在響」，其中有事實上的「時差」；即當我「感受到」鐘在響時，鐘可能已經不響了。我是由於現實生活中的經驗，經由「回溯」而推論出「剛才鐘在響」，這種回溯的能力，我們即稱之為「回顧」。

「回顧」的概念告訴我們：我們在從事回顧時，無法針對嚴格意義的「現在」去回顧，只有對「過去」（也許是剛剛溜逝的「過去」）才能夠回顧；在反省時，也只有對「過去」的事才能夠反省。這裏的「回顧」純粹是認知主體的能力，是專屬於主體的時間性，與被我們認知的客體毫無關係。關於主體與時間的關係，胡塞爾做了以下的說明：「人做為一個客觀的存有，任何人都活在時間裏面，但這個時間是一個被限定的時間，是一個被造成的時間，而不是主體的、始原的時間。人做為一個認知的主體，則已不再存立於時間之內，而是由他賦予時間以意義。」

人做為一個認知的主體，除了回顧的能力之外，還有「反省」的能力。反省是經由回顧，針對外在的客觀事物所為的有意識的認知活動；更深一層則是對認知主體自身的反省，吾人稱之為「自覺」，此亦稱為「二度反省」（即針對「反省」再予以「反省」）。在時間上，將「此時自覺」與「彼時自覺」以至時時刻刻的「自覺」貫串起來的即靠「統覺」，亦即「自覺的先驗統一性」。主體的自覺一是經由「統覺」而得以貫串成整體的、一致的，即形成主體之所以為主體的「主體性」。在「主體性」確立之後，每個主體都擁有其自有、獨有、固有的歷史的能力。我們稱之為「主體的歷史性」。

根據海德格的說法，只有認知主體才有從主體的時間性發展出主體的歷史性的可能。人做為一個認知的主體，每個人都有獨特的經驗和背景，經過回顧與反省，每個人都會擁有自己所獨有的「歷史」。又，人是一個存有，存有在不同的方式和不同的時空之中；而人有思維、欲求、計畫、以及著手施行的能力。因此，每個人的生活均有其獨特的歷史，每個人也可以經由自己的企圖心與努力開發出專屬於自己的精神內涵。把主體在各個時段的所思、所欲、所求、所為貫串起來，在真實的人生中不斷地加以充實、貫徹的能力，即是預設了「主體的歷史性」。

由「主體的歷史性」可進一步引申出人「內在的我性」。人「內在的我性」是相對於人「外在的我性」而言。某人出生於何時何地，在何處就學、工作、遊歷，這是「外在的我性」。「外在的我性」可能是被決定的，是不自由的，但「內在的我性」卻可以是很自由的。所謂「你可以限制我身體的自由，但無法限制我思想的自由」。每個人「內在的我性」不同，因為每個人的內心深處都有自己的願望、企圖、成敗、榮枯、喜怒，每個人真實的人生過程中所發生、接觸者皆形成其精神內涵的一部分，這些「內在的我性」積累下來，整體而言即是「人格」。

每個人都有獨特的人格，對此人格予以反省，如何而後能克服人格既有的缺憾，或如何而後能充分地發展或實現固有的才分，即是「人格的自覺」。人格是不斷發展的過程，有其一貫性；一個有自覺的人格，其內在的我性必然更深刻化、多樣化和精緻化，從而發展出更豐富、更健全、更充實的精神內涵。

我們若將民族視為一個文化創造的整體，則民族與個體之間有許多地方可以相提並論。一個民族文化意識的覺醒相當於一個人人格的覺醒。一個民族跟個人一樣，有「主體的時間性」；即一個民族不再像一般的人類生活在時間之中，而是以全民族為主體賦予時間以意義。在此情況下，依據前面的論述，一個民族將「回顧」過去對整個民族有意義的事件或決定，並進而予以「反省」，並對此「反省」再予以「反省」，從而產生民族的自覺。再藉著民族「自覺的統一性」，將「此時自覺」與「彼時自覺」貫串起來。此民族「自覺的統一性」即民族文化「主體性」之顯現，該文化主體即擁有該民族自有、獨有、固有之歷史的能力，吾人稱之為民族的歷史性。

藉著民族的歷史性，這個民族能夠清楚地判別過去的光榮、恥辱，知道有過什麼重大的成就或嚴重的挫敗，知道如何合理地規劃全民族未來的發展；在此情況下，一個民族做為一個文化的單元，也有其「內在的我性」，對此「內在的我性」予以反省、檢討，即一般所謂的「文化主體意識」。

「文化主體意識」即將整個民族「內在的我性」綜合起來，對其做有意識的省察。優越之處繼續保存，不足之處予以加強，欠缺之處加以改進，如此即是文化主體意識的覺醒。

參、人格自由發展與文化自由創造

在我們對個人人格和民族文化的覺醒做過對比之後，筆者要進一步強調：人格的自由發展和文化的自由創造也是處於平行的對等關係。

人格強調自由發展，文化則強調自由創造；那麼何謂自由？我認為最好的解釋是康德在其晚年名著，一七九七年出版的《道德形上學》中所下的定義：「自由乃是指人能夠獨立於一切經驗因素的制約之外，而使純粹理性的要求成為實踐的那種能力。」經驗因素的制約指的是一般經驗（如社會心理法則）的限制，如好逸惡勞、趨福避禍、貪生怕死……等，這是人的惰性，也是人的獸性的一面；可是，人可貴之處，就在於他有自由意志，可以超越這些經驗上的限制，而僅只服膺天理之本然的要求。這跟傳統的儒家思想非常相近；如「不食嗟來食」；如孟子的「所欲者有甚於生者也，所惡者有甚於死者也」。乃至王陽明哲學的中心思想「存乎天理之極，而無一毫人欲之私」。凡此種種，均有可以相互發明之處。

存在主義哲學對自由的另一定義是：「自由乃指想像力。」所謂想像力是「可以去設想與現實相反對的存在成為可能的」。即現實不存在者，可想像其為可能存在的；現實存在的，可想像其為可能不存在的。譬如過去一個社會改革者，認為貴族占地太大，農民所受壓迫太多，現實上已存在，卻是明顯的不合理，乃致力於土地改革，主張土地重新分配，這就是「想像力」的發揮。

人格上的自由即是超越現實，發揮想像力的自由。有豐富想像力的人不隨便向現實屈服，有豐富想像力的人，其精神內涵必更為充實、圓滿。

同樣的，對一個民族而言，詩歌、音樂、繪畫等藝術創造都是寶貴的文化資產，也都根源於豐富的想像力。一個藝術創造豐富的民族，其生命力必然更強，活力必然更為旺盛。

不管是個人或一個民族的想像力，都必須經由客觀分析和實踐的過程才能呈現出來。想像力的實踐也就是自由的實踐。從「自由的實踐」這個角度來看，自由又代表著下決策的能力。

主體性高的人，愈敢擔當的人，做決策的頻率愈高。決策做得愈多。表示人生的內涵愈豐富，對外在的影響也愈大。越是重大的決策所牽涉的範圍也就愈廣；常做大決策，又能維持決策之一貫性者，是屬於偉人級的人格。

做決策的當時，即是自由的實踐。一個真正自由的主體懂得如何做決策，也敢於做決策，勇於承擔決策的成敗，不斷往前邁進。

在談過自由與決策的關係之後，以下我們將依過去、現在、未來三個時態，來進一步詮釋自由。

「過去」，對自由而言，應視為已完成或已實踐之自由，也因為是已完成之自由，是自己所做的決策，因此必須負責。若以為「過去」是已被決定的事實，不必負責的話，那麼一個不對過去負責的人，我們怎能期待他對現在負責？一個不對現在負責的人，我們又怎能期待他可以對未來做承諾？

惟有建立在對過去負責的自由方為真自由。為所欲為，不負責任，是禽獸，不是人。人之異於禽獸，即人有過去、未來，而不是活在孤立的「現在」。對一個做決策的主體而言，沒有過去，焉有現在和未來？沒有對過去的反省，又焉能主導現在和未來？一個有責任感的人必然是活在對過去不斷反省、檢討和重新評價之中，並以此做為基礎。決定現在，規劃未來。

對個人而言，過去的總合，即是個人的履歷。但是外觀上的履歷只是外在的我性，並不代表等值的內在的我性。一個人的價值乃建立在內在的我性之上。如何充分發揮主體的歷史性，將過去的履歷貫串起來，綜合成一個完整的人格，不斷反省，重新評價，並賦予新義，即為人格之生成發展。只有對「過去」不斷反省、檢討、批判、重新評價，從「過去」自我學習，吸取教訓，這種「過去」才是鮮活的、有新義的，也才能不斷影響現在的決定和對未來的規劃。

對整個民族而言，「過去」即是民族的傳統文化。而民族在生存發展的過程中，於關鍵時刻所做的取捨，即是決策，即是文化意識自由的體現，也就是主體性的凸顯。

主體性的凸顯，對個人而言是認識自己、批判自己、超越自己，從而創造自己。對整個民族文化而言，則是接受傳統、承認傳統，進而認識傳統、批判傳統、超越傳統，從而創新傳統。易言之，我們絕不僅僅是五千年傳統文化的承受者而已，我們更肩負著檢討、批判、創新文化的責任；我們不只是被動的、無意識的承受傳統文化的「客體」而已，我們更是重新評價傳統文化，進而開創新文化的「主體」！如此的傳統才是活的傳統，如此對過去的傳統文化負責的文化創造，才是真正的文化自由創造！而這一切都得從喚醒全民族從有意識的接受、有意識的承認我們傳統文化之為我們所固有、所獨有的做起。

肆、當代菁英階層的文化素養

我國當代的菁英階層對傳統文化的認知非常有限，主要是因為新式教育的興起，幾乎完全翻轉了舊式教育的內容。今日七十歲以上的老年人凡是受過大學教育者，其青少年時期受教會學校教育者占大多數。因為在過去物資缺乏的時代，興學不易，師資亦復難求，於是以西方為主導的教會學校壟斷了新式教育；包括高等教育乃至留洋，教會占有絕大的影響力。新式教育瞧不起舊式教育。使得舊式教育所傳布的傳統文化也因此受到普遍的漠視，從而使得我們的菁英階層與傳統產生斷層，失去了回顧與反省的能力。

更令人擔心的是，由於民國以來動亂不堪，知識分子為了明哲保身，多不願與聞國是。過去中華文化得以發皇兩千五百年，主要是因為有一個非常開明的典章制度在維繫著。中國自春秋戰國以來，在教育上即有孔子的有教無類，政治上布衣可以為公卿，這是非常進步的制度。與西方直到十六世紀中葉都還存在的階級分明的神權社會不可同日而語。布衣可以為公卿的制度鼓舞了許多讀書人投身仕途，也從而主掌了政局的發展，並以他們深厚的文化素養豐富了政治生活的內涵。

可惜，自清朝末年以來，國事紛亂，知識分子多不願與聞國是，使得政局的發展多操在軍人、草莽或是技術官僚的手中，這些人大多熱衷於爭權奪利，少有文化素養。加以教會學校壟斷了新式教育，導致國家領導人輒為耶教教徒。在臺灣，基督徒不過占人口比率百分之一左右，而自四九年以來的國家領袖，從蔣介石、蔣經國到今天的李登輝竟然都是基督教徒，此種現象實屬罕見。李登輝集黨政大權於一身，動輒將聖經掛在嘴上，卻不曾引用過古聖先賢的言論，其文化素養之偏執可見一斑。

當代菁英階層在文化認知上的通病大致可歸納為二點：

首先是對西方缺乏深刻的了解。知識分子對西方的了解多是刻板的印象，對西方不是過度高估而產生盲崇，就是過度低估而蓄意排擠。近百年的知識分子對康德、黑格爾、馬克思等古典級大師的了解固然已相當有限，連對近代的胡塞爾、海德格等思想家也多是一知半解。尤其我們的知識界多好高騖遠，不肯踏實地譯經，透過完整、正確的翻譯對西方做全盤的、深刻的了解。久而久之，對西方文化的認知難免產生難以彌補的缺憾。

其次是對傳統處於割裂的狀態。不僅是搞自然科學者對傳統普遍抱持無知與輕蔑的態度。即使搞社會科學或人文學科者，也很少有人真正對傳統用心，與傳統之間是處於割裂的狀態。

最後是對現狀又不能確實掌握。當代的知識分子多與現實社會脫節，孤立於自己的象牙塔中。研究政治者避忌臺灣的政治問題，研究社會學者避忌臺灣的社會問題。對臺灣的現狀先是漠視，漠視久了自然變成陌生；當有一天想對現狀做了解時，現狀早已脫離了他的掌握。

伍、文化主體性的淪喪與重建

前面提到，對個人而言，主體性的凸顯是表現在認識自己、批判自己、超越自己，從而創造自己；就整個民族文化而言，則是表現在認識傳統、批判傳統、超越傳統，從而創新傳統的過程。在這裏，所謂「創新」，即是自己直接掌握全民族發展的方向，印證文化的主體性。

一個具有文化主體性的民族，知道面臨問題時，如何衡量客觀的條件和主觀的能力，知道審時度勢，深入大環境，而後將問題加以解決。百餘年來，我們的文化主體性幾近淪喪，因為我們面臨問題時，並不是自己直接掌握。由於對傳統文化缺乏信心，於是掙扎於中體西用、西化派、留日派、留德派、留美派、留俄派……的糾結之間，政隨時轉，缺乏一貫的立場。誰掌權，就由誰決定使用哪一派的解決模式，其結果常是偏執或藉機結黨營私。

在臺灣，由於韓戰之後，美國積極介入太平洋防務，這四十年來，美國的影響力始終居高不下。在中國大陸，則由於意識形態的因素，留俄派也曾一枝獨秀。只見檯面上除軍人、草莽之外，率多留學歸國的技術官僚，對自身的文化傳統鮮有貼切的了解與認同，對於文化移植的工作本難善盡其責，在引進制度時也難做充分的考量。

一般而言，在引進制度之前總要先做比較制度的研究，知道某一套制度在哪一個特殊的歷史背景，哪一個特定的社會、政治、經濟條件之下，用來解決哪些問題。我們要學別人的制度，總要先確定一個大方向；既因為有必要而引進新制度，就要有能力吸納制度，並將現有的制度做合目的性的調整。

以銀行開放民營為例，政府未先做比較制度研究，也未對現有的人力資源做適當的調查，即貿然決定開放銀行民營，使得臺灣的金融秩序益形混亂。事實上，我們的銀行由於長期聯合壟斷，落伍得簡直就是合法的錢莊，根本無法扮演推動經濟發展的火車頭的角色。如今既為了金融自由化而開放民營，筆者認為公營銀行的經營權交到民間手裏，遠比開放民間直接設立新銀行更為重要。否則，一旦率爾開放民營，由於金融專業人才有限，新銀行勢將向原有的銀行挖角，甚至不惜以重金延攬金融主管官員，以為己用。復以銀行間業務競爭激烈，脫法行為勢必增加，而監督、管理人才反而減少，焉有不亂上加亂之理？其實，國內的銀行若要引進國外的制度，則其程序應是國內各銀行總經理級的人士到國外，委託幾個在國際上信譽卓著的先進銀行代訓。代訓回國之後再分批調訓國內各銀行主管，將哪些可學，哪些應優先學，作業流程上該怎麼配合……等問題一舉釐清。如此在制度變革的過程當中，才有超越和創新的可能。

惟有超越和創新，才有重建文化主體性的可能。以下筆者擬從現代化的兩大課題——「民主化」和「工業化」——來探討如何重建我們的文化主體性。

首先，民主並不完全是舶來品，在傳統儒家文化思想核心中早有人格自由、自律、自主的精神。孔子的「克己復禮」。王陽明的「存乎天理之極，而無一毫人欲之私」，正標顯出這種超越經驗因素的誘惑而凸顯出人之尊嚴與可貴的理想。怎樣運用這些傳統的文化來吸納、完成西方的民主化，正是我們所面臨的最重要的課題。

西方民主化的基本精神可歸納為：「代議民主政治」——統治者的權力應來自被統治者的同意或授權上面，統治者應依「法」行使統治權，而這個「法」卻又不是統治者片面的意志，而應是「國民總意志」，即由被統治者所定期選出的代表所議決通過的。而從我們固有的人格自由、自律、自主的精神當中也可導出一個觀念：「自治」——自我規範，自己管理自己。用「自治」的觀念可以貼切地銜接到「代議民主政治」的觀念。所謂「代議民主政治」，其要義在於：從人民有服從法律的義務來看，似乎是單純的被統治者；其實，法律原來是由被統治者經由定期的選舉，推出代表在國會內以多數決的方式來制定的。服從法律，表面上看是被統治，但由於法律是自己挑選出來的代表「間接」替大家制定的，故服從法律等於間接地服從自己的意志——也就是「自治」。

在不同的歷史條件之下，會出現不同的社會、政治制度。西方因為未曾出現獨大的國家，階級分化快，所以提早出現民主化的政治制度。我們由於受到歷史條件的制約，迄今尚未出現健全的民主政治，但是以我們傳統文化中固有的「自治觀念」來銜接西方的「代議民主政治觀念」，大大方方地以固有的基礎來吸納西方的長處，於我們的自尊心絲毫無損。

其次，我們可用固有勤儉的美德來吸納、完成工業化的挑戰。所謂「工業」，英文是「industry」，形容詞是「industrious」，有「diligent」（勤儉）的意思。同樣的，中國文化傳統裏時常強調勤儉的精神，兩者也有可以會通之處。

「工業化」的基本精神是「效率」，如何從「勤儉」推衍出「效率」，再由效率發展出經濟建設的工業化，是我們當前所面臨的課題。

所謂「效率」即充分地運用有限的資源，使其發揮最大的功能。而我們固有的「勤」，是就人的因素而言。盲目的「勤」是不足取法的，勤奮到一個程度必然會要求充分地利用每個人有限的時間和充分開發、組織運用有限的人力資源。我們固有的「儉」，是就物質的因素而言。過度的「儉」就成為「吝嗇」，節儉到一個程度，必然也會要求充分地利用有限的物質資源，提高其使用效率。由此可見，傳統文化中「勤儉」的觀念和西方講求效率的「工業化」是可以相互會通的。因此，以「勤儉」的精神來吸納西方的優點，加速工業化的發展。絲毫無損於我們的民族自尊心。

綜上所述，我們發現，傳統可以是鮮活的，不斷有新義的。我們有意識地接受傳統、承認傳統、認識傳統、批判傳統，進而超越傳統的過程，也就是文化主體意識重建的過程，亦即是書經中所言「苟日新、日日新、又日新」的道理。

陸、以恢弘氣度確立在文化交流中的互為主體性

總結我們對臺灣當代菁英階層的文化意識批判，可以用一句話來概括：徘徊於西化與虛無之間。一方面是將西方過度地美化、理想化，彷彿西方即是我們未來的理想。另一方面是與傳統割裂，茫然無根，文化主體性蕩然無存。

西方並不必然是我們未來的理想。我們未來的理想應根植於對過去的確實認識、認真檢討、重新評價；對於西方則必須透過比較的方法，科學而精確的分析和評估，是有重點的吸納，不是囫圇吞棗、迷迷糊糊地跟進！

對於傳統，我們既不萎縮，也不誇大；對於西方，我們既不盲從，亦不漠視。一切都是透過具體的了解，如實地予以評估，最終的目的在建立一個有主體性的文化意識，並以一獨立自主的文化系統與其他文化系統平等交流，相互容忍，相互尊重，終至相互欣賞。這才是我們固有的傳統文化中早已楬櫫的「世界大同」的理想。

——《聯合晚報》一九九〇年五月十六—二十日

超越俾斯麥

鐵血宰相俾斯麥一生的豐功偉業，在於建立統一的德國。由於他的努力，當時歐洲得以維持四十年的和平，他完成了當時最進步的社會立法，統一了幣制和法律制度，足為後人典範。但他氣度狹小，疏於對文化藝術的關心，只重實利實務，使得德國只見秩序而失去活力，以致後繼無人，人亡政息。時下國人對政治認識尚淺，政治家風範仍未樹立，鑒賞此文，對健全政局，當有裨益。

古今中外，我最推崇的政治家有兩位：一位是中國的唐太宗。另一位是德國的俾斯麥。他們才氣橫溢、謀慮深遠，在縱橫捭闔之間，結束國家長期分裂的狀態，並一手建立了垂之久遠的法政、財經制度，使得國威遠播，從而開創歷史未有之新局。當我們在唐太宗死後的一千三百多年再回頭來看唐律，其精密完備之程度仍令我們不得不嘆服。唐太宗的治國方略，史冊多有記載，但其中最精要者，莫過於《貞觀政要》。

同樣的，對於俾斯麥這樣一位曾經支配著十九世紀下半葉歐洲局勢的政治巨人，其壯闊偉烈的一生，也必然是傳記家矚目的焦點。為俾斯麥作傳的，有德國人，也有法國人、英國人、日本人……。其中當然不乏佳作，但要論及簡潔精要，則日本人鶴見祐輔氏所寫的《俾斯麥傳》，可算其中翹楚。

鶴見祐輔畢業於東京帝國大學，曾擔任過國會議員，是深諳外事的政治家，也是名聞日本、一度相當活躍的自由思想家，著有《歐美名士印象》、《南洋遊記》、《偶像破壞期之中國》等。《俾斯麥傳》結合了他政治與文學兩方面的長才，書中雖充斥著富國強兵、強權政治等思想，但這是作者那個時代的通病，整體而言，瑕不掩瑜。鶴見氏的的確確將一個鮮活的俾斯麥帶到讀者的面前。本書雖是三十年代的舊作，卻不失為青年勵志書籍中的典範。有意從政的青年，不難從書中獲得啟示與鼓舞。

俾斯麥曾在帝國會議中譏諷批評他的政論家說：「政治不是學，而是術，就好比繪畫和雕刻並不是科學，優秀的評論家也不是偉大的藝術家！」我們國內對政治的認識猶嫌淺薄，政治家的風範也未曾建立；尤其過去根植在道德教化上的威權統治，被當權者刻意強調，以維持其政權之安定，政界中人乃陳陳相因，不以為忤。而一般的政論家或學者，因為沒有實際從政的經驗，也無法洞見其中的弔詭。

日本跟我們一樣是東方國家，在面臨西方的挑戰時，也曾遇到類似的問題；鶴見氏以一個日本人的觀點所呈現出來的俾斯麥，正可做為我們進一步認知政治的教材；其生動而含帶感情的筆調，也讓我們真切濡沐到俾斯麥這位德國有史以來所僅見的政治家的風範和個性上的缺失。

陰謀家，也是和平守護神

俾斯麥基本上是個典型的保守主義者；在對外政策上，他是一個均勢主義者；在處理問題的手法上，他卻又是不折不扣的現實主義者。因此，不了解俾斯麥的人會說他是充滿矛盾的，一般的評論家也很難從他種種施政作為中探究其奧妙。

從他保守主義的觀點來看，他是站在資本家與天主教的立場，因此他極力主張擴充軍備，強力通過「治安維持法」，迫害社會黨人；但是，從另一方面來看，他卻又是全世界第一個推行國家社會主義建設的人，所謂國家社會主義（Staatssozialismus）乃指由上而下的社會主義，有別於由下而上的、以勞工運動為主的社會主義。

因為俾斯麥心中有數，知道工業逐漸興盛，勞工終將抬頭，與其等待勞工抗爭而處於被動的地位，不如主動從事社會立法。於是他先後制定了「健康保險法」（一八八三）、「傷害保險法」（一八八四）、「退休保險法」（一八八九），並且創由官方定期檢查工廠的制度，甚至公開支持帶有濃厚社會主義色彩的「生產合作社」（Produktionsgenossen-schaften）。

我們再來看他處理問題的手法：在帝國建設初期，他在議會中是以「國民自由黨」（主要是資本家）為同道，以「保守黨」和「中央黨」（主要是天主教徒）為敵對。但是為了貫徹他的政治主張，在制定「治安維持法」時，他討好保守黨，拉攏中央黨；其後為了排除教皇對帝國的政治影響力，他又不惜與代表天主教徒的中央黨決裂；及至後來為了爭取社會立法的通過，他必須再度拉攏中央黨，於是以緩和與教皇之間的對抗，來爭取中央黨的支持……。以上種種，在在顯示出俾斯麥在政治運作上是不折不扣的現實主義者。

在對外政策方面，我們更可以從俾斯麥身上，發現一位傑出的政治家是如何充分地掌握主動，並不斷地凸顯出他的主體性。俾斯麥很清楚，要統一德國，首先必得將奧國的勢力排出南德，並將法國在萊茵河的勢力逼出，因此他精心設計了普奧、普法兩場戰爭。

一八六五年，普奧兩國交惡，已瀕臨開戰邊緣，但是俾斯麥因見普魯士軍隊的整編尚未完成，乃強加隱忍。直到一八六六年，普軍整編終告完成，而奧國卻因為武器換新而重行整編，俾斯麥見機不可失，乃在薩多瓦（Sadowa）一役擊潰奧軍主力。當時軍方主張乘勝追擊，直搗維也納，但是俾斯麥極力反對，並因而與軍方交惡。俾斯麥反對進軍維也納，主要是因為他已預見到，普奧戰爭之後，必有普法之戰，若為逞一時之快而給予奧國過大的屈辱，則將來普法開戰之時，奧法必然結盟共抗普軍，普軍勢將面臨兩面作戰的困境。因此，俾斯麥對戰敗的奧國，採取外交史上僅見的寬大措施：不割地、不賠款，只要求奧國退出南德，和約的條款由奧國自行制訂。

俾斯麥認定普法開戰，才是德意志帝國統一的決定性一役，因此他處心積慮要挑起普魯士和法國之間的戰事。到一八七〇年，機會終於來臨了。為了西班牙王位繼承問題，法皇拿破崙三世果然墜入俾斯麥精心設計的陷阱之中，對普宣戰。不到六星期，普軍在色當（Sedan）一役俘擄了拿破崙三世。俾斯麥仍主張對法國這個鄰邦寬大處理，莫給予法國太大的屈辱，以免普法結怨太深，成為無可化解的世仇。畢竟法國也曾產生過路易十四和拿破崙這樣不可一世的英雄人物，不可小覷其日後報復的能力。

可惜，這一次以毛奇為首的將官，不再聽從俾斯麥的反對，率軍直搗巴黎。俾斯麥見勢已至此，無可挽回，為避免法國燃起復仇火焰，對普不利，他已搶先一步，在外交布局上以孤立法國做為標的；往後他傾力與俄國締盟結好，即是出於這樣的考慮。

若是單從俾斯麥主動挑起普奧、普法戰事來看，他是一個嗜血的好戰分子，可是從他那種堅持有限戰爭的原則來看，卻又大大不然。其實，在外交上，他始終以「忠實的經紀人」（Der ehrliche Makler）自居，歐洲火藥庫巴爾幹的危機，即由他出面化解，歐洲得以維持四十年的和平，他居功厥偉。

俾斯麥既是一個主動挑起戰爭的陰謀家，也是一個和平的守護神，其角色之變化，其謀略之轉折，又豈是一般人所能理解？不了解他的人，說他的所作所為充滿矛盾，其實這一切都具體地證明了俾斯麥在政治上是一個典型的現實主義者。

德意志帝國在他死後二十年崩潰

其實，俾斯麥一生的豐功偉業，都圍繞著建立統一的德國，並維護這個他一手創建的新生帝國而開展。即使在他臨終前，他仍憂心地惦念著：「在我死後二十年，德意志帝國將崩潰！」果然，他死於一八九八年，而德意志帝國真的就在整整二十年後，土崩瓦解。

德意志帝國的興亡，夾雜著許多的無奈與感傷，俾斯麥雖能預見，卻也無法挽回頹勢。在他的晚年，與軍方摩擦加劇，又失寵於新繼任的威廉二世，以及他性格上的專斷獨行，氣度狹小，容不得有人與他比肩齊坐，在在限制了他的施為和欲使國家可大可久的努力。

——《中國時報》一九九〇年五月

不是達爾文的錯

——《大滅絕》讀後

中央研究院院士許靖華博士所撰述的《大滅絕》一書，乃為近年來科普著作中的精品，值得大力推薦。但其中反對「優勝劣敗」，主張「幸者生存」的部分，就思想性質而言，已不屬於科學領域，而屬價值哲學的範疇，故已非「實然」，而是「應然」的問題。科學技術的進步雖可增進吾人對「實然」的了解，卻不見得能增進吾人對「應然」的認知。科學家面對「應然」的問題，應懂得謙卑與自制。

「天下文化」最近出版由華裔地質學家，也是我國中央研究院院士許靖華博士所撰述的科普名著《大滅絕》的中譯本。原著於一九八六年以英文發表，中譯本則由大陸地質學家任克（筆名）翻譯。作者博學多識，廣泛地引用最近一、二十年來在地質學、地磁地層學、地球化學、古溫計、深海鑽探技術、中子活化技術與碳同位素梯度等各專業領域的最新研究成果，並以偵探小說的寫作技巧，來重構恐龍何以在白堊紀要進入第三紀而突然消失。《大滅絕》為科際整合提供了一個範例，也是值得大力推薦的科普作品。

質疑「適者生存」之說

作者雖然從十九歲以後即離開中國，長期居留在美國與瑞士兩地，從事研究及教學工作，但他對祖國的關心令人敬佩。作者不僅對中國現代史耿耿於懷，即儒道兩家的思想也深深地影響他的人生觀與宇宙觀。作著在書中一再地質疑達爾文「物競天擇」、「適者生存」的學說，而主張「共生演化」、「幸者生存」。作者並將現代中國的不幸歸諸嚴復翻譯赫胥黎《天演論》於先，梁啟超為文鼓吹於後。作者認為國民黨與共產黨都深受達爾文主義的影響，肇致中國的動盪不安。這種判斷與見解是否允當，容稍後再論，以一個地質學家而能有此人文關懷，亦已值得國內自然科學界的工作者引為楷模。

《大滅絕》這本書主要是在處理地質學上的一個熱門話題：化石地層介於「白堊紀」(中生代最後一紀)與「第三紀」(新生代第一紀)之間有厚達一公分幾乎不含任何化石的「界線黏土」。按照達爾文演化論的學說，這層「界線黏土」似乎標示出地質紀錄的「間斷」。因為在白堊紀生命力最旺盛的恐龍、菊石、箭石、有孔蟲、厚殼蛤以及白堊紀鷹屬植物群，在界線黏土以上的地層中，就不曾再發現它們的化石。易言之，要不是地質紀錄出現「間斷」，這些中生代的動植物豈非突然消失，但是演化論卻無法解釋這種生物突然大量滅絕的現象。

作者先介紹地質學家如何運用地層疊置律，建立「地質年代表」，並用 C-14 同位素測年法確定界線黏土距今約六千五百萬年。其次引述磁性倒轉原理，確認界線黏土屬於「C-29-R」（即「新生代磁性地層第二十九反向期」），並利用「海底擴張速度恆常」與「大洋底正負磁性條帶相間」的理論，推出「C-29-R」距今六千五百萬年，且該磁性反向期長達四十七萬年的結論。從而否定達爾文「地質紀錄間斷」的說法，並證明六千五百萬年前，海水無碳同位素梯度，即表層海水並無 C-13 富集現象，證明當時海水浮游生物大量滅絕，海水 PH 值呈酸性反應，且以箭石標本為古溫計測出當時海水溫度突然上升 5°C，造成地球的災難性事變，導致中生代生物高達七五%大量滅絕。

恐龍被彗星殺害

接著作者運用「化學元素豐度表」與「中子活化分析法」對界線黏土進行定性分析。「化學元素豐度表」可以區分地表岩石經過凝化作用後，其各種化學元素的含量與地外隕星大不相同。而「中子活化技術」則可以有效分析濃度只有 10^{-11} 的痕量元素。結果發現界線黏土有極為明顯的銥異常現象，這為恐龍滅絕的原因是來自外太空提供了鐵的證據。

最後作者模擬出六千五百萬年前有一顆直徑長逾十公里的哈雷級彗星，以每秒四十公里的速度撞擊地球。導致大規模核爆災難，製造大量氮氧化合物（NO_x），嚴重破壞臭氧層。而 NO_x 也是落葉劑。使得樹木因無法進行光合作用而導致森林死亡。冷卻後，又有大量酸雨注入河川、海洋，終致白堊紀末期（即 Masstricht 期）動植物突然大量滅絕。

作者通篇採用偵探小說的寫作技巧，為證明恐龍不是「自然死亡」而是遭外太空的巨大彗星所「殺害」，帶領讀者，抽絲剝繭，直指元兇，論證嚴謹，其科學辦案的精神，令人拍案叫絕，真不愧是優良的科普著作。

資本主義與社會主義都引用達爾文學說

美中不足的是作者對達爾文的指責顯然有失公允。達爾文花了五年的時間遠赴南美洲和太平洋蒐集標本，返英後，潛心研究二十多年，才出版《物種原始》，藉著敏銳的觀察及比較解剖學之助，提出「共祖」理論，建立生物系譜學，從而主張「物競天擇」、「適者生存」，對生物學貢獻厥偉。至於遠在美國的史賓塞（Herbert Spencer）硬要將達爾文的生物學說延引到社會學、哲學領域，因而發展出殘酷無情的「社會達爾文主義」，反對以任何社會安全政策來保障弱者的生存權與工作權，認為這將妨害社會演化的自然進程……，則萬不該歸咎於達爾文。這只說明史賓塞濫用達爾文生物演化的學說，來為當時美國的資產階級當鼓手罷了，資本主義的意識形態本來就主張應讓經濟上的強者能更加淋漓盡致的自由發揮，而無視於社會正義與社會和諧的正當要求。

豈止資產階級要利用達爾文的學說，「『科學的』社會主義」同樣也不能免俗。恩格斯就公開宣稱：「達爾文發現了生物演化的規律，馬克思則發現了人類歷史發展的法則。」其實，達爾文本人在一八六九年十二月二十六日寫信給澳大利亞探險家卡爾・馮・薛爾翰（Karl von Scherzer）就埋怨道：「多荒唐啊！在德國竟然有人要將物競天擇的演化論和社會主義結合在一起！」當馬克思要出版《資本論》英譯本的時候，原本要題獻給達爾文，但卻遭到婉拒，只因達爾文不希望他的學說被聯想成在攻擊教會。

無論是代表資本主義的史賓塞，或是代表社會主義的馬克思，立場南轅北轍的雙方爭相引用達爾文學說，正顯示達爾文在生物學上的非凡成就，且其影響力已不再侷限於生物學界。豈可反將有心人士，希望披上科學外衣過錯，歸咎於達爾文？

其次，許靖華博士對嚴復、康有為、梁啟超等人譯介、鼓吹天演論的指責，筆者也甚難苟同。嚴復是馬尾船政學堂第一批送往英國皇家海軍學院深造的菁英。康梁則是戊戌變法的靈魂人物，尤其是梁啟超更是終其一生扮演現代中國思想啟蒙者的角色。幫助國人開展國際視野、掌握世界思潮，本來就是嚴、梁等人的責任，怎可獨漏達爾文、赫胥黎等人震古鑠今的名作呢？河況當時西方列強正挾其船堅砲利，在社會達爾文主義「優勝劣敗」的思想武裝下，已向中國沿海港埠頻頻叩關。不譯介達爾文學說難道就可倖免於列強的蠶食鯨吞嗎？還是當知己知彼、奮勵圖強，才能早日掙脫出歷史的厄運？

此外，作者將國、共鬥爭溯源於達爾文學說的解釋，尤其不妥。現代中國的革命與動亂，自有潛藏於內的歷史因素以及當代外在的國際背景。將之歸責於達爾文學說，未免過分膨脹了達爾文對現代中國的影響。其實，日本也大量譯介了達爾文學說，其結果，在日本並未發生類似中國的內亂。作者在這方面對達爾文的指責，顯然是欲加之罪，何患無辭。

科學工作者應懂得謙卑

其實，筆者認為，擁護達爾文的人，披著科學的外衣來促銷人類社會「優勝劣敗」的觀點，本身就是不科學的。同理，反對達爾文的人，披著科學的外衣來反對人類社會「優勝劣敗」，也是一樣不科學的。作者反對「優勝劣敗」，反對「適者生存」，主張「幸者生存」。其實這種問題的討論已不屬於科學的、而是屬於價值哲學的範疇。這已不再屬於「實然」（Sein），而是屬於「應然」（Sollen）的問題。面對這個界線，自然科學家應懂得謙卑與自制。

如果作者所主張的「幸者生存」是科學的真理，那麼儒家思想所要求的「克己復禮」、「進德修業」或「強勉」（以克服「人」自然的惰性）就變成多餘，一切只要聽天由命就夠了。反之，如果真的是「適者生存」、「優勝劣敗」，那任何道德概念都無法成立。是非、對錯只取決於實力，而且是赤裸裸的實力。這種「強權即公理」（Might is right）的主張，柏拉圖早在二千多年前就成功地反駁過了。

中國人一向奉行「盡人事，聽天命」的人生觀，正是調和了「適者生存」與「幸者生存」這兩種極端的想法。中國文化也談「強」，但不是壓在別人頭上的「強」，而是「自勝者強」，一種反省性的強，無待於外的強，除了自修、自勝以外，才有待天命的安排。科學、技術的發達與進步，固然可以增加吾人對「物」、對「實然」的了解，卻不見得能增加吾人對「人」（做為一個具有「理性」的存有）、對「應然」的認知。一個傑出地質學家對人生終極意義的探究，不見得比柏拉圖或亞里斯多德透徹； 個生物學諾貝爾獎得主對人性尊嚴的體認，也不見得能超越孔子或孟子，我們不要迷信披上科學外衣的偏見。地球的存在，可能是隨機的；人類的存在，可能是偶然的。但這絕不影響「人」做為一個「理性者」所應有的價值與尊嚴，面對這個「價值」與「尊嚴」，所有的科學工作者要懂得謙卑，否則，就是褻瀆神聖。

以上筆者雖然針對《大滅絕》作者的某些見解有所批評，但是畢竟瑕不掩瑜，作者的博學予人深刻的印象，不畏權威、且勇於向權威挑戰的精神，令人佩服，這不愧是一本頗堪玩味、並值得爭議的科普著作。

——《聯合報》一九九二年七月十一日

漫談全方位的閱讀經驗

在這篇長達一萬兩千餘字的長文中，朱高正首次披露他獨特的讀書經驗與祕方，他的文思泉湧、運筆流暢、博聞強記、論證宏偉，在在予人留下深刻的印象。

作者循循善誘鼓勵大家多讀書，一再地旁徵博引古今中外的例證，來論述良好讀書風氣的養成與國運興衰的關係。作者也指出閱讀習慣的養成對個人人格自由發展的重要性，他也對時人不夠「強勉」提出中肯的批評，並直指非從制式教育的改革著手，則無以徹底解放國人的創造力。

朱高正特別強調閱讀的「主體性」。他認為「閱讀」並非只是片面的攝取新知，毋寧是讀者與古聖今賢在從事雙向溝通與精神對話，「閱讀」本身就是一種互動的創造過程。

朱高正在這篇長文裏頭，呈現出罕為人知的一面。他以一介書生投入常人視為畏途的政界，卻仍能中流砥柱，堅持理想，誠屬難得。在本文中，處處流露出作者對中國歷史文化的熟稔與熱愛，與對時局改革的殷望與期待，從這個角度或許可以幫助大家了解這位風雲人物。

閱讀是人類學習新知最主要的方式，閱讀是在與古聖今賢對話，從而豐富了我們的人生，擴展了我們的視野。藉著閱讀，個人得以啟蒙，國家現代化得以完成。本文擬以漫談的方式跟大家聊一點個人閱讀的經驗。我想分成六個段落，首先談讀書的重要性，然後介紹朱子如何教人讀書，接著談讀書的意義，讀書的三個層次以及如何培養閱讀能力，最後再做一個總結；首先，我們來談讀書的重要性。

壹、讀書的重要性

在人類重大的歷史轉型期中，都會有一些具有濃厚使命感的知識分子提倡讀書。

近現代意義的歐洲是在啟蒙運動普及之後才出現的，基本上來說，從法國的伏爾泰提出歐洲大陸應全面啟蒙開始，啟蒙運動就有一個很重要的特色，就是要求「由神學走向人學，從宗教永恆的關懷，轉到對現世、對人生的關懷。」用一句最直接的話，就是要求從以「神」（theos）為中心的世界觀走向以「人」（anthropos）為中心的世界觀，亦即從所謂的「神學」（theology）走向「人學」（anthropology），換句話說，就是由教會走進世俗的政治社會。

伏爾泰曾公開表示，他在英國期間，受到牛頓物理學很大的衝擊，他推崇牛頓以簡單的運動三大定律來解釋整個宇宙的生成變化和天體運動，這乃是牛頓將人類的理性，運用到自然現象的非凡成果。

中國是啟蒙運動時期歐洲極力要模倣的對象。伏爾泰認為中國雖然沒有教會，卻發展出那麼典雅的禮俗文物、典章制度，有那麼大的廣土眾民，有如此悠遠的歷史傳承，傑出的科技成就，就是因為中國的古聖先賢很早就把理性運用到政治、社會、人事各方面。所以說，在啟蒙運動時代，歐洲人就是要求掙脫出傳統的、封建的，以教會為主導的「神權統治」（theocracy）時代，而進入一個新的歷史階段。

一般說來，史學界多把一七八九年的法國大革命當做是啟蒙運動的一個高峰。狄德羅與康德是啟蒙運動時的兩位健將。法國哲學家狄德羅（一七一三—一七八四）是「百科全書派的領航者」，現在我們所看到的百科全書是在狄德羅率先提倡下所編纂的。當時網羅了許多一流的學者（包括盧梭）參加百科全書的編纂，他就是希望能編出這種類書，不僅在自然科學的領域，而是包括人文的、社會的乃至全面的領域來進行啟蒙。狄德羅鼓勵大家多看書，而且他還身體力行來編纂百科全書，也開始了像《大英百科全書》（Encylopaedia Britannica）這樣的傳統。

另外一個重要的啟蒙運動思想家，就是康德（一七一四—一八〇四）。《開放社會及其敵人》（Open Society And It's Enemies）一書的作者卡爾．波帕（Karl Popper）就稱呼康德為啟蒙運動的哲學家，他把康德定位為啟蒙運動的導師。

康德本身也寫了一本《何謂啟蒙運動》（Was ist Aufklaerung），這本書雖然不厚，但對世人的影響非常大，書中有不少觀點，我想在此與大家分享。

康德認為，「啟蒙」是指「一個人要從歸咎於自己的未成年狀態中走出來」的意思。什麼叫做「未成年狀態」呢？康德認為就是指假設沒有第三者從旁指導的話，自己就無法運用自己的悟性及理智的狀態。像小孩子必須父母親在旁指導和提供意見，才能夠獨立運用自己的理智，這就是一種未成年狀態。

那麼哪一種未成年狀態是該「歸咎於自己的」呢？康德講得很清楚。他說，不是因為心智尚未成熟，而是因為缺乏決心、勇氣和擔當，不敢獨立運用自己的理智的狀態，叫做「歸咎於自己的未成年狀態」。

所以康德認為，所謂「啟蒙」，就是要求每個人要從這種歸咎於自己的未成年狀態中走出來；要求每一個人針對任何可以公開評論的事務，把自己內心的看法、想法講出來，也就是要求每一個人公開地去運用自己的理性。

把你的看法講出來不代表你的看法就是對的，但至少可使別人針對你的看法提出評論，相對的，你也可針對別人對你的看法的評論再予以評論，這樣就形成了一個公開討論的環境，在此情形下，我們的社會就漸漸走向開放的社會。任何的決策，總不是在黑箱子裏面作業，而是經得起各方質疑，這就是啟蒙的精神，當然也帶動了民主運動。

我們可以說，從法國大革命以降，人類過去兩百年來的政治運動，除卻民族主義、宗教狂熱之外，以理性為主要訴求的全球性政治運動，只有「立憲主義運動」（Constituionalism）和「社會民主運動」（Social Democracy），只不過臺灣目前在這方面仍相當落後，這裏暫且不談。

歐洲是經啟蒙運動而進入近現代意義的社會，也就是對當時的知識界，甚至一般識字且能夠獨立思考的人，做一種思想改造的功夫，而這一切都要經過讀書來引進新的思想。

看看我們的鄰國日本，日本在推行明治維新的時候，出現了一位被尊稱為「現代日本教育之父」的學者——福澤諭吉。他也是現在日木慶應大學的前身——慶應義塾的創辦人。他本來是專門搞荷蘭學的，後來才開始搞英學，終其一生的基本思想，就是：如果要把日本建設成一個現代化的國家，其先決條件就是要培養現代化的國民，而現代化國民的特質就顯現在具有獨立的精神氣象與人格氣質。那如何能夠有這種獨立的精神氣象與人格氣質呢？他認為莫過於思想的啟蒙。所以說，他一輩子寫了不少書，每一本書都是在幫助日本國民打開眼界，看清外面的世界。例如他的《西洋事情》是日本至今仍舊家喻戶曉的書；更重要的一本《勸學篇》則是鼓勵日本國民要多讀書，甚至當時還有一位叫小川武平翁的，識字不多，到五十二歲才會寫信，也盡全力閱讀《勸學篇》。所以說，日本之所以能夠成為一個現代化的國家，絕非偶然。

在中國現代史上也的的確確有一批先知先覺，在從事推動讀書的工作。首先必須提到的是嚴復，嚴復是「馬尾船政學堂」第一批派往英國皇家海軍學院的留學生，他回國之後未能受到重用。故將大部分的心力投注於翻譯西洋著作，如《天演論》等；第二個要提到的是梁啟超，梁啟超可說是現代中國最努力於著作、最努力於鼓吹新觀念的一個思想家；再者要提的如蔡元培、陳獨秀、胡適等人，均鼓吹要有新觀念、新思想，但是成績卻不能和日本相比。

此外，值得一提的是，日本人統治下的臺灣，曾有一批熱血青年到日本去留學，他們發現臺灣人民的思想閉塞，應該幫助臺灣民眾提高知識水平。所以他們就組成「臺灣文化協會」，每年的暑假回到臺灣開辦夏季學校，下鄉辦文化演講會，鼓勵大家多讀書、多看報，這可以說是臺灣的知識分子在現代化過程中所盡的一份心力。

談到讀書的重要性，可分為兩方面來看，第一部分是對整個國家社會，第二部分是對個人。

讀書，對國家社會是相當重要的。一個國家如果單單只靠政治民主、經濟繁榮，是撐不了多久的，因為一個國家可大可久的原因，主要是倚賴文化，而不是政治、經濟。沒有文化基礎或沒有文化理想的國家是難以持久的，而讀書對國家社會最重要的影響就在於文化發展上。

拿臺灣來說，不可否認，臺灣在經濟上已達到相當繁榮的程度。而政治民主也已經早於五、六年前即一步步地發展當中，但是整個精神文明方面卻是非常可悲的。嚴格來說。臺灣目前一般的知識水準實在離我們應該擁有的還差一大截。

大家不應迷信那些統計資料，認為臺灣有多少碩士、博士，或是臺灣一年可製造多少的學士。因為如果大家仔細的話，可能會發現，現在臺灣大學畢業青年的知識水準，可能比不上日據時代一個中學畢業青年的知識水準。而很多拿到博士學位的人，可能一輩子學問最好的時候，就是當他拿到學位的那時候，因為他只是藉著博士學位謀取功名利祿，一拿到學位之後，知識水平就停滯不進，甚至一落千丈，這是非常可悲的。此外，很多擁有碩士學位的，可能只有大學程度，而學士學位的，可能只有高中程度，為什麼呢？因為進去難，出來容易。這的確是臺灣社會的一個隱憂。

我常常在想，如果拿臺灣市場賣菜的歐巴桑和日本漁市場叫賣的歐巴桑相比，兩個人對現代世界的圖像將會有很大的差異。臺灣的歐巴桑幾乎是近於無知，這是臺灣社會更進一步發展的另一個隱憂。

從這些例子，很明顯可以了解，讀書是非常重要的。整個國家社會的發展、文化的建設、觀念的溝通及新資訊的傳遞，都要藉由書籍來做。

從一個國家出版業的發展狀態，可以看出其未來發展的潛力。像現在臺灣以《腦筋急轉彎》、《軍中笑話》這類書籍最為暢銷，一版都是一萬冊，而且連續再版，這就看得出臺灣社會前途黯淡，愈來愈沒有文化水平。在日本的觀念卻不是這樣，他們都相信如果全體國民有看書的習慣，願意吸收新觀念，那對整個國家政策各方面的推行就會有很大的幫助。我想日本之所以能夠那麼進步，這點理由是很重要的。

讀書對個人而言，也相當重要，但由於涉及了人格自由發展的問題，內容涵蓋很廣，我們將於第三部分再詳談。

貳、讀書的方法

如果講到「全方位的閱讀經驗」，我想每個人都很有限，事實上，過去很少人教人如何讀書，但朱熹是個例外。朱熹論讀書的文字在其《朱子語類》或其文集中經常可見，姑且不論他在學術地位上的爭議如何，光是過去八百年來所編纂的「朱子讀書法」就不下一百種。

朱熹談讀書大致上分為三個部分：

第一部分，是朱熹如何看讀書。

為學的功夫可以六個字來總括，那就是「尊德性、道問學」。在朱熹看來，讀書的目的是為了要「尊德性」。「尊德性」可以說是宗旨，「道問學」則是手段，也就是說讀書都是為了要「尊德性」，「尊德性」是「道問學」的目的。

第二部分，是就道問學稍加申論。

朱熹引用了《中庸》所提的「實踐」的功夫，即「博學之」、「審問之」、「慎思之」、「明辨之」、「篤行之」。他認為一切的求知活動（學、問、思、辨），其結果都是為了要實踐（「篤行之」），就是把所讀到的、所學到的做為立身行事的張本，而這個看法正好與西方大哲學家康德不謀而合。

康德在其三大名著中的《實踐理性批判》，開宗明義就提到：「一切的理論都是為了實踐，實踐優先於理論。」康德這裏所講的理論，是指理論理性，實踐是指實踐理性，理論理性涉及的是知識。相當於朱熹說的學問思辨的功夫，一切都是為了要篤行實踐。實踐涉及到我們內心立意或外部行為的決定，而這決定主要是掌握於我們自己。所以朱熹所講的「道問學」是為了要「尊德性」，在這裏是完全一致的。朱熹更進一步認為做學問本身就是在修身養性。「為學」本身就是一種「養心」的功夫，所以在這一點上，「尊德性」和「道問學」事實上是一而二，二而一，兩者是分不開的。這與康德所主張的理論理性與實踐理性是一體之兩面，也深相契合。

第三部分，是朱熹教我們如何讀書。

朱熹提出了三個讀書的原則，一是「下學上達，即事求理」，朱熹反對空談理論，他認為應該由身邊淺顯易懂的事窮理致知，而後再求更高深的學理，不要好高騖遠，徒尚空談。

二是「虛心專意，循次漸進」，朱熹認為讀書時不可預設立場，應當虛心尋求作者的真意，循次漸進，慢慢來，不要用跳的。因此，他主張讀一本新書時，不要同時讀其他的新書，不過他也提醒我們，不要同時讀其他新書，卻須要兼讀舊書。過去讀過的書也要拿出來重讀、查閱或印證。

三是「虛心求義，莫執己見」，朱熹認為讀書時自己的姿態要放低，虛心求取真義，不可固執己見。他曾經說過「眾家說有異同處，最可觀」，亦即讀書真精彩處，在發現意見不同時，這個意見不同包括該書作者與另一位作者的意見不同，或作者與讀者意見不同。意見不同的意思並不是一開始就意見不同，而是說當你跳進去的時候要虛心，而當你讀完整本書以後，當你真的了解它的時候，你自己就要拿出主見，表現出閱讀的主體性，並可公正無私地與作者論辯，而真精彩處就是在這裏。

參、讀書的意義

亞里斯多德曾經分析人之所以異於禽獸，在於人類會使用語言，藉著語言，人可以將自己內心的感觸或看法表達給他的同類，他的同類亦可在收到訊息之後，藉著語言說出自己的感覺，這就形成了溝通，只有藉著語言，才能進行一種比較抽象形式的溝通，透過這種溝通，社會才有可能存在，而一切道德規範亦得以建立。

當代文化哲學家，也是文化哲學的開山始祖卡西勒（Ernst Cassirer），一反過去柏拉圖所說「人是理性的動物」的傳統論調，認為「人不是純理性的動物」，他認為人有時候是非理性，有時是反理性，有時則是超理性的動物。他說「人是會運用符號的動物」，這種說法客觀多了。符號，有些是理性的，有些是非理性的，有些是反理性的，也有些是超理性的，像宗教就是超理性的。事實上，所有的符號中，最重要的就是語言。符號有很多種：手勢、標誌、電碼、隊形等都是，而語言做為一種符號來說，是最傑出的一種，因為任何可用符號表達出來的訊息，皆可用語言來表達，且就普遍性和精確度而言，語言是功能、功效最大的一種符號。

語言與理性有很密切的關係。語言，英文是「language」這個字，它源自拉丁文「lingua」原意是「舌頭」，引伸為「說話」、「語言」。而「說話」的希臘文「logos」，相當於中國古代所講的「道」，是其理的意思，也是一種思維的法則。透過語言，人類可以學習運用理性，透過語言，人類可以分享理性。所以，語言可使我們打破主觀性，使「互為主體性」（intersubjectivity）成為可能，只有在此情形下，一個有良好溝通的社會才能存在。

了解語言的功能之後，讓我們來談書籍。

語言是藉由音波來傳遞，書籍則不然，它可以打破時空的限制。你說話時若對方不在場，就聽不到你所講的話，或如果你與對方不是同一時代的人，對方也聽不到你說的話。書籍就沒有這樣的限制，藉由書籍，可為前人的言行做下紀錄，藉由書籍，可使今人與古聖今賢對話，讀書最大的樂趣也在這裏。像孔子曾說「吾久不夢見周公」、「尚友古人」……等，就是藉由讀書找到與古人對話的樂趣。

讀書最主要的意義並不在於一種單向資訊的攝取，讀書本身就是讀者與作者之間的對話關係，那是一種雙向溝通，也是一種創造的過程。孟子說：「盡信書，不如無書」，理由即在於此。讀書時，尚未了解真意前必須虛心學習，但在真正了解意義之後，就要能跳脫出來，凸顯身為讀者的主體性，如此才能進行有效的雙向溝通，才能真正達到與古聖今賢對話的目的。所以說，從這個角度來看，讀書對個人而言，最重要的莫過於「人格的發展」。

這裏所提到的人格發展，絕非一般心理學上的意義，而是指精神層次的人格發展。一個會看書的人，懂的書愈多，愈能拓展自己的視野，他自己的存有絕不侷限在一個小地方，他的視野可能寬及世界，甚至整個宇宙；他的目光也不會只侷限在耳目所及之處，而是可能回溯到幾百年、幾千年以前，當這種習慣一旦養成之後，他就會發現自己活在人類的歷史中，而不受歷史的制約，自己也意識到參與了歷史的創造過程。

讀書可以有效地幫助我們，訓練我們思考、反省，使我們不斷地超越時空偶然加諸吾人身上的限制。一個人如果能將自己的閱讀拉得更為廣博，他的思想與反省就愈加深刻，其精神、人格發展也會比別人更豐富、更深刻、更精緻，從而人生也顯得更有意義與價值。

肆、讀書的三個層次

就讀書本身來說，大概可以分為三個層次。

第一是被動的層次。為考試、為學歷、學位而讀書，就是被動的讀書，這種讀書最痛苦。我們臺灣，在圖書館裏讀書的人，年齡偏低，他們大多是為了考試而讀書。但是在德國，八、九十歲還拄著拐杖到圖書館、閱覽室裏查資料、看書的大有人在，令我感觸良多。臺灣不要說八、九十歲，就連三、五十歲，具有良好閱讀習慣的人已經是鳳毛鱗角了。這種情況，我覺得很遺憾，我想這是因為我們的教育出了問題，很多閱讀的興趣在學校期間就完全被折磨掉了。

在臺灣，還有許多怪現象，像送還在唸幼稚園的小朋友去學英文，好像英文很難的樣子，如果這麼想學好英文，只要把小孩子丟到大家都講英文的地方去，半年就好了。像現在，我們的學生，從初中、高中、大學讀了十幾年，竟然還不會看英文書，這是不是怪現象嗎？我在這裏講個小插曲，當初我的老師鼓勵我到德國留學的時候，我跟他抱怨說德文我又沒有修過，我的老師說：「沒有修，學就好了。」我後來想想也有道理，世界上最難的語言中文我都學得來了，那德文又有什麼困難呢？後來我一口氣苦讀九星期就把德文基礎打好了。

對臺灣揠苗助長的教育方式我甚不贊同。我常常鼓勵人讀書要「不求甚解」。很多人讀英文報紙，常常因為有生字沒查字典，就看不下去了，何必呢？其實你把整段文章瀏覽完，比你精讀兩行要來得有意義，等到你發現你常看到的生字，有字典在旁邊的時候，一查就記得了，平常千萬不要為了查字典，抹煞了以外文擷取新知的樂趣。

就是要這樣透過更多的閱讀，更多的練習，不要精讀，要「不求甚解」，抓住粗枝大葉的基本意義，把全本書先瀏覽過一遍，比起你只精讀十來頁，後來因為並不全懂、缺乏耐心而放棄來得有意義。至少你把整本書都翻完了，等到全部翻完後，如果覺得這本書還有意義，你再比較仔細地來讀，看不懂的先跳過去，看得懂或覺得有意思的地方再仔細讀或是把它畫下來，這樣你慢慢地就可以領略到「不求甚解」的方法和讀書的樂趣了。

臺灣的教育存有「價值倒置」的現象，因為被動式的讀書在我們接受教育的期間占了主導地位。我認為國人無法養成良好的閱讀習慣，與我們的教育和考試的方式有很嚴重、很密切的關連。

第二個層次是實用的讀書。基於實用的目的，常因工作需要而讀書。在工商社會中繼續讀書的人，大多是基於這樣的目的。我認為一個進步的現代社會裏，資訊的取得相當重要，而教育的主要目的之一就是要求大家能夠自己去蒐集資料、分析、綜合及研判，所以實用的讀書也很重要。

第三個層次是為讀書而讀書，也就是基於興趣而讀書，為了自己人格持續的開展而讀書。

人生在世，有時不求名而得名，不求利而得利。我常鼓勵大家多看一些跟現實工作無關的書。人之所以可貴乃在於會做夢，禽獸則不會。做夢，在一定的程度上，可使人從現實的世界掙脫出來。夢，是一種構想力、創造力的解放。這種解放有賴於透過閱讀更多素材或與現實工作無關的書籍，才能增加突如其來的靈感而獲致豐碩的成果。

這種惟美的、純粹為興趣的讀書，是臺灣目前最需要的。也就是說，要做為一個具有獨立思考能力的人，一個開朗、通情達理，且對新生事物時時保持興趣的知識分子，必須不斷地充實、不斷地讀書，而且是為讀書而讀書。

在這裏要強調的是，知識分子並不意味是高學歷的人。因為當教育制度有問題時，所培養出來的人學歷愈高，也可能問題愈大。

學歷的高低與學識的好壞並無必然的關係。只要有好的讀書計畫，人生漫長歲月中所能讀的書，絕對比一般大學教育中所讀的超過十倍以上。事實上，大學中所教導的多半是基礎知識，真的要深入，還是必須靠自己好好計畫，努力進修而讀書。

我在這裏引用一下孟子所講的「天爵」和「人爵」。學歷大概就相當於「人爵」，代表某種社會制度下，授予你的一種尊榮；至於「天爵」則是靠我們自己努力、自修得來的學識。當然，你有好的學歷，又能不斷地自修，我們相信你的學識將更加紮實。所以基本上，我個人的看法是，學識決定在自己，但看自己是否願意不斷追求新知；而學歷則需要外在條件配合得好才能取得。像我也是運氣配合得好，如果我晚生五年，東西德統一了，我們臺灣的經濟也起飛，不再是第三世界國家了，在德國可能就沒有獎學金願意支持我唸完博士學位了。

因此，大家要試著培養讀書的興趣，活到老，學到老，人格即可不斷地開展。如果能不斷充實自己，內在自信的光輝相對可帶動品格、容貌、氣質各方面的提升，年紀愈大愈有魅力。

伍、如何培養閱讀的能力

大家不要認為年紀大了就不能或不必讀書。唐宋八大家三蘇中的蘇老泉到二十七歲才立志向學，而馬克思五十幾歲才開始學俄文，所以學習與年齡是沒有關係的。

那我們要如何增強閱讀能力呢？我擬出四點建議，給大家參考。

第一，增強外文閱讀能力。

我覺得外文很重要。我自高中起就有一個偏見，原則上我不讀當代的中文著作。我認為當代中文書如果有用，現代中國就不會那麼淒慘了。可見自鴉片戰爭以來，中國就沒有能人，尤其是當權者的書更不能讀。因為他們的見解如果正確的話，中國早就強了。

外文對於新知的攝取是非常重要的，以學英文為例，我在這裏要跟大家特別強調，如果你不會「聽」、不會「說」、不會「寫」，都沒關係，會「讀」就可以了，能用英文來吸收新知就可以了。像天主教會中的神父，可以用拉丁文來讀經文，也不見得會說聽、說、寫。當然如果你的英文聽說讀寫樣樣精通那是最好，如果不行，那至少要把英文當成閱讀的一種工具，要會讀，藉著閱讀英文來汲取新知。

同樣的，不少人看得懂文言文，卻不見得能用文言文來作文，但至少可以用文言文來看中國的古書。

除了英文，如果還行有餘力，不妨再選擇法文或德文來學，有什麼好處呢？可以平衡世界觀。日文不是不好，只是如果要平衡世界觀，選擇法文或德文，效果會比日文好。如果你能通曉兩種以上的外來文來吸收新知，你就有資格成為一個現代的世界公民。

其次，我想建議大家，本行以外，最好再增加兩門以上的專業。例如你的本行是企管，最好再去學學歷史學或心理學，這在臺灣一點也不困難，可以參加空中補校，或者你不去拿學位，只是從頭到尾跟他學完。

因為我們在離開學校以後，知識的攝取主要是靠一些專業雜誌，如果你除了本行之外，還能看兩種以上的專業雜誌，就能把你的視野拉得更加寬廣。我覺得這非常重要。像在德國，對這個要求就很嚴，如果你要攻讀哲學博士的話，必須在本行以外具備兩門以上的專業，稱為 reale Wissenschaft，意思是跟實際生活有關的學問。例如經濟學就是 reale Wissenschaft，經濟學一定會涉及到實際的經濟現象，那你怎麼去研究、蒐集資料、研判分析，類似這種學問多兩種的話，你就不會太過飄浮，也比較能夠踏實。

第三，養成閱讀古文的習慣。

現在在臺灣很糟糕，我發現很少人有讀古書的習慣。事實上，不了解古文，就不知道做中國人的榮耀。

舉個例子來說，我曾在北宋羅大經所著《鶴林玉露》上看到作者形容檳榔，寫得真是惟妙惟肖。作者以二十個字來描述，他說：「飽能使之餓，餓能使之飽，醒能使之醉，醉能使之醒。」如此貼切的形容出現在一千年前，卻能與我們現在日常生活中吃檳榔的習慣相互印證。從這裏，我們可以發現，現代人的智商未必比古人高，古人有古人高明的地方，就怕你不知道而已。

像我在說明社會安全制度的時候，就非常喜歡引用〈禮運大同篇〉中的「老有所終、壯有所用、幼有所長」，這個「老」、「壯」、「幼」，與德國現在的社會安全制度中，所謂的「跨代契約」（generationsuebergreifender Vertrag）完全一樣。德國的社會安全制度花了很多錢來照顧未成年人。比如，一位婦女懷孕了，不必申請，婦產科那邊都有紀錄，市政府馬上就把福利金匯到她的帳戶。在他們的制度中認為，婦女懷孕，工作能力會減低，開銷卻會增加，而生育是在為國家培養未來的納稅人，因此，婦女生兒育女的風險，國家有責任代為分攤。現在德國婦女若因為生小孩而將原有的工作辭掉，政府每個月會補助她六百馬克，相當臺幣一萬元，補助時間持續兩年，而他們還在考慮將時間延長為六年，也就是直到小孩入小學為止。德國的這項福利，只是希望小孩能在自己父母的哺育之下，人格更健全地發展。

這樣比較下來，我們現在臺灣的婦女實在是太可憐了。所以說，我們的社會安全制度也應該檢討。

其實在我們中國北魏時代，就有「生一男丁，國家贈地」的均田制度，讓每個人有工作好做，有田宅，才會有收入。當人民有收入時，政府才能向人民課稅。就是因為這些制度，才造就了後來的隋唐盛世。

在德國也有「制產政策」（Vermoegensbildungspolitik），也就是說，政府有責任幫助老百姓制產，所謂有恆產才有恆心，有恆心後社會才能安定和諧。

從今天的角度來看，政府有責任幫助人民擁有自己的房子；此外，政府應有效地推行充分就業政策，讓每一個人能夠有一份適合他的才幹的職業。像這些在我們中國古書裏都有吔！

我們中國古代的社會安全制度，我認為最重要的是「義倉」和「義學」。

我提過很多次，「教育」與「社會安全」是分不開的，但執政當局卻仍舊不了解，以為教育歸教育，社會安全歸社會安全，其實很多先進國家都是把教育和社會安全放在一起的。

在臺灣很多人強調政府預算應增加對殘障福利的支出，這種看法未必中肯，做好殘障福利的前提就是要先辦好特殊教育，應幫助這些殘障者也能學得一技之長才最重要，因為殘障者不見得需要政府去救濟啊！他們也有生存的權利。有人老是以為臺灣的盲人只能幫人按摩或算命，啞吧只能參加竊盜集團，這都是太過偏差且不尊重人權的錯誤觀念！

在中國古代的「義學」，早已將社會安全的精神放進去了。所以說，只有真的去看古文，才能了解世界上這個優秀的民族，他們過去有哪些寶貴的經驗或犯了哪些嚴重的錯誤需要今天的我們去學習或改進。

其實，唯有扎根於傳統的創造才可大可久，這種創造才不是偶然的。真正的創造一定是基於對過去有深刻的了解、對現在有深刻的認識，這種創造才是有所本的。

世界歷史中，最菁華的部分在中國，中國的歷史從未斷過，是最完整的，所以說這裏面有很多一流的智慧，讀古文，最重要就是了解我們古聖先賢的智慧精華。我們說要讀外文，為的是吸收當代新知，歷史知識方面，與其研究羅馬帝國衰亡史，何不來研究看看我們大唐帝國是怎麼垮掉的。而且你在這裏面，可以讀到很多東西的。所以說，做學問切勿好高騖遠，應隨時去取材身旁之物，古文也是最好的吸收知識的工具，同時也是最寶貴的。

第四，我鼓勵大家，你若要當一個通曉事理的現代人，我建議你至少要讀兩本經典著作。

經典著作很重要，學有所本就是靠經典著作。什麼叫做經典著作？如《春秋》、《易經》、《孟子》。如果要說現代的，像康德的《純粹理性批判》、達爾文的《物種原始》、馬克思的《資本論》等。

不過我從來不鼓勵大家去讀康德的著作，因為那些書的中譯本翻譯得並不理想，看了也是白看，倒不如讀一讀王陽明的《傳習錄》，三卷而已，薄薄的一本，好好把它讀通，大概康德道德哲學的精華，都在其中。

讀書不要好高騖遠，其實如果你好好地讀陽明、讀孟子，就會獲益良多。為什麼我要特別向大家推薦《孟子》和陽明？這是有道理的。

現代日本的催生者——吉田松陰，在日本被尊稱為「明治維新之父」，伊藤博文、山縣有朋都是他的門生，而吉田松陰主要研究的經典，就是《孟子》和陽明。

這是很有趣的現象，所以我並不鼓勵大家去讀艱深難懂的外國經典，不必讀多，好好讀一本、兩本，就是學有所本，可以終生受益。

什麼叫經典？經典就是要精讀、細讀的書籍，不懂也要把它硬吞下去，然後再慢慢咀嚼回味。經典就是當你好好讀完一本以後，你的理論水平會出現質的躍升。因此，好好的讀一本經典，比什麼都值得。

培養閱讀的能力，就講到這裏，最後，我想提醒大家的就是，材料的積累與智慧的增長無關，不要以為看了很多書就可以博學了，沒有消化還是沒用。材料的積累還不等於智慧的增長，常常有人要我推薦一些好書，我的看法是「因材施教」，適合讀者的能力與興趣的書，方為好書。不過基本上，我建議挑書時，最好是你對這本書大約「八成已懂，二成不懂」，這樣的書才是難度適中的書，也可逐漸培養你讀書的樂趣。

陸、結語

最後，我想引述朱熹的「讀書四大戒律」供大家參考。

第一，寧詳勿略。

讀書要融會貫通，徹底消化，不可一知半解。我前面提過的「不求甚解」是針對我們目前制式教育抹煞了大家對讀書的樂趣而講的。「不求甚解」最終的目的還是要融會貫通，也就是說一本書你能翻完，總比只翻前面幾頁來的好，所以大家不要誤解。

第二，寧下勿高。

寧願先從簡單的書下手，太高深的書對自己治學毫無助益。

第三，寧拙勿巧。

該參考其他書籍資料時，就應當多參考，也許讀起來比較慢，但是所得會更多。

第四，寧近勿遠。

不要捨近求遠，寧可從身邊的事務學起，才是最踏實的學問。

——《中國男人》一九九二年十一—十二月

天下至廣　非一人所能獨治

——給李登輝先生的一封公開信

一九九二年年底立委選舉後，高層政爭再起。一般民眾大多以為「外省籍大老聯合欺負李登輝」，使得李氏可以毫無忌憚利用「省籍矛盾」與「李登輝情結」，一再破壞憲政體制，拒絕黨內民主改革。李氏可以大言不慚「天下為公」、「政治人物要誠實」，卻又否認「謝孫兩資政求見」，並形容外省籍人士是「不在地地主的兒子」。自彈自唱郝柏村下臺一事，他是「局外人」……云云。

為了臺灣的安定繁榮，為了整個中國的前途，朱高正鼓起十足的勇氣，寫了這篇難得一見的佳作。

其實，朱高正早於一九八八年初蔣經國先生過世之際，對繼任的李登輝先生就多所建言，但李氏卻一再反其道而行。一九九二年端陽節，朱高正感傷懷時，想起屈原，撫今追昔，更有難言之慟。乃抄錄《北周書・文帝紀》的一段詔書，用以自勉。本文的題目〈天下至廣，非一人所能獨治〉即出自該詔書。

此詔書係由「北朝第一人」蘇綽所撰，蘇氏推行「均田制」，首創「府兵制」，實現「兵農合一」、「選農訓兵」的理想，終能結束中國四百年分裂的局面，並奠定隋唐盛世的基礎。本文即以此詔書為托底，來檢視李氏掌權五年來的作為，在一片阿諛諂媚聲中，本文足為歷史留下不朽的見證。

李登輝先生，你好：

日本自民黨前幹事長綿貫民輔來訪，向你請教施政理念為何，你說是「天下為公」四字。看報上的報導，心中百感交集，假如你真的實踐「天下為公」的政治理念，那該是一件多麼令人賞心悅目的美事！

一九八八年元月十三日，蔣經國先生過世。當晚驟聞這個消息，我難過得掉下淚來，怨嘆在臺灣民主化的關鍵時刻，卻失去這麼重要的主導力量。這時你接掌國家大權，大家把希望都寄託在你身上，希望你帶領這個國家，走上民主的大道。你有什麼缺失，大家都曲意維護，你有什麼不如意，大家也都指責不和你合作的人。而這一切，無非是期望你會比大陸人更加勤政愛民，較會為後世子孫福祉著想。

有人說，這是「李登輝情結」，或者乾脆叫它「省籍情結」。但五年來，目睹你掌權後的所作所為，再聽到你說「天下為公」的話，我深感迷惑，有些話如鯁在喉，不吐不快，也希望藉著這封公開信，讓你有公開解釋的機會。

國民黨不民主，大家都要關心

我雖屬在野黨，但基於對臺灣政治現實的認識，不得不對國民黨盡一點言責。因為，擁有數千億黨產、據有絕對優勢地位的國民黨，是臺灣政局的主導力量。我們如何能夠期待不民主的執政黨會將臺灣帶向民主？國民黨如果不民主，每一位國民都有權關心。最近，德國新納粹黨鬧得很兇，執政黨籍的聯邦總統走上街頭抗議！難怪德國政黨法明定政黨不得違反「黨內民主」的原則。所以，在我從政之初，就主張制定政黨法，並要求國民黨交代黨產來源。時至今日，在你領導國民黨五年以來，你有什麼表現、什麼作為，讓人確信你在從事黨內民主改革？大家所見所聞，只不過在樹立你個人「一元化領導」的威信而已！

早在一九八八年二月十日，我在《臺灣時報》寫了一篇期勉你扮演「遜帝」，確立內閣制的文章。在蔣經國過世之初，我也非常同意你出任國民黨的主席，但前提是希望你能在國會全面改選之後，將黨主席的位子讓給國民黨在國會的實質領袖，成為憲法所設計的「虛位元首」，以建立內閣制。我並說，期待你扮演遜帝的角色，由你主動，這只有大智慧、大勇氣的人才辦得到，並無任何不敬之處。

向趙匡胤學習

我當時要說這些話，是想：蔣經國過世，你繼承如此龐大的權力，歷史上有誰的處境與你相似，值得你學習，讓你能為這個國家、為全體人民謀求更大的福祉？我想到的是宋太祖趙匡胤。王船山先生在「宋論」中，評論趙匡胤說：承受天命，其上以德，如商、周。其次以功，如漢高祖、唐太宗。只有趙匡胤是以「都點檢」之職黃袍加身，祖上無德，本身無功，便得到天下。趙匡胤無德無功，如何能開宋代四百年的基業？就是一個「懼」字，因為「懼以生慎，慎以生儉，儉以生慈，慈以生和，和以生文」。但是宋朝也是亡在一個「懼」字，因為「懼以生疑，疑以生猜，猜以生妒，妒以生亂，亂以生亡」。這段話，當年我沒有寫出來，但很不幸，五年來你走的竟是這條道路。只是蒼生何辜！百姓何辜！

趙匡胤臨終時，在石碑上刻下三大戒律，要求嗣君即位前，必須跪拜朗讀。三戒是：「保全柴氏子孫」；「不殺士大夫」；「不加農田之賦」。趙匡胤這三戒是有用意的，為什麼要保全柴氏子孫？因為趙匡胤是後周世宗柴榮所提拔的將領，趙匡胤這麼做，就是昭告天下他重恩義，因而五代的殺伐之氣消弭於無形。你自己也說過「吃果子拜樹頭」，可是對蔣家後代，你似乎忘了飲水思源。

善待蔣家後代？

一九八八年七月國民黨十三全會期間，你向新聞界放消息，擅指蔣緯國不要選中央委員；蔣緯國棄選之後，轉而撥票給章孝嚴與章孝慈。後來，蔣孝文死了，你把蔣孝武外放，蔣孝勇也赴加拿大不歸，還想把章孝嚴也外放沙烏地阿拉伯。我全力阻止這件事，認為應考慮章孝嚴的意願、外交閱歷及其專長。尤其是蔣家都離開臺灣，政治上並不是理想的安排，才將這件事擋了下來。

一九九〇年二月政爭，你又為了粉碎「林蔣配」，把蔣孝武弄回來，由他人捉刀，寫一篇痛斥蔣緯國的文章，交給蔣孝武發表，這是不顧人倫的作法。其實你曾向蔣緯國隨口說過「副總統來陪我選」，事後有人向你說，萬一你有三長兩短，蔣家不是復辟了嗎？你立刻改變主意。如此亟欲清除「前朝」，步步進逼，毫不顧念政局之穩定，豈非太過師心自用？

尊重知識分子？

趙匡胤的第二項戒律是不殺士大夫。尊重知識分子，有助於施政；尤其是尊重不同意見的知識分子，更可以樹立良好的政治楷模。可是你只聽信拍你馬屁、逢迎你的人，對意見不同的人，則視若草芥。陶百川先生遭人侮辱「接受中共一國兩制」，憤而要辭去國統會委員，你有片言隻字予以勸慰嗎？陶先生意見與你或許有不同之處，但對一位社會清望之士，身為一國元首難道不該稍加尊重嗎？

照顧農民？

你是農家子弟出身，又是農經博士，對趙匡胤所說「不加農田之賦」，照顧農民的一番意思，應該有所體悟，有所作為。但是，你整天和企業家打高爾夫球，身邊圍繞的盡是大財團、大企業負責人。你擔任省主席時，喊出八萬農業大軍的口號，到今天已成笑柄。其中的原因，就是你從未思索農民的實際需要為何，所以拿不出真正能照顧農民的政策。最近，我大力推動「農民退休年金制度」，行政院長郝柏村接受，並指示農委會限期研辦。立法院也通過我的提案，要求你支持本案，並保證本案不會因行政院改組而受影響。你才發表談話，表示「一向關心農民，一年多前就指示要辦農民退休年金制」。你知道，為了此案我已和行政部門磋商四年多了嗎？事實上，你主政五年以來，一直偏袒醫界出身的立委，支持調高農保費用，你何時關心過農民？連水租的全額補助還不是我三年前奔波出來的，那時你人又在哪裏？

《詩經》上說：「普天之下，莫非王土，率土之濱，莫非王臣。」你當上總統又兼國民黨主席，有最好的位子，最好的機會，要是真能一本「天下為公」的胸懷，效法趙匡胤力求政治和諧的誠意，則普天之下誰不願為你效命？你就可以真正帶領國家走向民主的光明前途。只可惜……

留俞排李

國民黨十三全會期間，當時的行政院長俞國華在中央委員選舉中，名次跌到第三十五名，依例閣揆若失去黨內有力的支持，通常是要下臺的。但是當時貴黨的秘書長李煥太強勢、太積極了，以最高票當選中央委員，你為了阻折李煥，就刻意扶持俞內閣。然後再以強勢總統，完全主導俞內閣在十三全會後的人事異動，你可曾想過尊重憲政體制、尊重閣揆選擇閣員的權力？當時我也曾透過管道向你建議，何不用林洋港組閣，即可粉碎各界「李、林不合」的傳聞，真正表現「天下為公」的精神。然你似乎擔心林洋港聲勢坐大，對林氏採取冷凍政策至今！

以李抑蔣

一九八九年底，立法委員剛剛選完，你曾傳話給時任行政院長的李煥，希望他出來搭檔選副總統。李煥問我的意見，他說：「民進黨在立法院人數增加了一倍，行政院長不好幹，能做多久也不知道；副總統地位尊榮，且任期六年。」我很不以為然，認為李煥任行政院長才半年，政務才剛上手就換人，對推行政務不好，對一般百姓生計的影響更是重大。當然李煥後來也是落空。原來你用李煥來牽制蔣緯國，而口袋中的人選卻是李元簇！

一九九〇年二月政爭，八大老出來講和，當時你答應的條件：國安局長宋心濂、國民黨中委會秘書長宋楚瑜二人去職；今後將尊重黨內意見，多做溝通、協商，結果一樣也沒實現。今天政局這麼亂，為什麼沒有人願意再出來為你奔走、講和？因為你只把別人當作工具的拙劣手段，絕了自己的路；政治是要協商、要守信的，像你這樣的短線做法，不嫌粗魯嗎？

由「肝膽相照」到「肝膽俱裂」

政爭落幕不久，一位熟知政壇人脈的朋友跟我說：「看樣子李登輝要下棋，只剩一著，就是用郝柏村做行政院長。」我說：「怎麼可能？這連蔣經國都不敢做。」但是，為了權力，為了鬥垮李煥，你做出來了：一九九〇年五月二日下午，郝柏村在國防部發出即將組閣的消息。當晚碰到宋心濂，我告訴他，你要任命郝柏村組閣。宋心濂當時還不知道，連說，不可能。分手之前，我得知晚間電視新聞已播出郝柏村組閣的消息，於是我再度告知宋心濂。宋當場臉色大變，難過之情溢於言表。我向他說：「別難過，你不會外調韓國了！」

當初政爭，八大老出面協議內容，大宋調韓國；小宋調美國。你之所以食言沒調走宋心濂，還不是用郝柏村打掉李煥之後，又要留住宋心濂牽制郝柏村。你的一貫原則，就是鞏固自己的權位。

當時你向外界表示，你和郝柏村「肝膽相照」，他對你「忠心耿耿」。言猶在耳，你和郝柏村已變成「恐怖平衡」、「瀕臨決裂」了。一九九〇年五月四日，郝柏村確定要組閣了，那天早上我去國防部看他。我說，李登輝這個人不好相處。郝柏村說，這一點可以放心，他當蔣總統侍衛長多年，也看過不少人，自信有把握應付得好。但現在看來，他的把握也落空了。

權力慾太重

權力慾太重，常要越級指揮，是你和幾位行政院長處不好的主要原因。在體制中沒有職位、缺少政治歷練、學養平庸、又無民意基礎的蘇志誠、賴國洲在你包庇之下弄權生事，陳重光、宋楚瑜經常參贊決策，完全無視國家行政體制之存在，抓權抓得如此徹底，實在不妥。

你毫不尊重國家體制，難怪連黨的體制也棄之不顧。去年修憲之前，國民黨中常會慎重其事地成立「協調分組」與「研究分組」，開了無數次會，擬出委任直選的辦法；誰知去年初，你的好友張榮發向媒體表示應該公民直選後，你便來個政策急轉彎，在國民黨三中全會召開前一週，突然棄原案於不顧。這讓一直擔任主要研究工作的施啟揚、馬英九兩人情何以堪？馬笑九甚至向記者說出：「你們現在還相信我的話嗎？」令人聞之鼻酸。糟蹋知識分子至此者，歷史上惟有昏暴之君才做得出來！

不尊重憲政體制

你在接受日本《產經新聞》訪問時，談到我國憲政體制究為總統制，還是內閣制的問題時竟然說：「臺灣報紙有人議論內閣制、總統制，但不能聽。我國憲法上，行政院長握有豐富的預算權，看起來有權力，但他要聽總統的意思。」這種極無常識、不尊重憲政體制的話，出自一國元首之口，不當至極！你忘了憲法規定，行政院對立法院負責嗎？這些話不僅證明了你心中根本沒有中華民國憲法，也從未仔細思考過你所宣誓效忠過的中華民國憲法真正的精神為何；難怪你主導的修憲變成毀憲！更令人不寒而慄的是，這些話顯示你無意中流露出「帝王心態」，難怪你修憲要修成「半帝制」。一九九〇年的國是會議，邀請對象由你一人決定；現在提名的監察委員，還是由你一人決定。就連反對黨要找誰出任監委，也沒有商量的餘地。在你「半帝制」之下，一言堂是必然的結果，現在的「人事佈局」，還是你一個人在下棋，這就是你所謂的「天下為公」嗎？

「至公之道沒，而姦詐之萌生」

這次立委大選，國民黨慘敗。你身為黨主席，一手主導提名作業。而國民黨提名大批金牛與黑道人物，是致敗的主因，你可以不必負責嗎？你連一句責怪自己的話都沒有！不但如此，選後你還理直氣壯地要安排這個人事、那個人事。宋楚瑜要辭職，你不但慰留，還準備給他一個好位子——省主席。你的做法，真如《北周書・文帝紀》詔書所說：「以官職為私恩，爵祿為榮惠。君之命官，親則授之，愛則任之。臣之受位，可以尊身而潤屋者，則迂道而求之。至公之道沒，而姦詐之萌生，天下不治，正為此矣！」

你喜歡連戰。選舉一過，就要連戰給立委送當選證書，以省主席身分給中央民代送當選證書。以此類推，省議員豈非由縣長來送？縣議員由鄉鎮長來送？鄉鎮民代表則由村里長來送？踐踏國家體制至此，成何體統！你不要以為提名連戰出任閣揆，從此你就可大權獨攬，貫徹一己的意志。要知道，你在蔣經國時代奴顏卑屈，一副謙和之貌；一旦掌權，立刻露出本來面目。連戰未來同樣有可能和你關係破裂。

你事事堅持己見，如果連戰對你事事服從，立法委員矛頭必將指向你；而以你過去的表現，肯定無法抵擋立委的批判，最後必然罵名滿天下。反之，連戰一旦體察形勢，看準大家逐漸對你失去信心，只要發揮憲法上應有的權限，就可以吃定你。到時候，你和連戰同樣會相處不下去，政局又將不安。你自己為所欲為，卻要無辜百姓陪你受罪！

不能坐視臺灣的基業任你毀壞

個人前途事小，百姓福祉事大，為了臺灣的安定繁榮，為了整個中國的前途，不能坐視臺灣的基業任你毀壞！句句肺腑之言，一定要講出來。為了國會全面改選，我公然向國民黨的威權挑戰，為了臺灣長遠的安定繁榮，我不惜黯然退出日漸得勢的民進黨。在亂世立於廟堂之上，無力救亡圖存，已是奇恥大辱；如果連幾句真心話都不敢說出口，怎麼對得起天地良心？我希望你所說的施政理念「天下為公」是反省所得，而不是再一次的口是心非。

現在，我抄錄一段《北周書．文帝紀》中的詔書，請你細加省察：「古之帝王，所以建諸侯，立百官，非欲富貴其身而尊榮之。蓋以天下至廣，非一人所能獨治，是以博訪賢才，助己為治。若知其賢，則以禮命之。其人聞命之日，則慘然曰：『凡受人之事，任人之勞，何捨己而從人？』又自勉曰：『天生儁士，所以利時，彼人主欲與我共為治，安可苟辭？』於是降心受命。其居官也，不惶恤其私而憂其家，故妻子或有饑寒之弊而不顧。於是人主賜以俸祿，尊以軒冕而不以為惠，賢臣受之亦不以為德。為君者誠能以此道授官，為臣者誠能以此情受位，天下之大，可不言而治。」

最後，我想再提五年前給你的建議，希望你能痛定思痛立即辭去黨主席，用這種大公無私、開創新局的大智慧、大勇氣，為國家奠定可大可久的憲政基礎。果然如此，你將會贏得舉國一致無限的景仰與愛戴，成為中國自孫中山先生推翻滿清以來，最偉大、最崇高的元首。如果你不這樣做，不是國民黨分裂，臺灣便將出現獨裁體制。

誠摯的祝福你，也衷心期盼你劃時代的決定！

——一九九三年七月十八日至二十日散見國內外各大報

正視謀略

一般受過正統教育的人，尤其是假道學，多不屑於談論「謀略」。這正好反應制式教育不重視「方法論」的缺失，也嚴重影響國家現代化的進程。朱高正以孔門弟子的身份，論述「謀略」乃小自修身齊家、大至治國平天下所不可或缺的工具。全文立論引證宏偉、邏輯結構嚴謹，頗值玩味。

「謀略」這個概念本身即蘊涵著一定程度的弔詭性。正如孫子所言：「兵者，詭道也。」英國著名的戰略學者李達・哈特（B.H. Liddell Hart）從廣泛的戰史研究中也歸納出：古往今來，克敵致勝的一方皆與「間接路線」的運用有關。

「謀略」的弔詭性

所謂謀略的弔詭性，就是指乍看之下為不合理，實則合理。謀略的精義在於揚棄動物本能性的直覺反應，是經過深思熟慮，審慎評估客觀情勢、我方實力，並充分掌握對方心理狀態之後，才擬定的行動策略，所謂「謀定而後動」。因此，有時候要「能而示之不能」、「近而示之遠」，以達到欺敵的效果。李達・哈特所強調的「間接路線」就是指比直線思考更高一層的謀略作為而言，透過間接路線的運用往往可達到奇襲的效果，進而充分掌握戰場的主控權。

謀略，是立身行世的藝術，更是建功立業的利器。就立身行世而言，謀略可以改善人際關係，可將很多不必要的衝突化解於無形；就建功立業而言，有思考、有計畫、有步驟、有方向的謀略可獲致四兩撥千斤的宏效。直線思考模式或本能性的直覺反應對現實困境的解決無益，謀略的適當運用則往往能更有效達成預設的目標。因此，孫子主張：「上兵伐謀，其次伐交，其次伐兵，其下攻城。」光憑孟賁氣力之勇，暴虎憑河，反易敗事。人之所以異於禽獸，氣力不及禽獸而可役使禽獸，乃因人有「理性」。能運用理性，設謀定策，依計行事，自是較成熟的表現。所謂「多算勝，少算不勝」，而況於「不算」乎？

「謀略」是立身行世的藝術

茲先以立身行世為例。筆者長子膚色較為黝黑，次子則較為晰白。某日於登山途中，長子仰丘問：「爸爸，聽說弟弟出生時，爸爸用牛奶給弟弟洗澡，是不是真的？」這是一個相當尷尬的問題，涉及孩子的自尊，當時，筆者腦筋一轉，即答道：「是啊，弟弟出生時，爸爸是有用牛奶跟弟弟洗過澡。」這時仰丘顯得有點悵然，筆者緊接著說道：「但是，你出生時，爸爸也有用咖啡跟你洗過澡啊！」仰丘這時兩眼一亮，露出可掬的笑容。

其次，以建功立業為例。在一個專制獨裁的國家，反對人士常常犯了太過直率、據理力爭的毛病。政治不能光講「理」，還需要有「力」。當權者容或理虧，但卻握有實力，面對反對人士的挑戰，當然不願退讓，因為退讓只會鼓勵對手得寸進尺，而造成「一步退，步步退」的結果。在「退此一步，即無死所」的危機意識下，當權者自然會運用現有的資源打擊對手，以確保權位。筆者從事政治改革一向秉持「衝兩步，退一步」的原則與國民黨當局週旋。亦即先挑選足以引起普遍共鳴的重要議題（如「國會全面改選」、「教科文預算違憲」），充分積蓄能量之後，「衝兩步」奮力一擊，在國民黨搖搖欲墜之際，主動退讓一步，頓住，確保戰果，並醞釀發動下一波攻勢的實力。就國民黨而言，在慘敗之際卻能因對手的退讓而得到喘息的機會，自能以「少輸為贏」的心態，接納改革。日後甚至體認到假使能事先主動改革，非但可免遭對手的攻擊，又能得到改革的美名，何樂不為？

筆者曾倡言：「政治是高明的騙術」，引起不少的誤解。其實，「騙」在古代乃扁馬之術，並無太多貶意，何況筆者刻意強調要騙得「高明」，這就是要經由精心設計的謀略，以最少的犧牲，獲致最大的效果，豈是不學無「術」之徒所能理解！

「謀略」自科舉制度後，遭知識階級排斥

談到「謀略」，一般人就想到克勞塞維茨的《戰爭論》或李達·哈特的《戰略論》，其實這兩部軍事經典所討論的只是狹義的軍事戰略。反觀《孫子兵法》並不侷限於戰略，而擴展至政略。他如《老子》、《韓非子》、《戰國策》、《說苑》、《增廣智囊補》等，其適用範圍大至逐鹿中原、小至處理人際關係，自修身、齊家、以至治國、平天下，無所不包。可見我國傳統文化中，有關謀略的研究可謂源遠流長，絕非泰西諸國所能望其項背。只可惜，自董仲舒以降，獨尊儒術，先秦的兵家、法家、縱橫家、陰陽家、雜家等等，均漸漸與新興的士族階級絕緣。尤其自隋唐開科取士以來，士子不是沈湎於詩詞歌賦，就是陷入宋明理學所刻意凸顯的「尊德性」與「道問學」的「泛道德主義」的泥淖中。傳道授業由於採用過分化約的二分法，窮義利之辨，極善惡之分，殊不知「現實世界」與「觀念世界」截然不同。人固然需要觀念世界的指引，但卻不能脫離現實世界，人只能使現實世界逐步接近觀念世界所楬櫫的理想而已。偏執的泛道德主義只會使人更加憤世嫉俗，造成過分強調目標與理想的正當性，從而忽略了手段與過程的重要性。無怪乎自古文人相輕，因為空談理想，當然難有交集。

「謀略」的工具性格

儘管如此，所幸中國歷史悠久，幅員廣大，經驗傳承既久，後人可繼受前人的著述，稍補「謀略」在正統教育中長期被忽略的弊端。何況在歷史上，仍有不少有心人，諸如顧炎武、曾國藩，致力於經世濟民之學，強調通經致用，以史為鑑。其實，「謀略」並不探討目的，而是研究如何達成目標的方法論，亦即 know how 的問題。用英文來解釋，「謀略」屬於 prudence（聰慧機智）的範疇，而非 wisdom（智慧、無私的直觀）。謀略之所以易於遭到批評、甚至蔑視，無非是謀略常常被奸人宵小作為逞其私慾的工具。然而替天行道者不也同樣可以運用謀略來作為實踐正義的工具嗎？正如一把刀，為善為惡端視持刀者的意念而定。刀本身並無善惡可言。我們不會因為有好訟者濫用法律知識而禁絕法學教育，也不會因為秦始皇、隋煬帝濫興土木工程而廢棄土木工程技術。因此，有良心而正直的人毋寧更需要「謀略」，才能使善意得到善果。譬如諸葛亮滿腹韜略，自「隆中對」初定三分天下，及其治理蜀國，雖說「儒表法裏」，但無損於為一代良相。同樣，一代英主唐太宗為秦王時，置天策府、文學館，招賢納士，網羅各路豪傑為其效命，終有「貞觀之治」。

在多元化的現代社會，適當地運用謀略，對達成目標有很大的助益。無論是親子、夫妻感情的培養與增進，公司企業的經營與管理，或是國家機器的運作與國際關係的改善，在在都離不開「謀略」。在汲取前人的經驗與智慧方面，我們無需捨近求遠，在我國浩瀚的古籍中就有取之不盡、用之不竭的高明謀略，只要重新詮釋、賦與新義，便能在現代社會中運用裕如。

——臺灣版《謀略叢書》序，一九九三年二月

古書親情一線牽

祖父留下來的線裝書啟蒙了年少的朱高正，並為他紮下良好的國學底子。年輕的時候得以接觸《易經》，使其學有所本，進而能會通古今中外。一九九三年底一趟大陸尋根之旅，朱高正得以確證自己為先哲朱熹之後，撫今追昔，特以此文誌其赤子孺慕之情。

常有人要我介紹康德或黑格爾哲學的入門書。對無法直接閱讀德文原著的朋友，我總是建議他們讀《孟子》、《傳習錄》或《易經》，來替代鑽研康德或黑格爾。為此，難免有人納悶，何以接受現代教育且在德國留過學的朱高正，竟然會對中國古書情有獨鍾？

這得從我父親談起。父親是臺灣典型的老一輩讀書人。他受過完整的日式教育，壓根兒就瞧不起中華文化，對閱讀古書與燒香禮佛向來嗤之以鼻。直到我就讀初中時，父親即將退休，大概是上年紀的關係，他開始對祭祖有興趣。因此在清明掃墓時，我才漸漸得知祖父在同輩親友中書讀得最好。

古書幫我走進康德世界

其時，我也自認在同儕中成績最突出，所以微妙地想了解祖父的內心世界和他的人生觀與價值觀。強烈的好奇心驅策我去翻閱祖父遺留下來的古書。因此，唸高中時我就常利用課餘時間，似懂非懂地浸淫在《易經》、《四書》、《國語》、《史記》與《傳習錄》等書中。後來，拜《老》、《莊》與《易經》——即通稱的「三玄」——之賜，康德在西方向以艱奧難懂著稱，我卻能在博士論文的撰述過程中恢恢然游刃有餘。已有八十多年歷史的世界權威哲學刊物《康德研究季刊》在一九九二年的書評中，將我於一九九〇年在德國出版的學術著作給予極高的評價。這對一個出身亞洲的學者而言，談何容易？但正由於擁有良好的國學基礎，才能使得我對康德的研究獨樹一幟。

古籍經典是先聖先賢在中國這塊土地上的智慧結晶。如《易經》源自北方；《老》、《莊》則是南方的產物。讀這些祖父留下來的古書，使我漸漸走進中華文化的殿堂；對祖先的慎終追遠，發展為對民族文化的深摯關懷。

最近我帶領龍發堂大樂團到江西與福建二省巡迴演出。行程中預定前往漳州，那正是我的祖籍地。

憑著模糊的記憶，我是渡臺第六代，而父祖的墓碑上均刻有「和邑」兩字。因此，在前往漳州前，人雖仍在江西，卻已燃起尋根的強烈欲望。隨即打電話回臺灣，請家人將族譜傳真到南昌，這才知道朱熹是我的二十六代祖。震撼之餘，立即託人電訪漳州族親，確認朱熹就是我的先祖。於是利用樂團在九江演出之便，順道造訪廬山腳下朱文公的講學遺址——白鹿洞書院，撫今追昔，宛如故地重遊，百感交集。

訪問團抵達漳州後，立即安排尋根事宜。「和邑」即今天福建省漳州市平和縣的九峰鎮，我在朱家祠堂裡正式核對族譜。朱姓人家佔當地人口四成，上百位族親（大多晚我四到八代）聚集在祠堂熱烈歡迎這個遠遊返鄉，輩分也最高的親人。

遠遊返鄉輩分最高

我的祖先可上溯至顓頊、黃帝，曾輔佐過舜帝，武王伐紂時，有功封於「邾」，後加賜子爵。戰國時為楚國所併，去「邑」姓「朱」。晚唐時（西元九〇四年），先祖朱瓌奉派率三千官兵戍守婺源，民賴以安，是以在此落地生根。八傳至朱松，亦即朱熹之父，因仕而移居福建建陽。再傳十代，適元末天下大亂，遷往寧化、南靖等地，最後才在和邑定居。

和邑開基祖於明洪武元年（西元一三六八年）逝世，其墓地風景優美雅緻，為九峰鎮四景之一，背山面水，可遠眺綿延不絕的溪流，其盡頭處有一個絕美的轉彎。據說這座祖墳風水極佳，因此發現此地的堪輿師父也囑咐把自己埋葬於墓旁。

朱子行誼後世典範

由於朱文公學術地位尊崇，於清康熙五十三年間從孔廟東廡被移入大成殿奉祀，位列孔門十哲之一，此乃自秦以來唯一被入祀大成殿的大儒。事實上，中國傳統的承續，自孔、孟、荀以降，地位能與先秦諸聖並比的，非朱文公莫屬，其父朱松則依例入祀肇聖祠。

遙想戰國時代周天子式微，群雄並起，天下無道，民不聊生。臣弒君、子弒父。孟子為匡俗救世，起而闢楊墨。朱子當時的思想界由釋、道分領風騷，而儒學則沈潛不興，聖道晦而不明。為了振衰起敝，朱子傾其畢生之力闡揚聖道，致力講學，並註解經書，融合周敦頤、張載、邵雍、司馬光、程頤、程顥諸大家，閩學終能與濂、洛、關並稱。儒學亦得以「理學」或「道學」的面貌復興。

軀體精神尋根有成

自從知悉先祖行誼後，我的內心踏實多了。事實上，《易經》乃群經之首，儒道兩大家均歸本於《易》。回想高二初讀《易經》，對一個懵懂少年來說，實難窺其堂奧。直至近兩年重讀，或因年紀與智慧漸長，終能慢慢領會其中的奧妙與深義。今天研讀《易經》的人多從朱熹的《周易本義》入門。因此，闡揚易學對我而言，除了是哲學工作者的責任之外，更是身為朱子後裔無可推卸之職。

這次大陸行，我不只找到軀體的根，更找到精神的根。精神上的有所本，使我今後面對現代化的挑戰，更能堅持「文化主體意識」，兼顧傳統與創新，為未來的中國找出一條坦蕩大道。

——《聯合晚報》一九九三年十一月二十九日

千古一帝秦始皇

——重新解讀「焚書坑儒」

史學家向來對秦始皇的功過多有爭論，但鮮有質疑秦始皇焚書坑儒是百惡不赦的大罪。在一個國際學術會議的場合，有外國學者嚴辭批評秦始皇，以秦始皇代表中國文化，發表譏視中國文化的謬論，經朱高正即席反駁，贏得與會代表一致的讚賞。返臺之後，朱高正即著手撰寫〈千古一帝秦始皇〉，這是一篇專為秦始皇焚書坑儒翻案的著作。本文結構嚴謹，舉證詳實，充分顯示出朱高正對中國歷史的識見，足讓秦漢史專家刮目相看。

漢儒賈誼在其著名的政論文章《過秦論》中以「廢王道，立私權，禁文書而酷刑法」非難秦始皇，並認為秦的滅亡主因在於「不施仁義」。賈誼對秦始皇的嚴厲指責本為了使漢廷知所鑒戒，並抒發自己的政治理想。然而，自司馬遷以來，後人多因循賈誼的觀點，甚至直指秦始皇為「暴君」，一提到秦始皇就讓人聯想到「焚書坑儒」。其實，秦始皇坑的未必是儒生，而焚書的原因也鮮有人知。

焚書主張非秦始皇所創

一般人常以「焚書」為秦始皇控制思想、摧毀學術的罪證。然而揆諸史實，「焚書」的主張並非秦始皇所創，而是早在西元前三百六十二年秦孝公銳意革新，重用商鞅，為了富國強兵，就有力主農戰、「燔詩書而明法令」（見《韓非子》）的政策，秦始皇只不過賡續這個一貫的立國精神罷了。秦始皇之所以能於短短十年之內（即西元前二百三十年至二百二十一年）併滅六國，亦係此農戰政策的成功。

一統天下後，秦始皇廢除封建制度，實行郡縣制度，此即賈誼所指責的「廢王道，立私權」。這是亙古未有的政治制度的大變革，這不僅招致守舊人士的反對，更導致六國遺族推波助瀾、加入批評的行列。但是秦始皇認為：「天下共苦，戰鬥不休，以有侯王。賴宗廟，天下初定，又復立國，是樹兵也。而求其寧息，豈不難哉？」（見司馬遷《史記・秦始皇本紀》）可見秦始皇廢封建、行郡縣的用意在於弭兵，以求天下永久的和平與統一。事實上，郡縣制度也消融了貴族與平民的階級對立，為「平民政府」與「賢人政治」的建立奠定了基礎。因此，漢武帝時董仲舒提議「復古更化」，乃設置五經博士，獨尊儒術，卻仍信守「非劉氏不王」的郡縣制度，並未因「復古更化」而恢復封建制度。王夫之在《讀通鑑論》中即給予郡縣制度高度的評價：「郡縣之制，垂二千年而弗能改矣，合古今上下皆安之……郡縣之法，已在秦先。秦之所滅者六國耳，非盡滅三代之所封也。則分之為郡，分之為縣，俾才可長民者皆居民上以盡其才，而治民之紀，并何為而非天下之公乎？」

然而在始皇三十四年，亦即統一天下已經八年了，僕射周青臣與博士淳于越卻仍然在辯論封建得失。淳于越認為「事不師古而能長久者，非所聞也。」主張復行封建，「封子弟功臣，自為枝輔」，始皇提交廷議討論。

李斯建議焚書以絕私學

丞相李斯面對著守舊派一再延引封建時代的言論，以古非今，惡意攻訐郡縣制度，遂主張「焚書」，禁絕「私學」，使法令得以定於一尊。李斯認為：「今諸生不師今而學古，以非當世，惑亂黔首……語皆道古以害今，飾虛言以亂實，人善其私學，以非上之所建立，今皇帝并有天下，別黑白而定一尊，私學而相與非法教。人聞令下，則各以其學議之，入則心非，出則巷議，夸主以為名，異取以為高……如此弗禁，則主勢降乎上，黨與成乎下。」

（見〈秦始皇本紀〉）

其實，「王官之學」本為中國上古時代的學術傳統。天子設立各級學校，擔負教育任務。至春秋時代，由於周天子式微，王官之學沒落，漸次流入民間，致百家爭鳴，道術分裂。天下既然統一，秦始皇不僅統一了貨幣與度量衡，也統一了文字，所謂「書同文，車同軌」，當然也須要恢復「王官之學」。「焚書」就這樣在秦國農戰政策傳統，重建「王官之學」與貫徹「廢封建、行郡縣」的政策需求下產生的。「焚書」並非焚毀一切書籍，只是不准民間藏書（醫藥、卜筮、種樹等實用性書籍則除外），由國家統理圖書的典藏與教育權，以回復「王官之學」的傳統。李斯所奏「史官非秦紀，皆燒之。非博士官所職，天下敢有藏詩書百家語者，悉詣守尉雜燒之」以及「若欲有學法令，以吏為師」即為佐證（具見〈秦始皇本紀〉）。南宋一代大儒朱熹也認為：「古人以竹簡寫書，民間不能盡有，惟官司有之。如秦焚書，也只是教天下焚之，他朝廷依舊留得。如說：『非秦紀及博士所掌者，盡焚之。』到六經之類，他依舊留得，但天下人無有」（見《朱子語類》卷第一百三十八）。可惜的是，項羽進入咸陽城之後，火燒阿房宮，使保存於阿房宮的珍貴典籍盡付一炬。若言「焚書」的真正罪魁禍首，實為項羽。

創設廷議怎當暴君之名

況且，「焚書」主要係針對六國史記，因其涉及現實政治，又對秦國多所譏諷（諸如充斥「嫚秦」、「暴秦」、「禿狼秦」、「無道秦」等辱罵性字眼）。其次為詩書，因其每每為守舊派要求「師古」、「復古」的立論依據，有違改革與統一的時代潮流。其實孟子也曾說「盡信書，不如無書」，這裡所指的「書」就是指書經。易言之，孟子認為書經所載未可盡信。此外，古希臘大哲學家柏拉圖在其名著《理想國》中也提及禁絕詩歌、音樂的主張。至於「百家語」則非其所重，私家藏書尚多。章炳麟即謂：「自始皇二十四年焚書訖於張楚之興，首尾五年，記誦未衰。」

再者，即使「焚書」有錯，由秦始皇一人負責亦有欠公允。焚書係經丞相李斯的提議及廷議的討論所作出的決策。所謂「廷議」，係指國家重大決策，非由帝王個人專斷，而是召集大臣互相討論以作出決議。真正的專制帝王不可能設置廷議來限制自己的權力。創設「廷議」制度的秦始皇怎可能是獨夫暴君？

除「焚書」外，同為世人所非議的「坑儒」，其實並非坑殺儒生，而係針對「處士橫議」而來。戰國時代兵家、縱橫家、陰陽家與雜家風行一時。以蘇秦為例，憑著三寸不爛之舌得以掛六國相印，是多少人夢寐以求的楷模。秦始皇統一天下之後，這些足智多謀、雄辯滔滔的食客與謀士頓失舞臺，不甘蟄伏，不時危言聳聽，煽動六國遺族造反。秦始皇所下令坑殺的正是這些披著方士外衣的陰謀家，並非儒生。章炳麟於《國故論衡》中說：「太史公儒林列傳曰：秦之季世，坑術士；而世謂之坑儒。」即使秦始皇所坑殺的確是儒生，如此嚴厲指責亦有失公允。明太祖朱元璋於胡惟庸案中即誅殺三萬多名士大大，於藍玉案中又誅殺了一萬五千多人；東漢黨錮之禍被誅殺者亦較始皇所坑殺的四百六十餘人為多。

醜化秦政以烘托漢朝政權的正當性

至於秦始皇的「焚書坑儒」之所以遭受如此嚴厲的非難與扭曲，當從漢帝國的「正當性」談起。漢高祖劉邦是中國歷史上第一位平民出身的皇帝；其父稱「太公」，無名；其母則稱「劉媼」，意即「劉姓老婦人」，連原姓氏都查考不出來，可見出身的卑微。這種身世背景，犯了中國歷史傳統上的大忌。從三代以降至秦始皇，每個朝代的開創者均擁有淵遠流長的家族史，務必積德數代，方能承接大統。漢帝國為了鞏固這個根基薄弱的政權，遂極力醜化秦始皇，以其暴虐無道烘托出自己取得天下的正當性。這種手法，實與馬丁路德為與天主教教會鬥爭，遂將教會掌權的中世紀（西元六世紀到十五世紀）概稱為「黑暗時代」，如出一轍。

或許有人認為，若非秦始皇暴虐無道，則秦朝國祚怎可能如此短暫？其實，秦始皇若非天縱英明，怎能在短短十年內併滅六國，結束五百年的亂局，一統天下？西漢劉向所編纂的《說苑》有一則非常值得注意的記載：始皇一統天下後曾表示「吾德出于五帝，吾將官天下」，要效法堯舜，將帝位禪讓給賢者。然而，其臣鮑白令之卻公然在朝廷上發言，謂始皇「行桀紂之道，欲為五帝之禪，非陛下所能行也。」始皇聞之大怒，責問令之「何以言我行桀紂之道（也），趣說之，不解則死。」鮑白令之就以始皇「築臺干雲，宮殿五里」，不愛惜民力，只為自己享樂，怎能上比五帝，來回應。鮑白令之的勇於諫諍不但未招致殺身之禍，反使始皇面有慚色，因而不再廷議禪讓問題。由此可見，秦始皇甚至是一位通情達理而肯接納諍言的君主。

秦政失敗主因絕非「焚書坑儒」

秦政失敗的主因，當係役使民力過甚，絕非「焚書坑儒」，亦非「廢王道，立私權」。舉凡築長城、闢馳道、戍守邊疆與築阿房宮、建驪山陵……等，皆為苦役。此外，始皇於短短十年內併滅六國，又徹底改變三代以來天子為天下共主的傳統，改行郡縣制度，固然開創了一個前所未有的局面，卻也因此面臨許多艱鉅的挑戰。令人惋惜的是，秦始皇於一統天下後十二年即去世，未能完全消化與解決新帝國的諸多問題。在長子扶蘇被假遺詔賜死，擁有託孤責任的將軍蒙恬被羅織入獄並遇害的情形下，胡亥即位，趙高把權，在帝國政府未能有效統治之下，陳勝、吳廣一發難，六國遺民紛紛起兵呼應，終致滅亡。

自秦始皇兵馬俑被發掘以來，史學家不得不重新評價秦始皇。預估約有二萬二千多尊陶俑中，已拼合出二千餘尊。每一尊陶俑的身材、表情、姿勢與裝備均各有特色，也反映出秦代高度的陶藝捏塑水平，更顯示出秦始皇對藝術的重視。若與法王路易十四世興建的凡爾賽宮中矗立的三百多尊仿希臘石膏塑像相比，早其一千九百年之久的秦陶俑實為中華民族後代子孫無比的驕傲。

明儒李贄讚為「千古一帝」

在對傳統歷史文化賦予創造性的詮釋之際，我們必須批判地重新瞭解歷史傳統，才能為未來更進一步的發展，紮下更堅實的基礎。像秦始皇這樣的歷史人物，眾口鑠金，光憑「焚書坑儒」這種片面的情緒性指責，是不足來論斷其畢生的功過與是非的。秦始皇的政治措施，無非在於建構並維持一個統一的中國，使其成為書同文、車同軌、行同倫的社會。史學家夏曾佑即認為，「中國之教，得孔子而後立；中國之政，得秦始皇而後行；中國之境，得漢武帝而後定。此中國之所以為中國也。」惟因秦始皇，中華民族才得以沐浴於同一文化之下，中國文化才得以發揚光大。明儒李贄稱讚始皇為「千古一帝」，實為高見。唯有重新解讀「焚書坑儒」才能真正瞭解秦始皇的歷史地位。這樣的「傳統」才是鮮活的，才能像湧泉般不斷給我們新的視野與啟發，以成為推動更進一步現代化的動力。

——《聯合晚報》一九九三年十二月三十一日

中國跨世紀的全球戰略芻議

——港、臺、大陸經濟圈形成之後

一九九四年三月二日，朱高正應邀赴北京中國社會科學院向八個研究所聯合舉辦首次跨所學術報告會，提報本文。文中以中國為主軸來分析跨世紀全球戰略的觀點，同時回應美國哈佛大學杭廷頓教授以英美觀點所提出的全球戰略構想。朱高正以宏觀的視野，剖析多元共存的國際政經舞臺，主張兩岸共存共榮，積極參與世界新秩序的形成，以使中國能在全球政治經濟體系中扮演更重要的角色。如此中國才能走出屈辱的陰影，迎向光明的未來。

從〈化經貿實力為外交戰略能力——規劃我國中長期外交戰略芻議〉（一九八九）到〈論臺灣前途——從亞太經濟秩序的重組談起〉（一九九〇），再到〈中國跨世紀的全球戰略芻議〉，朱高正一貫以全局性、前瞻性的角度，站在兩岸二地全體中國人民的立場，為未來中國前途勾勒出理想的藍圖。

一九七八年大陸農村實施「家庭聯產承包責任制」，調動農民生產的積極性，大幅提高農民所得。該年底中共十一屆三中全會更進一步推動對外開放、對內改革的政策。歷經十多年的摸索與努力，終於由鄧小平提出建設「有中國特色的社會主義」，化解了長期令人困擾的姓資或姓社的理論爭議，從而確立「社會主義市場經濟體制」，並決定引進「現代企業制度」，銳意進行在經濟領域內全方位與國際接軌。

發揚蹈厲的十五年

回顧過去十五年，是發揚蹈厲的十五年，也是險象環生的十五年。在這十五年中，八五年的通膨壓力，八七年的上海學運，八九年的六四民運，及緊接柏林圍牆倒塌後的骨牌效應等等，都未曾改變改革開放的既定政策。大陸各級領導幹部早已揚棄「多做多錯，少做少錯，不做不錯」的心態，勇於任事。其間雖也曾經濟過熱，導致通貨膨脹及公共投資的重疊與浪費。而工業部門每年以百分之十五以上的快速成長，相對於農業部門不及百分之一的低度成長，也顯示出工農發展失衡、城鄉差距與所得分配不均等問題的日趨嚴重。至於大中型國有企業的結構調整、鄉鎮企業的管理水平、教育及科研經費與軍公教人員待遇偏低等問題，更不在話下。然而去年實施宏觀調控、引進新會計制度、根除打白條問題，並在今年廢除外匯券，確立中央與地方分稅制度，卻也證明整個改革並未失控。

這個輝煌的改革成就已令世人刮目相看。德國一九九三年首度出現百分之二的負成長，而與中國大陸的貿易成長卻高達百分之二十。日本經團連所屬的大財團自九三年以來，其投資與增資計畫莫不與開發大陸市場有關。世界銀行與國際貨幣基金會先後預測中國在本世紀結束前將是坐二望一的經濟大國，這雖使得中國今後在國際社會爭取大筆優惠貸款形成困擾，但卻也肯定了中國經濟發展的巨大潛力。

中國將與美國、歐盟鼎足而立

相對於九二年全球經濟零成長、九三年僅只百分之一的低度成長，中國維持二位數的高速成長，可謂一枝獨秀。依據關稅暨貿易總協定公布的資料，近五年來，香港、臺灣與大陸彼此間的貿易、投資額是全球成長最快速與最密集的地區，一個新經濟圈已自然形成。港、臺、大陸的對外貿易總額扣除三地間的內部貿易額，已高達四千九百七十億美元，已晉升為全球第四位，僅次於美、德、日三國。預計在一九九五年中國（港、臺、大陸）將取代日本成為第三貿易大國。

此外，一九九二年中國（港、臺、大陸）的國民生產毛額占全球百分之四，排名第七位。只要依此速度繼續努力，在本世紀結束前，可擠進前三名。一個新的經濟大國已隱然浮現在亞洲，中國將與美國及歐洲鼎足而立。這是自鴉片戰爭以來，所僅見的千載良機，所有關心國家前途的人士絕不能自外於這個嶄新的局勢。中國即將以經濟大國出現在國際社會，這對西方國家而言，是一件不太容易被接受的事實。畢竟近現代的世界史一直由西方主導慣了，面對一個歷史傳統文化比它們悠久而獨特的新中國，終難釋懷。因此，「中國威脅論」、「新黃禍論」最近相繼出籠，充分反映出西方國家即將失落優勢的惶恐。

海峽兩岸應速化解歧見

不容諱言地，近二十年的全球經濟深受「經濟合作發展組織」（OECD）與七國高峰會議（G-7）的影響，尤其是外貿總額佔全球百分之三十以上的美、德、日三國最具發言權。至於全球政治，在蘇聯解體之後，聯合國安全理事會則由美、英、法三國來主導。中國雖是安理會常任理事國，但由於葉爾欽承襲戈巴契夫的親西方路線，相對地較為孤立。總而言之，今天中國在全球政治與經濟上的發言權是極其有限的。然而經濟與政治是一體兩面、相輔相成的。西方國家一再藉其全球政治影響力，來確保其經濟利益，再以經濟實力厚植其全球政治影響力，這也正是德、日兩國亟於爭取聯合國安理會常任理事國席次的原因。

為了確保我們進一步的發展，國民生產毛額居全球第七位，對外貿易總額居全球第四位的中國（港、臺、大陸）應短期內在七國高峰會有發言權。海峽兩岸政權應儘速化解歧見，莫再在國際社會從事親痛仇快的外交角力。中國大陸除了堅持「和平共處五原則」外，也須進一步策定跨世紀的全球戰略，以確保另一個十五年的和平發展期。我們要致力於將國民生產毛額在「十年規劃」期間，亦即本世紀結束前，提升至全球的百分之八，以厚植綜合國力。我們要努力使中國在二〇一〇年國民生產毛額在全球的比重可以與其人口在全球的比重相稱，俾為建立公平的世界新秩序邁出關鍵的一步。

文化衝突取代兩極對立

眾所週知，自八九年柏林圍牆倒塌以來，促成了德國統一、華沙公約組織及蘇聯相繼土崩瓦解，牽引了全球戰略形勢的劇變。以冷戰時期「三分世界」的架構已無法詮釋近年來的國際衝突，連波斯灣形勢在「沙漠風暴」後，也有微妙的變化。冷戰時代雖已結束，但不同文化系統間的衝突取代了美蘇的兩極對立。亦即因宗教信仰（如基督教、東正教、回教、印度教、儒教等）不同而形成各個文化系統間的衝突，將成為國際衝突的主要形式，美國哈佛大學國際政治學教授杭廷頓（Samuel P. Huntington）稱之為「文明的衝突」（Clash of Civilizations）。他認為自新航路發現以來五百年的全球衝突，無論殖民帝國主義的爭霸，乃至冷戰時期意識形態的對立，都只是「西方世界的內戰」。隨著冷戰時代的結束，國際政治的焦點將是「西方」與「非西方」文化的衝突，而在此等非西方國家中對西方世界威脅最大者莫過於中國的儒家文明與回教世界。杭廷頓甚至毫不避諱地為西方國家借箸代籌，提出西方世界在這場與非西方文明系統對決中的全球戰略基本構想：

(一)強化西方國家內部的團結與合作；

(二)將原來對第三世界的經濟援助優先提供給東歐及拉丁美洲；

(三)拉攏日本與俄羅斯；

(四)減緩裁軍速度；

(五)慎防精確的飛彈導引系統與精密的電子偵蒐設備落入回教世界或中國手中；

(六)在東南亞繼續維持軍事優勢；

(七)防阻儒、回進一步聯手對抗西方，並培養儒、回內部親西方的勢力。

非西方的文化主體意識日漸覺醒

杭廷頓的看法頗值注意。波斯尼亞戰爭就是起因於佔人口百分之三十七的塞爾維亞東正教徒不願接受佔人口百分之四十四的回教徒統治，因而反對波斯尼亞自南斯拉夫聯邦中獨立出來。屬前蘇聯的亞塞拜疆退出獨立國協（CIS），而加入同屬突厥族的回教國家組織「中亞經濟合作組織」，以對抗信基督教的亞美尼亞。北京爭取主辦二〇〇〇年奧運會，在國際奧委會投票過程中，西方國家圍堵中國，是政治干預體育的鮮活教材。至於俄羅斯與烏克蘭對於黑海艦隊與撤除核武設施雖有歧見，但因同屬東正教，終能和平落幕。因此，冷戰結束後，全球戰略形勢已發生根本的改變。而非西方的知識分子與中產階級多已從盲目的西化中覺醒，重新認同本身的傳統文化。日本有人高喊「再亞洲化」，阿拉伯國家則有「再回教化」的呼聲，印度則有「印度教復興運動」，諸如此類的「文化主體意識」的覺醒正不斷在滋長中。

雄踞東亞的中國逐步從軍事大國晉升為經濟大國，更使其成為這場文化系統對決的要角。中國本為東亞獨強，但自一八四〇年鴉片戰爭以來一百五十餘年，內亂層出不窮，外患紛至沓來，一直無法完成現代化事業。自鄧小平復出後，揚棄極左路線，銳意改革開放，對傳統文化的態度亦由文革時期的踐踏與破壞，轉為珍惜與發揚。這種自信的態度固然與近幾年經濟上的卓越成就有關，卻也與非西方世界的潮流若合符節。

回教世界重新崛起

回教國家這兩世紀經歷了與中國類似的命運。回教自七世紀崛起以來，快速擴展，東至印度，西入歐洲，勢力橫跨歐、亞、非三洲，曾有極輝煌的歷史與文化成就。十一到十三世紀的十字軍東征即意味回教與基督教的拉鋸戰。十四世紀回教建立橫跨歐亞的大帝國，到十七世紀達於鼎盛，並曾兩度圍攻維也納。但嗣後工業革命為西歐國家帶來領先的技術與鉅大的財富，回教世界終於遭工業資本帝國主義蠶食鯨吞。二次世界大戰後，趁著英法等殖民帝國的沒落，回教世界重新崛起；尤其是阿拉伯半島蘊藏了全球百分之七十的石油儲量，更使其地位益形重要。而阿爾及利亞、利比亞、伊拉克、伊朗與巴基斯坦均擁有核武設施，其幕後供應國正是中國。回教世界不僅是中國與西方衝突的緩衝地帶，更有與中國聯手抗衡西方之勢。

在國際事務上，我們必須密切注視各主要國家政經情勢及全球戰略形勢的轉變，擬定對各主要國家與集團的外交戰略，以確保國家政經發展的順利推動。事實上，西方世界早已透過各種手段防止非西方世界力量的壯大。在軍事方面，透過國際公約的訂定，禁止核子武器的擴散與試爆。在經濟上，透過關稅暨貿易總協定（GATT）與世界貿易組織（WTO）壓縮發展中與低度開發國家的發展空間。以經濟壓力，如最惠國待遇與出口配額限制，脅迫非西方國家就範。其他如過於嚴苛的生態保護與智慧財產權保障，無一不對非西方世界的發展與壯大產生劇烈衝擊。

人權帝國主義不願中國統一壯大

近年來，更有「民主布里茲涅夫主義」的興起。所謂「布里茲涅夫主義」乃是指一個社會主義國家有權挽救另一個社會主義國家，使其免於世界帝國主義的危害，以維護社會主義體系的完整性。過去蘇聯正是藉此理論，將干涉東歐各國的行為合理化。今日西方國家動輒以人權問題作為干涉他國內政的藉口，不啻為「布里茲涅夫主義」的翻版，更是「人權帝國主義」的霸道作風。所謂「人權」、「民主」絕非一蹴可幾，而是在特定的歷史、政治、經濟、社會因素下漸次發展而成。以美國而言，建國之初，黑奴亦無法擁有人權。西方國家豈可以其歷經數百年發展而成的人權標準苛求非西方世界？最近的香港問題就是一個極為明顯的例子，若非美國撐腰，英國當不致如此。美、英兩國意圖藉香港問題（就像六四問題一樣）打擊中國的國際形象與威信，以壓低中國全球政治影響力，俾西方國家得以繼續主導全球政治。相同地，美、日兩國也不願見到中國的統一與壯大，海峽兩岸政權均應高度警覺，以免成為歷史與民族的罪人。

在後冷戰時代這場不同文化系統的對決中，非西方國家近兩百年來首次擁有機會可以自主地開創屬於自己的未來。冷戰時代的結束並非意味美國成為超強，更非代表西方全面獲勝，而是預告國際政治多元發展時期的來臨。中國必然也應該在全球政治經濟體系中扮演更重要的角色，不僅自立自強，更應協助其他非西方國家自主發展，以建構一更合理的世界新秩序。唯有以前瞻而恢宏的心胸，兼顧全球化與當地化（Glocalization），充分掌握資訊，有方向、有重點地規劃中國跨世紀的全球戰略，才是對歷史負責的態度。

未來十五年是脫胎換骨的關鍵

中國大陸過去十五年已為更進一步改革開放奠定了良好的基礎，展望未來十五年——新舊世紀之交的十五年——將是中國民族脫胎換骨的關鍵時刻。配合建設「有中國特色的社會主義」，中共應實施可以有效提升綜合國力、增進人民福祉，並廣為人民群眾所接受的政策。加速社會主義法制的立法工作，俾為社會主義市場經濟體制建立更完備的法律框架，以全面地規範新中國的經濟與社會生活秩序。儘速引進現代企業制度，改善經濟效益，並提高國家生產力。建立與經濟發展成就相稱的社會保障體系，以實現財富公平分配與確保人人機會均等的理想。讓在中國走出來的道路成為未來世界的楷模，讓非西方國家也能與中國一起躍出落後與貧窮。為了實現這個目標，我們必須確保未來十五年的安定與和平，才能全速發展，再締佳績。任何的動亂與分離主義均是對歷史不負責的行為，中國是全體中國人的中國，任何有益國家、人民的意見均應以適當方式提出。海峽兩岸政權也均應廣納言路，拿出誠意與最大耐心對待異議分子，以爭取更多海內外知識分子投入建設現代化新中國的行列，讓中國真正成為全體中國人的中國。

中國應積極參與世界新秩序的形成

在國際社會上，中國應擔負更多的國際責任。大陸當局一向稟持「相互尊重主權與領土完整」、「互不侵犯」、「互不干涉內政」、「平等互利」、「和平共處」等五原則處理外交事務，最近也積極改善並加強與鄰邦的友好關係。今後應更進一步參與國際事務（諸如要求列席七國高峰會議，調整聯合國安理會結構等問題），積極投入世界新秩序的形成，策定全球戰略——尤其對俄羅斯、東協、日本與歐美的外交戰略——才能很有尊嚴地立足於國際社會，從而促成全球資源公平地重新分配。

俄羅斯聯邦在去（九三）年底國會改選，反西方的激進俄羅斯民族主義崛起，逼使葉爾欽大幅調整自戈巴契夫以來的親西方路線，不論是經濟政策或國際政治均走向溫和的俄羅斯化，這對於國際政治的多元發展頗有助益，使其在波斯尼亞問題上的立場與中國不謀而合。但是中國大陸開放邊界貿易間接助長西伯利亞獨立運動的氣勢，對俄羅斯形成相當的困擾。中國應避免介入西伯利亞獨立問題，也應慎防西方國家利用西伯利亞問題製造中、俄兩國間的矛盾。

大陸應與臺灣互助共榮

菲律賓、泰國、馬來西亞、新加坡、印尼與汶萊等六國於一九六七年為防止共黨滲透並免遭越戰波及，在美國協助下組成東南亞國協。但近年來隨著越戰落幕，越南也實施開放改革，東協六國對美軍駐守已不像往常的支持，而且其對中、越、柬、寮、朝、緬等國的政策也在調整中。今年七月在曼谷舉行的首屆亞洲區域論壇（ARF）將有十八個國家或地區與會，中、俄兩國同時應邀參加，美國、日本與歐盟也將與會。由於美國仍希望維持在東南亞的軍事優勢，而日本侵略者的陰影仍籠罩東南亞國家，東協六國絕不願淪為國際強權的棋子。大陸若能與臺灣的「南向政策」相呼應，在經濟上予以大力提攜，以互助共榮為號召，並與華商在東南亞的影響力相結合，必能促成東南亞早日的繁榮發展。

日本對我向來深具戒心，尤其在中國（港、臺、大陸）即將取代其成為全球第三貿易大國之際，一方面緊縮對中國的貸款，另一方面則積極推動海外派兵，建造兩艘戰車登陸艦（英國《詹氏軍事年鑑》指稱該型戰車登陸艦係日本建造航空母艦的中間性策略），並有意發展戰術核武，在外交上則緊隨美國。然而日本與其他工業先進國家矛盾日益尖銳，九二年七個主要工業國家之中，除了法國有十億美元的外貿順差、日本一千二百六十億美元順差外，其餘五國均有巨額逆差（美國五百八十億美元、德國二百六十億美元），合計高達一千五百億美元，日本呈現出獨贏的局面。今後日本將很難抗拒來自歐美的壓力，除透過貿易談判外，也要求日本調低每週勞動工時，並建立與其經濟發展水平相稱的社會保障制度，以削弱日本的國際競爭能力。

國際政治將多元發展

至於歐洲方面，我們應積極與法、德兩國發展更密切的合作關係。二次大戰以後，法國在戴高樂領導下，一直有獨立自主的外交政策，法、美兩國經常在國際事務上立場相左。德國自從統一後，也不願再滿足於「經濟巨人，政治侏儒」的角色。尤其隨著全球經濟不景氣，美國與其歐洲盟邦之間的經濟矛盾勢將更為尖銳。而法、德兩國在經營全球政治方面遠較美國起步早，自有其一貫的全球戰略，今後美國將更難駕御它們。且擁有高科技的法、德兩國與我們並無直接的戰略利益衝突，其壯大對國際政治的多元發展顯有助益。

面對後冷戰時代的文化衝突，擁有悠久歷史文化傳統的中國，有責任在從軍事大國晉升為經濟大國之際，與其他非西方國家攜手合作，並重新調整與各主要國家或集團間的關係，以走出屈辱的陰影，迎向光明的未來。海峽兩岸的中國人更應具有共識：未來兩岸問題，唯有在不牴觸中國跨世紀的全球戰略目標下，謀求解決，才是對歷史、對民族負責的態度。我們揹負著跨世紀的使命，要加速引進西方的工藝科技，重建文化主體意識，並尊重其他的文化系統。不但要使中國跨出貧窮與落後，跨出一百五十年來的屈辱，更要跨進一個嶄新的時代，讓中國有尊嚴地與其他文化系統對等交流，從而也豐富了後工業文明的內涵。

——《海峽評論》，一九九四年五月

堅持一個中國　培養良性互動

——前瞻「江八點」的兩岸關係

「江八點」發表後，朱高正與牟宗三、吳大猷兩位大師撰述此文，以宏觀的視野，對兩岸關係的發展提出前瞻而富建設性的主張。文中愷切地呼籲海峽兩岸能彼此尊重，培養良性互動，擴大互信基礎，用最大的智慧和耐心面對問題，找出能為中國開創新紀元的統一模式，以達成中國全方位現代化的國家目標。本文定稿之後，牟先生旋因病去世，本文可視為牟先生對中國前途的最後見解。

一八四〇年的鴉片戰爭是中國現代史的原點。傳統的、農業的中國面臨經過工業革命洗禮的西方帝國主義的強力挑戰。自此之後，內憂外患紛沓而來，中華民族蒙受了前所未有的屈辱與苦難。

任何有心為中國前途找出路的有識之士皆無法迴避兩大嚴肅課題：一、是如何有效解放國民生產力，即如何在中國發達資本主義，完成工業化的問題；二、是國民生產力解放之後，如何公平分配社會財富，此即社會主義亟欲解決的問題。這兩個問題乃是中國完成全方位現代化的核心課題。

一九四九年以後，臺灣實施有限度的市場經濟，重要工農業部門、原材料及土地資源仍掌握在官僚體系和大財團手中，只在中小企業層面適用市場法則，開放競爭，終能締造臺灣八十年代的經濟奇蹟。

反觀大陸自一九四九年逐步採行計畫經濟，一九五七年以後，隨著一連串政治運動的開展，極左的激進共產主義，竟然在中國大陸推行人類有史以來的最大實驗，終以文革悲劇收場。直至一九七八年中共十一屆三中全會通過「對外開放，對內改革」的政策，逐步揚棄極左意識形態的束縛，改採「以實踐為檢驗真理的唯一標準」的務實態度。一九九二年中共十四大更引進「社會主義市場經濟體制」，將改革開放推向另一高峰，從而創造了舉世矚目的經改奇蹟。

相對地，一九八六年臺灣的黨外人士突破國民黨禁令，毅然建立民主進步黨。此後黨禁、報禁相繼開放、解除戒嚴、開放民眾赴大陸探親、改造萬年國會、宣告終止動員戡亂時期，一連串的民主改革措施，綻放出臺灣的政改奇蹟。

我們認為，大陸自一九七八年開始的經濟改革與臺灣自一九八六年以來的政治改革，都是中國現代史上最具革命性的現代化成果。臺灣的政改打破了中國人不適合實行民主政治的迷思，而大陸的改革開放，尤其是一九九二年以來所建立的「社會主義市場經濟體制」更可視為自商鞅變法之後，另一次變法成功的典範。這些輝煌的成就，足令全體中國人同感驕傲，這也是中國走出苦難與屈辱的契機。

然而，就在兩岸中國人創造出傲人成就的同時，兩岸之間卻仍橫亙著重重心結，軍事對峙與臺獨問題，剪不斷，理還亂。我們認為，臺獨問題的產生有著複雜的經濟、政治、社會、歷史、文化等背景，臺獨分子也是中國人，我們應予以同情地理解，並以最大的耐心和智慧來化解，切莫一味地予以打壓，就像大陸在改革開放的過程中對左的勢力也是採取「防左而不反左」一樣。此外，中國大陸也不應迴避政治改革的問題。若大陸能推行政改成功，不僅可確保經改的成果，對化解臺獨問題也將會有莫大的助益。

今年農曆除夕，中共總書記江澤民發表對臺八點政策主張，引起臺灣方面廣泛的注意。為了兩岸全體中國人民的福祉，站在謀求中國全方位現代化的立場，我們認為，在兩岸政權皆無法輕易以武力併吞對方之際，若捨棄和平統一，而以武力相向，則臺灣的政經成就可能毀於一旦，而且也將打亂大陸的經改佈局，本世紀結束前要達成「翻兩番」與小康的目標恐將化為烏有。

我們以為要促成兩岸和平統一，一個中國的原則實不容置疑。但是一個中國的內涵，雙方則宜尊重彼此的解釋權。畢竟一九四九年在大陸，中共是以武力的手段、而非透過民主選舉取得政權。在法理上，中華民國仍不失為中國合法的政府。況且七十年代東西德一起加入聯合國，並不影響一九九○年的德國統一，國際上亦未聞「西德併吞東德是侵佔他國的行為」。因此，大陸當局實不必貿然將臺灣爭取擴大國際生存空間的努力與臺獨畫上等號。

在邁入二十一世紀的前夕，兩岸簽署停戰協議，逐步邁向和平統一的條件已日趨成熟。我們愷切地呼籲，兩岸應增加對彼此如實的了解，努力增進共識，俾為和平統一創造有利的氛圍。

我們建議，在兩岸展開正式的政治協商之前，應儘速建立順暢的溝通渠道，以兩岸中央民意代表（大陸的人大常委和全國政協常委、臺灣的立法委員和國大代表）為主體，並廣納各界具代表性人士，定期舉行會談。如此既可迴避「國對國」或「政府對政府」談判的敏感話題，雖不是官方的接觸，但卻具有官方會談的效果，因為兩岸民意代表對各自的行政部門均具相當的影響力，又可落實已達成共識的協議。這種以兩岸中央民意代表為主體的定期會談，在當今的局勢，實不失為一項饒富創意的設計。

在後冷戰時期的國際政治經濟環境中，我們肩負著跨世紀的使命，要讓中國跨出貧窮落後，走出一百五十年來的屈辱，達成全方位現代化的國家目標。而兩岸的彼此尊重、培養良性互動、擴大互信基礎，則是此跨世紀使命完成的前提。只要雙方以最大的耐心和智慧面對問題，我們有優秀的五千年傳統文化庇蔭著，終能找出全體中國人民都能接受、能為中國開創新紀元的和平統一模式！

易經占筮的原理與方法

易經原為卜筮之書，但經過孔子及後世學者不斷的闡述，終於成為「群經之首」。本文以深入淺出的筆法，介紹易經占筮的原理與方法，為大家揭開易經神秘的面紗。

易經成書於殷末周初，本為卜筮之書。當人們有疑惑待決時，就透過一定的占筮程序，求得相關的卦、爻辭，占者再依據卦、爻辭來論斷吉凶。秦始皇下焚書令時，易經以卜筮之書而得以在民間繼續流傳。此後，不僅儒家將其視為「群經之首」，道家也將其與老、莊合稱「三玄」，甚至傳統科技，如練丹術、中醫學、氣功養生、建築、風水陽宅和天文曆法等等，都受到易理的啟發。換言之，易經不只是傳統士人必讀的經典而已，它還對民間文化產生了深遠的影響。然而，由於易經原是卜筮之書，流入民間之後，常被塗上一層神秘的色彩，各種江湖數術、旁門左道無不援易以為說，影響所及，一般人若非將易經視為神物，便是將其斥為迷信，不屑一顧。

陰陽互藏　禍福相因

其實，在易經六十四卦中，除了謙（䷎）卦六爻皆得「吉」、「无不利」外，其它六十三卦之中，沒有一卦從初爻到上爻皆得吉，也沒有一卦從初爻到上爻皆得凶。這種現象體現了易經陰陽互藏、禍福相因的思想。因此，占筮時卜得吉卦或吉爻，實無須沾沾自喜。因為卦爻辭常提出某些主客觀條件，只有符合這些條件，才能得吉。例如中孚（䷼）卦辭說：「中孚，豚魚吉，利涉大川，利貞。」意指人如果能像澤中朝風而拜的豚魚一般謹守誠信，則可以得吉，可以做些冒險犯難的大事。但卦辭同時指明，必須固守正道，方為有利；否則違背正理，朋比為奸，縱然誠信，何利之有。這就是「易為君子謀，不為小人謀」的道理。此外，吉辭常告誡人處順境時，應該居安思危，執中守正，方能善始善終。例如既濟（䷾）卦辭說：「既濟，亨小，利貞，初吉終亂。」既濟是指已經渡河抵達彼岸，引申為事已完戶。常人一成功，則易生驕心，所以卦辭誡以貞固自守才能有利。至於「初吉終亂」則意味著成功是走向敗亡的開端，唯有成功而不生驕心，臨事以懼，才能持盈保泰。相反地，卜得凶卦或凶爻，也無須憂慮。因為凶辭常勉人只要固守正道，切忌急躁妄動，終能化險為夷，逢凶化吉。例如困卦（䷮）卦辭說：「困，亨，貞，大人吉，无咎，有言不信。」人處於困境，固然有志難伸，但卻也能藉此動心忍性，激勵潛能。因此，處窮困之時，只要能固守正道，時機一到自能脫困而出。「大人吉，无咎」是強調唯有執守正道的大人處窮困之時，仍能進德修業不輟，守靜以待天命，必得吉方能无咎。反之，對小人而言，窮困反足以露其惡德。這就是「君子固窮，小人窮斯濫矣」的道理。

善為易者不占

記得一九九八年七月，有人拿著一幅長五尺、寬一尺半的絲絹前來求見筆者。絲絹上頭密密麻麻寫著易經的卦畫、經文與傳文，據說是從清末兩廣總督府流傳出來的。他除了拜託筆者鑒價外，也好奇地提問：「聽說將這幅絲絹掛在客廳牆上，就能避邪，是否真有其事？」筆者對他說，倘若了解易經的基本原理，每天看到這幅絲絹時，便捫心自問有無依照易理定其行止，久而久之，為善日多，為惡日少，自能趨福避禍。相反地，倘若所言所行盡皆違背易理，就算每天對著絲絹頂禮謨拜，也不可能得到善報善果。於是他問易經的基本原理為何，筆者則引《文言》傳裡所描繪的理想人格「大人」做答：「夫大人者，與天地合其德，與日月合其明，與四時合其序，與鬼神合其吉凶，先天而天弗違，後天而奉天時，天且弗違，而況于人乎？況于鬼神乎？」意指大人有天地般的好生之德，大公無私，行事順從自然規律，而與鬼神同吉凶，先天天弗違，後天奉天時，連天都不會違背大人了，人敢違逆嗎？鬼神敢違逆嗎？而引文中的「大人」的「大」字當作動詞解，意指將「人」的潛能（如孟子所說的仁義禮智等良知良能）擴而充之，發揮到極致，則「人」直可與天地並參而立。人只要懂得從易經中汲取修身處世的智慧，每日進德修業不輟，一旦達到大人的境界，自能與天地合而為一，無須占卜，也能動靜得宜。因此，荀子說：「善為易者不占。」

然而，人畢竟不是全知全能，人總會臨事猶豫不決，此時若能誠心問卜，也可以從占到的卦爻辭中得到啟發，以為立身處世的鑑誡。由此可知，即使占筮，也是為了從中汲取前人的智慧與經驗，這絕非迷信，也非一般的江湖數術可比。

占筮三戒

以易經進行占筮，必須謹守「不決卜、不戲卜、不疑卜」三條戒律。「不決卜」是指內心要真正有無法解決的疑惑，才可問卜。「不戲卜」是說問卜時必得心懷誠敬，不可視同兒戲。「不疑卜」則指對占筮所得不應懷疑，不得重新問卜，而是應遵照卦爻辭的告誡、叮嚀，謹慎行事。如果因為求到的卦有凶兆，想重新問卜，這無異是褻瀆神明，即使最後占得吉卦，也不過是自欺欺人而已。誠如蒙卦（䷃）卦辭所說：「初筮告，再三瀆，瀆則不告。」意思是說，你有疑惑前來問卜，只要心懷誠敬，易經便為你解惑。然而，倘若你就同一件事情再三問卜，那就是缺乏誠敬，易經也就不再為你解惑。

目前流傳下來的易經正統占筮法乃是記載於《繫辭》傳的「大衍筮法」。以大衍筮法求卦，必須先準備五十五支竹籤，竹籤不宜太長，並以籤面圓潤，利於滾動者為佳。由五十五支竹籤中取六支出來，置於一旁不用。因為一卦有六個爻位，先將六個爻位預留起來，使陰陽兩爻可以周流於六虛之間。接著便以剩下的四十九支竹籤進行《繫辭》傳中「四營而成易，十有八變而成卦」的占筮程序。所謂「四營」是指「分二」、「掛一」、「揲四」、「歸奇」四個步驟。四營為「一變」，每三變得一爻，合十八變才能得六爻而定一卦。第一變的步驟如下：

㈠「分二」：將四十九支竹籤置於桌面上，用雙手任意分成左、右兩堆。

㈡「掛一」：由左、右任何一堆中取出一支竹籤，將它夾在左手的小指與無名指之間。

㈢「揲四」：用手分別將左、右兩堆的竹籤，每四支一組地向外側撥開，直到各剩不足四或四為止。

㈣「歸奇」：將兩堆畸零的竹籤合一，夾在左手的無名指與中指之間。

「大衍筮法」的操作程序

四十九支竹籤經過「掛一」之後，桌面上的竹籤剩下四十八支，四十八是四的倍數，所以當占筮者把兩堆竹籤分別每四支一撥，也就是分別除以四的結果，兩堆餘籤的和不是四，便是八。因為我國在殷末周初尚無「零」的概念，所以沒有所謂的「整除」。換言之，當左堆餘一，右堆必餘三；左堆餘二，右堆必餘二；左堆餘三，右堆必餘一；左堆餘四，右堆必餘四。第一變經過「分二」、「掛一」、「揲四」、「歸奇」四個步驟，夾在左手指間的籤數非五即九，即「掛一」的一支加上「歸奇」的四或八支。將其於置一旁，原來的四十九支竹籤便只剩下四十四支或四十支，再以所剩的竹籤進行第二變。

第二變的步驟仍依「四營」推演，即「分二」、「掛一」、「揲四」、「歸奇」。然而「揲四」之後，兩堆餘籤的和一定是三或七，而非如第一變的四或八。也就是當左堆餘籤是一（或二、三、四）時，右堆必然是二（或一、四、三）。「歸奇」後，左手指間的籤數非四即八，再置於一旁。經第二變之後剩下的竹籤只有三種可能，即四十、三十六或三十二，再以所剩的竹籤進行第三變。第三變的步驟與第二變完全相同。歸奇之後，桌上所餘的籤數，一定是三十六、三十二、二十八或二十四中的任何一個。此四數分別用四去除，便會得到「九」、「八」、「七」、「六」四個數，凡得陽數七或九，就可畫出陽爻（⚊）；而得陰數六或八，就可畫出陰爻（⚋）。

三變的過程以數學式表示如下：

第一變：49 – 5/9 = 44/40

第二變：44/40 – 4/8 = 40/36/32

第三變：40/36/32 – 4/8 = 36/32/28/24

以四除三變之後所剩的竹籤數：

36/32/28/24 ÷ 4 = 9/8/7/6

因此，依據「大衍筮法」四營而成一變，三變而得一爻，反覆操作十八變之後，就可以得出六爻而組成一卦，這個卦稱為「本卦」。除了「本卦」外，斷卦還需要參考「之卦」。「之卦」是由「本卦」變化而來。如上所述，用以決定「本卦」爻畫的「六」、「七」、「八」、「九」四數，有陰陽老少之分：「九」為老陽、「八」為少陰、「七」為少陽、「六」為老陰。周易講變化，少陽與少陰由「少」變「老」，只有「量變」，所以「七」與「八」為「不變爻」。而「九」、「六」所代表的老陽與老陰物極則反，老陽變為少陰，老陰變為少陽，亦即由「九」變「八」、由「六」變「七」，這是「質變」，所以「九」與「六」是「變爻」。試以十八變之後所得的六個數由下而上依序為「九」、「九」、「八」、「七」、「六」、「九」為例，得到的「本卦」為下兌上離的睽（䷥）卦，但因為「九」與「六」為「變爻」，故陽爻變為陰爻，陰爻變為陽爻，而得到下坤上兌的「之卦」，即萃（䷬）卦。

占筮的原則

「本卦」與「之卦」一經確定之後，即可依下列七條占筮原則進行斷卦：

㈠六爻皆不變（即無爻變）：「本卦」的六個爻皆為不變爻時，亦即所得之數皆為「七」或「八」時，逕以本卦的卦辭占斷吉凶。

(二)一爻變：只有一個變爻時，以「本卦」變爻的爻辭占斷吉凶。

(三)二爻變：當有兩個變爻時，應以「本卦」中兩個變爻的爻辭占斷吉凶，並以上爻為主，下爻為輔。

(四)三爻變：當有三個變爻時，應以「本卦」的卦辭為主、「之卦」的卦辭為輔，進行占斷。

(五)四爻變：當有四個變爻時，應以「之卦」的兩個不變爻占斷，並以下爻為主，上爻為輔。

(六)五爻變：當有五個變爻時，應以「之卦」不變爻的爻辭占斷吉凶。

(七)六爻變：六個爻都是變爻時，應依「之卦」的卦辭占斷吉凶。如為乾、坤兩卦，則以「用九」與「用六」兩爻爻辭為主，而以之卦卦辭為輔，進例占斷。

依上述原則，前例本卦為睽，之卦為萃，因為有四個變爻，斷卦時便以萃卦的六三爻（下爻）爻辭為主，九四爻（上爻）的爻辭為輔來論斷吉凶。

「大衍筮法」的象徵意涵

「大衍筮法」的每一個步驟，都有特殊的象徵意涵。如古人以數一至五為生數，六至十為成數，依《繫辭》傳天一，地二，天三，地四，天五，地六，天七，地八，天九，地十，天地之數各五個，合五十五。竹籤五十五支正代表天地之數的總和。如前所述，五十五支竹籤虛其六而不用，是象徵先將一個卦的六個爻位預留起來，使得陰、陽兩爻可以周流於六虛之間。「四營」進行之前，四十九支竹籤合為一束，象徵渾然一體的太極。「分二」象徵由一片混沌之中分出天、地。「掛一」則是代表人向天地問卜，天地人就是「三才」。「揲四」即象徵一年之中春夏秋冬，寒來暑往，運行不息。萬事萬物莫不發生於天地與四時的「時」、「空」之間。「掛一」與「歸奇」乃是五隻手指間夾著兩束竹籤，以象徵每五年就有兩個閏月。因為中國古代曆法是陰陽曆並用。陽曆一年有三百六十五又四分之一天，陰曆一年有三百五十四天，一年相差十一又四分之一天。每五年陰陽曆相差五十六又四分之一天，合陰曆兩個月。

此外，竹籤數目也有模擬與象徵。周易經文凡陽爻皆稱「九」，陰爻皆稱「六」。如乾卦（䷀）的六個陽爻皆為「九」，其竹籤數是三十六，乾有六個「九」，三十六乘以六，得乾卦籤數二百一十六；坤卦（䷁）則有六個「六」，「六」的竹籤數是二十四，再乘以六，便得出坤卦的竹籤數一百四十四。乾、坤兩卦的籤數合有三百六十，象徵一年的日數。周易六十四卦，有陰、陽爻三百八十四個，其中陽爻「九」有一百九十二個，陰爻「六」也有一百九十二個，三十六乘以一百九十二，再加二十四乘以一百九十二，合得一萬一千五百二十，相當萬物之數。由以上的象徵意涵可知，「大衍筮法」有一種在天地四時運行、萬物生息之中，求得一卦以反映某一具體事物的象徵。

以「大衍筮法」進行占筮，過程條理分明，只要反覆練習幾次即可熟悉。影響占斷結果的，主要還是斷卦者對於卦、爻辭意涵的了解與掌握。因此，易經的經文才是占筮的主體。對卦、爻辭缺乏基本了解而去占筮，那就與易經無關，占筮也就流於虛有其表，乃至於迷信。只有先精研、通曉易經的經文，探求卦、爻辭所蘊含的義理，才能真正自易經中汲取智慧。其實，人窮其一生短短數十寒暑，所能累積的知識、經驗與智慧非常有限。若能虛心向易經這部智慧寶典求教，便能從中利用數千年來中國傳統智慧與經驗的結晶，使我們在人生的道路上走得更為踏實，也更有信心。換言之，對現代人而言，易經這部古老的智慧寶典，非但不顯落伍，反而因時代的推進而愈顯珍貴。無論直接鑽研易理，或是透過占筮求取卦、爻辭，易經中所含藏的智慧寶藏足以為傍徨的現代人提供最好的心理諮商，也是現代人進德修業必備的寶典。

屯難勿用 小貞得吉

——從屯卦看李登輝訪美的利弊得失

一九九五年，朱高正在無線電視臺TVBS主持《乾坤大挪移》節目，以他潛研多年的易經義理解析時事、探察國運，間雜以儒家解易之人文主義傳統，為人卜算命理，以消解疑難困惑，增長生活之智慧。本文係該節目中一個小單元的記錄，藉此可窺見朱高正如何運用易理於政治實務。

李登輝歷經波折而得以出訪美國，表面上風光十足，成就了個人的事功，但是福兮禍所伏，一時之亢奮，已埋下了往後劫難的因子。李登輝訪美之行，被宣傳為外交上的非凡戰果。但是朱高正直言指出：長遠來看，不但不是外交上的突破，反而可能迫使美國日後在處理對臺問題時，更加審慎保守。證諸往後的飛彈危機，以及中、美領導人江澤民、柯林頓互訪後「新三不」政策的提出，朱高正對李登輝的評論，不管是諫言或預言，都值得當權者三思。

一九九五年五月二十日美國政府迫於國會的壓力，柯林頓總統准許李登輝總統以校友的身分赴美國康乃爾大學進行短期的私人訪問。此次美國之行一般咸認是李總統繼「破冰」、「跨洲」及中東之行後，另一次的外交出擊。

此舉突破——自一九七八年中美斷交後——美方對於我政府高層官員訪美的禁令，這對拓展臺灣的國際活動空間，尤具象徵意義。然而，不少人也擔心李總統這趟美國之行，將為兩岸關係投下不可預知的變數。新聞熱潮一過，隨之而來的可能是中共強烈的反彈，與中美關係的嚴重倒退。究竟此次李總統訪美有何意義？其影響又有多大？由易經的角度來看，我們可以從「屯卦」（䷂）中獲得一些啟發。

屯卦繼乾、坤兩卦之後，是易經的第三卦，有乾、坤始交，而窒礙難通的意思。屯卦由震（☳）、坎（☵）兩卦組成。乾（☰）與坤（☷）初交而成震，再交而成坎。從卦象來看，震為雷，坎本為流水，今在震雷之上，表示鬱結未暢的雲，由於乾、坤始交，陰陽尚未調和，因此仍未下降為雨。從卦義來看，震為動，坎為險，動乎險中，其難可知。「屯」這個字本身由「屮」與「一」兩個部分組成，「屮」為初生的草木，「一」代表地面，草木萌芽初生，要歷經千辛萬苦才能穿地而出。所以不論由屯字的本義或從屯卦的卦象、卦義來看，屯卦講的就是如何突破屯難之道。此與李總統訪美突破外交困境的意義相合。

屯卦的卦辭說：「元亨，利貞，勿用有攸往，利建侯。」這就是說創業維艱，必有屯難，但若能固守正道，屯難之中，自然含藏著大通的道理。處屯難之際，最忌諱輕舉妄動，欲建大業的人尤其應當禮賢下士，虛心求才，廣建諸侯以為自己的羽翼，靜待時機成熟，才可破繭而出。由此來看李總統此次美國之行表面上雖然相當風光，卻由於未能謹記卦辭「勿用有攸往」的告誡，將使得臺灣與美國及中共三方未來的關係陷入緊張的狀態之中。

在美國方面，李總統此行在美國的國會雖然受到了相當的歡迎，卻也對美國的行政部門造成極大的壓力，為美國政府與國會之間帶來緊張與對立。而我們把過去數年間辛苦積累的外交成果在這次美國之行一舉耗盡，長遠看來，不但不是外交上的突破，反而可能迫使美國日後在處理對臺問題時，更加審慎保守。

另一方面，自一九九四年四月千島湖事件以來，兩岸關係一直陷入低潮，此時臺灣當局理應謀求打開兩岸之間的僵局，培養彼此的互信，以促成良性的互動。而今卻以更大的動作刺激中共，這無異是在走險棋。這步險棋除了滿足顢頇大眾的阿Q心態之外，對於臺灣前途並無任何正面與實質的作用。

屯卦六三爻的爻辭說：「君子幾不如舍，往吝。」意指當事不可謀的時候，君子就應退而自守；如果一味追逐不捨，最後只會自取其辱罷了。九五爻的爻辭則說：「屯其膏，小貞吉，大貞凶。」更清楚地指出，當國家處屯難之際，上令不行，膏澤無法惠及下民，九五至尊尤應修德任賢，按部就班，循序改革。此時若好高騖遠，剛猛反足以敗事，將陷國家於覆亡的危機。

由屯卦看李總統訪美之行與突破臺灣外交困境的問題，我們應瞭解凡事起頭最難，所以也最須謹慎行事。外交工作尤應深謀遠慮，一時的貪功不但不能為未來開闢出坦途，反而陷入屯難愈深，將來要花更大的氣力才能出險，如此無異作繭自縛，自非可行之道。

——摘自《乾坤大挪移》一九九五年六月TVBS播出

《周易》與中國現代化

——兼以蠱、損、蒙三卦論述現代化的國家理想

本文係朱高正於一九九五年十二月應北京大學之邀，向該校師生發表專題演講的講稿內容，經整理後，發表在一九九六年四月號的《哲學雜誌》。文中除闡揚《周易》的幽微深遠並重新賦予新意之外，更以《周易》的哲學意涵論述中國未來的走向與理想；試圖在重建文化主體意識的基礎上，凝聚思想再啟蒙的動力，以為中國現代化提供全方位的宏觀藍圖。

壹、導言

「現代化」是十九世紀以來任何一個民族無可迴避的挑戰。

現代化始於工業革命引發了生產方式的改變，從而帶動社會的全面變革，包括社會結構的轉變、政治體制的轉化，乃至思想觀念與價值體系的蛻變與創新。現代化起源於英、法等

西歐國家，由於其社會內部的自然變遷而不自覺地形成。反之，德國與日本則在先進的現代化國家刺激與壓力下，有意識、有計畫地推動現代化而卓然有成。

與日本相較，中國的現代化歷程顯得曲折而不幸。近代中國與西方的密切接觸固然早始於一五一四年（明武宗正德九年）葡萄牙人抵達廣東。新航路的發現導致東西海道大通，西方商旅與傳教士絡繹於途，帶動了中西文化的交流，至清康熙皇帝（在位期間一六六二—一七二二）時達於鼎盛。可惜由於不同教派間的禮儀爭議與傳教士介入宮廷內鬥，致雍正皇帝即位後（一七二三年）頒詔禁教，中西文化交流因此中斷。然而，此後以至鴉片戰爭（一八四〇年）的一百多年間，正是西方現代化的關鍵時期。從工業革命、啟蒙運動、美國獨立戰爭以至法國大革命，西歐社會發生了翻天覆地的大變動。中國不但無緣親與盛會，反因閉關自守，塑造了國民故步自封的偏頗心態。等到再度與西方接觸時，西方已經是船堅砲利的工業強權，中國毫無招架之力，原來唯我獨尊的天朝美夢徹底粉碎，民族的自信心與自尊心喪失殆盡。

面對前所未有的巨變，「現代化」成為中國知識分子苦心探求的課題。從「中學為體，西學為用」到後來的「全盤西化」，知識分子對傳統文化的態度由失望、質疑，以至徹底的否定，傳統被視為現代化的阻礙，遭受無情的污蔑與打擊。由於與傳統割裂，茫然無根，以致引進外來文化系統時毫無主見，囫圇吞棗，雜亂無章。由於「文化主體意識」蕩然無存，以致面對挑戰時，束手無策，只得怨天尤人，隨波逐流。換言之，中國的現代化事業所以一直無法步上正軌，究其原因，文化主體意識的淪喪實為關鍵所在。

今日中國欲有效迎接全方位現代化的挑戰，不能只停留在經濟、社會、政治層面的考量；要正本清源，必得從強化文化認同著手。質言之，即從重建文化主體意識著手。因此，筆者擬於下文首先探討「文化主體意識的重建」對於現代化的意義，其次論述如何以《周易》作為重建文化主體意識的基礎。然後更進一步探討《周易》所蘊含的「變」的哲學，以為推動「思想再啟蒙運動」的原動力。最後則指出，今日中國要有效達成全方位現代化的目標，必先自《周易》的現代化著手，亦即以《周易》的現代化來推動中國全方位的現代化。

貳、文化主體意識的重建

我們若將民族視為一個以文化創造而相與結合的生活共同體（Lebensgemeinschaft），則一個民族的文化創造相當於個人人格的自由發展。關於「自由」的問題，在哲學史上康德（Immanuel Kant, 1724-1804）探討得最為深刻。他在其晚年名著，即一七九七年出版的《道德形上學》中，將「自由」界定為「人可以獨立於一切經驗因素的制約，而讓純粹理性的要求成為實踐的能力」。「經驗因素的制約」指的是一般經驗法則的規制，如好逸惡勞、趨福避禍、貪生怕死等社會心理法則。人雖然會受到這些經驗法則的「影響」，卻不見得因而受其「決定」。人之所以有價值，在於人有自由意志，可以超越經驗法則的限制，擺脫外在誘惑或內心欲念的制約，而使純理的要求——不單單停留在「理論的層次」——腳踏實地成為決定我們意志與行為的最高原則。換言之，「自由」使人可以不受制於經驗法則，這就排除了「他律」，而使人成為自己行為的立法者（即「自律」），成為自己的主人（即「自主」）。從而一個自由的人也要對自己的意志或行為決定負完全責任。

「自由」與「克己復禮」

「自由」理念的嚴謹論證固然由康德所完成；然而，早在二千五百年前，孔子即以簡潔有力的四個字將「自由」的精蘊完整地表達出來，即「克己復禮」。南宋集理學之大成的朱熹（一一三〇—一二〇〇）將「克己復禮」詮釋為「克制一己之私欲，回復天理之本然」。心學傳人王陽明（一四七二—一五二八）則將之解釋為「存乎天理之極，而無一毫人欲之私」。朱子與陽明先生做為傳統儒學的兩大流派——理學與心學——的宗師，於此並無異見，與前述康德對「自由」的定義若合符節。其實康德對自由的理解受到萊布尼茨與吳爾夫的影響，至於萊布尼茨則經由耶穌會教士而深受儒家思想的影響。因此，康德對「自由」所下的界說毋寧是傳統儒家的基本信念。

前面所談的「自由」，是純粹形式的，也就是從成就道德人格的可能性上來看，一切人都是同樣地自由，也同樣地平等。這與他的性別、國籍、家世、教育程度、財富、收入……等經驗因素毫無關係。相對於這種「純粹形式意義的自由」（不因人而異的自由能力），則是「實質的自由」或「自由的實踐」，意即每個人在實際的生活中去落實自由、體現自由，久而久之，每個人都有其獨特的「我性」（Ichheit）與獨特的「歷史」，而這些正是形成每個人「人格」（Persoenlichkeit）的重要因素。人性的尊嚴就是藉著「人格的自由、自律與自主」而得以彰顯。「人格的自由、自律與自主」也是規範一切外部生活——包括國家生活（Staatsleben）——的最高原則。

「實質的自由」的三個樣態

人不只生活在「現在」，也活在「過去」與「未來」。「過去」，對自由而言，應視為「已實踐的自由」。也因為是已實踐的自由，是自己所做的決定，因此必須負責。若以為「過去」在時序上是已被決定的事實而不必負責，那麼一個不對過去負責的人，我們怎能期待他對現在負責？一個不對現在負責的人，我們又怎能期待他可以對未來承諾？唯有建立在對過去負責的自由方為真自由。

「現在」，對自由而言，是「實踐中的自由」，代表著下決定的能力。做決定的當時，即是自由的實踐。主體性愈凸顯、越敢擔當的人，其做決定的頻率也越高。決定做得越多，表示人生的內涵越豐富。一個真正自由的主體懂得如何做決定，也敢於做決定，勇於承擔決定的成敗，不斷往前邁進。

「未來」，對自由而言，是「尚待實踐的自由」，代表「構想力」（Einbildungskraft）的發揮。所謂「構想力」是指可以去設想與現實相反對的存在成為可能的能力。即現實不存在者，可想像其為可能存在的；現實存在的，可想像其為可能不存在的。人格上的自由即是超越現實，發揮構想力的自由。有豐富構想力的人不隨便向現實屈服，其精神內涵必更為充實、圓滿。

對一個做決定的主體而言，單純的「現在」毫無意義，「現在」只有在「過去」與「未來」之間，才有意義，尤其「過去」更是「現在」與「未來」的基礎。沒有「過去」，焉有「現在」和「未來」？沒有對「過去」的反省，又焉能主導「現在」和「未來」？

每個人均有其獨有的「過去」，有其獨有的「歷史」，但是一個人的「外在歷史」與別人有高度的同質性，這顯示在其履歷表上，譬如何時出生，上過哪些學校，讀過哪些名著，遊過哪些名山大川。然而這些類似的外在履歷對每個人的人格有極為不同的影響，況且每個人都有其內在的企圖、願望、志向，這些構成了每個人的「內在歷史」。「內在歷史」固然可能是一種包袱，但更可以是一種資產。只有對這個我所固有、獨有的「內在歷史」不斷反省、檢討、批判與重新評價，從「內在歷史」自我學習，吸取教訓，這種「內在歷史」才是始終鮮活的、隨時有新義的，也才能不斷影響現在的決定和對未來的規劃。未經反省、檢討、批判與重新評價的「內在歷史」，其所形成的人格，基本上是被制約出來的。要使人格愈益多樣化、深刻化與精緻化，就必須從「過去」去認識自己、批判自己、超越自己，從而創造自己，使自己成為自己真正的主人，這就是主體性的徹底顯現。

「文化主體意識」的重建與傳統文化的振興

對整個民族而言，「過去」是民族的歷史傳統文化；「現在」是民族在生存發展的過程中，於關鍵時刻所做的決定；「未來」則是全民族共同奮鬥的理想與目標。一個民族必須能夠清楚地判別過去的光榮、恥辱，知道有過什麼重大的成就或嚴重的缺失，才能以此做為基礎，正確地做出決定，合理地規劃全民族未來的發展。一個民族能對自己的歷史傳統文化重新予以認識，從而接受傳統、承認傳統為我們所自有、獨有、固有的，進而批判傳統、超越傳統，從而創新傳統，就是「文化主體意識」的凸顯。易言之，我們絕不僅僅是五千年傳統文化的繼承者而已，我們更肩負著檢討、批判、創新傳統的責任；我們不只是被動地、無意識地承襲傳統文化的「客體」而已，我們更是重新評價傳統文化、進而開創新文化的「主體」！如此的傳統才是活的傳統，如此立基於傳統文化的超越與創新，才是真正的文化自由創造！

自一八四〇年鴉片戰爭以來，中國面對了一個亙古未有的大變局。中國想要跨出一百五十多年來的屈辱，完成全方位的現代化，必得從文化主體意識的重建做起。因為追求現代化不能脫離傳統；全世界沒有一個國家可以徹底否定自己的文化傳統，而能完成現代化的。德國與日本的現代化所以成功，就在於他們能立足傳統，由自己直接掌握全民族發展的方向，印證文化的主體性。自冷戰結束以來，全球戰略形勢發生根本的改變，非西方的知識分子與中產階級多已從盲目的「西化」中覺醒，重新認同本身的傳統文化。日本有人高喊「再亞洲化」，阿拉伯國家則有「再回教化」的呼聲，印度則有「印度教復興運動」。諸如此類的文化主體意識的覺醒正不斷在滋長中。我們中國人走過五四與文革的曲折通路，現在也該重新為傳統文化的振興奔走呼號了。

其實，現代化並不等於西化。由於各民族的傳統文化互不相同，經濟與社會條件各有差異，現代化顯然不是只有一種途徑，而是有不同的類型與進程，各民族應該自主地選擇適合自己的現代化道路。唯有根植於對傳統的確實認識，認真檢討、重新評價，才能有方向、有重點地規劃屬於自己的現代化藍圖。換言之，傳統非但不必然是現代化的障礙，更可以成為推動現代化的助力。因此，如何重建文化主體意識，以推行中國的現代化，是任何關心中國前途的各界菁英責無旁貸的重任。現代化的工作固然繁難，需要眾人投注長期的精力共同努力，然而當務之急，毋寧是先確立對中國傳統文化的認同，才能為民族的再生注入新血。作為傳統文化之大根大本的《周易》正是我們重新認同傳統文化的出發點。

參、以《周易》作為重建文化主體意識的基礎

《周易》不僅是群經之首，也是群經之源。根據〈繫辭傳〉的記載，上古時代伏羲氏（距今五、六千年以上）作八卦，每一卦由三畫爻組成。周文王（距今約三千一百年）將三畫的八卦

相重而演成六畫的六十四卦。六十四卦的卦、爻辭相傳由文王、周公父子所繫。然而，根據晚近考古學的新發現，六畫卦不但出現於商代的甲骨文，最新出土的資料還證明早在夏代即有六畫卦的存在，推翻了相傳已久的文王演卦之說，而一舉將六十四卦的出現往上推前一千餘年。

《周易》總結中國上古社會的經驗與智慧

其實，《周易》本為占筮、決疑之書。古人將占筮所得之卦，查考《周易》的卦、爻辭，以斷吉凶。這些卦、爻辭並非憑空杜撰，而是歷經數千年經驗的累積。《周禮．春官．宗伯》記載：「太卜掌三兆之法，一曰玉兆，二曰瓦兆，三曰原兆。其經兆之體，皆百有二十，其頌皆千有二百。」殷商王室舉凡出門、嫁娶、喪葬、耕稼、狩獵、征戰均問卜於神明，因而留下大量的「甲骨文」。也就是將龜殼或獸骨鑽鑿、燒灼之後，依其顯出的裂紋，以判斷吉凶。這些裂紋分成三大類，有些如玉的紋路，稱「玉兆」；或如瓦的裂紋，稱「瓦兆」；亦有如田園久旱而龜裂者，稱「原兆」。每一類又下分一百二十種，每一種有頌辭十條，合頌辭三千六百條。這些頌辭定期檢視後，應驗者保留，反之淘汰。

周文王為商朝大臣，對這些頌辭理應相當熟悉。後來他被紂王囚於羑里，七年之中，潛心研究易學。文王改以占筮代替龜卜，並與其子周公在既有豐富的頌辭基礎上，會同卜筮之官，勘定卦、爻辭。由於重新整理過的卦、爻辭定稿於殷末周初，故名為《周易》。

太史公司馬遷在《史記》中記載孔子晚年喜讀《周易》，至於「韋編三絕」。孔子刪詩書，定禮樂，作春秋，唯獨對《周易》經文不敢增減一字，足見孔子對《周易》的推崇。然而，孔子離殷、周之際已逾五百年，《周易》經文古奧難懂，孔子及其門生乃作《十翼》，取其輔翼易經之意，注解經文，揭露蘊藏於周易內之哲理，通稱為《易傳》。藉《易傳》的詮釋，《周易》漸由卜筮之書，轉化為探討宇宙人生哲理的典籍。《周易》實為總結中國上古社會經驗與智慧的寶典。

自漢武帝建元五年（西元前一三六年）設置五經博士，楊何出任首位「易博士」，到清光緒三十一年（西元一九〇五年）廢除科舉為止，在這二千零四十年之間，為《周易》注疏者超過四千家。學者皓首窮「易」，歷兩千年而不衰。影響之鉅，連皇帝也感染好易之風。東漢光武帝及明帝、章帝祖孫三人皆曾駕幸太學，講授《易經》。南朝梁武帝蕭衍有《易》著數種。清朝康熙皇帝提倡易學，更是不遺餘力，今天最通行的《周易》集注版本——《周易折中》，便是康熙命大學士李光地編纂而成。

《周易》固為儒家的經典，道家也將其與《老子》、《莊子》合稱「三玄」。於古籍中，同為儒、道兩家奉為經典者，非《周易》莫屬。從易學的發展來看，義理學派著重於闡發《周易》的哲學思想，象數學派則對傳統科技與民間文化有深遠的影響。從煉丹術、中醫學、氣功養生學、到天文曆法等，無一不與象數學派的發展息息相關。

以《周易》為振興傳統文化的起點

由此可見，《周易》不僅總結了上古中國人的智慧與經驗，更是歷代中國知識分子聰明才智的結晶。如果我們將讀書視為與古聖今賢對話之知性創造活動，則《周易》不愧為兩千年來歷代知識菁英對話的論壇與焦點。如同《四庫全書》所說：「易道廣大，無所不包，旁及天文、地理、樂律、兵法、韻學、算術，以逮方外之爐火，皆可援易以為說。」如此經典，即使在歐洲被視為各類學問源頭之亞里斯多德著作，也難以望其項背。換言之，要認識中國傳統文化，《周易》不可不讀。身為現代中國知識分子，只要肯用心研讀《周易》，對傳統文化就能有基本的掌握，也才能擔當承先啟後、繼往開來的重任。《周易》正是我們認識傳統、批判傳統、超越傳統，進而創新傳統的出發點，也就是重建文化主體意識的基礎。尤其對正處在劇烈變動中的中國社會而言，《周易》更能協助大家對「變」有更高層次的理解與實踐，甚至化被動的「應變」為主動的「求變」，以完成中國的現代化。

肆、「變」與「思想再啟蒙運動」

《周易》本就是一部談「變」的經典，卦爻的變化錯綜複雜，終始相因，所謂「窮則變，變則通」。即使在西方運用「辯證法」將「變」的哲學發揮到淋漓盡致的黑格爾

（Hegel, 1770-1831），雖然向來瞧不起中國文化，卻也對《周易》中所蘊含的豐富辯證思想讚不絕口。其實，《周易》的思維方式遠較黑格爾的辯證法深刻、幽遠。

《周易》六十四卦，每卦各有卦時與卦義；每卦六爻，每爻各有不同的爻位關係。更重要的是，無一卦是獨立的，唯有兩卦對看，才能理解其中精蘊。至於兩卦合看的形式有二，不是「覆卦」（或稱「綜卦」），就是「變卦」（或稱「錯卦」）。所說「覆卦」是指卦畫順序與本卦顛倒而言，如屯卦（䷂）的覆卦為蒙卦（䷃）。然而六十四卦中有八個卦，其覆卦與本卦相同，於此情形下，就取其變卦。所謂「變卦」是指將本卦的陽爻變為陰爻、陰爻變為陽爻之後，所得到的卦，如乾卦（䷀）與坤卦（䷁）、中孚卦（䷼）與小過卦（䷽）。通行本《周易》六十四卦之卦序，即將二十八對覆卦、四對變卦，依非覆即變的原則來排列。

《周易》的範疇系統博大精深

《周易》的六十四卦卦辭與三百八十四爻爻辭，連同乾、坤兩卦的「用九」、「用六」兩條，合計四百五十條卦爻辭，相當於四百五十個範疇系統，可謂人類至今為止最大的思維範疇系統。學者若能悠遊於這四百五十個範疇系統，假以時日，必能達到合六十四卦為一卦的境界，亦即任何一卦皆可變成其他六十三卦。達此境界固為不易，然而最高意境卻是心無定卦。只要掌握了《周易》所蘊含的變化法則而運用自如，必可通權達變，古人的智慧與經驗必如活水源頭般，取之不盡，用之不竭。

面對現代化的挑戰，中國需要有求變的決心與智慧。為喚醒國人從既有思維習慣的桎梏中解放出來，為鼓勵國人勇於批判、勇於創造、勇於求變，我們亟需推動一場「思想再啟蒙運動」。《周易》所蘊含的「變」的智慧與精神，正是推動「思想再啟蒙運動」的原動力。

「啟蒙運動」是歐陸文化史上最活潑、最具衝擊力的知識分子自覺運動。它針對當時的社會、文化進行全面的反省與批判，影響所及，扭轉了整個歷史發展的軌跡，歐洲正是經由啟蒙運動而進入近現代社會。

其實，自馬可波羅（Marco Polo, 1254-1324）以迄啟蒙運動時期，中國一直是歐洲各國豔羨倣效的對象。歐陸大哲學家和數學家萊布尼茨（Leibniz, 1646-1716），一生即對中國文化推崇備至。其最尊敬的統治者也是當時中國的康熙皇帝。萊布尼茨正是在一七〇三年研讀伏羲六十四卦方圓圖之後，才有信心將其論文〈關於僅用零與一兩個記號的二進制算術的說明並附有其效用及關於據此解釋古代中國伏羲圖的探討〉發表。萊布尼茨發現，以零代「陰」，以一代「陽」，則乾卦（䷀）之值為六十三（$1\times2^5+1\times2^4+1\times2^3+1\times2^2+1\times2^1+1\times2^0=63$），坤卦（䷁）之值為零（$0\times2^5+0\times2^4+0\times2^3+0\times2^2+0\times2^1+0\times2^0=0$），井卦（䷯）之值為二十六（$0\times2^5+1\times2^4+1\times2^3+0\times2^2+1\times2^1+0\times2^0=26$），六十四卦之值剛好對應從零到六十三。而二進位算術就是今日電腦的理論基礎。萊布尼茨做為歐陸理性主義的宗師，最推崇中國文化，受朱熹理學的影響甚深，尤其讚揚中國在實踐哲學上的表現，對後來的啟蒙運動產生了深遠的影響。

中國曾是歐陸啓蒙運動傾心仿效的對象

被公認為萊布尼茨傳人，也是啟蒙運動健將的吳爾夫（Christian Wolff, 1679-1754），亦盛讚中國雖然不是基督教國家，卻擁有極為良好的社會禮俗及典章制度，更推崇孔子能擺脫迷信的羈絆，「不語怪力亂神」，提倡理智的人生態度，處處「克己復禮」。

一七八九年的法國大革命標幟著啟蒙運動的頂峰。康德則總結了法國大革命前夕哲學思想的成就。康德的老師克努臣（Martin Knutzen, 1713-1751）是吳爾夫的學生，而康德在大學裡講授倫理學與法權哲學時所選用的教科書的作者——主要是包姆加頓（Alexander Gottlieb Baumgarten, 1714-1762）與阿亨瓦（Gottfried Achenwall, 1719-1772）——都是吳爾夫的學生。萊布尼茨與吳爾夫均對中國文化推崇不已。由此可見，康德也深受中國文化的薰陶與啟迪，難怪長久以來康德被稱為「哥尼斯堡的中國人」。也正因如此，才得以成就其宏偉莊嚴的哲學體系。總而言之，沒有中國的榜樣，就沒有以理性為主導的啟蒙運動。

《開放的社會及其敵人》的作者卡爾·波帕（Karl Popper）於一九五四年，為紀念康德逝世一百五十週年，應英國國家廣播電臺（BBC）之邀，發表專題演講，題為〈康德——啟蒙運動的哲學家〉，將康德定位為啟蒙運動的導師。康德在《何謂啟蒙運動》（Was ist Aufklaerung）一書中將「啟蒙」界定為「一個人要從歸咎於自己的未成年狀態中走出來」。所謂「未成年狀態」乃是指若無第三者從旁指導，就無法運用自己理性的狀態。至於哪一種未成年狀態是該「歸咎於自己」呢？康德說，並不是因為他的心智尚未成熟，而是因為他缺乏決心、勇氣和擔當，致不敢獨立運用自己的理性。所以康德認為，「啟蒙」就是要求每一個人公開地運用自己的理性。每個人針對任何可以公開評論的事物，把自己內心的看法、感受講出來，讓別人可針對你的看法與感受提出評論。相對地，你也可針對別人對你的看法與感受所作的評論，再予以評論，這樣就形成了一個公開討論的情境，社會也就逐漸走向一個開放的體系。

真正的改革是思維方式的改變

理性的公開運用正是啟蒙運動的目的。《周易》獨特的思維模式正有助於活化思考，強化理性思維的能力。《周易》中所蘊藏的豐富哲理與獨特的思維方式對我們發揮啟蒙運動的精神大有助益。我們拒絕做個性與慣性的奴隸，而要獨立地運用理性，通權達變，讓個人的理論水平與實踐能力不斷提昇，社會、國家才能不斷變革、不斷進步。

在近現代的中國，以知識分子為主的五四運動，在某種意義上，本也可說是一個啟蒙運動，然而其最大的不幸，就是號召「打倒孔家店」，從根全盤否定了中國自己的歷史文化。到了十年文革期間，更全面而徹底地打擊傳統優秀文化。這使得原本立意良善、有除舊佈新的、進步意義的五四運動和文革，反過頭來阻礙了中國現代化的事業。

康德曾說：「經由革命，個人的專制以及貪婪心和權勢欲的壓迫固然可以一掃而空，但絕不會出現思維方式的真正變革，而是新的成見將和舊的一樣，成為駕御沒有思想的廣大人群的助行帶。」盲目的激情並不足以成事；惟有透過理性的反省與批判，立足於傳統，超越與創新才有可能。而《周易》正提供我們「思維方式的真正變革」，《周易》不僅是中國傳統文化的活水源頭，它也是我們完成中國現代化的銳利武器。

伍、以《周易》的現代化推動中國全方位的現代化

《周易》本為憂患之書，當世局之變，常能致大用。於今新舊世紀之交，《周易》不僅能作為重建文化主體意識的基礎與推動思想再啟蒙運動的助力，更足以擔當推動全方位現代化的重任。在過去兩千年間，《周易》作為個人進德修業的指南與君臣治國的戒鑑，在歷史上發揮了舉足輕重的影響。展望未來，面對全方位現代化的挑戰，總結前人心血結晶的《周易》必能再放光芒。

但是近人對《周易》的詮解，似乎無法切合中國現代化的需求。究其原因，一方面固然由於現代人閱讀古文能力有限，面對既繁且雜的《易》注，常常不得其門而入；但更重要的是，現代社會與傳統社會的特徵截然不同，現代人無可避免地必須體驗新的生活，面對新的問題。因此，如何就《周易》賦與創造性的詮釋，使古人的智慧與經驗重獲新生、再現活力，的確是當代中國知識分子無可推卸的責任。

筆者自弱冠，即以「振興易學，再造中華」為己任。爾後雖曾負笈德國鑽研康德哲學，

取得哲學博士學位，然而對於闡揚易學則從不敢稍怠。筆者對於在西方哲學中向以艱澀難解著稱的康德哲學，既能游刃有餘；《周易》乃中國傳統文化的大根大本，對於弘揚易學自亦責無旁貸。《周易六十四卦通解》與《易經白話例解》即為筆者致力周易現代化的初步成果。《易經白話例解》以語體文直解經文，闡發義理；並在每一卦、爻辭之後附加「例解」，結合歷史與當代現實問題，為該卦、爻辭提供了適當的詮釋；也為《周易》的初學者提供了入門之路。《周易六十四卦通解》則以最簡潔、洗練的文字，直解經文，摒除繁瑣之訓詁考證，俾讀者便於汲取周易思想的精髓，進而可以馳騁在兩千年來浩瀚的《易》注古籍之中，進而汲取千古不易的智慧之泉。以下筆者將藉著對幾則卦爻辭的詮釋，說明《周易》如何現代化，以及如何讓《周易》對中國的現代化事業做出貢獻。

《周易》可以成為現代人經世致用的寶典

以筆者去（一九九五）年在高雄市參選立法委員為例，《周易》困卦（䷮）卦辭即深深啟示了筆者。困卦卦辭說：「困，亨，貞，大人吉，无咎，有言不信。」這是說，對於處在困境中的人而言，固然有志難伸，但若能固守正道，則含藏脫困致通之道。然而，唯有大德之人處窮困之時，才能進德修業不輟，以靜待天命，必吉方能无咎。至於小人遭困，常為求脫困於一時，而偏離正道無所不用其極，反使自己困上加困。這就是「君子固窮，小人窮斯濫矣」的道理。而大凡處困境之人，其所持見解特難取信於人。因此，君子處窮困之時，應靜默自持，時然後言。

筆者去年請纓代表新黨在民進黨自認為是渠等臺獨大本營的高雄地區參選，於困卦卦義深有體悟，乃以「大人」自許，謹以「有言不信」為鑑，不以高知名度而自滿，採用「方塊戰術」，將選區分成三十個小方塊用心經營，深入各社區，與當地民眾直接接觸；縱然遭受他人的污蔑與打擊，亦不改其志。終於擺脫重重圍困，在選戰中脫穎而出，順利高票當選。

再以最近臺灣政壇上的熱門話題「大和解」為例，從「同人卦」也可以得到很好的啟示。同人卦（䷌）由離卦（☲）與乾卦（☰）組成。乾天在上，離火在下，而火性炎上，比喻火與天相和同，故「同人卦」有和同於人、不與人爭之意。與人相和同，必須做到卦辭所說的「同人于野」，意指與極郊野偏遠地區的人相和同，既然能與遠處的人相和同，更何況與左右鄰近的人呢？「野」字，本指地理上的郊野，我們也可將其引申為在意見光譜上的郊野，或政治立場上與己方南轅北轍的郊野。在政治上，只有培養寬容異己的雅量，理性的論辯才有可能，政策品質的提昇也才有希望。

「同人卦」的道理也可以應用於海峽兩岸的統獨問題。中共當局應該體認，臺獨分子也是中國人，武力非但不能解決問題，反將使問題更加嚴重。臺灣自一八九五年因馬關條約割讓給日本以來，至今一百年間，只有四年與大陸維持形式上的統一（一九四五—一九四九）。長達九十六年的分離，怎可能沒有「獨」的力量？就如中國大陸乃社會主義國度，豈能沒有「左」的力量？鄧小平為使改革開放在和平穩定的環境中進行，既可「防左而不反左」，為何不能以最大的智慧與耐心化解臺獨問題，亦即「防獨而不反獨」？

其實，「防左而不反左」或「防獨而不反獨」的立場也和「夬卦」的道理相通。夬卦（䷪）由下面五個陽爻及最上面一個陰爻組成。從復卦（䷗）一陽始生於下開始，陽爻往上遞增，逼使陰爻遞減。這種陽長陰消之勢以事為喻，代表君子道長，小人道消。到夬卦時，陽爻已盛長至第五位，即將把上六——即最上位的陰爻——決除掉。然而夬卦告誡君子，即使處於絕對優勢，勝券在握，也不可急於決除對方。君子反而更須耐著性子，靜伺時機，讓上六小人認清局面，知難而退。因為從夬卦的卦義來看，夬卦由乾卦（☰）與兌卦（☱）組成；乾為健，兌為悅，夬卦講的就是「健而悅，決而和」的道理；也就是決除小人的最高境界，是當君子處於穩贏的優勢時，如何謀求和平決除小人，而兩不相傷。這種以柔濟剛，維持恆久和諧的精神，正是《周易》的終極追求。一般人多認為《周易》的「太極思維」是一種強調陰陽對立轉化的思維模式。其實，《周易》中任何的對立轉化，其最終目的都為達成一種持久的、且隨時適變的和諧狀態。這種「太和」、「中和」的思想才是中國文化的精髓所在。

即使就現代男女關係而言，「歸妹卦」也傳神地詮釋了箇中道理。古代稱女子嫁人為「歸」，少女為「妹」，所以「歸妹」就是少女出嫁的意思。歸妹卦（䷵）由兌（☱）、震（☳）兩卦組成。從人事來看，兌為少女，震為長男。一般而言，少女多嬌生慣養，不如長女懂事，能替媽媽扶老恤幼。少女配長男畢竟不如長女配長男來得恰當。歸妹卦的卦義是指少女主動在先，男方尚未提親，女方就急於出嫁，有失婚姻的禮節。誠如卦辭所說：「征凶，无攸利。」其實，無論社會多麼進步，女性還是必須維持適度的矜持，以免因失禮反常而自取其辱。男女交往之初，如果女方主動追求男方，一旦感情生變，女方往往難免吃虧受辱。歸妹卦是以「歸妹」的例子作為出發點，強調合禮守分的觀念。

改革創新當適可而止

由此可見，透過適當的重新詮釋，《周易》將呈現出另一種新面貌。身為現代的中國人，只要有心學習，假以時日，定能一窺其中堂奧而受益終生。以下筆者擬探討如何讓《周易》成為推動中國全方位現代化的原動力。

在現代化的過程中，西方國家的某些制度固然值得我們仿效。但是，在引進新制度之前，總要先做比較研究，確定某一套制度是在哪種特殊的歷史背景及特定的政治、經濟、社會條件之下，用來解決哪些問題。更重要的是，必須試圖從傳統文化中可資借鑑者，賦予新意，以為創建該項制度的原動力。畢竟一項制度的建立，必先培養能與該項制度相契合的意識與精神，該項制度才能穩固而長久。

現代化是一場全面的改造工程，其輕重緩急究應如何拿捏？《周易》的「革卦」（䷰）就是談論革命之道，值得參考。革卦由離卦（☲）與兌卦（☱）組成。離是火，兌是澤，離火在下而炎上，兌澤在上而潤下。火燒得太過強烈，則澤水乾涸；澤水滿溢而潰決，則離火熄滅。澤與火，兩不相容，有相革之象。革卦卦辭說：「已日乃孚，元亨，利貞，悔亡。」革命的意義在於除舊布新。而人性多安於現狀，惡於變革，必得非革不可才革，切忌輕言變革。當世局敗壞已極，不革則無以救亡圖存，此時倡議革命，乃所以除弊亂而致祥和。唯當已革之日，弊已除，亂已止，大家才會信服。因此，革命含有元亨大通的道理。從事變革一定要固守正道，革而至當，其悔乃亡。

此外，革卦上六爻爻辭說：「君子豹變，小人革面，征凶，居貞吉。」這裡「君子」是指有德、有才、有位、有錢的人，「小人」反是。上六是革卦最上一爻，處革之終，革道已成。有地位、有名望、有資產的人本不會輕易附和革命，此乃人情之常。及新政權成立後，這些知名人士、意見領袖或大企業家馬上從革而變，大幅調整自己對革命政權的態度，有如豹之換毛一般清晰可見。至於一般老百姓則因為昏愚無知，平日不甚關心政治，只能隨波逐流，革其面，轉其向，順從新政權。這原本已經足夠，如果新政權還不知足，認為一般老百姓只是外表裝著順從，骨子裡頭卻是機會主義，從而還要深而治之，予以進行思想改造，則「征凶」。爻辭告訴我們，此時應貞固自守，確保革命成果，並儘快將革命時的號召一一落實，才能得吉。毛澤東就是不知革命應適可而止的道理，才犯了「不斷革命」的錯誤，而導致文革悲劇。

陸、現代化的國家理想

康德界定「國家」為「一群人生活在法律規範下的生活共同體」。要建立現代化的國家，就應先培養具有獨立精神氣象的現代國民。每一位國民獨立自主，國家自然獨立自主。而獨立自主的國民則以能自由決定其意志與行為為表徵。因此，現代化國家莫不以保障並實現每個國民「人格的自由、自律與自主」為其存在理據。每個國民亦不得濫用其自由，從而妨害他人之自由，甚或破壞國家的基本秩序。

易言之，國家存在的理據在於保障共同體中每一位國民「人格的自由、自律與自主」。國民就其服從法律而言，似與「自律」的要求相悖，而成為「被統治者」或「他律」。然而從法律乃是經由全體國民定期改選的代表依多數決原則所制訂。國民服從法律，其實就是間接服從他們自己本人的意志。如此，個體與集體、自由與法治、自律與他律等矛盾均得以化解。現代化的國家莫不透過法律形塑出國家基本秩序，藉以規範個體、集體與國家之間的關係。

國家基本秩序可概括分為三種秩序：首先是涉及權力分配的政治秩序，其次是涉及財富分配的社經秩序，最後是涉及價值創造的文化秩序。

蠱卦與「法治國」

在政治秩序上，現代化的目標要求建立「法治國」。所謂「法治國」（Rechtsstaat）就是要建立能夠保障每個國民「人格的自由、自律與自主」免於受到國家公權力恣意侵犯的政治秩序。「蠱卦」卦辭所說的「先甲三日，後甲三日」正與「法治國」的理想相呼應。蠱卦（䷑）是由巽（☴）、艮（☶）兩卦組成。艮為靜止，巽為巽順。巽卦在下，代表在下的臣民唯唯諾諾，巽順聽命。艮卦在上，代表在上的君王靜止不動，不思有所作為。上、下一片苟且偷安之象，時日一久，必定出現蠱亂。當蠱亂已成之際，必須大有作為，頒行新政令，以便大事整頓，所以卦辭說：「利涉大川」。至於「先甲三日，後甲三日」則涉及古代的曆法。古代以天干計日，新政令均選於甲日施行，象徵新的開端。所謂「先甲三日」，是指甲日的前三天，即辛日，「辛」與「新」同音假借，取其「改新」之意。新政令要實施的前三天，一定要預先公告週知，切忌不教而殺，這就體現了「仁道」的精神。所謂「後甲三日」，是指甲日的後三天，即丁日，「丁」與「叮」同音假借，取其「叮嚀」之意。新政令剛施行，若有人因不諳新政令而犯禁，也不要急於繩之以法，而應予以叮嚀告誡，這就彰顯了「恕道」的精神。

依照「法治國」的基本原則，任何行政機關要頒行新的行政命令前，應舉行聽證程序，邀請與該命令的施行有利害關係的團體代表或專家學者陳述意見，這對建立「法權意識」（Rechtsbewusstsein）與公權力的威信有很大的幫助。而新政令公告後也常有一段「緩衝期」，讓大家來調適。蠱卦卦辭的「先甲三日，後甲三日」標舉出仁道與恕道的精神，正與現代「法治國」的基本原則互相輝映。

損卦與「社會國」

在社經秩序上，現代化的目標要求建立「社會國」。所謂「社會國」（Sozialstaat）就是要建立能夠保障每個國民——尤其是工業革命後所產生的大量經濟上或社會上弱者——「人格的自由、自律與自主」免於受到資本經濟力恣意侵犯的社經秩序。建立一套以「助其自助」、「社會連帶」、「跨代契約」等原則為基礎的社會保障制度，乃是社會國的目標。因為在工業社會，核心家庭已無法扮演傳統農業社會中大家庭成員之間互通有無、風險分攤等社會保障的功能，所以有賴於重建一套新的社會保障制度，以協助社會中的成員自立自主或與其他社會成員互助協力解決生活困境。《周易》的「損卦」最足以詮釋社會保障制度的真意。

損卦（䷨）是兌卦（☱）在下、艮卦（☶）在上。兌是澤，艮是山。山下有澤，山上的土石剝落，從而壅塞了湖澤，所以山不再如以往之高，湖澤亦不再如以往之深。對山而言是損，對澤而言也是損。但減損本是拂逆人情之事，倘若有過與不及，或不當其時，必招致紛爭不斷和抱怨連連。因此，處「損」之道，一定要心存至誠，固守正道，損有餘以補不足，當損則損，不當損則不損，損道才能正固長久。社會保障制度必須符合「損有餘以補不足」，亦即「損過以就中」的原則，讓位居經濟強勢的族群分攤照顧老弱貧病的責任，才能實現公平與正義的要求，從而促進社會的和諧與進步。

蒙卦與「文化國」

在文化秩序上，現代化的目標要求建立「文化國」。所謂「文化國」（Kulturstaat）就是要建立能夠從旁協助每個國民充分發展其「人格的自由、自律與自主」的文化秩序。法治國與社會國是要保障每位國民「人格的自由、自律與自主」能免於外力（公權力或資本經濟力）的侵犯；文化國則是積極地要讓每位國民的內在才分得以充分地發展。

周易中的「蒙卦」頗能代表文化國的理念。蒙卦（䷃）是由下坎（☵）上艮（☶）兩卦組成。坎為流水，艮為山，蒙卦象徵泉水源源不絕從山壁湧出，不知流歸何方。就像生物初生之時，蒙昧無知，需要滋養和啟發，才能成長茁壯。蒙卦卦辭說：「蒙，亨，匪我求童蒙，童蒙求我。」意指象徵老師的九二爻，以陽剛中正之才，行時中之教，能把握時機，因材施教。象徵童蒙的六五爻，以柔順中正之德，與九二相呼應，能虛心受教，是以才德日益精進，所以卦辭說「亨」。至於「匪我求童蒙，童蒙求我」，則是說，不是我求童蒙來學習，而是童蒙來求教於我。文化國的理想是充分尊重每位國民「人格的自由、自律與自主」，決不主動干預其價值創造方向，但應從旁提供必要的協助。就如孔子所說「不憤不啟，不悱不發」，乃是指學生必須自願發憤求學，老師才從旁予以開導。在「文化國」的理念中，國家應謹守分寸，尊重國民自主的價值創造意識，不宜過度介入文化生活領域。

以上這三個現代化的國家理想是三位一體、不可分割的。一個沒有法治國的社會國，那將是官倒橫行的共貧社會；一個沒有法治國的文化國，那文化政策將淪為鞏固政權的工具。一個沒有社會國的法治國，那將是強凌弱、貧富懸殊的社會；一個沒有社會國的文化國，那文化活動將成為有錢、有閒階級的奢侈品。沒有文化國的法治國或社會國，那將是一個沒有理想的國度。我們要完成全方位的國家現代化理想，必須將法治國、社會國與文化國的理想畢其功於一役。

柒、結論

自鴉片戰爭以來，傳統文化與現代化的關係，一直是為中國找出路的知識分子必須面對的嚴肅課題。《周易》蠱卦的六五爻對於這個問題提供了最好的解答。蠱卦六五爻爻辭說：「幹父之蠱，用譽。」蠱亂非一日之積，必世而後見，所以蠱卦各爻都舉親子關係說明治蠱之道。一般而言，兒子若獲有整治蠱事的美名，則親長多揹負造成蠱亂的惡名。整治蠱事若能無損於親長的名聲，善繼父親的善德，善用父親的美譽，如此子承父德，用譽以治蠱，正是治蠱之最善者。

引申到今日中國現代化的問題來說，身為炎黃子孫的我們必須懂得「子承父德用譽以治蠱」的道理。我們必須重新瞭解歷史傳統，確認中國人的智慧。我們的祖先在古代既能隨著不同的歷史與社會條件，造創令人讚嘆的良法美制。我們沒理由不相信，身為子孫的我們也同樣可以順應時代的需求，成功地完成現代化的艱鉅工程。傳統與現代化的關係猶如老幹與新枝的關係。只有正視傳統，對傳統負責，現代化才能成功。不明就裡，盲目指責傳統，歸罪祖先，是敗家子的行徑。因為一個對過去不珍惜的民族，如何規劃未來的理想與目標？拋棄了傳統，喪失了文化主體意識，則任何創造的發生，都將是偶然的，更不可能開創出恆久的未來。如何劍及履及地在傳統文化中抽取固有質素，賦予新的詮釋，以重建文化主體意識，是當代關心中國現代化的人士責無旁貸的重任。

作為傳統文化大根大本的《周易》正是重建文化主體意識的基礎。但是，面對現代化的挑戰，《周易》亟需重新詮釋，賦予新意，而後才能重獲新生力量。惟有自《周易》的現代化著手，立大根大本於傳統，重建文化主體意識，推動思想再啟蒙運動，中國才能跨出貧窮與落後，跨出一百五十多年來的屈辱，從而完成全方位的現代化，讓中國有尊嚴地與其他文化系統平等交流，進而豐富全人類的生活內涵。

——《哲學雜誌》一九九六年四月號

「執中守正」抑或「趨時知幾」

——讀李總統談《易經》有感

《易經》乃群經之首，為歷代中國知識菁英必讀的一部典籍。然而清末以來，西學成為主流。《易經》這部總結了中國人智慧與經驗的寶典，現代的知識分子卻泰半毫無所悉，實令識者痛心！精研西方哲理，然而卻以弘揚傳統優秀文化為己任的朱高正，對李登輝晚近提倡《易經》，深表肯定。但對於李氏學易只重「權謀」，而忽略「守正執中」的態度，有所指正。

日前李登輝總統在行政院第二期國建班的結訓典禮上，向與會學員們大談《易經》，一時之間，臺北政壇似乎燃起一股《易經》熱。本來大家以為李總統只懂得《聖經》而已，今天竟然談起《易經》，還真令人有耳目一新之感。

事實上，中國自古以來，皇帝提倡易學，本身讀易、說易，甚而著易，比比皆是。如東漢光武帝及明、章二帝，祖孫三代都非常重視經學教育，曾多次駕幸太學，與博士、公卿講解《周易》經義。南朝梁武帝蕭衍有易著數種。清朝康熙皇帝提倡易學，更是不遺餘力。今天最通行的《易經》集注版本——《周易折中》，便是康熙命令大學士李光地編纂而成。

《易經》乃中華文化之活水源頭

自古以來，《周易》乃群經之首，為我中華文化之活水源頭。相傳遠古時代，伏羲氏仰觀俯察而作八卦，其後八卦兩兩相重而為六十四卦。至文王、周公父子作卦辭六十四條、爻辭三百八十四條、「用九」和「用六」兩條，合計四百五十條，此即《周易》之經文，共四千九百餘字。孔子晚年喜讀《周易》，至於「韋編三絕」，足見其用力之勤。孔子整理古籍，刪詩書，訂禮樂，作《春秋》，唯獨對《周易》經文未敢增刪一字。孔子與其門生更作《十翼》，注解經文，以揭露《周易》所蘊涵之哲理。自此，《周易》漸漸由卜筮之書轉化為探討宇宙人生的典籍。所以《周易》「人更四聖，世歷三古」，乃總結上古中國社會經驗與智慧的寶典。《周易》不但是儒家的經典，道家也將其與《老子》、《莊子》合稱「三玄」。中國古籍中，同為儒、道兩家奉為經典者，非《周易》莫屬！

自漢武帝建元五年設置五經博士，楊何出任首位「易博士」，到清光緒三十一年廢除科舉為止，在這二千零四十年之間，為《周易》注疏的就超過四千家。學者皓首窮「易」，可說歷兩千年而不衰。如果我們將「讀書」視為與古聖今賢對話的知性創造活動，那麼《周易》不愧為歷代知識菁英對話的論壇與焦點。如此經典，即使在歐洲被視為各類學問源頭的亞里斯多德著作，也很難望其項背。舉凡中國的讀書人皆不可不讀《易經》！

然而，令人痛心疾首的是，在臺灣多數人把傳統文化視為「落後」、「不合時宜」的風氣下，《易經》早已乏人問津，不受知識分子重視。所以在臺灣洋博士比比皆是，其中會留心傳統古籍的，卻是鳳毛麟角，更遑論對易學的闡揚了。

據報載，參加國建班的官員們，對於李總統所談論的《易經》，都覺得很精彩，至於內容則多表示無法理解。連戰內閣向以「博士內閣」標榜自豪，而其高級官員卻對《易經》這傳統寶典一無所知，實乃一大諷刺。

其實，筆者認為傳統文化非但不必然是現代化的障礙，更可以成為推動現代化的助力。《周易》實為傳統文化之大根大本，欲重建中華民族之自信自尊，欲有效迎接國家現代化之挑戰，必先從《周易》的現代化著手。讓一般人有機會接觸《周易》，讓《周易》與現代生活發生聯繫，這也是筆者費盡苦心在電視上主持「乾坤大挪移」節目中，用卦來解析新聞事件、用占筮來提供心理諮商的目的所在。

「守正」、「執中」才是易理的核心

李總統這一年來研習《周易》，並將其心得與大家分享，真是用心良苦。尤其難能可貴的是，他是接受現代教育、留洋學農的知識分子，深受日本教育的影響，且過去從來不看中國的古書。現在李總統也能重視《易經》，而且向國建班的官員們大力推薦，相信這對大家重新評估中國傳統文化的價值大有助益。然而，綜觀李總統談論的內容，多為側重《周易》在領導統御與制定決策中的作用。其實，在《周易》思想體系中，「守正」、「執中」才是理論的核心部分。《周易》向來強調當位得正、居中得吉的道理。老總統原名蔣志清，後來改名為「介石」、「中正」，這都是出自《易經》第十六卦——即豫卦（䷏）。它的六二爻爻辭說：「介于石，不終日，貞吉。」而〈小象〉解釋說：「不終日，貞吉。以中正也。」其意是守正執中，其介如石，堅定而不可移易。

至於李總統反覆強調「知幾」、「趨時」，皆為權謀之道，僅具實用價值，不似「守正」、「執中」蘊含崇高的倫理價值。提倡易學本是一件好事，但如果將《易經》界定為只是講求謀略的典籍，這就不妥了。更何況李總統以一國元首之尊，竟以從中學得權謀而沾沾自喜，尤屬不當。自古以來，「民無信不立」。治國之道，當以誠信為重。孔子也說：「政者正也，子帥以正，孰敢不正？」自李總統掌權七年以來，國政日益紛亂，李總統今天若能深研易理，而以守正執中自勉，則國家幸甚，人民幸甚！

論儒

——從《周易》古經論證「儒」的本義

儒家是中國傳統文化的主流。有關「儒」字的釋義和儒家的起源，是近代多位學者辯爭、論證的一個焦點。如章太炎的〈原儒〉、胡適的〈說儒〉、饒宗頤的〈釋儒〉等，乃至郭沫若、錢穆、傅斯年等人都有專文參與討論。

本文中，朱高正從《周易》「需卦」論證「儒」字的本義和「儒家」的原型，旁徵博引，從固有典籍中有力地陳述他獨特的見解，並與章太炎、胡適等人的觀點相互比對、印證。本文經中研院文哲所審查委員會審查通過，並刊載於該所的《中國文哲研究通訊》，朱高正治學之嚴謹，由此可見一斑。

儒家是中國傳統文化的主流。自孔子以降，歷先秦孟荀、漢唐經學、宋明理學、清代實學，以迄於今，迭有更替，卻又歷久彌新，生生不息的文化傳承，其「起點」究竟在何處？

是什麼樣的質素造就了儒學如此強韌的生命力？本文旨在追本溯源，探究「儒」的本義和「儒家」的原型。

壹、「需待之人」為儒

近代有關「儒」字釋義的重要文獻，如章太炎的〈原儒〉❶、胡適的〈說儒〉❷、香港大學教授饒宗頤的〈釋儒〉❸，都引許慎《說文解字》的「儒，柔也。術士之稱。從人需聲。」做為文字訓詁的依據。章太炎著重「術士」一辭，而將「儒」以「達名」、「類名」、「私名」三者做為區分❹。胡適著重「柔」字，而認為「儒」的本義為「文弱迂緩的人」❺。饒宗頤則駁斥胡適對「柔」字的解釋，指出「儒」訓「柔」，其意義並非柔弱迂

---

❶ 章太炎：〈原儒〉，《國故論衡》（臺北：世界書局，一九五八年，章氏叢書影印一九一七年（？）浙江圖書館校刊本），頁一一六—一二〇。

❷ 胡適：〈說儒〉，（原載中央研究院，一九三四年，歷史語言研究所集刊，第四本，第三分，後收錄於《胡適文存》第四集，卷一，頁一—一〇三。

❸ 饒宗頤：〈釋儒〉，《東方文化》第一卷，第一期（一九五四年），頁一一一—一一二。

❹ 同❶，頁一一七。

❺ 同❷，頁七。

緩，而是「安」，是「和」❻。

其實，「儒」字在古籍上出現，當以《論語》和《周禮》為最早。《論語·雍也篇》，孔子對子夏說：「女為君子儒，無為小人儒。」《周禮·天官》：「儒，以道得民。」在此之前，只有「需」字，不見「儒」字❼。

「需」字在古籍中，以《周易》的「需卦」最具代表性，論述也最詳盡。《周易》在考據上已確證成書於殷末周初。因此，「儒」字，從「人」，從「需」，而「需」的本義為等待，故「需待之人」為「儒」。我們從《周易》需卦來探究「儒」的起源，應是最自然不過的事。

按《易傳》的解釋，需（䷄）卦是下乾（☰）上坎（☵）。乾為天，坎為水、為雲，雲上於天，還沒有下降為雨，故有需待之象。從卦德來看，乾為剛健，坎為險陷。險難既在眼前，若是輕用其剛健而遽進，難免陷入險境，因此應先待而後進。「先待」所以積畜才德，充實涉險能力，並靜待險難之解除，時至而後動，動乃有功。

胡適在〈說儒〉一文中，也已「疑心」需是儒的本字，並且也引出《周易》的需卦來為

❻ 同❸，頁一一二—一一三。

❼ 根據徐仲舒於一九七五年在《四川大學學報》所發表的〈甲骨文中所見的儒〉一文，甲骨文中已有「需」字存在，他並認為甲骨文中的「需」字，即古代的「儒」字。這說明「需」和「儒」可以互訓。

「需」字做解❽。但是胡適為了印證他所「大膽假設」的見解，以為「儒」最初是殷商遺民，是「文弱迂緩的人」❾，他對需卦的解釋也旨在達到他所要的結論：「『需』卦所說似是指一個受壓迫的智識階層，處在憂患險難的環境，待時而動，謀一個飲食之道。這就是『儒』。」❿對胡適來說，「儒」的本義即是混一口飯吃的殷商遺民。

郭沫若有〈駁說儒〉⓫一文，對於胡適引需卦說儒，大不以為然。在當時疑古成風的學術氛圍下。郭沫若誤認為《周易》成書於戰國前期，已在孔子歿後⓬。他指出《論語》上「加我數年，五十以學易，可以無大過矣」，是孔子和《周易》發生關係的唯一出處。可是，他說「那個『易』字是有點蹊蹺的」，是後世的易學家改竄的。他認為原文應是：「加我數年，五十以學，亦可以無大過矣。」⓭這是比胡適更「大膽」的「假設」了。

❽ 同❷，頁六。
❾ 同❷，頁七。
❿ 同❷，頁二二。
⓫ 郭沫若：〈駁說儒〉，原載《中華公論》，一九三七年刊，後收入《郭沫若全集》歷史編第一卷（北京：人民出版社，一九八二年）頁四三四—四六二。
⓬ 同前註，頁四四二。郭沫若認為《易》的作者是馯臂子弓，時期在戰國前半。
⓭ 同前註，頁四四四。郭沫若雖援引陸明德《音義》所言。「易」字在《魯論》中可作「亦」，但據以推論《論語》原文，而完全改變傳統釋義，仍是大膽的假設。

其實，《論語》中與《周易》有關的記述，不只一處。譬如〈子路篇〉即有如下記載：子曰：「南人有言曰：『人而無恆，不可以作巫醫。』善夫！『不恆其德，或承之羞。』」子曰：「不占而已矣。」

其中「不恆其德，或承之羞」正是直接引自《周易》恆卦九三爻的爻辭：「不恆其德，或承之羞，貞吝。」而孔子所說的「不占而已矣」，更凸顯孔子致力於《周易》經文的義理闡發，而不願將《周易》視為單純的卜筮之書。

此外，郭沫若主張「儒應當本來是『鄒魯之士縉紳先生』們的專號」⓮，這與胡適的「殷商遺民」說原無太大的差別。可是郭沫若緊接著說：「儒之本意誠然是柔，但不是由于他們本是奴隸而習于服從的精神的柔，而是由于本是貴族而不事生產的筋骨的柔。古之人稱儒，大約猶今之人稱文謅謅、酸溜溜……」⓯又說：「儒，在初當然是一極高等游民，無拳無勇，不稼不穡，只曉得擺個臭架子而為社會上的寄生蟲。」⓰類此語調，已脫離學術論證的範疇，我們懷疑，或許是意識形態的堅持阻斷了郭沫若理性自由判斷的能力。

⓮ 同前註，頁四五六—四五七。

⓯ 同前註，頁四五八。

⓰ 同前註，頁四五九。

貳、儒的本義為「舒緩從容，待時而後進」

胡適指出「儒」與需卦的關係，值得肯定。但是，他對「儒」字強做解人，從而曲解了需卦的真義。我們在此有必要對需卦的卦義做進一步的詮釋。

需（䷄）卦卦辭：

需。有孚。光亨。貞吉。利涉大川。

按《易傳》的解釋，「需」，待也。「孚」是指誠信充實於心中。需卦由下往上數第五爻，即九五爻，以剛爻居陽位，得上體的中位，得正而居中，又處於尊位，為有孚得正之象。九五是需卦的主爻，具備剛健中正之德。卻陷入上卦坎體險陷之中，一時之間難以脫困。九五必須心存誠信，德行光明，從容等候，方能遠離困境而使諸事亨通，所以卦辭說「需。有孚。光亨。」處於需待的時候，當以執守正道為吉，待時機成熟，則利於涉渡大河。在先民眼中，涉川渡水是一件極其危險的事，切忌躁進，必得待時而後進⑰。

---

⑰ 以下援引之《周易》卦爻辭暨釋義請參閱朱高正：《周易六十四卦通解》（臺北：商務印書館，一九九五年），《易經白話例解》（臺北：商務印書館，一九九五年）。

需卦初爻到上爻的爻辭如下：

初九。需于郊。利用恆。无咎。

九二。需于沙。小有言。終吉。

九三。需于泥。致寇至。

六四。需于血。出自穴。

九五。需于酒食。貞吉。

上六。入于穴。有不速之客三人來。敬之終吉。

其中，由需于「郊」、需于「沙」、需于「泥」，以至需于「血」，具象地表述逐步、漸進地渡河涉險。古時，城牆之外為「郊」，郊外為「野」。「需于郊」是指剛踏出城門，距離坎水的險難尚遠。「需于沙」，則因「沙」是近水之地，但仍尚未入水。到九三爻，「泥」已是接水之地，但只是浸濕，尚未完全入水。至「需于血」，則已身陷坎險之中。

需卦講的是循序漸進的需待之道。惟其守中持恆，才能化險為夷。因此，九五爻爻辭：

需于酒食。貞吉。

九五以剛爻居陽位，得上卦中位，且處於天位，表示九五至尊具有陽剛中正之德，雖陷於坎險之中，然而其才足以濟險，其德足以服人，憑恃這樣的才德而需待，又有何事不濟呢？因此，九五是最能善盡需待之道的主爻。爻辭的「酒食」是指飲食宴樂，既可賴之以養生，亦能用以招待賓客。九五不著眼於當下淺近的功利，不犯揠苗助長的錯誤。畢竟以修德化育萬民的王道理想並非一蹴可幾，當持之以恆，有所需待才能實現。聖人之學也只能以寬裕的態度，讓每個人能充分地實踐與自省，才能達到成德的圓滿境界。九五能「需于酒食」，不急於濟難出險，固守正道，故能得吉。

至於上六爻爻辭：

入于穴。有不速之客三人來。敬之終吉。

「穴」是險陷之地。「速」是邀請的意思。「不速之客」，指不待召喚、邀請而自行前來的人。「三人」指下卦乾體的三個陽爻，其中只有九三和上六有正應的關係，初、二兩爻則想隨九三共同出險，所以稱乾體三爻為「不速之客」。上六處於坎險終極之地，需待的時機已過，只有進入險地，所以說「入于穴」。需卦的卦義乃是先待而後進；到了九五，需道已成，所以乾體三個陽爻不待上六的召喚，即積極上進以求一起出險。但對上六而言，這三位不速之客卻來得突兀。不過，上六以柔爻居陰位，懷有柔順之德，只要恭敬地接待三位不速之客，不和他們爭執計較，終能化險為夷，共同出險而得吉。

《周易·繫辭》有謂「作易者其有憂患乎？」《周易》確如胡適所指出的，是憂患之作。但「需卦」不能就此解釋為受壓迫者圖口腹之欲的飲食之道，並據以認為「這就很像殷商民族亡國後的『儒』了。」[18]

胡適指出：「需卦之象為雲上於天，為密雲不雨之象，故有『需待』之意。」[19]其實，需卦由乾、坎兩卦組成。乾為天，在下；坎為水，在上。故需為水在天上，因尚未下降為雨，故象傳釋「需」為「雲上於天」，有需待之意。胡適之錯，錯在把「需待」視為目的，而忽略了需卦所強調的「舒緩從容，待時而後進」的積極意義。「舒緩從容，待時而後進」也正是「儒」的本義，是「儒」的本質。

參、儒以通曉六藝為務，以教化為職

《禮記·儒行篇·疏》引鄭玄《目錄》：「儒者，濡也，以先王之道，能濡其身。」「濡」與「儒」同樣來自「需」字，原義是浸漬於水中。所謂用火則燥而速，用水則浸而

---

[18] 同❷，頁二二。

[19] 同❷，頁二二。

緩，「濡」是滋潤、涵泳，也是漸進。儒者講求積畜才學，涵養德性，「以先王之道，能濡其身」，而不急於出仕從政，建功立業。

由於注重才德的積畜和修養，古之儒者多以通曉六藝為務，以教化為職。章太炎在〈原儒〉中也說：「儒之名，蓋出於需，需者雲上于天，而儒亦知天文、識旱潦。」⑳章太炎似也已注意到「儒」和「需」的關係，但是他為了印證他所說的「儒之名，於古通為術士」㉑，因此，以「知天文、識旱潦」的術士來定義原始的「儒」。章氏著重「儒」的功能，而忽略了「儒」的本質。因此，雖以「達名、類名、私名」來對「儒」做廣義和狹義的區分，卻無疑已限制了「儒」的角色。章氏的說法大致上可化約為字典《辭源》裡對儒字的解釋：「儒，古代從巫、史、祝、卜中分化出來的人，也稱術士，後泛指學者。」㉒

錢穆也有〈駁胡適之說儒〉㉓一文。他的立論與胡適有異，而接近於章太炎的儒為古代術士之說。不過，他的「術」是指「術藝」，「術士」即「嫻習六藝之士」。他說：「夫儒為術士之稱，其所曰禮、樂、射、御、書、數，古稱六藝，藝即術也。」㉔

---

⑳ 同❶，頁一一七。
㉑ 同❶，頁一一九。
㉒ 《辭源》（大陸商務印書館編輯。臺灣版，臺北：遠流，一九八八年）頁一四三。
㉓ 錢穆：〈駁胡適之說儒〉，《東方文化》第一卷第一期（一九五四年）頁一二三—一三八。
㉔ 同前註，頁一二七。

其實，儒者積畜才學，待時而後進，其出路通常有二：一是學而優則仕，以學養獲得人君的重視，接近人君，取得人君的信任，而後假借人君之手，以實現其理想抱負。其次就是辦教育，藉由百年樹人的事業，使其理想有所傳承。而這兩者又常常可以相互為用，教育與治國、平天下是息息相關的。《周禮・天官》：「儒，以道得民。」鄭玄注：「儒，諸侯保氏有六藝以教民者。」六藝是禮、樂、射、御、書、數，皆與治國有關。又《周禮・地官》有「聯師儒」，鄭玄注：「師儒，鄉里教以道藝者。」這些都是「儒」字在經籍上最早出現者，可見儒者之成為教育家，其來有自。傅斯年在《戰國子家敘論》中認定：「所謂儒者，乃起於魯，流行於各地之『教書匠』。」㉕所根據的就是上述的文獻。但是，不管是「術士」或「教書匠」，都是「儒」出現後的分工，而不是其本義。

此外，《漢書・藝文志》也記載：「儒家者流，蓋出於司徒之官，助人君順陰陽、明教化者也。游文於六經之中，留意於仁義之際，祖述堯舜，憲章文武，宗師仲尼，以重其言，於道為最高。」所謂「順陰陽」，大概就是祝、卜、史、巫的工作。古代文書多典藏在王室、貴族手中，祝卜史巫之官有審閱典籍的方便。而古代的統治者高高在上，唯一懼怕的就是鬼神；祝卜史巫擔任人、神之間的媒介，於是得以在占卜的過程中，藉由神意規諫君王，這後來就發展為諫議大夫、御史等官職。至於「助人君明教化」的儒者，則成為後來的太

㉕ 傅斯年：《戰國子家敘論》，《傅斯年全集》（臺北：聯經，一九八〇年，計七冊）第二冊，頁九五。

保、太師、太傅。儒家的理想是做為「王者師」，退而求其次則是做為「國子師」，也就是教導未來可能成為王者的公孫貴族及其子弟。孔子首倡有教無類，廣納門生，過去為王室貴族所獨享的知識才逐漸普及到民間。儒家「宗師仲尼」，蓋孔子本人即是儒家的「原型」。

從孔子和他主要門生的生涯來看，他們大致上都和緩、謙遜，平時所修習的就是修身、齊家、治國、平天下的道理，自奉儉約，勤奮向學，但並不急於出仕，也不急於有所施為。這正是「需卦」所一再強調的那種「守中持恆，待時而動」的性格。孔子和他的門生一般都不直接從政，也不蓄意跟有權力者直接衝突、對立，而是耐心地與統治階級為友、對話，獲得人君的委信，使得他們的主張、理想逐漸被人君採行。

肆、「智慧王國」與「權力王國」的區分

儒者提出治國理念，再交予有權力者執行，將「智慧王國」與「權力王國」做明確的區分。這正是德國大哲康德（Immanuel Kant, 1724-1804）所嚮往的。康德在「權力王國」之外，也劃出「智慧王國」。他認為哲學家應謹守本分，不要直接介入權力的競技場。因為哲學家一旦涉身權力，就不免有利害的計慮，這將妨礙他公正、客觀地運用理性。他反對柏拉圖集統治者和哲學家於一身的「哲王」主張。在《論永久和平》一書中，康德說：「國王本人就是哲學家，或哲學家成為國王，這種柏拉圖式的哲王理想，我們不僅不應期待，毋寧是

不應該這樣期望。因為擁有權力，就不可避免地會腐蝕了理性自由判斷的能力。」㉖

儒者不干位躁進，刻意與權力保持適當的距離，正是為了維護其「理性自由判斷的能力」，為了堅持其「有所為，有所不為」、「用行捨藏」的原則。中國歷史上對被貶抑、流放的文官，常有高度的評價，其地位也往往比在官場中春風得意者更為崇隆。

《禮記·儒行篇·疏》引鄭玄《目錄》：「儒之言優也，柔也，能安人，能服人。」饒宗頤的〈釋儒〉據以認為《說文解字》的「儒，柔也」，「柔」應是「優柔，安和」，而不是胡適所說的「軟弱」。饒宗頤的解釋較接近《周易》需卦所舖敘的順應天道，舒緩從容，積畜才德，待時而動。

「需」卦所透露的「儒」者性格，我們從《論語》中孔子和其門生的對話，也不難尋獲：

「不怨天，不尤人，下學而上達，知我者其天乎。」（〈憲問〉）

「不患無位，患所以立。不患莫己知，求為可知也。」（〈里仁〉）

子謂顏淵曰：「用之則行，舍之則藏，唯我與爾有是夫。」（〈述而〉）

㉖ Zum ewigen Frieden, 2. Abs. 2. Zusatz, 見 Kants Gesammelte Schriften hrsg. von der Preussischen Akademie der Wissenschaften, Bd. VIII, S.369.

子曰：「三年學，不至於穀，不易得也。」（〈泰伯〉）（「不至於穀」意謂不忘於干祿求俸。）

《論語》中，類似如此教人優柔沈潛，寬裕自處的章句不可勝數，因為這正是「儒」的本質。

伍、君子儒與小人儒

《論語．雍也篇》有孔子對子夏所說的：「女為君子儒，無為小人儒」之語。究竟什麼是「君子儒」？又什麼是「小人儒」呢？這同當時的社會變動和職業分途有關。在春秋時代，由於王室崩潰，所謂「天子失官，學在四夷」，有專業知識和技能的人，流落民間。他們憑自己的專業和技能，等待貴族的任用。這批「需待」之人，通稱為「儒」。但他們之中，有君子和小人的區別。有文化教養，通曉西周典籍，能進德修業，從事教育事業，並為執政者提供治國之道的知識分子，則為「君子儒」。孔子本人就是「君子儒」的典範。他說：「沽之哉，沽之哉，我待價而沽也」（《論語．子罕》），自以為是待價而沽的知識分子。另一種人，無文化教養，僅憑自己的一技之長，或為貴族們操辦紅白喜事，謀取飲食，如《墨子．非儒》所批評的「因人之家以為翠，恃人之野以為尊，富人有喪，乃大悅，喜曰：

此衣食之端也。」或為貴族們表演歌舞和雜技等，如《國語・鄭語》所說的「侏儒」，或《管子・立政》所說的「優倡侏儒」。這類人，即孔子指稱的「小人儒」。

前引《易傳》對需卦各爻的解釋，即是對「君子儒」品德的闡發。關於「君子儒」，《論語》所論頗多。〈堯曰篇〉：「子曰：『不知命，無以為君子也。』」邢昺疏：「天之賦命，窮達有時，當待時而動，若不知天命而妄動，則非君子。」這裡的「君子」，其實已接近於需卦的卦義。又《論語・學而篇》：「人不知而不慍，不亦君子乎？」〈衛靈公篇〉：「君子求諸己，小人求諸人。」都在強調自持自守，厚積才德，而不鑽營躁進，不強出頭的儒者風格。這也是需卦的精神所在。

關於「小人儒」，《論語・季氏篇》有云「小人不知天命而不畏也」，與君子的「知天命」、「畏天命」有別。《周易》需（䷄）卦的覆卦既然是訟（䷅）卦。我們可以從訟卦來看出「小人」的面貌。

從卦德來看，訟（䷅）卦是內坎（☵）外乾（☰）。坎為險陷，乾為剛健，意謂人若內懷險陷之心而外有剛健頑強之行，則容易引起訟端。其卦辭曰：

> 訟。有孚。窒惕。中吉。終凶。利見大人。不利涉大川。

「孚」是誠信。「窒」是止塞難通。「惕」是戒慎恐懼。訟卦的二、五兩爻皆以剛爻居於中位，陽剛中正代表心有實理。但是既有爭訟，其道理必有窒塞之處。因此，興訟應該要戒慎恐懼，避免無事生波，輕啟訟端。

「中吉」是說爭訟若能適可而止，則吉。「終凶」意謂若是堅持爭訟到底，則凶。因為輸固輸矣，就算贏得訴訟，也輸掉人和。「大人」係指九五以剛爻居陽位，且處上卦的中位。爭訟的目的在於辨是非，斷曲直。九五大人剛健中正，可以做出公正的裁決以平息爭訟，因此爭訟以見九五大人為有利。

卦辭最後告誡「不利涉大川」，指出爭訟之時，人心乖離，道理止塞難通，若是恃強頑抗，躁急冒進，必然衝突難解，一敗塗地。

其上九爻爻辭曰：

> 或錫之鞶帶。終朝三褫之。

「錫」通賜。「錫之鞶帶」意即賜以高官厚祿。「終朝三褫之」是指在一日之內，原來獲賜的高官厚祿，多次遭到剝奪。這是告誡好訟成性，強要出頭者，即使得意於一時，終將取禍喪身。

訟卦是需卦的覆卦，其卦德也與需卦相違，兩者的差異也正是「小人儒」與「君子儒」的區分。《論語．子路篇》：「君子泰而不驕，小人驕而不泰」可以為證。此外，《論語》

裡也有「硜硜然小人哉」[27]，「小人長戚戚」[28]之語，這與儒者和緩謹慎、息訟止爭、涵德內斂的性格是迥然不同的。

陸、《周易》是儒者修身養性的圭臬

其實，孔子有謂「五十而知天命」[29]，又說「加我數年，五十以學易，可以無大過矣。」[30]可見做為儒宗，也是儒家「原型」的孔子，是把《周易》做為儒者修身養性的圭臬。儒者的性格，除了上述「需」卦的根源之外，我們也可以從其他的卦爻辭裡找到參照的依據。

漸（䷴）卦與需卦「舒緩從容，待時而後進」的需待之道，可謂異曲同工，遙相呼應。從卦象來看，漸卦是下艮（☶）上巽（☴）。艮為山，巽為木，山上有木，木漸長於山而成其高大。漸卦〈象傳〉曰：「山上有木，漸，君子以居賢德善俗。」「居」通「積」。這是從

---

[27]《論語・子路》。

[28]《論語・述而》。

[29]《論語・為政》。

[30]《論語・述而》。

樹木的漸次成長，領悟出積畜才德的重要性。我們現在所講的「百年樹人」，也旨在強調教育所需的耐心和循序漸進。

漸卦的卦義是循序漸進。其初爻到上爻的爻辭如下：

初六。鴻漸于干。小子厲。有言。无咎。（干為岸邊之意）

六二。鴻漸于磐。飲食衎衎。吉。（磐為大石）

九三。鴻漸于陸。夫征不復。婦孕不育。凶。利禦寇。

六四。鴻漸于木。或得其桷。无咎。

九五。鴻漸于陵。婦三歲不孕。終莫之勝。吉

上九。鴻漸于陸。其羽可用為儀。吉。

漸卦以鴻鳥比喻君子，和《詩經·小雅》的「鴻雁于飛，肅肅其羽」相近。而其從初爻到上爻循序漸進的擬喻，正可和需卦從「需于郊」到「需于血」的逐一推展相互映照。

初六「鴻漸于干」，喻鴻鳥遠飛前，先就岸邊飲水，不急於上往，唯君子能深明此理，而處之不疑。至六二「鴻漸于磐」，已飛到大石之上，飲食和樂。九三進至平原，六四已飛至巨木之上，九五飛抵高大的土山，這是鴻鳥所能棲息的最高處。至上九則已飛上雲天，四通八達，暢行無阻。

漸卦和需卦一樣強調厚積才德，待時而後進的道理。漸卦上九爻「其羽可用為儀」，「儀」是效法。意謂這種循序漸進而後才展翅高飛，繼而大展「鴻」圖的態度是值得我們仿效、依循的。這和大畜（䷙）卦上九爻「何天之衢。亨。」可以並看。「何」同「荷」，意指負荷。大畜卦發展到上九，積畜已豐，賢才上進之路乃大為亨通。「何天之衢」比喻四通八達，無往不利。也就是說，只要積畜才德，循序漸進，紮穩基礎，終有一天能豁然貫通，一展長才。

大畜（䷙）卦下乾（☰）上艮（☶）。乾為天，艮為山，山中有天。天乃至大之物，卻畜藏於艮山之中。比喻人心雖小，卻可畜藏無限豐富的知識和經驗。《論語·子張篇》有「百工居肆以成其事，君子學以致其道」。將君子做學問與百工學技藝並列，正表示儒者所重視的是紮實的、日積月累的工夫。

柒、儒者承襲《周易》「陰陽互藏，剛柔相濟」的精神

胡適在〈說儒〉一文中，也提到謙、損、坎、巽等「教人柔遜的卦爻辭」來佐證其儒為「文弱迂緩」之人的論點。郭沫若駁斥他，說：「《周易》裡面也有乾、大壯、晉、益、革、震等等積極的卦，為何落了選……」

其實，胡適和郭沫若兩人各執一辭，卻都忽略了《周易》陰陽互藏、剛柔相濟的道理。郭沫若既然有所質疑，我們就拿他所指定的幾個「積極的卦」來看看。

乾（䷀）卦下乾（☰）上乾（☰），是純陽卦，應是六十四卦裡最剛健的一個卦了。可是其初九爻「潛龍勿用」，已有時未至不可行，宜晦跡而韜光的告誡。上九爻「亢龍有悔」，講的是物極則反、盛極則衰的道理。而從初九的「潛龍勿用」以至九五的「飛龍在天」，在在勖勉君子宜循序漸進、積畜才德，待時以一展鴻圖。

尤其乾卦的用九爻爻辭：

「見群龍无首。吉。」

「用九」指九的功用。九的功用在於可變為六。占筮時，從本卦引申出的卦稱為「變卦」。占筮時，如乾卦的六個爻都是「九」，而不是「七」，則六個陽爻皆變為陰爻，乾卦就變成坤卦了。「群龍」是指乾卦六爻，如果都從陽變成陰，本為剛強卻能柔順，則剛柔相濟，必能得吉。乾德本是純陽，且至為剛健，應當以柔和的態度，對待德性、才學或權位較自己為差的人。千萬不能濫用自己的剛強，切忌事事強出頭，才可得吉，所以說：「見群龍无首，吉。」

再看下乾（☰）上震（☳）的大壯（䷡）卦。乾為天，震為雷，雷在天上，有陽剛壯盛之象。可是，我們發現大壯卦有一特色，凡陽爻居陽位，則凶。如初九爻「壯于趾，征凶有孚。」九三爻「小人用壯，君子用罔，貞厲，羝羊觸藩，羸其角。」都是凶兆。因為陽爻居陽位，過剛則折。

可見《周易》從不鼓勵逞強好鬥，而主張剛柔相濟。尤其處於大壯陽剛壯盛的時候，尤應注意守正用柔的道理。其「小人用壯，君子用罔」的爻辭，也可以補充我們前述的「君子儒」和「小人儒」的區別。在這裡，「罔」意指「不」或「無」。「君子用罔」就是「君子不用壯」的意思。

晉卦亦然。晉（☲☷）卦是下坤（☷）上離（☲）。坤為地，離為日，日上於地，有旭日東升，光明盛大之象。晉卦由四柔二剛組成，其中柔爻皆得吉，二剛則否。我們且舉初六爻來看：

晉如摧如。貞吉。罔孚。裕无咎。

「晉如」是上升、上進。「摧如」是抑退，即阻擋前進。「罔」通「無」。「罔孚」是指未被信任。初六以柔爻居晉卦的開始。與初六正應的九四以剛爻居陰位，既不當位，又不得中。比喻初六雖然想要上進，卻被九四近君大臣所阻擋，所以有「晉如摧如」之象。此時，初六唯有固守正道，才能得吉。這是因為初六以卑下的地位處於上進之初，必然無法在短期內獲得在上位者的信任。然而，即使無法獲得信任，初六也應寬裕自處，不應因小有挫折就抑鬱不滿，唯有耐心等待時機的到來，才不至於招致過錯。

這樣的卦義，與我們在需卦和漸卦所看到的「舒緩從容，待時而後進」的教諭，也是若合符節。

由此可見，需卦所蘊涵的儒者精神，其實貫串在《周易》經文之中，需卦絕不是孤例。

捌、結語

儒家豐潤寬厚的生命型態和堅韌執著的道德情操，使得儒家的文化傳承得以歷兩千多年而不墜。《周易》透過其古奧的經文所披露出來的處世哲學，正是儒家精神氣象的一個活水源頭。要探究、詮釋「儒」的本義，與其從東漢許慎的《說文解字》尋索，不如直接從成書於殷末周初的《周易》古經切入。

儒者重視修己的工夫，不急於有所施為，但絕不是消極孱弱。儒者或從事教育，或輔佐人君，其所秉持的仍是入世、淑世的信念。他舒緩從容，不干位躁進，但絕不是對現實盲目妥協，也不會任由違禮悖義的事恣意蔓延。《論語·述而篇》裡對孔子的描述是「溫而厲，威而不猛，恭而安」。這種「內方外圓」、「內剛外柔」的處世態度，正是《周易》的精髓。

儒者積畜才德，待時而動，「學而優則仕」❸❶，可是他也知道「用行捨藏」，謹守「天下有道則見，無道則隱」❸❷的原則。即使從政，也是從「修己」出發，循序漸進——從「修己以敬」、「修己以安人」，以迄於「修己以安百姓」❸❸。若是邦國無道，人君不堪輔佐，他就退而著書立說，藏諸名山，傳諸後世；或是述而不作，廣收弟子門生，以繫傳承。

儒者最忌枉道從勢，曲學阿世。在當前以工商為主的現代社會中，權力運作更為赤裸，各種誘惑更是五花八門。做為現代知識分子，只有更加沈潛自持，捍衛「智慧王國」，方能抗拒「權力王國」的收編；只有更為厚植實力，寬裕自處，才能面對橫逆頓挫。在現代社會中，《周易》古經所蘊涵的儒者精神，或許更值得吾人深思吧！

——中央研究院《中國文哲研究通訊》第六卷，第四期，一九九六年十二月

❸❶《論語·子張》。

❸❷《論語·泰伯》。

❸❸《論語·憲問》。

論黑道
——一個法律社會學與國家哲學的新課題

在臺灣，黑道的勢力不僅已深入到社會各個階層，且與現實政治糾葛不清，形成眾所指責的「黑道政治」。但是，對於黑道的本質及其存立發展的因素，迄未有人做過嚴肅而完整的探討。朱高正本文正是透過其在法律社會學與國家哲學上的深厚素養，對黑道問題做一透徹的省視。

他不僅從學理上探究黑道在人類社會的起源和特質，同時也經由現實上的考察指出：黑道的存在絕不是孤立的社會文化現象，黑道勢力的消長與政治、經濟大環境的變遷息息相關。隨著經濟發展和社會變遷，黑道的存在形式固然已經調整，但是臺灣黑道與白道的惡性互動，卻使得黑道脫離了它本來的脈絡，嚴重危及國家政治、經濟的秩序。也違背了一個健全的社會所賴以存立的正義原則。

近二、三十年來臺灣經濟、社會快速發展，黑道組織本身及其運作方式也隨之急遽變化。黑道的影響力不僅已深入到社會各個階層，且與現實政治糾葛不清，形成眾所指責的「黑道政治」。過去關於黑道的研究，社會學界多集中在游民階層的探討，法學界則著重於黑道組織在犯罪構成要件的特質，這類研究都無法透視「黑道政治」的本質，也未能觸及黑道與國家、社會之間的互動關係。本文試圖從法律社會學和國家哲學的角度，重新檢視形成黑道政治的社會文化條件及其化解之道。

人類社會行為規範的主要類型為風俗、習慣、倫理和法律，而前三者的約束力遠不如法律。法律就作為行為規範而言，是社會發展到相當複雜程度後的產物，而以公權力來保障其效力的。拉丁法諺有云：「有社會斯有法律」（Ubi societas, ibi ius.）對古羅馬人而言，「法律」與「社會」是不可分割的。法律既然是一套行為規範體系，規定何者為「合法」的同時，就已劃定何者為「非法」，就像有白晝，就有黑夜。一有婚姻制度，就有婚外關係，一有法律規範，就有非法領域。

法律邊緣的模糊地帶是滋生黑道的溫床

無論就理論或現實而言，法律不可能對人類所有行為予以規範，而社會上的某些生活領域，也不可能由法律予以有效規範。因為法律基本上只能禁人為惡，不能勸人為善（後者屬教育、倫理、道德、宗教範疇），因此，法律只能針對特定問題課人以作為或不作為義務而已。以賣淫和賭博為例，可以看出法律規範在處理現實問題時，有其不能克服的困境。賣淫行為可能危害婚姻制度，因此法律不僅用民法、也用刑法來保護婚姻制度。然而，現實上卻不可能禁絕一切的賣淫行為。因為人類所固有的性衝動對未婚者、離婚者或失婚者而言，也需要有解決的管道，而這個管道又難保不會被已婚而性生活並不盡協調者所濫用。這就使得賣淫行為在現實上不得不容許其存在，在法律上卻又不得不逕認其為合法，從而使得賣淫行為成為界於「非法」與「合法」之間的模糊地帶。

賭博問題亦然，只要有私有財產制，就不可能沒有賭博的存在。凡人皆有僥倖之心，經由賭博可以一夕致富，剎那間可以改變巨大財富的所有權歸屬關係。因此，法律為了保障私有產權，多有禁賭的規定，但是僥倖心理卻又是人性所固有，因此也不得不默許特定的賭博管道，如賭場、賽馬、彩券等。

因此，賣淫與賭博都處於法律邊緣，亦即「合法」與「非法」之間的模糊地帶，這也正是傳統上最易滋生黑道的社會生活領域。正因「法律」和「社會」是不可分割的，黑道雖然不見容於法律，卻也是構成社會的一部分。有人主張透過嚴刑峻法，全面禁絕黑道，這是不切實際的妄想。須知，古今中外，能短暫使黑道消聲匿跡的只有兩種政權，一是德國的納粹政權，另一個則是共產政權。但是消滅黑道的代價卻是犧牲人權保障，換來專制的極權統治，這種選擇是否值得，大有爭議。

黑道既存在於法律力所不逮的地方，又是構成社會的一部分，我們可將黑道視為社會的次文化體系。歷史一再顯示，當主文化體系腐敗已極之際，次文化體系可能迅速壯大，甚或取而代之。黑道在一定程度上有反體制的色彩，其組成分子常常對現實主流價值規範不屑一顧。就如同有合法就有非法一樣，在政治上，只要有統治機制，就有反統治傾向的可能，其極致就會落實為革命行動。當政治上有明顯的不公不義現象時，自然會出現公民創制活動或社會運動。當體制內的管道阻絕時，自會有議會外的反對運動，甚至武裝暴力革命。

黑道經營與國家管理

若純粹從財務收支的角度來看，做為次文化體系的黑道如何經營，與做為主文化體系的國家如何管理，頗有其雷同之處。國家的收入有稅課、專賣、營業盈餘、規費、罰款等項目，其中以稅課收入占最大宗。而課稅的基本原則是量能課稅，即所得越高者課以越重的稅負，投機性高的所得亦應課以較高的稅負。因此，以遺產稅為例，繼承遺產越多者，應繳納越多的稅；繼承遺產較少者，則繳納較少的稅；至於繼承的遺產在一定額度之內的，則可以不用繳稅。房地產稅亦然，擁有房地產越多、價值越高者，應繳納越多的稅。所得稅也是一樣的道理，一般交易所得應較勞動所得課以較高的稅率。財富越多、收入越高者，應繳交較多的稅；財富少、收入低者則繳較少的稅；至於完全沒有財富，甚或沒有工作能力者，則不僅不用繳稅，政府甚且應提供其維持生活所需的津貼。

另就支出面來看，政府的開銷有維繫國家機制正常運轉的一般政務支出，有國防、教育科學文化、經濟發展、社會安全、環境保護和退休撫卹等必要的支出，而各項支出的多寡、取捨，在客觀上要符合國家的需求，主觀上則要考量民意的歸趨。

一個國家的管理者，若是能將收入和支出兩者調配得宜，自然政通人和，國泰民安。反之，若是兩者的分配比例失衡，造成貧富懸殊，百廢待舉，輕則怨聲載道，重則政局動盪，甚至改朝換代。

黑道經營地盤也離不開同樣的道理。黑道收入的主要來源之一，為來自地盤內商家所支付的保護費。而保護費的收取基本上也要依據公平正義的原則。一般來說，位於法律邊緣的行業，如酒家、妓院、賭場、舞廳、夜總會、理容院、電動遊樂場、路邊攤等，凡利潤較高、糾紛越多者，則抽取越高的保護費；反之，凡利潤較低、糾紛較少的行業，則其保護費相對降低。就支出面來看，黑道有固定豢養的職工、帳房和打手，這些道上的兄弟應按其勤惰、功過與出力的多寡，給予應得的酬勞，因公罹難者也給予必要的撫卹。

黑道對其地盤的管理，同樣要遵守比例原則，對收入和支出做合理的調配。一旦出現徇私的行為，例如一利潤高、糾紛多的酒家，只因是老大的近親所經營，即收取較低的保護費；或一利潤不高的商家，只因與老大關係疏遠，反而抽取高額保護費。或者在支出上，因親疏計較而有賞罰不公的情形。這些因素都將引起私怨，甚或公憤，難保地盤內的人不會勾結鄰近或敵對的角頭入侵，這是黑道幫派火拼的主要原因。

類似黑道地盤因攤派保護費或頒發賞金不當而導致外力介入的危機，也同樣出現在國家內部矛盾激化的敏感時刻。例如在資本主義早期，國家機器是新興資產階級剝削勞工階級的工具。在收支的分配上，資本家只因擁有機器、廠房、土地等生產工具，即可不斷利用勞工的勞力，無限制地累積財富。勞工階級則只能任令自己的剩餘價值不斷被剝削，無緣享受其勞動成果。在此情況之下，勞工運動自會乘勢崛起，要求改變生產關係，其他國家的社會主義政權也會藉機介入。過去共產國際的擴張和對第三世界的革命輸出，基本上都是由於社會公平正義原則的淪喪而起。

黑道的正義原則

國家的管理和黑道地盤的經營同樣都須依循正義的原則，只是兩者所主張的正義有所不同。國家所講究的正義是「普遍正義」（Universal Justice），黑道的正義則是「局部正義」（Particular Justice）。「普遍正義」是對所有人一體適用，在任何情境皆一律有效的正義原則。因此，一個只知道維護特定階級利益的國家，即違背「普遍正義」原則。至於「局部正義」，則是只對特定的人或只在特定情境下才有效的正義原則。例如黑道做為次文化體系，其倫理、價值觀和行為規範並不能對主文化體系各個階層的成員有效。黑道所主張的正義，對某些善良百姓而言，可能反而是不義。或者，在主文化體系嚴重脫序時，黑道會出來加以制衡，這種在特殊情境下所顯現的正義，也不見得能適用於平時。

在釐清「普遍正義」與「局部正義」的分野之後，我們再來探究「正義」的本義。古希臘哲人柏拉圖在其膾炙人口的名著《國家論》（俗稱《理想國》）的第一卷即討論「正義的意義」。他指出，「正義是給予每個人應得的東西」。柏拉圖對正義的界說規範了爾後兩千多年整個西方實踐哲學對正義的詮釋。亞里斯多德更進一步將「正義」區分為「算術正義」與「幾何正義」兩種。前者乃是指人與人之間完全站在平等相對待的基礎上，互為予求，又稱為「平均正義」或「交換正義」（iustitia commutativa），是私法關係的最高原則，私人之間訂定契約，發生債權關係，均應依「算術正義」為之。而「幾何正義」又稱「比例正義」或「分配正義」（iustitia distributiva），乃是指國家權力在其與人民的關係上，應依各個人不同的成就、貢獻，依比例原則，分配各個人應得的部分，這種「分配正義」乃是公法關係的最高原則。前者著名的羅馬法學家烏爾比安（Ulpianus, 170-228）稱之為「勿對他人不義」或「勿傷害他人」（neminem laede），後者則稱之為「給予每個人應得的東西」（suum cuique tribue）。這種將法學研究領域分為「私法」與「公法」的傳統，持續至今。

黑道存在於法律的邊緣地帶，但是法律之所以成為法律，除了在形式上有國家公權力為其後盾，更重要的是法律應具有公平正義的內涵。在這一點上，荀子也早就有言簡意賅的論述。荀子認為法律的功能在於「定分止爭」。「定分」其實相當於「分配正義」；法律要劃定各個人所應得的「分」，國家有責任保障各個人所應有的「分」，如此方可以終止紛爭。

《易經・繫辭》有言：「天地之大德曰生，聖人之大寶曰位。何以守位曰仁，何以聚人曰財。理財正辭，禁民為非曰義。」其意義是說，天地的大德乃是生成並長養萬物，做為統治者的聖人所貴重的則在於確保政權。如何保住政權，就在於是否擁有仁聲，眾望所歸。如何才能獲得人望，就在於是否有足夠的財貨以養育萬民。「理財」是以正道經營管理財貨，「正辭」則是頒布各項合於公平正義的法令制度，如此自可使得百姓不爭不盜，不為非作歹，行為合於事理之宜，這就是「義」。

《易傳》的這一段話，可以說是中國最古老的政治經濟學。不僅具體地點出經濟與政治互為表裡，也揭示了經營國家的基本原則。「理財」所講的不只生產財貨而已，也包含財貨的分配；「正辭」則要求法律要有正當性。「理財正辭」的內涵其實也就是我們前面所提到的公平正義的原則。至於「禁民為非曰義」的「義」字不僅含攝柏拉圖所界說的「正義」，也是國家賴以存立的理據，是國家正當性的基礎。

黑道的「我群」意識

國家的起源和黑道地盤的形成也有其相似之處。英哲霍布斯（Thomas Hobbes, 1588-1679）將國家未出現時的「前國家狀態」稱為「自然狀態」。根據他在《巨靈》

（Leviathan）一書中的說法，在「自然狀態」中的人類生活是「孤獨、貧困、惡劣、粗暴而且短暫的」，又由於人類的本性是自私的，於是每個人都傾向無限擴張其利益，每個人都有其自以為是的正義觀。例如，當一個生活在「自然狀態」中的人主張他擁有某個洞穴時，這只是他自己做的權利宣示，別人不見得會承認。於是，他只好靠拳頭來保衛自己認定的權利。可是今天保得住的洞穴，明天可能就失去。即使明天保得住，也不能保證三、五年後還能繼續保有。在自然狀態中，每一個人固然有充分的自由，憑著自己的想像，漫無限制地主張其權利，但這些權利主張卻又建立在自己的實力上，是那麼的不安全。因此，自然狀態，其實就是權利普遍缺乏保障的蠻荒狀態，每個人都處在失權（Rechtlosigkeit）狀態之中。其結果必然是你爭我奪，人人自危。

要解決權利的爭議，只有兩個可能。一是每個人依自力救濟的原則，憑藉其私人暴力，來貫徹自己的權利主張。但是這將陷入霍布斯所說的「萬人對萬人鬥爭」（bellum omnium contra omnes）的狀態，每個人恣意地主張自己的權利，其結果是沒有一樣權利可以獲得確保。另外一個可能則是，每個人相約放棄使用私人暴力，共同建立一足以公平地保障所有人的公共暴力，來仲裁是非，並貫徹公共正義的要求。這個公共暴力的載體就是國家。康德（Immanuel Kant, 1724-1804）進一步發揮霍布斯的國家哲學，依據他的說法，大家相約放棄使用私人暴力的契約就是國家存立的理據，稱為始原契約。締結始原契約後，人就離開了「萬人對萬人鬥爭」的自然狀態而進入國家狀態，他本來擁有的自然權利絲毫不少地在國家狀態中重新獲得。所不同的是，不必再靠自己的拳頭來維護自己的權利，而是由「公共暴力」（亦即「公權力」）來保障每個人所應得的「分」。

黑道的形成與國家的起源有異曲同工之處。黑道在法學上的名稱是「犯罪組織」。既是「組織」，當然就須以群體為要件。在犯罪組織未形成前是個別的流氓帶幾個混混或零散的換帖兄弟，劃地為王，憑藉私人的暴力來維護其地盤。可是今天擁有的地盤，明天可能就被奪走，明天保住了，也不見得能夠長期佔有。在此極端不穩定的狀態下，有地盤形同無地盤，每天都心驚膽顫地唯恐地盤被入侵、被奪走。為了結束這種無終止的鬥爭狀態，大家遂互相訂約，立下盟誓，在結盟的地盤內利益均霑，對內彼此不使用私人暴力，對外則要求進退攻守一致。於是就這樣建立起一個黑道組織，在組織內排資論輩，從而形成權力架構。對外則形成高凝聚力的「我群」（We-Group），而與「他群」（They-Group）涇渭分明。

黑道在組織化的過程中，通常會「歃血為盟」，嚴禁內鬥，這種盟誓的形式也與建立國家的「始原契約」相類似。美國「黑手黨」的發源地是義大利的西西里島，「黑手黨」在當地的稱呼是Cosa Nostra，本義是「咱們的事」，其實也就是「我群」的界定。

源遠流長的洪門即有斬雞頭、歃血盟誓的傳統。而其「三十六誓」中第一誓即為「自入洪門之後，爾父母即是我父母，爾兄弟姊妹即是我兄弟姊妹，爾妻是我嫂，爾子姪即是我子姪，如有不遵此例，不念此情，即為背誓，五雷誅滅。」其他誓詞也無非是「兄弟患難之時，必要相幫」或「兄弟寄妻託子，或有要事相託，如不做到者，五雷誅滅。」此外，臺灣的幫派中，四海幫的「十大戒律」中有一條即是「戒出賣同黨及相殘」。竹聯幫的幫規中也嚴格規定：「不得叛幫，自己兄弟要團結」。這些誓詞或戒律都明白宣示黑道透過組織凝聚我群，排除內鬥的意圖。

黑道的價值體系與行為規範

中國人常講「盜亦有道」，即是承認黑道也有其特定的價值體系與行為規範。早在《史記》的〈游俠列傳〉中，司馬遷即以他的如椽巨筆描述朱家、郭解等「大哥」級人物的行跡。朱家「所藏活豪士，以百數，其餘庸人，不可勝言」，可見已是黑道首腦。而朱家本人「家無餘財，衣不完采，食不重味，乘不過軥牛，專趨人之急，甚己之私」，其氣度與道義使得結聚之眾，越來越廣，「自關以東，莫不延頸願交焉」。朱家後繼者有賭徒劇孟等人。劇孟的母親去世時，有千輛以上的車馬自遠地前來送葬，這種盛大的場景也不輸給現代黑道大哥的喪禮。漢景帝時，吳、楚諸侯興兵叛變，當時周亞夫擔任太尉，他得知劇孟並未參與叛軍，大喜曰：「吳、楚舉大事，而不求孟，吾知其無能為已矣。」可見當時的「黑道」已有左右天下治亂的能耐。對於像劇孟一般的黑道頭子，司馬遷嘆曰：「天下騷動，宰相得之，若得一敵國云。」

此外，列傳中的郭解，亦甚為精采。郭解年少時「以軀借交，報仇藏命，鑄錢掘冢」，可謂壞事幹盡。但他年長後「折節為儉，以德報怨，厚施而薄望」，且救人性命，不居其功，因此頗孚眾望。一旦有人得罪了他，自有仰慕他的少年代為報仇，而不讓他知道。漢武帝時，將豪門富家遷往茂陵，郭解亦在其列，而光是鄉里送行的盤纏即有「千餘萬」。後來郭解被漢武帝派人誅殺，蓋因其影響力已動搖到當權者的統治基礎。

其實，黑道有其特定的價值體系與行為規範，做為當權者的白道，若能固守正道和保障公共正義，則相對於黑道，自有其優位權。向來不論黑道的勢力多大，最後還只能求個被招安，俾在體制內取得其正當性。從《史記》裡的游俠，《水滸傳》裡的梁山泊好漢，乃至明末的鄭芝龍、鄭成功父子，最後還是希望能獲得當道（亦即主文化體系）的認可。

做為次文化體系，黑道固然要承認白道的優位權。但是，當白道本身腐化，無法無天，罔顧公平正義，而遂行暴力統治時，黑道就可能起而挑戰白道的權威，甚至推翻白道，取而代之。在中國歷史上，每於改朝換代之際，黑道常扮演推波助瀾的角色。元末明初，朱元璋得以稱帝，明教首居其功。清末民初，孫中山的國民革命，若無洪門、哥老會、三合會等會黨襄助，恐難順利完成。可見白道與黑道之間的互動關係，有良性，亦有惡性。良性是黑道臣服於白道，白道也能落實正義的要求，兩者相互制衡。惡性則是白道腐化，黑道介入政治，黑白不分的「黑道政治」。

近二、三十年來，臺灣經濟快速發展，社會也隨之急遽變遷，使得黑道組織及其運作方式也發生快速的變化。而政治上，由於國民黨當局的行事作風不斷給予黑道人物錯誤的示範，終而導致白道與黑道間形成某種共犯結構關係。

在國民黨高壓統治時期，監獄是對付黨外異議人士的重要手段。選舉期間慣於大放厥詞，批評國民黨政府的黨外人士都知道，「當選過關，落選被關」。一旦勝選，可以保住身家性命，在廟堂上與國民黨繼續周旋；要是不幸敗選，就很可能會被國民黨以「甲級流氓」移送綠島管訓。政治人物因敗選而落難在綠島，給道上的「大哥」多所啟發：既然只要有民選的基礎、民代的頭銜，就算是政治上的異議分子，國民黨也不得不網開一面；因此，黑道人物若能勝選，當也可免去牢獄之災。這等於變相鼓勵黑道人物出獄後就積極部署參選，既可漂白，又可自保，何樂而不為？

黑道與白道的共犯結構

事實上，黑道人物並不嫻熟政治運作，政治演講尤非渠等所長，其參政動機無疑多是出於自保。過去在國民黨高壓統治時期被移送管訓的黑道分子，固然有些真的是作惡多端，不嚴辦則無以向社會交代，另有一些則可能由於為人較耿直、「鐵齒」，不願滿足白道的需索，以致成為管訓的對象。過去有權提報流氓管訓的有四個機關，即警察局、調查局、憲兵司令部以及警備總部。其中尤以警總最為關鍵，因為警總是審查提報流氓的複審機關。前三者所提報的流氓案，可能被警總壓下；反之，只要警總認定為流氓，縱然其他三個機關認為並非流氓，警總亦可自行提報。因此，警總無疑是當時最具權勢的黑幫老大，因為他擁有黑道人物的生殺大權，一收一放之間，宰制整個黑道。以賭場為例，一日進出三、五百萬的賭場被剿，而進出三、五千萬的卻安然無恙。後者可能就是警總在道上的線民所經營，而前者則是因為不買警總的帳，或不善於處理與白道的關係而遭抄場。就是在這種情況之下，他們才被迫投身政治，參與選舉，企求側身政壇，以免受到白道的迫害。

然而，我們也經常看到新聞報導，部分不肖官員、民代與企業界勾結，進行公共工程的綁標、圍標。一旦包攬到工程，就由官員、民代透過行政手段，一再追加預算以獲取暴利。在這過程中，為了排除競爭對手或其他障礙，難免借助道上兄弟。道上兄弟看多了官商勾結的手法，也看到了其中可觀的利益，於是想到：「與其為人作嫁，不如自行操作」，也就更進一步誘發黑道人物參選從政的動機。

黑道介入白道，日益嚴重，地方議會逐漸被黑道所把持。根據前年公布的統計資料，全臺八百餘位縣市議員當中，有犯罪紀錄的就高達三百三十八位，約佔百分之三十五。而眾所周知，縣市議會的正、副議長，若不是黑道出身的大哥，就是有黑道的背景。當然，黑道大舉進入議會，也與國民黨縱容地方派系在選舉時買票有關。地方派系進行買票規劃時，為了贏得選舉，排除賄選障礙，確保開票成數，常常求助於黑道。黑道參與既久，學到了選舉的訣竅，於是有樣學樣，親自披掛上陣，粉墨登場。

最荒謬的是，黑道既然把持了地方議會，警政小組的召集人當然也由黑道出任。正、副議長和警政小組召集人都是「大哥」，警察只好聽命於黑道。於是，警察不自覺地被拉扯介入道上的恩怨，在政壇當權的黑道利用白道來清除其地盤上的競爭勢力。久而久之，黑道所經營的「事業」中，也讓白道插暗股。就這樣，白道介入黑道，黑道控制白道，搞到後來，就是黑白不分、是非不明的黑道政治。

臺灣黑道與白道之間的惡性互動關係，不僅是黑道明目張膽介入白道的運作，白道有時也利用黑道，做為政治鬥爭的工具。猶記得一九九〇年八月，當時的行政院長郝柏村召開全國治安會議，準備大舉整頓議壇上的黑道人物。不料身為總統的李登輝在得知消息後，馬上召見各縣市議會正副議長聯誼會，並一一與正、副議長攝影留念。李登輝把正、副議長引為心腹，並藉著郝柏村要整治議壇黑道之際，袒護正、副議長，籠絡地方議會，從而也增強了議壇黑道的正當性。

一九九二年，當時擔任財政部長的王建煊準備實施土地買賣按實價課徵所得稅的政策。李登輝與南臺灣縣市議會的議長聚餐時，席間即有人誣指該項政策是「外省人搶本省人的土地」。在眾人呼應之下，改革土地交易所得稅的政策胎死腹中。王建煊也在上、下交相指責之下，黯然下臺。議壇黑道得以繼續結合地方派系炒作地皮，李登輝也藉此達到打壓非主流派的目的。

由於在上位者的蓄意拉攏，縣市議會正、副議長的身價因而大幅飆漲。果然，一九九四年初，縣市議員選舉甫結束，即爆發有史以來最大的正、副議長賄選案。依照過去慣例，在改選正、副議長的前夕，縣市議員會接受正、副議長候選人的「招待」，集體出遊三至五天。這期間，一切吃喝玩樂皆由候選人包辦，而議員們也不得與外界聯繫，以免發生倒戈事件。直至投票日當天才集體將出遊議員們送到議場投票後，方可回家。孰料，此次競爭特別激烈，議員在勝選當晚即被強迫集體出遊，長達三週，連春節也無法在家過節。出遊範圍則遠及大陸、澳洲，真是駭人聽聞。正、副議長的競逐會白熱化到此地步，究其原因是，郝柏村已於一九九三年二月下臺，而李登輝與地方議壇老大的關係更形親密。李登輝到中、南部吃飯、打高爾夫球，理所當然皆由他們作陪。總統視正、副議長為其基層民意，正、副議長也利用其與總統的特殊交情，獅子大開口地向縣市長要工程、要預算。縣市長平日公務繁忙，職卑任重，莫說見不到總統，連行政院長或省主席也見不到。若敢對正、副議長的要求予以峻拒，則渠等一狀告到總統府，任誰也吃不消。縣市長眼見正、副議長恃寵而驕，苦不堪言，為確實掌握縣政，正、副議長非得由自己親信擔任不可。於是，在各縣市都明顯地出現所謂「縣長派」與「議長派」惡鬥的場景，這正是一九九四年縣市議會議長賄選醜聞的真正原因。

經濟環境與臺灣黑社會的變遷

黑道的存在絕不是孤立的社會文化現象，黑道勢力的消長與政治、經濟大環境的變遷息息相關。從經濟面來看，在臺灣早期以農業為主的社會中，即存在地方惡霸型的角頭。所謂角頭乃指在現代意義的黑道組織未形成前，於地方上劃地為王的流氓。韋伯（Max Weber, 1864-1920）將統治的正當性分成三種類型：「理性型」、「傳統型」和「卡理斯瑪型」（Charisma）。角頭的勢力多來自傳統型，這種型態依據韋伯的說法，缺乏公平的原則，權限不清，層級不明，沒有制度化的賞罰原則，不重視專業訓練。總而言之，即缺乏現代工商社會講求契約化、規格化、專業化和層級分明、分工精細的特質。角頭的存在正表示社會變遷遲緩、社會流動停滯等特質。

一旦經濟發達起來，商品、勞務和資金的流動加速，社會流動也會跟著加速。在此情形下，任一角頭皆不能自外於社會變遷的洪流。過去，臺灣的角頭多以日據時代的舊社區為名，如「牛埔」、「三板橋」、「北門口」等。可是在七十年代之後，農村人口大量外流，都市經濟大幅膨脹，與吃喝玩樂有關的行業，如酒家、舞廳、歌廳、妓院、應召站、賭場、餐飲等，其市場需求大增，導致舊社區的型態丕變，地下幫派在組織、財力和活動型態上也產生巨大的變化。地方上的角頭不得不擴大其與各種新興勢力的接觸，在接觸中不免出現你爭我奪、合縱連橫的情形。經過無數的火拼、談判、整合之後，乃產生現代意義的黑道，離開「萬人對萬人鬥爭」的階段，走向組織化、企業化、專業化和國際化的經營道路。各幫派內部訂出合理的獲利率和分配的規則，不再做野蠻、血腥的競爭。如「竹聯幫」、「四海幫」，都已發展成國際性的幫派。而以臺北東區為主要活動地盤的「松聯幫」和盤據西門町的「飛鷹幫」也都擁有規模可觀的「企業」。

隨著經濟發展和社會變遷，黑道的存在形式固然也已調整，但是臺灣黑道與白道的惡性互動，卻使得黑道脫離了它本來的脈絡，嚴重危及國家政治、經濟的秩序，也違背了一個健全的社會所賴以存在的正義原則。所謂「物必自腐而後蟲生」，黑道所以介入白道，即次文化體系之可以介入主文化體系的運作，主要是由於主文化體系本身的腐敗所造成。前述的黑道介入選舉，並進而掌控了縣市議會，主宰地方警政工作，可說是已局部接管了國家機器，以合法掩護非法。而在上位者又徇私包庇，甚至形成利害與共，相互為用的共生關係，導致政府公信力幾近破產，社會公義蕩然無存。

當局為求勝選以保住政權，不惜百般拉攏黑道；黑道跨入議壇後，又不斷接受來自上方的委信，這樣惡質的互動關係已形成風氣，並蔓延到臺灣社會的各個階層。不僅是縣市議會，連鄉鎮市民代表會、農會、漁會、水利會都已受到黑道控制；乃至信用合作社、股票上市公司也難免黑道的介入和污染。

黑道政治所引發的政權危機

國民黨長期玩弄「黑道政治」，如今已嚐到黑道反噬的惡果。在今年一年當中，從中正機場二期航站工程、四汴頭抽水站、到西濱野柳隧道工程等，各種官、商、民代、黑道勾結牟利的弊案層出不窮。五月爆發的臺中市「收賄包庇賭博性電玩」一案，上至分局長下至管區警員，有八十九名治安人員被移送法辦。臺北的「周人蔘電玩案」牽涉的層級更高，範圍更廣，迄今仍翻騰未已。去年十一月初臺北縣深坑鄉爆發集體貪瀆醜聞，從鄉長、鄉代會主席到警分駐所長無一倖免。當地的黑道組織「十五分幫」實質已全盤掌握了一鄉的行政、財政和警政。黑道既可治鄉，又豈知黑道不能治國？

執政當局終於發現「黑道政治」的深化已危及其統治的根基和正當性，於是大刀闊斧進行掃黑。在一片掃黑聲中，黑道彷彿又成為一切罪惡的淵藪和社會亂象的根源。其實，前面提到，黑道在主文化體系失調、當權者腐化時，會有反體制和制衡公權力的功能。有時候，當黑道善於運用其社會影響力時，甚至可以輔助公權力，維持社會秩序。以日本最大的幫派山口組為例，山口組講究輩份，也重視其在地盤內的「形象」。因此，若在山口組地盤發生命案，依慣例幫派中人會協助警察破案，查出真兇。此外，在日本頗為風行的柏青哥大多由山口組經營，其獲利會抽取相當的比例來照顧因公傷殘的員警或殉職員警的遺屬，這在日本是公開的秘密。再以美國的黑手黨為例，美國許多大都會在入夜之後治安即亮起紅燈，但是一般卻以義大利區的治安為最好；主要是因為義大利區多為黑手黨的傳統地盤，要維持當地的繁榮、發達，良好的治安是其要件。因此，若有人在區內犯案，等於是公然向黑手黨挑釁。一旦發生公安事件，黑手黨老大會責成幫派分子協助找出嫌犯。這些都是黑道與白道良性互動的著例。

黑道雖在法律邊緣營生，但是將一切政治、經濟、社會問題歸咎於黑道，並不公平。尤其是臺灣的黑道分子在一定意義上也是經濟發展失衡的受害者。根據統計，臺灣的刑事警察有百分之七十以上來自彰化、雲林、嘉義、屏東四縣，而混跡地下幫派的人士主要也是來自這四個縣份。何以如此？因為這些縣份本來都是農業大縣，但在工業化過程中所受衝擊最大，在這些地區成長的小孩，對農村的凋蔽和困苦也最為刻骨銘心。他們對社會的不公不義特別敏感，想從底層翻身的欲望也最為強烈。由於愈富有的人，愈怕死；反之，愈窮困的人，則愈不怕死。怕死，就不能幹刑警，更不能混黑道。因此，彰、雲、嘉、屏四縣就自然而然成為刑警與黑道的故鄉，也難怪有人戲稱「黑白同源」了。

總之，「盜亦有道」，黑道有其特定的價值體系與行為規範，黑道也講「道義」，講「義氣」，但是這些都是屬於「局部正義」的範疇。黑道的主張和作為也許符合特定的行為規範，卻可能違背「普遍正義」的原則，而不見容於主文化體系。從法律社會學來看，要禁絕黑道既不可能，我們所能期望的是，黑道退回自己的原始地盤，與白道發展良性的互動關係。長期以來，白道官商勾結牟取暴利，並利用黑道做為操作工具。黑道有樣學樣，乃想盡辦法跨入政壇，自行操作。因此，要整治黑道，首先就要正本清源，整頓白道。官員不再貪贓枉法、袒護線民或恣意迫害道上人物，並杜絕官商勾結，黑道也就失去投身政壇的動機。黑道退回自己的地盤，白道堅守自己的崗位，唯有在一個黑道、白道涇渭分明，兩者各得其所的社會中，「法治國」的理想才能落實，從而也方可避免當權者假「掃黑」之名，罔顧人權保障與正當法律程序，來整肅黑道，而造成更多的怨恨與對立，反為未來埋下更不可測的治安變數。

——《歷史月刊》一九九七年一月號

人人有貴於己者
——評《腦內革命》及其順民哲學

書　名：腦內革命
作　者：春山茂雄
譯　者：魏珠恩
出版者：創意文化事業有限公司（臺北）
　　　一九九六年十一月

日本醫師春山茂雄所著的《腦內革命》一書風靡日本，中譯本在臺灣發行之後，也引發廣泛的討論。在國民黨高層親日派的推薦下，該書更成為社交場合茶餘飯後的熱門話題。一本以健康、長壽為主題的著作而能獲得這般的際遇，是一個頗堪玩味的社會文化現象。

朱高正認為本書除了以新術語、新包裝論述一般人耳熟能詳的養生和保健觀念之外，其實還蘊含了某些似是而非的價值觀，某種集體麻醉的意識形態。其中最可議的，正是字裡行間一再傳布出來的「順民哲學」。這一套「順民哲學」對日本或許還不致於有太大的危害，因為日本基本上已是一個富足、安康的社會，人民對生活已別無所求，最大的欲望是延續其滿足的狀態。在臺灣，這樣的一套思維方式則可能被統治階層濫用，讓改革失去動力，扭曲人們對正義的訴求。朱高正以「永遠的改革者」自許，對本書暗藏的意識形態提出嚴厲的批判。

日本醫師春山茂雄所著的《腦內革命》一書風靡日本，自一九九五年五月出版以來，短短一年半，銷售已逾三百萬冊。中譯本自一九九六年十一月印行以來，亦引發廣泛的討論。據知，在國民黨高層親日派的推薦下，該書儼然已成為該黨內部廣為流通的讀物，是社交場合茶餘飯後的熱門話題。類似《腦內革命》這樣藉醫學新知來論述養生之道的科普著作，可以蔚為風潮，是一個頗堪玩味的社會文化現象。

《腦內革命》的主要論點是依據現代醫學在腦生理學和分子生理學上的新發現，指出「腦內嗎啡」為主宰人體健康的關鍵。「腦內嗎啡」是分泌自人類腦內的一種近似嗎啡的荷爾蒙，其中最有效力的成分稱為「β內啡呔」（β-endorphin）。這種物質會使人的情緒變好，防止老化，提高免疫力和自然治癒能力。

作者認為，人的情緒或思考並非抽象概念，而是會轉化為化學物質，並在體內引起作用的。因此，一個人若是覺得愉快、滿足，腦內就會分泌出有益身體健康的β內啡呔；反之，若是處在厭惡、發怒、哀傷或感受強大壓力的狀態時，腦內便會分泌出一種「去甲腎上腺素」（Noradrenaline）的荷爾蒙，這種荷爾蒙「毒性僅次於蛇毒」，會傷害遺傳基因，引發疾病，加速老化。

作者據此將人類的思維區分為「正面思考」與「負面思考」。為了健康、長壽，作者鼓勵「正面思考」，以刺激人體分泌有益的腦內嗎啡。至於何謂「正面思考」，作者認為凡事往好的方面想，就是「正面思考」；反之，即是「負面思考」。作者認為，就醫學觀點來看，我們體內運行的機制是這樣的：「當聽到某人對你說話，而感到『真討厭』時，即會加速老化，或在體內產生促進致癌的物質。相反地，若能感到『慶幸高興』時，則會分泌能使身體健康保持活力的物質。」（頁十九）

作者春山出身於東方傳統醫療的世家，他自稱「八歲時，就因為得承全部秘訣，而取得醫師的資歷」（頁七）。嗣後，他又有機會在東京大學醫學院研究西洋醫學。他意圖結合東方醫學與西洋醫學的努力，值得嘉許。但他是否完成他所宣稱的「醫療觀點的思想革命」，則有賴進一步的探討。

日本是一個善於包裝與行銷的民族，本書基本上也是由一些看似玄妙的醫學名詞所堆砌而成的。它也許可視為一本科普著作，雖然其論述並不嚴謹。譬如，當作者要說明精神壓力是致癌主因時，他寫道：「若因致癌物質導致罹患癌症的或然率為百分之十的話，那麼受到某種強大的精神壓力時，則其致癌率會上升為百分之五十。」（頁二五）作者聲稱這樣的數據是來自於對老鼠所做的實驗。可是作者在另一個地方又指出，人類和動物腦機能上的差別，在於人類有獨特的「大腦新皮質」（頁三六）。既然如此，又如何能以老鼠的相關實驗數據來與人類相比擬？此外，作者認定人類的壽命應可達到一百二十五歲，其理由是：「人類的腦大致成長到二十五歲為止，腦部成長期間的五倍就是壽命，因此二十五乘以五就是一百二十五歲。」（頁一五四）這樣武斷的論述，未見作者提出更詳細的說明。

此外，作者在書中一再強調飲食、運動和冥想是健康的三大要素，這並不是什麼新奇的發現。適度的飲食和運動與健康息息相關，早已是眾所週知的常識。至於「冥想」，也無非是作者所說的「正面思考」。只是在這裡又多出一個「α波」的名詞。他指出，當分泌腦內嗎啡時，一定會從腦中發出α波的腦波。而「對於形成α波最有效的是冥想」（頁六四），「不管做什麼事，都能肯定地去接受，並心存感謝而進行正面思考的話，就可以呈現α波狀態。」（同上）其實，中國的儒、釋、道，乃至西方的基督教，在修身養性的教諭上，都有要人謙卑、逆來順受的觀念，這和作者所定義的「正面思考」並沒有太大的差別。

作者所提的「正面思考」與「負面思考」，其實是浮濫借用中醫學上的陰陽學說。我們可將「正面思考」稱為「陽性思考」，將「負面思考」稱為「陰性思考」。依中醫學的理論，身體健康與否，端視陰陽兩者是否能維持既對立又和諧的關係。中醫學將人體的抗病機能稱為「正氣」，將致病因素稱為「邪氣」。而正氣又分為「陽氣」與「陰精」。人體的生理活動是藉著陰精來產生陽氣，復藉由陽氣的作用不斷地化生陰精。陽氣與陰精兩者交互為用，滋陰補陽，培本固元，從而形成整個生理過程。要是兩者不能互為增益，終將導致陰陽兩虛，則生命也就終止了。《素問・生氣通天論》有言：「陰陽之要，陰密陽固。而兩者不和，若春無秋，若冬無夏。因而和之，是為聖度。故陽強不能密，陰氣乃絕；陰平陽密，精神乃治；陰陽離決，精氣乃絕。」這是說明陰精性本靜謐，陽氣質乃固秘。如果陰陽任何一方偏勝，而失去平衡，那就像一年之中，只有春天而沒有秋天，或只有冬天而沒有夏天一樣。因其本性，使陰陽調和，這是聖人養生之道。若陽氣過強而不能密藏，則陰精得不到化生；只有陰精平和，陽氣密藏，精神才能旺暢；要是陰陽離決，那麼陰精、陽氣就隨之而竭，當陰陽兩虛時，生命也就結束了。春山片面強調正面思考，完全背離了中醫陰陽學說的基本原理。他自稱八歲即得承東方醫學的全部醫療秘訣，實不無誇張之嫌。

本書以新包裝、新術語論述一般人耳熟能詳的養生和保健觀念，而得以在日本暢銷一時，是可以理解的。日本基本上已是一個富足、安康（well-being）的社會，人民對生活已別無所求，最大的欲望是延續其滿足的狀態。於是，健康、長壽成為眾人關注的焦點，並擴大為整體社會的共同期待。也正是在這樣一個將健康、長壽懸為最高價值的社會中，作者所主張的「肯定、感謝、愛」、「凡事都往好的方向進行正面思考」、「不必把腦筋纏繞在複雜的事情上，順利分泌腦內嗎啡出來就行了」等單一而過度化約的行為準則，才會獲得眾多的知音。為了健康，為了避免因憤怒、憂慮、壓抑而分泌出有毒的去甲腎上腺素，一切情緒都要導引向可以分泌腦內嗎啡的正面思考。譬如，對一位上班族職員來說，「即使進入社長室又被責罵了，也要認為社長所以罵我是為了我自己好，利用正面思考來心存感激就好了。」（頁二七）

臺灣的社會狀態距日本的富足、安康還有一大段距離，經濟和政治都還處在摸索與發展中的階段，而在這過程中仍存在許多不公不義的現象，有待我們去克服。在這樣的社會中，憂懼與不滿是難以避免的，而適度的憤怒也是必要的。不滿與憤怒也許有礙個人的健康，運用得宜卻也可以有助於社會的進步。

中國傳統優秀文化強調「反求諸己」的恕道精神，這是比逆來順受更難得的一種內省工夫。《孟子・離婁篇》有曰：「愛人不親，反其仁；治人不治，反其智；禮人不答，反其敬。行有不得者，皆反求諸己；其身正而天下歸之。」儒家的「反求諸己」重在修身，而不在養生；處在天下，而不在一己之軀殼。至於道家的「反求諸己」，則更志在達到天人合一的境界。《呂氏春秋・論人篇》：「太上反諸己，其次求諸人……何謂反諸己也？適耳目，節嗜欲，釋智謀，去巧故，而游意乎無窮之次，事心乎自然之塗，若此則無以害其天矣。無以害其天則知精，知精則知神，知神之謂得一，凡彼萬形，得一後成。」

其中「游意乎無窮之次，事心乎自然之塗」，也可視為是一種「冥想」的境界。「冥想」應不只限於《腦內革命》作者春山所指稱的「正面思考」，而是可飄然遠舉於社會現實之外的想像力，不囿於日常的成規，不向現實屈服，是著重未來面向的創造性思維，也是思想自由的體現。

的確，春山出身醫界而能將「冥想」融入醫理並加以闡發，殊屬不易。在現代社會中，一般人面臨重大的工作和成就壓力，透過冥想，確實可使身心維持平衡，這總比不堪壓力而自暴自棄，或藉由酒精、毒品來麻醉自己要來得「健康」。但是春山將冥想與飲食、運動等同，視之為養生的一個門徑。中國傳統的思想則將飲食、運動與修身結合，與冥想同樣可以提高生命的境界。

中國傳統文化的精髓當推《周易》，《周易》的頤卦就是專講飲食之道的。頤（䷚）卦由震（☳）、艮（☶）兩卦組成。從爻象言，上下兩陽爻，中為四陰爻，而陽實陰虛，酷似上下兩排牙齒，中間空無一物，有頤口之象。從卦德言，下震動而上艮止，有如人之咬嚼食物，下齶動，而上齶止。其卦辭曰：「頤。貞吉。觀頤。自求口實。」意即，頤養必須遵守正道，才能得吉。天地養育萬物，各得其宜，人亦須依循正道以養己、養人。觀察一個人的頤養之道（含養己與養人）是否依循正理，則可獲知他是否能得吉。

從頤卦的吉凶來看，其下卦三爻屬於震體，震為動，動則多欲，象徵口動不停，貪食而不知足，因此三爻皆凶。上卦三爻屬於艮體，艮為止，止則寡欲，象徵飲食節制，重視修養德行，因此三爻皆吉。

頤卦論養之為道，以養人為公，養己為私；自養之道，則以養德為大，養體為小。因此，中國傳統文化裡論飲食，論頤養，小者可以是局限於為求健康、長壽的「養生」，大則可以擴充為「養氣」。《孟子・公孫丑》有謂：「我善養吾浩然之氣。」這種至大至剛、充塞於天地之間的浩然之氣，可以使人理直氣壯，直道而行，而不只是委屈求全、逆來順受式的「正面思考」。

《腦內革命》強調運動的重要，但其運動是有目的性的，是為了「增強肌肉、燃燒脂肪」(頁八八)。中國傳統思想則將運動視為宇宙的常理，將剛健與義理相繫。《周易・繫辭》：「生生之謂易。」其中「生生」可指宇宙萬物的運轉不息，也可以指人身的「終日乾乾」。《周易・乾卦・九三》：「君子終日乾乾。夕惕若。厲无咎。」其中，「乾乾」即是勤勉、行事剛健不息之意。需卦彖辭有曰：「剛健而不陷，其義不困窮也。」在此，「其義不困窮」，正表示有無限的想像空間，則又可以與「冥想」參融並看了。

無論如何，作者提出飲食、運動、冥想為健康的三大要素，確已具體掌握了東方醫學的特質。我們若將醫學區分為預防、診療和復建三大部門，則東方醫學特別著重的正是預防的部門。誠如《腦內革命》中所說的：「東方醫學的醫生是為了不製造病人而有的。職責是在未發病之前的治療，使其不要成為病人。所以，當病人出現在眼前時，就會有一種這是自己失敗的想法。」(頁一〇二)事實上，即使在西洋醫學中，預防醫學所占的比重也逐年提高。有人說西醫是病理學，中醫是生理學，如今這兩者有逐漸匯合的趨勢。《腦內革命》其實也已透露出這個訊息。

最可取的是，作者提到，在診療方面，醫生擁有開藥、手術刀和話語三種工具，而「目前的醫療卻只依賴開藥和手術刀，其實，也可以憑藉話語來進行治療，所謂話語的治療，是指引出患者本身的自然治癒力而言。」（頁一六八）的確，西醫在診療技術上常把病人視為一部故障的機器，而以開藥和動手術做為「修復」機器的手段。中醫則把人視為一個太極，部分即蘊涵全體，重視調和的工夫。道教中更將引導、吐納、藥膳與房中術並列為養生四大祕訣。話語治療即透過觀念的溝通，使求治者對自己的身體狀態有正確的認識，進而調整行為和生活習性，使每一個人都是自己身體最好的管理者。

話語治療與問題青少年的輔導諮詢有異曲同工之處。問題青少年多來自問題家庭或不良的居家及社會環境，一個經過矯正的問題青少年，若任其回到原來的生活環境，很容易會因為沮喪、挫折而更加自暴自棄，因為他自認個人能力單薄，既無法改變——更無力脫離——其所處的環境。要有效解決青少年問題，首先要與他溝通觀念，使他自主調整行為模式，並幫助他營造比較健全的同儕團體，以避免其重蹈覆轍。同樣地，身體與我們終日相隨，個人的生活習性和週遭環境對健康影響至鉅。話語治療正是提供諮詢，解決疑慮，為身體健康提供最恰當且因人而異的行為調整的治療方式。

如今西醫也傾向激發人體的自然治癒力。過去小孩一發高燒就是打針、服藥，現在則是教導父母將小孩浸泡在比體溫略低的盆浴中，讓小孩軀體自然散熱。過去流行割盲腸、剖腹生產，現在則強調順其自然，能不開刀者，儘量不開刀。同樣地，能吃藥解決者，儘量不打針（因前者只是進入消化系統，後者則直接進入血液循環系統）；能用外敷膏藥解決者，則儘量不用內服藥物。當然，最好還是平時就養成良好的飲食習慣，並從事適度的運動。《孫子》有云：「上兵伐謀，其次伐交，其次伐兵，其下攻城。」而最高明的戰略即是「不戰而屈人之兵」。對醫學保健而言，其最高境界應是不需動刀、用藥，而得以使病體痊癒。

《腦內革命》一書對習慣於西方制式教育者，有一定程度的平衡作用。作者以醫學新知闡明東方醫學價值的努力，值得肯定；雖然他對東方傳統思想的認知時而流於偏差與膚淺。其實，以新名詞包裝舊思想而得以引領出版界風騷的著作也不限於《腦內革命》，最近高居書市首榜的《EQ》（情緒商數），只有書名新穎，內容其實平淡無奇。只不過在此講究功利與效率的消費社會中，這種教人「先學會做人，而後學會做事」的觀念，顯得特別動聽。中國傳統思想中「正心」、「修身」先行的觀念卻也藉此得以翻身，並在此功利社會中起了一定程度的平衡作用。

《腦內革命》最大的問題，還不在於科學上的論證和認知，而在於作者以科學包裝而意圖傳布出來的某些似是而非的價值觀。

首先，作者以過分化約的唯心論觀點，認為「病由心生」，只要保持良好的心情，則大腦自然分泌腦內嗎啡，從而可以確保健康、長壽。接著，作者又以近乎神學的目的論來詮釋萬有，並指導期待健康、長壽的芸芸眾生一定的行為法則，至於個人的能動性和應有的道德責任則完全被排除在外。他說，「如果違反了造物者意圖，不管是多麼渴望得到幸福，也會被逼向相反的方向走」（頁一七二）又說，「腦的生命就是造物主的命令。」（同上）這種含混的唯心論和神化觀點，其實所要營造的正是現代版的享樂主義（hedonism），亦即世俗化的伊比鳩魯派快樂論（Epicurean pleasure），認為快樂是行為或做抉擇的唯一依據，強調單純的感官愉悅，從而迴避道德義務或社會、政治爭議。春山結合享樂與快感的論點，正為當前拒絕涉足公共領域，卻又標榜「只要我喜歡，有何不可以」的新人類個人主義論調找到合理化的基礎。

其次，作者以「往好的方向想，腦子就會分泌出良好的荷爾蒙，往壞的方向想，腦子就會分泌出不良的荷爾蒙」（頁五七）這種區別的方法，將人類複雜的思維分為「正面思考」與「負面思考」，並隨即將兩者對立起來，這種觀點又是宣揚庸俗唯物論，其論證方式也流於草率。作者輕易地拋出一個數據，說：「人類總是較常用負面思考來看待事物，大約有七、八成是採取負面思考。」（頁四七）其實，作者稱為「負面思考」的，我寧可視之為動物本能性的反應。人類憤怒、哀傷、焦慮等情緒，都是面對某種不如意、不順遂情境的反應。在一個競爭激烈的社會中，若是絕大多數的人都停留在本能性的反應「負面思考」，則善於控制情緒，並以冷靜、積極、樂觀的態度面對挑戰，從容處理問題的人，自然會高人一等。反之，若是絕大部分的人都如作者所鼓吹的，「為了健康著想」，以「慶幸、高興、肯定、感謝」（正面思考）來面對一切合理或不合理的處境，則這樣的社會心理條件難免不為野心家所利用，而成為獨裁統治的溫床。

作者極力鼓吹的「正面思考」，對個人的生理效應而言，可以滿足對快感的追求；但其社會效應則可能成為危險的「順民哲學」。若是一味地為了刺激腦部產生β內啡呔的快感荷爾蒙，而刻意採取所謂「正面思考」，則只要有人發明β內啡呔的注射劑，豈不就可以像英國作家赫胥黎（Aldous Leonard Huxley, 1894-1963）在《美麗新世界》一書中所描述的獨裁者一樣，輕易控制一批自以為快樂幸福的順民？

任何一個統治階級，為了管理的方便和權力的穩固，都會透過各種途徑提倡或灌輸對其繼續把持政權有利的意識形態。這種意識形態可以用來形塑並正當化某些特定的思想、行為，或者對另類的思想、行為加以壓抑和拒斥。日本做為國際經濟強權，主流文化充斥著因富足而衍生的自滿與傲慢，持盈保泰也因而成為整個社會的群體欲望。與持盈保泰息息相關的，就是養生之道的風行。

但是《腦內革命》所傳布的，除了養生之道外，還有一種集體麻醉的意識形態，這種意識形態以健康、長壽為目標，而自我建構了一套封閉的信念，從而扭曲了社會現實。《腦內革命》教導讀者，「不管做什麼事，都能肯定地去接受，並心存感謝而進行正面思考」（頁六四）；「如果心存『討厭』、『痛苦』、『怨恨』的想法，就會誘導至不快、生病、意外、對立、抗爭、失敗、灰心，以及自我毀滅的方向。」（頁六八）

這一整套思維其實也正是統治階級最需要的「順民哲學」。既然沒有一個正常社會應有的不滿情緒，則統治者的施為就不會遭到任何質疑，其權位自然可以屹立不搖。

其實，一個人要是對生活與處境完全——或幾近完全——滿足，他就不再有進步的空間。同樣的，一個自滿自足的社會，也就沒有改革的可能。適度不滿是社會改革的動力。人都有道德情感，追求正義或辨明大是大非的過程儘管艱辛，但一旦理想落實，所獲得的快感，經對比《腦內革命》所描述的滿足狀態更為高亢，更為廣遠。因為那不僅是個人的快感，而是整個社會都將浸淫在是非得以分明、正義得以伸張的道德感動之中。

《腦內革命》所提的正面思考，其實也可視為某種型態的「情緒管理」，與《EQ》一書有異曲同工之處。只是前者志在健康、長壽，後者志在個人事業成就。在歷史上，也有一個值得參照的「情緒管理」的例子。

廉頗是戰國時代趙國名將。藺相如則原是一介布衣，因完璧歸趙和澠池之會大挫強秦銳氣，趙王拜為上卿，位在廉頗之上。廉頗不服，認為自己有「攻城野戰之大功」，而藺相如「徒以口舌為勞」（見《史記》）。於是百般羞辱藺相如，後者則一味隱忍，不願攖其鋒芒。門人質問藺相如，既與廉頗同朝為官，何以畏匿恐懼若甚？藺相如才表明，秦國之所以不敢對趙國用兵，主要是因為趙國有廉頗為將，藺相如為相，一旦將相失和，則趙國危矣！廉頗知道後，羞愧交加，負荊請罪。

若依春山的分析，則廉頗從原先的妒恨到後來的悔疚，固然都是有礙健康的「負面思考」，即使藺相如的壓抑和隱忍，也是有違養生之道的。問題是，正如思考不能簡易地以「正面」、「負面」來劃分，人類的情緒也有比悲、喜、愛、憎等單純的形容詞更繁複的層面。藺相如的自我壓抑，有比「情緒管理」更高層次的考量，廉頗的悔疚則讓我們看到道德情感的淨化與提昇。

此外，作者提到冥想是東方醫學的中心思想，卻又賦予冥想過於濃厚的功利性，而以促使當下情緒的好轉（以便刺激腦內嗎啡的分泌）做為目的。這使得冥想失去自由、寬闊的空間，並因為太執著於當前，而失去未來的向度。

事實上，冥想是人類特有的思維能力，更因為外界無以檢查、操控，不易被探知，所以是人類自由的保證。極致的冥想可將現實不存在者，想像其為可能存在；現實存在的，可想像其為可能不存在。這也就是「構想力」（Einbildungskraft）的發揮。人格上的自由即是超越現實，發揮構想力的自由。有豐富構想力的人不隨便向現實屈服，其精神內涵也更為充實、圓滿。因此，對冥想要做更具體的分析。

冥想不限於當下的玄思。有一種冥想，是以真善美價值理念為前提的，這種冥想可以是對未來「尚待實踐的自由」的追求，這也是人類歷史上藝術創作、科學研究與社會改革的最大動力。

就藝術創作上來看，藝術可以要求與實用的觀點決裂，可以不理會當即的需要，可以不受時空的羈限。藝術使人從現實的經驗世界中解放出來，只遵循個人內在的美的原則，追求的是一種無私的愉悅。而藝術創作所憑藉的正是冥想的能力，這種能力使人處於敏銳靈動、無窮無止的境界，而如《文心雕龍・原道篇》所說的「旁通而無滯，日用而不匱」；或者如〈神思篇〉所說的「寂然凝慮，思接千載；悄焉動容，視通萬里」，時間與空間的羈限，在創作的過程中，竟變成自由的表徵了。

科學研究需要敏銳的觀察和嚴謹的求證，科學的發明或發現則需要豐富的想像力，這與藝術創作是相通的。但這種想像力是基於求真的理念，大科學家愛因斯坦（Albert Einstein, 1879-1955），就有這樣的體驗。他說：「我們所能感受到的最美麗的事物，是生命中神秘的那一面。那是只有在藝術的搖籃和真正的科學中才能發現的深刻情感。」科學需要想像力，而想像力正是自由的體現。法國偉大的數學家龐加萊（Henri Poincaré, 1854-1912）是這樣說的：「自由之於科學，就像空氣之於動物。」

科學的研究不必然有特定目的，人類的進步是許多科學家天馬行空，自由冥想的成果。科學界的每一項重大發現，可以說都是對人類既定現實的一次革命，絕不僅只限於「腦內革命」。科學的冥想可能需要殫精竭慮，皓首困思，這與追求「腦內嗎啡」的分泌毫不相干。

社會改革同樣需要冥想做為動力，但這種冥想又是基於內心的正義感。馬克思被奉為現代社會主義革命的導師，在於其哲學思想已不再以詮釋世界為滿足，而是志在改變世界。古羅馬時期的革命家史巴達克斯（Spartacus）生來即為奴隸，卻可超越自幼即被奴隸主和統治階級所灌輸的順民哲學，組織奴隸，喚起他們的自覺意識，帶領無數的同志起義，以致動搖羅馬帝國的國本。這也是發揮冥想能力的成果。但是史巴達克斯所根據和所喚起的絕不是「慶幸、高興、肯定、感謝」的思維，而是對不合理社會制度的憤怒。釋迦牟尼創立佛教，主要也是不滿當時婆羅門教的種姓制度所造成的社會不平等。

最後，筆者要痛切指出，本書有把健康、長壽等價值絕對化的傾向。依據作者的論述，人類一切的作為、努力，乃至思維、情緒都指向單一的目標：健康、長壽。

健康、長壽固然可欲，是一種價值，但只是相對價值，不是絕對價值，更不是唯一的價值。如果長壽是最高的價值，那麼烏龜可以不食而壽，豈不是我們仿效的榜樣？康德（Immanuel Kant, 1724-1804）在《道德形上學的基本原理》開宗明義即說：「在世界之內，甚至根本在它之外，除了一個善的意志之外，我們不可能設想任何事物，它能無限制地被視為善的。」其意義是：機智、勇敢、果斷等氣質固然是可欲的，但是如果駕御這些氣質的不是一個「善的意志」，而是一個惡人的話，那麼這些氣質只會增益其惡。同樣地，冷靜沈著可以是構成人格的一部分，但是一個盜賊而具有冷靜沈著的人格，反而更為可怕。

康德並舉例說，權力、財富、健康和對自己狀況的滿足，都可視為幸福（Glueckseligkeit），但是擁有這些幸福的人，若不具備「善的意志」，則反而增益其自大與傲慢。

一般來說，一個人若擁有權力、財富，則為了延續其滿足的狀態，他會冀求健康、長壽。秦始皇和漢武帝在中國歷史上都是難得一見的，才大志高、功業彪炳的帝王。秦始皇統一度量衡、車同軌、書同文、立郡縣，為中國奠下了可大可久的典章制度。晚年卻為求長生不老，迷信方士，最後竟病死在訪求長生之道的旅途上。漢武帝破匈奴，通西域，開疆拓土，不可一世。但是他生性迷信，終其一生與巫醫術士為伍，最後還是難免一死。即使成就貞觀之治的一代英主唐太宗，晚年也因企求長生不老，服食丹藥，因而喪命。健康、長壽固然可欲，但是一位昏庸、專恣、暴虐的統治者若是身強體壯、長命百歲，反是人民的夢魘，國家的災厄。

司馬遷在〈廉頗藺相如列傳〉中讚曰：「知死必勇，非死者難也，處死者難。」意思是說，對死亡有徹底認識的人，必是勇者；死本身並不困難，能從容面對死亡才是真正的困難。就這一點來看，秦皇、漢武，甚至唐太宗都不如藺相如面對強權時的從容不迫，有乎顯若。

關於人的價值，孟子也有天爵、人爵之論。他說：「有天爵者，有人爵者。仁義忠信，樂善不倦，此天爵也；公卿大夫，此人爵也。」（《孟子·告子上》）在這裡，「天爵」是指上天所賦予每個人的、無私的爵位，不假外求，無待於人。舉凡敦品勵學、進德修業皆屬天爵，只要個人努力，就會有相應的成果。「人爵」則是人世間的爵位，例如財富、事業、社會地位等，都必須在一定的社會條件之下，有一定的機遇，才能擁有。人生在世，有些東西是不能強求的，沒有一定的條件和機遇，許多心機往往只是徒然。唯其不把「人爵」絕對化，人才能活得瀟脫、自在。

從倫理學的角度來看，只有人本身成為目的時，人的尊嚴才彰顯得出來，而「人本身即是目的」，無非就是指其人格的自由、自律與自主而言。作者春山將健康、長壽懸為最高價值，是錯把工具視為目的。相當於孟子所說的「既得人爵，而棄其天爵」。亦即為了養生，而忘了修身；為了追求健康、長壽，而忘了維護自由、自律與自主。

康德將「自由」界定為「人可以獨立於一切經驗因素的制約，而讓純粹理性的要求成為實踐的能力」。所謂「經驗因素的制約」是指一般經驗法則的規制，如好逸惡勞、趨福避禍、貪生怕死等社會心理法則。人之所以有價值，在於人有自由意志，可以超越經驗法則的限制，而使純理的要求成為行為的最高準則。一個自由的人是依純理的要求來決定行止，而不受制於社會心理法則的。所以一個自由的人只服從自己依純理的要求所定下的行為律則，不是他律，而是自律。他也因此成為自己的主人，而非他人（或社會）的奴隸，這就是自主。

欲求健康、長壽當然是人類經驗法則的一部分。春山的《腦內革命》不僅無意超越此一經驗法則，反而將其轉變為思想行為的最高準則。既然自甘困囿於經驗法則，也就捨棄了對「自由」的追求。一個不維護人格自由的哲學，就是順民哲學。

其實，早在兩千五百年前，孔子就已說過：「三軍可奪帥也，匹夫不可奪志也」，這兩句話簡潔地表達出「自由」的精蘊。後來被孟子闡發為：「生亦我所欲也，義亦我所欲也，二者不可得兼，舍生而取義者也」，視實現價值理念比人的自然生命更為可貴。到了宋代，儒家學者提出「理欲之辨」。朱熹倡導「克制一己之私欲，回復天理之本然」。王陽明則主張「存乎天理之極，而無一毫人欲之私」。他們所追求的天理，包涵孔孟所提倡的人格自主和自律在內。朱王兩人各為傳統儒學兩大流派——理學與心學——的宗師，於此並無異見，且與前述康德對「自由」的定義是相通的。

一個自由、自律、自主的人，可以不假外求，而有其內在的價值，可以不受社會條件和機遇的左右，這個人本身就是目的，絕非只是他人的工具而已。孟子在講述天爵、人爵之後，緊接著說：「欲貴者，人之同心也。人人有貴於己者，弗思耳。」所謂「人人有貴於己者」，就是指天爵，是與生俱來的。而人的尊嚴也就是指自由、自律與自主的「目的王國」（Reich der Zwecke）。而這個王國是《腦內革命》這類粗糙的唯心論和庸俗唯物論著作所無法想見的。

——《聯合文學》，一九九七年三月號

改革開放　和平發展

——悼念「中國人民的兒子」鄧小平

鄧小平在一九九七年二月十九日逝世，海內外同表哀悼。沒有人可以否認，中國大陸自一九七八年以來舉世稱譽的經濟成就，應歸功於鄧小平一手主導的「改革開放」政策；而中國在國際社會上扮演日愈重要的角色，一洗自鴉片戰爭以來飽受列強欺凌、敵視的恥辱，也應歸功於鄧小平以「和平發展」，做為外交政策的基本原則。

朱高正在本文中，除了對鄧小平表達深摯的哀悼之意，也對鄧小平的思辨方式和發展策略做深入的探討。在政策制定和執行的層面上，朱高正比較了蘇聯戈巴契夫主政時的「新思維」、「重建」和鄧小平的「改革開放」；在思想的層面上，朱高正則以中共革命先驅李大釗的言論來和鄧小平的主張相互參照。要了解鄧小平，本文提供了一個嶄新的觀點。

鄧小平在人間經歷了九十三個寒暑，他的生命幾乎與二十世紀同始終。他見證了本世紀初中國的苦難，全程參與國共內戰，是中共建政的主要功臣。他與毛澤東等人領導人民革命戰爭，使中華民族擺脫帝國主義的壓迫，從而走上獨立自強的道路。其從政生涯，三落三起，終能在最後二十年，凝聚了畢生經驗與智慧的結晶，為中國邁向二十一世紀奠定了堅實的基礎。

鄧小平與孫中山一樣，畢生殫精竭慮，奉獻於中國現代化的偉大事業。孫中山在《實業計畫》、《建國大綱》、《三民主義》中所規劃籌謀的國家建設，在鄧小平手上已完成百分之七十以上。而鄧小平所做的，有一部分甚至是孫中山生前所未能想見，或未及想見的。

鄧小平的思路非常務實，使他能夠脫離口號與教條的枷鎖，超越前人的成就，為中國的長遠發展擬出一套具體可行的方案。鄧小平以「建設有中國特色的社會主義」，來揚棄教條主義，充分考慮中國特殊情況，一方面解放生產力，另一方面又要達到「共同富裕」的理想，這與孫中山的「均富」主張可說不謀而合。

鄧小平的思想非常靈活，不會只凸顯矛盾的對立面，而忽略了矛盾的統一面。一九七八年鄧小平策動十一屆三中全會確立對外開放、對內改革的政策，隨即逐步引進市場經濟，這與原來社會主義的計畫經濟制度大有不同，因此輒遭左派理論家的質疑。起初以「計畫經濟為主，市場調節為輔」，後來調整為「計畫與市場並重」的雙軌制。市場經濟與社會主義是否相容，本是一個嚴重的理論爭議。但鄧小平卻簡潔有力地主張「貧窮不是社會主義，社會主義要消滅貧窮」❶，社會主義不是要限制生產力，而是要解放生產力、發展生產力❷。因此，他認為市場經濟與社會主義不存在根本矛盾，可以互相結合。於是，他以「建設有中國特色的社會主義」來做為「社會主義市場經濟體制」的理論基礎。

事實上，「有中國特色的社會主義」可以界定為「在中國共產黨領導下，為了提升綜合國力，增進人民福祉，達成共同富裕的理想，而採行的廣為人民群眾所接受的政策的總稱」。這是一個實事求是的主張。依據鄧小平「實踐是檢驗真理的唯一標準」以及「摸著石頭過河」的行動方針，只要施政符合上述的標準．並充分考慮中國的具體情況，即使在馬、列著作中沒有提及的，也可以放手去幹；反之，則即使馬、列著作中雖有明文記載，也大可不必盲從。

一九九二年初，鄧小平南巡，為進一步確立「社會主義市場經濟體制」，而大力鼓吹「不堅持社會主義，不改革開放，不發展經濟，不改善人民生活，只能是死路一條」❸。終能在世界經濟一片不景氣聲中，中國大陸一枝獨秀地創下高達百分之十二點八的經濟成長

❶《鄧小平文選》第三卷，頁一一六，北京，人民出版社，一九九三年十月。

❷同上，頁一四八—一四九，「只搞計畫經濟會束縛生產力的發展。把計畫經濟和市場經濟結合起來，就更能解放生產力，加速經濟發展。」又頁一三七，「社會主義的任務很多，但根本一條就是發展生產力。」

❸同上，頁三七〇。

率。其實，自從一九八九年東歐以至蘇聯的社會主義政權相繼垮臺，中共政權非但屹立不搖，而且更加落實改革開放政策，這應歸功於鄧小平的先見之明，及其穩紮穩打的經改策略。

一九八九年初，戈巴契夫獲頒諾貝爾和平獎。當時筆者即主張，就推動改革開放政策而言，鄧小平實比戈巴契夫更有條件獲得該獎。鄧小平與戈巴契夫固然同樣倡言改革開放，但卻也有三點不同：

一、鄧小平的改革開放是原創性的，無論就深度、廣度而言，都是無與倫比的。一九七八年之前，除極少數的社會主義國家如匈牙利、南斯拉夫曾嚐試過夭折式的經濟改革外，在一個像中國大陸如此大規模的經濟體系內實施改革是前所未見的。其實，中共在十一屆三中全會所確立的改革開放政策乃賡續一九五六年「八大」的決議。中國大陸在一九五六年後的二十年間，由於與蘇共關係惡化，又歷經「反右」、「三面紅旗」與「文化大革命」……，以致經濟發展停滯、倒退，一直到一九七六年毛澤東逝世，鄧小平復出後，才有機會推動一九五六年「八大」的決議，從事經濟改革。戈巴契夫的改革則是在一九八五年，至少落後鄧小平六年，而且是在中國大陸的改革取得相當成就後才提出的。

二、鄧小平的改革開放政策是主動的，與戈巴契夫被動的改革顯然不同。早在七十年代末，美國五角大廈的一份戰略分析報告即指出，蘇聯若再不大幅縮減軍費（包括裁減境外駐軍），則依其經濟結構，最遲到一九八五年，整個經濟體系就有瓦解的危機。但由於一九七九年及一九八〇年相繼發生阿富汗事件與莫三鼻克事件，當時總書記布里茲涅夫騎虎難下，不得不增派境外駐軍，致縮減軍費問題懸而未決。即使在布里茲涅夫去世後，繼任的兩位短命總書記安德羅波夫與契爾年科也分別因為疾病纏身及年紀老邁，難以有所作為。直到一九八五年戈巴契夫接任總書記，才開始提倡「新思維」與「重建」。戈氏所推動的改革政策實際上是迫於形勢，情非得已，甚至是在七十年代早就應該做的，只不過當時的國際情勢不容許罷了。相反地，中國大陸在一九七八年，無論就國內或國際情勢而言，均無非改不可的壓力。其經濟改革是主動進行的，是在長達二十年過分頻仍的政治動亂後，才決定與民休養生息，致力經濟發展。

三、鄧小平的改革開放以實踐為基礎，是漸進而有步驟的；戈巴契夫則僅停留在傳播改革理念與調整共黨體質的階段。鄧小平掌權後所推動的第一件工作乃是在農村落實承包制，激發了占中國人口百分之八十的農民的積極性。不但改善農民生活，使農村出現一片難得的繁榮景象，更贏得廣大農民群眾對改革的信心與支持。依常理，經濟改革較易從城市與工商業做起。然而，城市的生活水平原就比農村高，改革也將拉大貧富差距，這正是大多數國家在經濟改革過程中波折不斷的原因所在。鄧小平則先從農村下手，使基層農民對改革的需要感同身受，從而為進一步的改革打下堅實的群眾基礎。

戈巴契夫的「重建」在經濟改革層面一直停留在觀念傳播的階段，不但人民生活絲毫未見改善，且其大部分時間都在從事黨內意見溝通、外交活動與裁減核武談判，未有具體步驟與策略來進行經濟改革，這也正是導致戈巴契夫下臺的主因。戈巴契夫雖身為共產黨員，卻犯了唯心主義的錯誤，過分迷信政治權力，忽略了「經濟」這個「下層建築」的重要性。

反觀鄧小平，他早在一九七九年就提出「特區」的構想，並選定深圳做為特區。在當時的環境下，「特區」的構想本將遭遇很大的阻力。尤其是經濟政策的改弦更張，極易刺激教條主義者的反撲，以致改革事業前功盡棄。鄧小平為避免政策左右搖擺不定，並深化改革開放，藉著香港回歸祖國的問題，巧妙地運用愛國主義情緒，高舉祖國統一的大旗，使得左派對於深圳做為特區的構想無從反對。亦即為求及早收回香港，鄧小平提出「一國兩制」的構想——保持香港現行制度五十年不變，並選擇毗鄰香港的深圳做為特區。深圳的經濟若辦得好，自可穩定香港人心，香港回歸祖國的願望當可及早實現。

在選擇深圳做為經濟改革的前進基地之後，珠海、廈門、汕頭、海南等其他特區又相繼浮現，且領域不斷擴大。珠海之於澳門的意義，就如同深圳之於香港。而廈門是閩南地區的主要港口，汕頭則是粵東地區客家人的主要口岸，相應於臺灣以閩、客為主的族群結構，這兩地的雀屏中選，決不是偶然的。至於海南，原為黎族所居，後則多為來自粵、湘的移民；就如同臺灣本為原住民所居，後則多為來自閩、粵的移民。且海南與臺灣又一樣是孤懸海外的島嶼，同屬亞熱帶氣候。就長遠的眼光來看，海南島劃為特區，對臺灣自有其象徵性的意義。

鄧小平就從這五個特區開始了他全方位改造中國的宏偉計畫。隨著特區的快速發展，沿海又增設十四個開放城市，很快帶動了整個沿海地區的發展。時至今日，連極西的喀什也有卡拉ＯＫ廳，這本是特區才有的景象。顯然整個祖國大地在鄧小平務實而靈活的改革開放政策下，逐漸引進市場經濟體制，而走出貧窮、落後的陰影，一個嶄新、現代的中國即將呈現在世人的眼前。

鄧小平對十一屆三中全會所定的基調是：「解放思想，獨立思考，從自己的實際出發來制定政策。」❹正由於鄧小平超卓、獨特的思維方式，使他得以在辯證法和理念的層次上，對社會主義做最靈活的詮釋。他在改革開放的策略運作上，與戈巴契夫正好是成與敗的對比；而在結合社會主義理想與中國特殊國情的思想建樹上，則賡續了共產黨先驅李大釗對中國革命問題所做的探索。

李大釗參與了中國共產黨的發起和創建的工作，畢生致力於傳播社會主義的理想。李大釗早就強調，中國的社會主義要有自己發展出來的特色。他說，社會主義制度將是「共性與特性結合的一種新制度」❺，又說，考慮中國的問題，不能「置吾國情于不顧」❻。這其實

---

❹ 同上，頁二六〇。

❺ 摘引自江澤民〈在李大釗誕辰一百周年紀念大會上的講話〉，收錄於《李大釗研究文集》，頁一—六。北京，中共黨史出版社，一九九一年六月。

❻ 摘引自胡喬木〈紀念中國共產主義運動的偉大先驅李大釗〉，收錄於《李大釗研究文集》，頁七—十六。北京，中共黨史出版社，一九九一年六月。

已為鄧小平「建設有中國特色的社會主義」埋下了伏筆。李大釗主張「社會主義是要富的，不是要窮的，是整理生產的，不是破壞生產的。」❼這與鄧小平所主張的「貧窮不是社會主義，社會主義是要消滅貧窮」、「社會主義不是要限制生產力，而是要發展生產力」❽，可謂血脈相連。李大釗認為「社會主義亦有相當的競爭」❾，這已意謂著社會主義與市場經濟可以相互為用，兩者並不必然矛盾。李大釗自許「不馳于空想，不騖于虛聲，而惟以求真的態度做踏實的工夫」❿，他一再強調，在認識上必須「據乎事實，求其真實之境」⓫，這也與鄧小平主張務實、實事求是的態度如出一轍。

做為一位優秀的馬克思主義理論家，李大釗在文章中多次提到他「調和論」的立場。他說：「遵調和之道以進者，隨處皆是生機，背調和之道以行者，隨處皆是死路。」⓬他的「調和論」接近於《周易》陰陽對立轉化的觀點。李大釗在〈調和誊言〉一文中說：「宇宙

---

❼ 同註❺。

❽ 見註❶、註❷。

❾ 同註❺。

❿ 同上。

⓫ 同註❻。

⓬ 見李大釗〈調和之法則〉，原刊於《言治》季刊第三冊，一九一八年七月。後收錄於《李大釗文集》，頁五四九—五五四。北京，人民出版社，一九八四年十二月。

間有二種相反之質力焉，一切自然，無所不在。由一方言之，則為對抗；由他方言之，則為調和……社會之演進，歷史之成立，人間永遠生活之流轉無極，皆是二力鼓蕩之結果。吾人目有所見，皆是二力交錯之現象；耳有所聞，皆是二力交錯之聲音。」⓭也因此，他認為「個人主義與社會主義決非矛盾」⓮，「真正合理的個人主義，沒有不顧社會秩序的；真正合理的社會主義，沒有不顧個人自由的。個人是群合的原素，社會是眾異的組織。」⓯

同樣地，鄧小平思考問題時，不僅看到矛盾的對立面，同時，也強調矛盾的統一面。因此，在經濟改革上，他說：「社會主義和市場經濟之間不存在根本矛盾」⓰、「計畫經濟不等於社會主義，資本主義也有計畫；市場經濟不等於資本主義，社會主義也有市場。」⓱至於許多人爭議不休的，經改與政改誰先誰後的問題，鄧小平則認為兩者必須配套並進，「現在經濟體制改革再前進一步，都深深感到政治體制改革的必要性。不改革政治體制，就不能

⓭ 見李大釗〈調和賸言〉，原刊於《言治》季刊第三冊，一九一八年七月。後收錄於《李大釗文集》，頁五五五—五五六。北京，人民出版社，一九八四年十二月。

⓮ 見李大釗〈自由與秩序〉，原刊於《少年中國》第二卷第一期，一九二一年一月。後收錄於《李大釗文集》，頁四三七—四三八。北京，人民出版社，一九八四年十二月。

⓯ 同上。

⓰ 《鄧小平文選》第三卷，頁一四八，北京，人民出版社，一九九三年十月。

⓱ 同上，頁三七三。

保障經濟體制改革的成果。」⑱

鄧小平認為，「政治體制改革同經濟體制改革應該相互依賴，相互配合。只搞經濟體制改革，不搞政治體制改革，經濟體制改革也搞不通。」⑲他也具體地提出政治改革的內容：首先是黨政要分開，處理好法治和人治的關係，處理好黨和政府的關係。其次是權力要下放，解決中央和地方的關係。最後是精簡機構，克服官僚主義，提高行政效率，實現管理民主化。⑳

鄧小平已具體指出政治改革的必要性和緊迫性，並且初步擬定了改革的重大方針。遺憾的是，他的政改主張尚未能如經改一樣普及而深化，即離我們而去。為了賡續他的遺志，為了表示對他的深切懷念，我們應儘速落實政改，以便確保經改的成果。

鄧小平不僅帶領中國走出自鴉片戰爭以來的貧窮、落後，同時也帶領中國走向寬廣的世界，成為國際外交舞臺活躍而受敬重的要角。

鄧小平簡潔有力地以「和平、發展」做為中國參與國際事務的基本原則㉑。「和平」是

---

⑱ 同上，頁一七六。

⑲ 同上，頁一六四。

⑳ 同上，頁一七七—一八〇。

㉑ 同上，頁一〇四。

就政治的角度而言，「發展」則考慮到經濟的角度；「和平問題是東西問題，發展問題是南北問題」㉒。就在這樣明確而全方位的外交策略之下，中國在國際上逐漸取得與其幅員、人口相符的份量與地位。鄧小平最終是要國際社會相信：「中國現在是維護世界和平和穩定的力量，不是破壞的力量。中國發展越強大，世界和平越靠得住。」㉓

本著「和平、發展」的原則，過去對中國不甚友善的鄰國，如印度、馬來西亞等，都已大幅改變了他們對中國的態度。歐洲對中國的投資急遽增加，雙方經濟聯繫日愈緊密。美國也在最近由克林頓總統和國務卿歐布萊特正式宣告，在本任期內將以加強中、美關係做為外交工作的重點，所謂「圍堵中國」的論調，將不受歡迎。

整體來說，目前的國際環境對中國是友善而充滿期待的。鄧小平逝世後，各國元首紛紛致電推崇他在中國的高度成就和對世界和平、繁榮的具體貢獻。鄧小平以一己平凡的身軀，為中國贏取了國際上無數的崇敬與友誼。

一八四〇年的鴉片戰爭是中國現代史的原點，而中國現代史正是一部內憂外患不斷、綴滿斑斑血跡與綿綿悲情的民族苦難史。自鄧小平復出以來的二十年，可以說是中國近一百六十年來，得以休養生息、和平發展最長的二十個珍貴的年頭。正是在這樣珍貴的基礎之上，

㉒ 同上，頁一〇五。
㉓ 同上，頁一〇四。

中共於一九九六年三月提出「九五計畫和二〇一〇年遠景目標綱要」，以延續並擴大改革開放的成果。也唯其繼承鄧小平的遺志，完成他所擬訂的政策目標，最能表達對鄧小平的哀思與感念。

自鴉片戰爭以來，我們從未享有過如此長久的和平歲月，在鄧小平之後，我們要竭力爭取另外一個二十年的和平發展期，亦即以另一個世代的努力，來貫徹鄧小平未遂的遺願。在祖國統一問題上，我們應本著最大的耐心與智慧，尋求最符合兩岸人民利益的解決模式。鄧小平生前擬定的對外開放（以尋求國際社會的和平發展）、對內改革（堅持社會主義市場經濟體制），仍應是中國跨世紀國家發展的最高指導綱領。

我們要深入瞭解並發揚光大鄧小平的思辨方式和發展戰略，以完成中國全方位的現代化。亦即：在追求生產力解放的同時，不應忽略了社會公平正義的要求；在發展經濟的同時，也應建立與之相配套的社會保障體系及政治改革。鄧小平畢生承擔了中國的苦難，卻又以他的生命智慧給予我們對未來的希望與期待。他說：「我是中國人民的兒子，我深情地愛著我的祖國和人民。」這一句話，在千百年後，仍將繼續撼動每一位中國人的心靈。

——《海峽評論》，一九九七年四月
大陸《上海理論內刊》一九九七年第二期

「臺灣意識」的困境與出路

——重建中國文化主體意識的契機

本文是朱高正於一九九八年三月對行政院所提出的總質詢，並已列入立法院關係文書，成為歷史的見證。

朱高正指出：臺海兩岸關係持續緊繃，而島內三大政黨有關大陸政策的主張又都有共同的偏執與盲點：既對臺灣本身歷史文化認識不足，又對大陸的發展未做確切了解，復因長期依賴美、日而產生狹隘、自閉的世界觀。種種缺憾導致扭曲的中國觀，從而造成錯誤的決策，使臺海兩岸的危機迄未消解。究其根本原因，實係對「臺灣意識」的認知有嚴重偏差。

「臺灣意識」在各政黨相激相盪之下，已成為臺灣的政治圖騰，李登輝總統最近接受日本產經新聞專訪，就特意主張：「臺灣意識愈強愈好。」朱高正認為，值此世紀之交，兩岸關係發展的關鍵時刻，有必要將「臺灣意識」拉回理性的殿堂上，重新加以審視。

最近，兩岸議題再度成為臺灣各黨派之間爭議的焦點。

國民黨內部由李登輝總統倡導的「戒急用忍」政策遭到來自各界愈來愈嚴厲的質疑和挑戰，各級官員或承歡自保，或曲意媚上，導致兩岸關係持續緊繃，不僅企業界怨聲四起，與論界的譏嘲與不滿亦日益上漲。

民進黨感受到來自美國的促談壓力，試圖在美、臺、中共的三角關係架構上，扮演更積極的角色。於是，自今（一九九八）年二月十三日起，舉辦一連三天的「中國政策辯論會」。就形式來看，這是民進黨內各派系首次就兩岸議題公開對話，其坦然面對問題，尋求共識的努力，值得肯定。然而，就內容來看，各派系所爭執的焦點，卻無非是對美方「中國政策」的不同解讀。辯論會以「後冷戰時期國際新秩序」為起點，不同派系的交鋒中卻有一致的思考脈絡：美國是國際新秩序的主軸，自由市場經濟則是新秩序的最高準則❶。這樣的思考雖然符合部分的國際現實，卻也造成一定的偏執。這種偏執反映在兩岸關係的處理上，一則容易依附於美方觀點，成為美國維繫其在東南亞勢力的應聲蟲，而使中共產生不必要的疑忌；二則容易以資本主義自由市場經濟做為檢定的標準，而忽略社會、文化的層面，對於中共「建設有中國特色的社會主義」以及「社會主義市場經濟」也無法做持平的理解。

❶ 見《民主進步黨中國政策研討會與會代表書面意見彙編》，民主進步黨中央黨部，一九九八、二、一三—一九九八、二、一五。

在臺灣的政治光譜中一向被認為主張兩岸和平統一的新黨，也因為有部分公職人員提出「一中兩國」的新主張❷，在黨內引爆巨大的路線爭議。主張「一中兩國」的新黨公職人員認為這是基於「臺灣優先」的考量，反映了臺灣社會的需求。批評者則認為「一中兩國」背叛了新黨的創黨精神，是為臺獨或兩個中國鋪路，將導致新黨的崩盤。

李登輝：「臺灣意識愈強愈好」

國民黨的「戒急用忍」，在宣傳上刻意強調其「根植臺灣」的用心。民進黨的「中國政策辯論會」，最後由許信良領導的美麗島系和邱義仁所代表的新潮流系勉強湊合出「強本西進」的共識，所謂「強本」，亦無非是強調其「根植臺灣」的用心。新黨部分公職人員所提的「一中兩國」更明指是基於臺灣優先的考量。

歸根究底，三黨在處理兩岸議題時，都共同面對一個不可觸摸的政治圖騰。這一圖騰對內可以形成民粹的訴求，對外則可輕易型塑出「他者」，並從而製造對立，或拉出必要的距離。不管是「根植臺灣」、「強本」或是「臺灣優先」，其實都是以「臺灣意識」為前提。

❷ 一九九八年二月二十二日，新黨立法委員姚立明、朱惠良、郝龍斌、賴來焜，國大代表李炳南、李新、紀欣、曲兆祥，臺北市議員費鴻泰、鄧家基等人連署提出「一中兩國」政策。

李登輝總統日前接受日本產經新聞專訪，就主張「臺灣意識愈強愈好」。他說，在其總統任內，希望將臺灣的民主化更向前推進，使國民黨的「臺灣意識」更為堅強。在他眼中，國民黨的「臺灣意識」不似民進黨堅強，乃是導致最近縣市長選舉敗選的主因❸。

「臺灣意識」的形成，有其歷史、文化、政治、經濟、社會等各個層面的繁複背景，在臺灣的近現代史上也不乏其建構「文化主體意識」的積極意義。但是，當朝野各黨競相以民粹、媚俗的語言爭取選票時，「臺灣意識」也可能在相激相盪之下，一方面不斷被強化、被無限上綱，另一方面卻也被過度化約、甚至扭曲，從而變成封閉、排他的宗派性情結。值此世紀之交，為了更客觀地面對國際新局勢，為了更有智慧地處理臺海兩岸的問題，我們有必要把「臺灣意識」拉回理性的殿堂上，重新加以審視。

「臺灣意識」是臺灣歷史發展的產物，基本上可以做為一種「精神現象」來加以觀察。歷史如同一條悠悠漫漫的長河，是流動，而不是靜止的。各種歷史事件的起因原本就已潛藏在遙遠的過去之中，只在某些特定條件下才能正式浮現。當我們後人重新研讀歷史，一定要對歷史各個階段的演變有「同情的了解」(Sympathetic understanding)，才能確實掌握歷史發展的脈絡。「臺灣意識」固然是歷史的產物，卻是一個仍在發展中的概念，而且是個經驗概念，不是理性概念。理性概念是先天有效的，譬如正義或至善的理念；經驗概念則只有在

❸《自由時報》一九九八年二月二十三日。

特定時空條件下才有效，譬如忠君思想或本土意識。任何把臺灣本土意識絕對化、封閉化、定型化的企圖，都是非理性的作法，違反歷史發展的法則。而任何未經理性殿堂嚴格審視過的意識形態，也不適做為道德和價值判斷的最高準則。然而，在各黨派相激相盪之下，臺灣意識已發展成「政治正確」（politically correct）的民粹訴求，其中夾雜著道德性的宣示、選票結構的考量，同時也摻混著對臺灣前途的焦慮和身分認同的危機。

臺灣意識不等同於「文化主體意識」

在現代社會，任何意識形態的形成都會對人民、社會與國家有深遠的影響，因此，都應該置放在理性的殿堂上，審查其：是否合理？其依據為何？其局限性何在？臺灣意識這種精神現象的存在，有歷史的成因，其中摻混著理性、感性和情緒（激情、悲願）。若是刻意做民粹的訴求、即興的煽惑，將使其扭曲而成為野心家的工具。唯有透過理性批判的方法，分辨出臺灣意識的哪種提法對整體文化的發展有正面、積極的意義，哪種提法有負面、消極的意義。對正面的提法加以發揚光大，對負面的提法則予以揚棄。唯其如此才能建構出健全的「文化主體意識」。

所謂「文化主體意識」乃是指一個民族自覺到該民族本身是一個以創造文化而相與結合的命運共同體。全民族擁有共同的記憶，即該民族的歷史，並認為該歷史為本民族所固有、所獨有。對自己民族的歷史不斷反省、檢討，從而自我批判、超越，終至揚棄其弊端，光大其優點。這種不斷自我完善的、積極能動的主體意識，就是「文化主體意識」❹。具有文化主體意識的民族有明確的奮鬥目標，而非任人推擠的、毫無主體性的、處於懵懂狀態的「人群」（有如「畜群」）而已！

臺灣意識並不等同於文化主體意識。因為臺灣畢竟不是一個獨立自主的民族，且絕大多數臺灣同胞的祖先來自中國大陸，臺灣文化基本上與中國的閩南、客家文化雷同，是地區性的中國文化。臺灣的歷史，因此，也與中國歷史息息相關。只有透過歷史的鑑照和理性的批判，才能清楚地掌握到臺灣意識形成的背景及其演變的歷程。

臺灣意識的形成，可追溯至一八九五年的馬關條約。甲午戰爭清廷敗北，將臺灣割讓給日本。臺灣同胞在異族殖民統治之下，為了維護固有的文化傳統和生活方式，前仆後繼地進行抗爭。正是在抗爭的過程中，愈益感受到日本殖民母國和臺灣本土之間的差異，本土意識油然而生。起初，本土意識是透過爭取保存漢文教育而呈現出來的。

---

❹ 關於「文化主體意識」的論述，見朱高正〈文化主體意識的重建——當代菁英階層的文化意識批判〉（一九九〇）、〈再論文化主體意識的重建——精神文明建設的文化基礎〉（一九九五）二文，收錄於朱高正作品精選集第一卷《現代中國的崛起》，臺灣學生書局，臺北市，一九九六年十一月。以及〈從重建「文化主體意識」析論傳統與現代化的關係——讀林毓生先生「創造性轉化的再思與再認」有感〉（一九九六），收錄於朱高正作品精選集第四卷《納約自牖》，臺灣學生書局，臺北市，一九九七年八月。

日本在臺灣長達半個世紀的殖民統治，一切皆以殖民母國為主體，其在臺灣所推行的政策，莫不以殖民地母國的發展、壯大為目標。當時，臺灣人和朝鮮人一樣，在日本統治者眼中，皆是二等國民。如果說現代法治國家的重要特徵是，人民的角色從卑微的「臣民」（Untertan）變成自由、自主的「市民」（Buerger），那麼，日據時代的臺灣人，恐怕連「臣民」都不如。他們所受到的歧視，在教育上，即反映於二元教育政策之中。

日人與臺人的教育分屬不同系統。日人唸「小學校」，臺人唸「公學校」。公學校的教育只在傳授日語，為殖民統治鋪路。因此，有「臺灣新文學之父」美譽的賴和，在其短篇小說〈無聊的回憶〉中，即對公學校教育做如下的描述：「日本話之外，別無所謂讀書，學問也就在說話之中。」❺

漢文化是「氣骨正義」之根源

二元教育的另一目的，即在消滅漢文。在日人眼中，只有消滅漢文，才可同時消滅漢文化，消滅臺灣人的漢民族認同。在此壓力之下，漢文傳習和延續的責任，轉由民間的「書房」擔負。書房生徒總數一度高達一萬七千餘人。民間宿儒更以創辦刊物來彌補漢文傳習的

❺ 賴和，〈無聊的回憶〉，收錄於《賴和集》，前衛出版社，臺北市，一九九一年。

缺憾。抗日先覺者蔡惠如在《臺灣民報》的創刊號上，便如此寫下：「我們臺灣的人種，豈不是四千年來黃帝的子孫嗎？堂堂皇皇的漢民族怎麼不懂自家的文字呢……噫！我們最親愛的臺灣兄弟快快醒來！」❻

教育機會的剝奪與民族氣節的摧毀，莫不與貶抑臺灣人的政治、社會地位息息相關。日據時代先後入獄四次的蔡培火對於殖民政策的一貫性有很深刻的了解，他在〈與日本國民書〉中寫道：「對於我們，不許有個性的存在。我們的語言終於無所用之。我們除了勞動以外，一切活動的機會盡被剝奪；但我們受到獎勵，以服從阿諛為我們應守的美德；對於氣骨正義，主張節操的，徹底遭受壓制……日本語中心主義的政策，是先在政治上及社會上堵塞我們的嘴巴，使我們無能為力。因此，我們必然要由一切有責任的地位退卻，連明白說明我們意志的機會都已沒有。」❼

除了文化歧視、政治、社會地位的貶抑之外，臺灣人還得承受殖民政策下的經濟榨取。所謂「工業日本、農業臺灣」的治臺方針，無非是將臺灣的勞力與土地做為長期滋養殖民母國的養料。農民抗爭以一九二六年成立的「臺灣農民組合」為高潮。僅一九二七、二八兩

❻《臺灣民報》，一九二三年四月十五日。

❼ 矢內原忠雄著，周憲文譯，《日本帝國主義下的臺灣》，頁一五二，帕米爾書店，臺北市，一九八七年。

年，農民組合介入的農民爭議事件，即達四百二十餘件❽。

「臺灣意識」正是在不滿與抗爭中形成的，而在抗拒日本的殖民政策、皇民化運動中，漢文化始終是蔡培火所強調的「氣骨正義」之根源。且不提割臺初期丘逢甲等人成立臺灣民主國時倡明「遵奉正朔，遙作屏藩」。後來投入抗日運動的仁人志士，無不對「祖國」魂牽夢縈，因為那是與生俱來的情感。在臺灣文學史上具有崇高地位的吳濁流就在《無花果》中如此寫道：「當時的抗日戰爭，是自發的，不是受人宣傳、煽動而蜂起的。臺灣人在無意識中，認為臺灣是自己的祖先所開拓的，我們做子孫的，有保護它的義務……臺灣人具有這樣熾烈的鄉土愛，同時對祖國的愛也是一樣的。」❾

吳濁流已指出「鄉土愛」與「祖國愛」是可以共通的。因此，受日人欺凌壓迫而激發出來的「臺灣意識」自始即有對祖國眷戀的成分。也因此，在抗日運動中幾乎無役不與的蔣渭水提出「要救臺灣，先救祖國」的呼籲，在抗日陣營中獲得廣泛迴響。在《臺灣新青年》上的一篇文章，可看出這一主張的具體內容：「我們自救的方法『若要救臺灣，非先（從）救祖國著手不可』！欲致力於臺灣革命運動，非先致力於中國革命不能成功，待中國強大時

---

❽ 黃煌雄，《臺灣抗日史話》，頁一〇九，前衛出版社，臺北市，一九九二年十二月。

❾ 吳濁流，《無花果》，頁三十，仲根雜誌出版，臺北市，一九八四年三月。

候，臺灣才有回復之日，待中國有勢力的時候，臺灣人才能脫離日本強盜的束縛。」❿

抗日志士的「祖國愛」並不是盲目的，那是源自對中華文化的浸潤與信仰。一九二三年的「治警事件」中被逮捕的陳逢源，在法庭上他如此抗辯：「中華民族自五千年來，雖常常有同化他民族，但至今尚未被他民族所同化。見諸中國歷史，只布施善政，無論什麼異民族都可接受他所統治。若要排斥中華的文化，人民必起反抗心。」⓫可見，不僅「鄉土愛」與「祖國愛」可以互通，抗日與護衛中華文化也是一體之兩面。「臺灣意識」做為一種精神現象，在歷史上的確展現了反抗強權壓迫、尋求本土認同、維護漢民族文化尊嚴的強韌生命力。

倡議本土化，抗拒反共教條

然而，歷史是變動不居的，每一個時代都有其終極關懷，也都有其必須面對的挑戰。「臺灣意識」因反抗日本殖民統治而產生，但是它在日據時代的意義和性質，也隨著臺灣的光復而有所轉變。一九四五年，臺灣重回祖國懷抱，百姓欣喜若狂地等待接收，其心情正如

❿ 王曉波，《臺灣史與近代中國民族運動》，頁一四一——一四二，帕米爾書店，臺北市，一九八六年十一月。

⓫ 同上，頁二七九。

吳濁流所描述的：「島民似一日千秋，又像孤兒迎接溫暖的母親般的心情，等待著祖國軍隊的來臨。」⓬不幸的是，當時負責接收的部隊和官員對臺灣缺乏了解，一個較落後的祖國政權要接管一個現代化程度相對較高的臺灣社會，本已存在無可避免的隔閡與猜忌，加上陳儀部隊貪污、腐化、自大，百姓大失所望。一九四七年爆發二二八事件，全島整肅，百姓更是寒心透頂。

緊接著國共內戰，大陸同胞選擇了共產黨，國民黨政府一九四九年遷臺。翌年，韓戰爆發，美國杜魯門總統下令第七艦隊協防臺灣。於是，被日本占據五十一年的臺灣回歸祖國懷抱僅才四年，即又陷入國共對峙的危機之中。國民黨政府厲行反共政策，制訂「懲治叛亂治罪條例」，白色恐怖籠罩之下，與大陸往來懸為最高禁忌。直到一九八七年，筆者在立法院發動強力抗爭，終於在當年七月解除戒嚴，十一月開放大陸探親，兩岸重新開始接觸。

日據時代，即使經歷兩次世界大戰，臺海兩岸同胞仍往來不斷。但是，從一九四九到一九八七年間，整整三十八年，兩岸全然隔絕。加上國民黨施行戒嚴體制，不讓人挖掘、研究臺灣內部的問題，包括本土文化、藝術也遭到全面打壓，這是臺灣社會異化最為嚴重的階段。凡是文化自覺程度較高的藝文工作者，都要經得起考驗：一方面要面對白色恐怖的羅網，一方面要另闢蹊徑，尋找社會關懷和文化創作的出路。七十年代的「鄉土文學」論戰，

⓬ 同註❾，頁七四。

正是戒嚴時期文化自覺運動的一個高峰。臺灣本土意識也因此開展出新的面貌。這時倡議「本土」，基本上是用以抗拒國民黨的反共教條和文化政策上的全面監控。其實，戒嚴三十八年，國民黨的作風，在一定程度上，與日本皇民化的措施並無二致。七十年代的本土化運動與日據時代的「臺灣意識」也有一定的繼承關係。「鄉土文學」同情被剝削者，譴責美、日資本在臺灣的掠奪，控訴官僚體系的腐化無能，這與日據時代反帝、反壓迫的本土意識並行不悖。

事實上，從一八九五年到一九八五年，整整九十年間，臺灣同胞一直無緣與聞國是。國民黨戒嚴時期，一般老百姓的感受與日據時代恐怕是差不了多少，都是比「臣民」還不如。有些人甚至認為國民黨政府比日本殖民政權還惡劣。因為日本統治時，還有較現代的法治觀念；國民黨統治之下，則法治常被當權者的恣意所取代。二二八事件的慘烈鎮壓、白色恐怖的風聲鶴唳，都在臺灣老百姓的記憶中，留下難以抹滅的陰影。

臺灣意識被扭曲，與反帝、反殖民的傳統割離

回顧歷史，一八九五年成立的「臺灣民主國」，實不失為亞洲第一個民主共和國。雖然唐景崧被推為「總統」後，去電北京表示「今之自主，為拒倭計，免其向中國饒舌，如有機

會，自仍請歸中國」⓭。卻也不可否認，「臺灣民主國」得以號召同胞血戰日本，的確含藏有當時菁英分子當家做主的悲願，以及士紳階級與聞國是的理想。

這樣的悲願與理想，直到九十多年後才出現轉機。在此之前，政治是專屬於臺灣總督府、行政長官公署或是總統府，臺灣人沒有置喙的餘地。一九八六年五月十日，總統府國策顧問陶百川偕同三位自由派學者，邀宴黨內、外人士，就黨外公政會擬設立地方分會一事（其實是黨外人士組黨的前奏），進行溝通。這可以說是自一八九五年以來，臺灣本土菁英第一次有機會與統治當局就現實政治問題交換意見。同年九月二十八日，民進黨宣布成立。年底，黨外中央後援會在立法委員與國大代表兩項選舉中大有斬獲，這才拉開了體制內改革的民主化序幕，臺灣人民積壓近百年的能量由此得以宣洩。

過去，公開談論政治被視為禁忌，動輒危及身家性命，養成一般民眾對公共事務的冷漠和疏離感。即使是專家學者，也不敢在研究課題上觸及任何社會現實，只得長期禁錮在象牙塔內，以求自保。一九八六年肇始的民主化掃除了這些禁忌，鬱積的能量一旦釋放出來，便如百花齊放，百川決口，大家開始把注意力投注到生活的周遭，開始密切關心公共事務，除了喧鬧、激亢的政治抗爭外，形形色色的社會運動也風起雲湧，從環保、女權，到農民、勞工的紛紛結社爭取權利，臺灣人當家做主的意識勃然興起。

⓭ 同註⓾，頁五九。

一九八七年是關鍵性的一年，一方面是民主運動和社會運動如火如荼地開展，一方面是解嚴之後，「臺灣意識」逐漸被轉化為「臺灣獨立意識」，而與過去反帝、反殖民、反封建的傳統割離，並刻意與「中國意識」形成對立，甚至決絕的關係。

其實，「臺灣意識」自始即含藏反抗日本殖民統治，緬懷祖國、維繫漢文化命脈以及臺灣人當家做主、與聞國是的多重情結。日人據臺時期重要檔案《臺灣總督府警察沿革誌》就將「漢民族意識」視為臺灣社會運動的基礎：「漢民族向來以五千年的傳統民族文化為榮，民族意識牢不可拔。屬於此一漢民族系統的本島人（按即指臺灣人），雖已改隸四十餘年，至今風俗、習慣、語言、信仰等各方面仍沿襲舊貌……所以，在考察本島社會運動時，必須對做為其基礎的泛漢民族的思想、信仰、一般社會傳統、習慣與民族性，有相當程度的研究與認識。」⓮《警察沿革誌》中雖然將「漢民族意識」稱為「民族偏見」，卻也不得不承認從「議會請願運動」（一九二一到一九三四年，臺灣菁英請願在臺灣比照日本設置「議會」共達十五次），到「文化協會」以迄「臺灣民眾黨」的組建，都是「民族主義啟蒙運動」⓯的一部分。

⓮ 《臺灣總督府警察沿革誌》第二篇〈序說〉，譯文見《臺灣社會運動史》第一冊，頁二—十二，創造出版社，臺北市，一九八九年六月。

⓯ 同上，頁八。

臺灣人爭取政治權利，要求介入公共事務的努力，在日據時代即前仆後繼，不絕如縷。彼時，漢民族意識是推展運動的動力，也是思想理論的依據，更是日益高漲的臺灣意識的基底。

臺獨人士美化日本殖民統治

如今臺獨人士將「臺灣意識」標榜為至高無上的價值，卻也無法否認長期以來臺灣意識源自漢民族意識的血緣關係。為了合理化臺灣獨立的訴求，他們一則美化日本帝國主義對臺灣的殖民統治，再則將國民黨在臺灣的戒嚴軍事管制與共產黨在大陸的極左風潮結合起來，醜化中國的歷史傳統，不僅刻意淡化，甚至否定漢民族意識，終而竟將漢民族意識推到臺灣意識的對立面。同時，他們又不斷強化、神聖化臺灣意識，將臺灣意識建構為主流價值的圖騰，甚至成為檢定「國民道德」的標準。

「臺灣意識」被改造成臺灣獨立運動的思想武裝，史明於一九六二年以日文撰成的《臺灣人四百年史》首開其端。該書向來被視為臺獨運動的啟蒙經典，在這部厚達一千五百餘頁的「史書」當中，史明就直接以「空想漢族主義」⑯抨擊臺灣人的漢民族意識。他認為臺灣

⑯ 史明，《臺灣人四百年史》，頁六八九，蓬島文化公司，一九八〇年九月。

的現實是「截然分為『臺灣社會‧臺灣人』與『中國社會‧中國人』的二重層次，而且，二者又因以『被統治』與『統治』的殖民地性矛盾對立，成為極端的對立關係。」[17]這種過度化約的、將「臺灣」與「中國」二組語詞以二分法處理的模式，自此一直延續下來，成為臺獨論者封閉而耽溺的思考邏輯。據此而形塑出悲情、苦悶的臺灣史觀，也從而烘托出蠻橫、充滿併吞意圖的中國觀。

當然，悲情的臺灣史觀在一定意義上乃是歷史的產物。清廷的割讓臺灣、日人的殖民統治，都是傷痛的記憶，而二二八事件，更是讓臺灣人從光復初期重回祖國懷抱的雀躍，跌落到驚悚恐懼的深淵。二二八事件彷彿歷史的幽靈，迄今仍飄浮在美麗寶島的上空。

二二八事件在本質上是一場反貪污、反腐敗的民變。事件發生後，臺灣士紳林獻堂、陳逸松、李萬居、連震東、黃國書、王添燈、黃朝琴、郭國基等人集會組成「二二八處理委員會」，並隨即發表〈告臺灣同胞書〉，說：「二二八事件的發生，在爭取本省政治的改革，不是要排斥外省同胞。」[18]在〈處理大綱〉中亦強調「對於貪官污吏不論其為本省人或外省

[17] 同上，頁七九四。

[18] 陳興唐主編，《臺灣二二八事件檔案史料》（南京‧中國第二歷史檔案館藏），頁二四八，人間出版社，臺北市，一九九二年二月。

人，亦應檢舉轉請處理委員會協同憲警拘拿，依法嚴辦。」⑲當年四月，監察院閩臺監察使楊亮功及監察委員何漢文啣令赴臺調查，〈調查報告〉的結論也不諱言：「臺灣此次事變之初，其中心口號為：對于現政不滿，要求政治改革。」⑳參與事件的臺共活躍分子蘇新也說：「二二八起義是官逼民變的自發事件，事前毫無準備。」㉑這大概可以代表當年左翼的觀點。其實，國民黨政權的貪腐，在當時已是全國普遍的現象，並不獨以臺灣島為然。紅軍的勝利正是在這樣的基礎上崛起的。臺灣何其不幸：好不容易才從殖民帝國奴隸統治下解放出來，隨即被迫面對一個瀕臨全面內戰的貪腐政權。因此，臺灣人很自然地將記憶猶新的日據時代被殖民者欺壓的怨忿與憂懣，轉移到新政權身上。

二二八事件的悲劇具體反映了當時中國抗戰勝利後內亂頻仍的情境：國共兩黨爭相接管淪陷區，美蘇兩強為了爭霸全球，各懷鬼胎介入國共鬥爭。中央政府頹廢無能，敗象畢露，貪官污吏則藉機橫徵暴斂，民怨四起。就在二二八事件爆發之前的一九四六年十一月，上海市也因警察取締攤販不當㉒，發生「五卅慘案」以來最嚴重的暴動，事件延燒至次月；十二

---

⑲ 同上，頁二五一—二五二。此外，亦參閱莊嘉農，《憤怒的臺灣》，頁一三七—一四一，前衛出版社，臺北市，一九九〇年三月。

⑳ 同註⑱，頁二八四。

㉑ 戴國煇、葉芸芸，《愛憎228》，頁二六〇，遠流出版社，臺北市，一九九二年二月。

㉒ 唐振常主編，《上海史》，頁九〇四，上海人民出版社，一九九一年九月。

月西康省民變，江蘇省因反對抽丁，也發生暴動；年底，因北京沈崇事件，引發全國性大學潮。與二二八事件同一年的五月，因物價飆漲，爆發全國性的「搶米風潮」，連有「米鄉」盛名的蕪湖、無錫等地也不能倖免。搶米運動持續擴大，延燒到學界，演變成「反饑餓」的連鎖性學生示威，上海、廣州、南京、昆明、武昌、北京等地的大學生紛紛投入，並因與警方衝突而造成多人死傷㉓。

「崇日恨中」的東洋臺獨

在大時代的歷史脈絡中，「二二八」並不是孤立的事件。根據統計，自一九四五年八月十五日日本無條件投降，到一九四八年四月十八日宣布動員戡亂，短短兩年多期間，全國至少有十三省爆發重大的民變。與臺灣情況類似，同樣曾為日本占領的東北、華北地區，也常因國民政府接收不當而風波四起。臺灣歷經日本五十一年統治，加上地理位置偏處海隅，所發展出來的異質性，當然更為明顯。二二八事件除了反貪腐之外，當然也有新舊移民之間的利益衝突和文化認知的差距。但是，再怎麼講，也不能如史明一樣，將此一悲劇定義為「臺

㉓ 參閱郭廷以編著，《中華民國史事日誌》第四冊，頁五八四—六五二，中央研究院近代史研究所，臺北市，一九八五年五月。

灣人起來反對外來中國人統治者的殖民地解放鬥爭」㉔。這種無視於歷史事實，刻意分化臺海兩岸的扭曲性詮釋，其實是帶有政治意圖的，是對二二八事件受難人士的公然污辱。如是的政治意圖甚至可能導致更大的悲劇。

史明批評連橫著於一九二〇年的《臺灣通史》，「思想傾向封建中國，站在中國人方面的立場和觀點來論述。」㉕他自認為《臺灣人四百年史》才是「由臺灣人本身，同時站在真正的臺灣人立場和觀點而記述的臺灣史書。」㉖其實，史明接受日本教育，定居日本，以日文撰寫，在東京出版，豈不更是「站在日本人的立場和觀點來論述」？正因為他所使用的絕大部分是日文材料，因此也很自然地承襲了日本軍國主義者美化臺灣殖民經驗，以及充斥著貶抑中國歷史文化的「大和意識」。日本自明治維新以來，即處心積慮染指中國，擴大版圖，成就其「大東亞共榮圈」的美夢。詆毀中國，有助於合理化其法西斯式的民族優越感。至於強調殖民母國對殖民地「現代化」的貢獻，則是為了對其窮兵黷武的侵略行為卸責。

史明雖然用了許多筆墨描繪日據時代臺灣的現代化歷程，卻也多少還保有反帝、反殖民的左翼風格。至於其他以日本為活動根據地的「東洋臺獨」，則是幾乎完全浸淫在日本右翼

㉔ 同註⑯，頁七九五。

㉕ 同註⑯，頁四。

㉖ 同上。

政客「崇日恨中」的情緒當中。曾經擔任「臺灣青年獨立聯盟」委員長的辜寬敏是其代表人物，他家族特有的政商關係，使日本的「獨立聯盟」成為臺獨人士和日本右翼政客交際往還的樞紐。辜寬敏的父親正是「大日本帝國」貴族院議員的辜顯榮，一八九五年他因引日軍進入臺北城有功，使日軍得以南下剿滅抗日義軍而騰達致富。

史明之後的臺獨著作，竟有對日本殖民統治大肆頌揚者，如王育德《臺灣：苦悶的歷史》一書中，不乏如下的句子：「日本在臺灣實施殖民統治能夠成功，有賴於上自總督下至市民乘國運昌隆之勢，為了祖國（指大日本帝國）的名譽盡其在我的滿腔熱情。」㉗「若以公平眼光觀察帝國占領臺灣以後之治績，我臺灣島民，應為地球上各國人民中最幸福之人民。」㉘也有極力為仇視中國的意識形態建構理論依據的，黃文雄所著《中國的沒落》及《中國食人史》二書是其代表。在建構臺獨理論的過程中，日本右翼人士當然也不缺席，長期擔任「臺灣獨立建國聯盟總本部」中央委員的宗像隆幸就是其中之一。宗像隆幸是日本人，卻以漢名「宋重陽」擔任日本臺獨機關刊物《臺灣青年》的總編輯，於臺獨組織活動和

㉗ 王育德，《臺灣：苦悶的歷史》，一九六四年在日本以日文出版。譯文轉引自王曉波，《臺灣史與近代中國民族運動》，頁四六四。

㉘ 同上，王育德引辜顯榮語。王氏對辜顯榮推崇備至，書中多處為在日據時代被罵為「民賊」的辜顯榮抱不平。

撰述工作上均屬靈魂人物。他有譯著多種，從綱領性的《臺灣獨立運動的思想與戰略》到《醜陋的中國人》、《老昏病的中國人》、《絕望的中國人》等書，可明顯窺見其「崇日恨中」的脈絡。㉙

向美國一面倒的西洋臺獨

美國是另一個臺獨運動的大本營，我們姑且稱之為「西洋臺獨」。

自從一九五〇年韓戰爆發，美軍協防臺灣之後，臺灣對美國的政、經依賴日深，美國文化的影響力也日益擴張。六十年代末期，隨著臺灣的經濟起飛，出國留學生逐年增加，且多以美國為目標。留美學生漸漸超過留日。這些留學生在臺灣時已飽受國民黨政府反共教育的洗腦，到美國之後，又置身在一個全球冷戰結構下集體仇共的資本主義社會之中。他們絕大多數是在離開臺灣之後才開始關心臺灣，美國自由而物質豐裕的社會景象，使他們大開眼界，許多人後來選擇在美國落籍，成為中產階級的臺裔美國公民，他們只能藉由組織臺灣同鄉會來紓解鄉愁。這些人在取得美國國籍之後，才比較敢於表達對國民黨政權的不滿，批判

㉙ 宗像隆幸的資歷，見其在臺灣出版的《臺灣獨立運動私記》，前衛出版社，臺北市，一九九六年。此書曾被臺獨外圍組織「臺灣教授協會」評選為年度臺灣本土十大好書之一。

其封閉、不民主。他們受到美國主流意識形態的影響，對中共也採取敵視、拒斥的態度。這些西洋臺獨將臺灣同胞視為一個新的民族——「臺灣民族」，而與紅色中國劃清界線。

西洋臺獨人士雖已歸化為美國籍，由於心繫鄉土，希望能為家鄉盡份心力，以報答臺灣對渠等養育之恩，並減輕羈留異地的愧疚之情，因此，想將臺灣建立成一個新的烏托邦——一個民主的、非共的、以美國社會為範型的新國家。美國政壇在戰後流行「臺灣地位未定論」，對臺灣的歸屬問題，始終採取相當曖昧、游移的態度。這使得在美國的臺獨運動有更大的想像空間，同時，也凝聚成一個可與美國政界相互為用的政治籌碼。這些臺裔美國公民，與其說是一個新的「民族」，不如說是一個新的「階級」。他們對臺灣前途的主張，更接近階級觀點，而不是民族觀點。楊逵是日據時代相當活躍的文學家和組織工作者，先後坐過日本人和國民黨的黑牢。他在去世前應邀訪美，在一次訪談中，他就感慨地說，「我是到北美之後才看見『臺灣民族』的。」[30]

由於臺灣人社團在美國的資源有限，因此，這些「西洋臺獨」組織對資源的競逐特別敏感。尤其在美國與中共關係正常化之後，臺獨的活動空間大幅縮減，資源也相對萎縮，臺獨幾路人馬的紛爭日益檯面化。張燦鍙、洪哲勝、彭明敏、郭雨新、許信良等不同系統人馬隨著赴美的先後彼此傾軋，有時候甚至可以用「慘烈」兩字來形容。

---

[30] 戴國煇，《臺灣史研究》，頁一六五，遠流出版社，臺北市，一九八五年三月。

「臺灣獨立意識」成為檢定忠奸的標準

臺灣解嚴之後，海外臺獨分子紛紛回臺尋求發展，整個局面已全然改觀。目前的獨立運動，已幾乎是由本土臺獨主導的局面。

本土臺獨的發展，美麗島事件是一個決定性的分野。一九七九年美麗島事件之前，臺灣本土的臺獨論者，多是個別的、透過秘密結社的方式活動，偶而張貼「反動標語」或散發油印文件，缺乏代表性，也沒有群眾基礎，一旦不幸被捕入獄，鮮有外來的奧援。加上當時大陸正面臨極左思潮的一連串政治運動，使他們更加堅信臺灣只有從中國分離才有前途，在牢獄中只得以「寂寞的先知」自許。誰知就在美麗島事件前一年，大陸開始實施改革開放，但國民黨反共、恐共的宣傳，卻早已深植人心。

美麗島事件的受難者與以前的臺獨論者不同，大多為戰後在臺接受教育的知識菁英，有些已辦過政論刊物或參與過選舉，有一定的群眾基礎；有些甚至是檯面上的政治人物，有其政治影響力。他們透過雜誌宣傳理念，透過活動擴大組織，共同提出當家做主、與聞國是的具體訴求。國民黨對美麗島政團採取強力鎮壓的手段，使得事件中被網羅者一夕間成為民間的悲劇英雄。而公開審訊的方式，更使得受難者的主張和信念得以透過媒體的傳播，積累更多的同情、更厚實的群眾基礎。後來美麗島受刑人的律師、家屬紛紛投入選舉，在中央民代和省市議會的席次上有突破性的斬獲，反對人士大舉進入國會和省市議會，改變了臺灣既定的、封閉的政治生態。

當時包括美麗島政團在內的黨外人士，其主要訴求是民主，而不是民族，是擴大政治參與，而不是臺灣獨立。他們也強調「臺灣意識」，但是其意涵是「本土化」，是「臺灣人出頭天」的歷史悲願，而不是臺灣獨立的訴求。

但是美麗島政團的確也一舉吸納了過去臺獨老政治犯所積累的政治資源。老政治犯難免心生憤懣，認為這批政壇新貴是踩著他們的血跡、踏著他們的肩膀上去的。解嚴之後，臺獨不再懸為禁忌，過去鬱積的能量得以痛快宣洩。於是，前美麗島政治犯將其悲情、血淚化為道德訴求，將「臺灣獨立意識」升高為檢定忠奸的標準。而後，以關懷臺灣為藉口，排擠「統派」政治犯，組成「政治受難者聯誼會」。他們以「臺獨先知」的道德形象積極介入反對運動，並擴張為黨內最有影響力的次級團體。民進黨內的第一大派系「美麗島」本來是不贊成搞臺獨的。諸如康寧祥、高雄余家、邱連輝、尤清等要角均對臺獨訴求持極為謹慎的態度，但由於「政治受難者聯誼會」的強勢運作，為了避免得罪老政治犯，紛紛改口支持臺灣獨立。民進黨通過臺獨黨綱，就是「先知們」的傑作。從這一點來看，在本土臺獨的發展過程中，美麗島政團微妙地扮演了承先啟後的角色。

如今，海外臺獨已匯流到本土，前美麗島時代的老臺獨與新生代的臺獨接軌，「臺灣意識」也從日據時代的（漢）民族訴求、七十年代鄉土文學論戰期間的民主訴求，轉變為獨派政治認同的圖騰。國民黨固然要為這個轉變負責，共產黨卻也難辭其咎。畢竟從一九五七年

「反右」到「文革」結束，歷經二十年的折騰，政治缺少寬容，生產力發展遲緩，國民經濟嚴重落後，這在在使得臺灣同胞視統一為畏途，國家觀念不夠堅強、中國文化主體意識不夠堅定的人，當然極易受到臺獨訴求的誘惑。這是新時代的精神現象。

從全民族的視野來為「臺灣意識」定位

但是，物極則反，臺灣意識被獨派勢力渲染到一個極端之後，開始浮現種種荒謬的現象，包括政治投射的錯置，而李登輝情結便是最明顯的例子。李登輝只因為是首任的臺灣人總統即受到無條件的支持，而無視於他違憲毀憲的作為，無視於他媚日恨中的言論，無視於他包庇財團、特權，縱容黑道政治等惡行劣跡。過去反對運動所努力的目標——民主化，一再錯置而落空。此外，臺灣意識的庸俗化也令人浩嘆：政壇人士爭相以閩南語唱幾句卡拉OK，宋楚瑜請出布袋戲講幾句彆扭的臺辭，膚淺媚俗者竟自許為親民愛物。

最嚴重、也最危險的是：由於堅持「臺灣」與「中國」截然二分，迄今未能對中國大陸做務實、客觀的了解，以致不負責任的政客如李登輝者流甚且不惜挑釁中共，來討好民眾，以自誇其勇。而輿論界也持續以敵視、貶抑的態度對待中共，從而產生了嚴重扭曲的中國觀，未來在處理兩岸問題的關鍵時刻，很可能因此而形成錯誤的判斷與決策。

民進黨內部開始有人覺悟到問題的嚴重性，因此舉行「中國政策辯論會」，兩造的辯爭雖仍有意識形態的糾葛，卻也嶄露出黨內願意正視兩岸問題並積極尋求共識。可惜的是，由於長期疏離，民進黨對大陸的認知，主要仍是透過美、日的資訊，且由於派系解讀的不同，竟出現南轅北轍的觀點。

民進黨的局限也反映出臺灣整體社會因為歷史的隔閡和本位主義作祟，對大陸的認識基本上仍停留在過去國民黨政府反共宣傳的階段。即使是在彼岸已投產多年的臺商，對大陸的資訊仍有一種慣性的拒斥，只顧看來自臺灣的報紙，懶於翻閱任何簡體字的書刊。對中共的了解，仍是停留在成見和想像之上。

如上所述，「臺灣意識」形成於馬關條約之後，自始即與祖國情懷不可分割。它既是臺灣同胞用以對抗日帝文化壓制的利器，也是要求在臺灣當家做主的理論依據。然而由於二二八事件、國民政府遷臺、白色恐怖和長達三十八年的戒嚴統治，以及中共建政不久之後極左風潮狂飆二十年，再加上美、日等國對臺灣政、經長期的決定性影響與冷戰時期的東西方對峙等等主客觀條件，「臺灣意識」終於在一批流亡海外誓與國民黨不共戴天的異議人士與坐過黑牢的老政治犯的強力運作下，被扭曲成背離祖國的「臺灣獨立意識」，使原來反帝、反殖民的色彩，搖身一變而成「反中國霸權」、「反中國併吞」的主張。這種精神現象乍見之下頗為荒謬，細究之後終是事出有因。

由一個被刻意扭曲的「臺灣意識」所投射出來的「中國觀」，無疑是落伍、貧窮、專制的圖象。然而任何對現今中國大陸有過動態觀察與深入了解的人皆知這種「中國觀」是極其嚴重的偏離事實。今日廈門的生活素質恐已非臺灣任何一個城市可以望其項背，上海最近五年的建設足以令全球瞠目結舌。整個祖國大地，無論沿海或是內陸，猶似一片大工地。中國正面臨著有史以來最劇烈、最快速的變革，世界銀行與國際貨幣基金會異口同聲，預測二〇二〇年以前全球投資報酬率最高的地區是中國，到二〇一〇年全球第一大經濟體也可能是中國。雖然近年來大陸的發展成就普受高度評價，大陸當局卻不敢自矜自滿，繼續堅持「解放思想，實事求是」的精神，在肯定過去成就之餘，仍坦然承認擺在眼前的改革道路困難重重。即使在偏遠的山區，也到處可見「承認落後，就是進步的原動力」之類的標語，令人感動。

面對這般新中國的崛起，臺灣社會的主流「中國觀」卻反其道而行。為了糾正這個錯誤的「中國觀」，有必要將被扭曲的「臺灣意識」拉回理性的殿堂，嚴加審視，以便帶領臺灣同胞衝破狹隘的「時」（割讓給日本以來的百年經驗）「空」（侷於海島一隅）限制，重新從全民族、全中國的視野來為「臺灣意識」定位。臺灣同胞實不應因對國、共兩個政權不滿，而對整個中國失望。現今錯綜複雜的兩岸關係，毋寧是傳統中國自鴉片戰爭以來，面臨帝國主義的侵略，為追求民族的獨立自主與完成國家現代化所衍生出來的問題。這些問題必須從大處著手，是兩岸全體中國人，也是兩岸政權所應共同面對、共同解決的。不此之圖，將會陷入無休無止的紛爭，不僅對追求全中國的獨立自主與現代化無益，甚且將鑄成難以彌補的歷史悲劇。

傳統文化不是民主化的障礙

筆者認為，被扭曲約「臺灣意識」在臺灣之所以能成為主流價值，完全是由於臺灣特定的「時」、「空」條件使然，而這些條件也使得臺灣同胞加深對祖國大陸的疏離和誤解，究其原因，主要是來自五個缺憾：

其一是對中國的歷史文化缺乏宏觀、深切的了解。

許多人一提到中國的歷史文化，即認為必然與現代化相互對立。研究西洋文史哲的人甚至根本懷疑有「中國哲學」的存在，從事民主運動者，輒視傳統文化為落伍、守舊，是民主化的障礙。許多以進步分子自許的人，不屑固有的傳統文化，卻又對西洋的知識囫圇吞棗，不求甚解，一談到民主，就以為是西方的傳統。殊不知，就民主政治的發展而言，西方哲學的主流，如柏拉圖、亞里斯多德乃至中世紀的經院派哲學，都是反對民主政治的。然則，西方國家如今採行民主政治，卻從未因此而否定其古希臘羅馬文化和基督教文化的傳統。

反觀中國自古即有民本及民貴君輕的思想，一切皆以民為本，以民為貴，認為政府的施政應當尊重民意。《左傳．襄公三十一年》有一則關於春秋時代鄭國大夫子產的記載，大意是說：鄭國老百姓喜歡聚集在鄉校議論時政，有一位叫然明的人建議子產，乾脆廢掉鄉校，以杜絕庶民干政。子產不同意，他說，大家在鄉校議論時政，正好可以使他知道施政的良窳，善則行之，惡則改之。民意如同良師，豈可將議論時政的場所摧毀，他說：「我聞忠善以損怨，不聞作威以防怨。」亦即民怨只能用忠心善意去減損、化解，不能靠威權來防制。對於子產這種民主作風，孔子極為推崇，說：「以是觀之，人謂子產不仁，吾不信也。」

子產所肯定的鄉校議政之風在中國歷史上形成可貴的傳承。明末大儒黃宗羲（一六一〇—一六九五）即甚為讚許東漢以迄北宋太學生評品朝政，主持公議，「危言深論，不隱豪強」的作風。他據此提出「是非決於學校」的主張。在《明夷待訪錄．學校》一文中，黃宗羲即將學校分為兩類，中央設太學，地方設郡縣學。太學督導朝政：每月初一，皇帝須偕同宰相、六卿、諫議等朝臣到太學聽講，「政有缺失，直言無諱」。郡縣學督導郡縣政事：每月初一、十五，郡縣諸官吏須到郡縣學聽講，政事若有缺失，小則批評糾正，大則播鼓公布於眾，甚至群起而逐之。可見黃宗羲所倡議的「學校」，可以形成輿論，決定是非，監督政府，進退官吏，為各階層知識分子開啟議政的權力和參政的管道，其性質實已接近於當今的議會政治。《明夷待訪錄》抨擊暴君，直指「為天下之大害者，若而已矣！」又倡議為官之道當「為天下，非為君也；為萬民，非為一姓也。」黃宗羲「天下為主，君為客」的系統論述，較諸西方工業革命後才發展出來的民主思想，譬如洛克（一六三二—一七〇四）、孟德斯鳩（一六八九—一七五五）的學說，毫不遜色。

批判繼承傳統文化

孔子對傳統文化向來是採取批判繼承的態度。他說：「殷因於夏禮，所損益可知也。周因於殷禮，所損益可知也。其或繼周者，雖百世可知也。」㉛亦即殷商的典章文物制度乃是承襲、變革自夏朝，而周朝的典章文物制度則又是承襲、變革自殷商。每個朝代對於前朝的禮制既非全盤接受，也非全盤推翻，而是按著時代的需要而有所損益。依此原則，周朝以後的朝代所採行的禮制，就算百世之後也是可以預知的。由此可見孔子絕不是復古主義者，而是能夠與時推移的「聖之時者」。因此，對於傳統文化也表現出積極進取、有繼承也有創新的立場。

孔子這種開明的態度在歐洲啟蒙運動時期曾被伏爾泰、萊布尼茲等人高度稱頌，並「中為洋用」地成為神權統治的封建歐洲轉向近現代社會的典範。此外，研究經濟思想史的人都知道，法國重農學派的始祖魁奈及其弟子均公開承認，其新的經濟思想得自孔子的啟發。魁奈發表於一七五八年的《經濟表》被認為較「市場經濟」之父亞當·斯密一七七六年出版的《國富論》更早提出自由市場的觀念，他認為私有財產是絕對的，經濟個人主義和市場都是構成經濟生活的基礎，而且市場法則和自然法則是一樣專斷的。

㉛《論語·為政》。

只可惜，臺灣在兩蔣時代雖刻意提倡復興中華文化，卻把文化政策視為鞏固其威權統治的工具，是反共教育的一環，其目的是在對抗中共「批孔揚秦」的政治運動。傳統文化於焉淪為政治鬥爭的工具，再加上當局獨厚「國字號文化」（諸如「國語」、「國劇」、「國畫」、「國術」等），有意無意打壓本土文化的生機，導致本土藝文菁英對傳統文化的反感與抵制，這不僅未能有效地批判繼承傳統優秀文化，反而疏離了臺灣同胞對傳統文化的情懷。這就使得傳統文化的正面意義更為幽晦了㉜。臺獨人士則反其道而行，極力頌揚本土文化，卻又刻意漠視或逃避中國傳統文化對「本土」無所不在的影響力。其結果不僅是扭曲了「中國觀」，也扭曲了自我。一九九七年八月二十四日，臺獨外圍組織「世界臺灣同鄉會」在宜蘭召開一個「文化重建座談會」。會中一再強調文化重建和建國的關聯，認為：沒有文化紮根的建國，臺灣也只不過是一個沒有實質內涵的地理名詞。可是，在此同時，卻又主張：建國不應該過度強調追尋傳統文化，因為追尋到頭很容易變成中國文化。譬如，研究臺灣媽祖信仰，絕對不能強調來自大陸湄洲，因為這樣發展的結果是很危險的，會讓「本土化變成中國化」㉝。

㉜ 關於本土文化與傳統文化互動的問題，見朱高正〈在文化認同的危巢下——兼評「反中國」與「反傳統」情結〉（一九九一）一文，收錄於朱高正作品精選集第一卷《現代中國的崛起》，臺灣學生書局，臺北市，一九九六年十一月。

㉝ 《自立晚報》，一九九七年八月二十四日。

主張臺獨而必須如此自欺自誤，其立場的脆弱、勉強，毋寧是荒謬至極。

其實，中國傳統文化，基本上，與現代社會的兩大要素——民主政治與市場經濟——不但不相抵觸，在西歐國家現代化的過程中還曾經被「中為洋用」過，我們應該珍惜這份寶貴遺產，而不應像過去那樣嗤之以鼻。況且傳統文化中蘊涵著極為豐富的創新精神，諸如「周雖舊邦，其命惟新」，「苟日新，日日新，又日新」。孔子本人的態度就足以否定那些有心將提倡傳統文化的人視為守舊分子的批評。今天不追求現代化則已，要追求現代化就得加強對傳統文化的研究，也唯有如此，才能對中國大陸有「歷史縱深」的了解。

對第三世界缺乏同情的了解

第二項缺憾是：對近代遭受西方帝國主義欺凌的第三世界，普遍缺乏同情的了解。

近五百年來的世界史，可說是西方帝國主義國家擴張海權、競奪殖民地的歷史。第三世界在列強巧取豪奪之下，資源、市場被劫掠，人民被奴役，國家主權幾乎喪失殆盡。中國百餘年來所遭受的苦難，即是第三世界國家共同的悲運。臺灣割讓給日本，基本上也是這共同悲運裡的一環。但是，臺灣長期在日、美意識形態的籠罩之下，根本不願承認自己屬於第三世界。美、日兩國從十九世紀末也開始服膺殖民擴張主義，這註定了它們不可能批判這種強凌弱的歷史事實。國民黨政府在政、經方面長期依賴美、日兩國，當然不敢公開批判支撐這種強權的意識形態。等而下之者，甚至有人深信日本「帝國主義有功論」的宣傳，刻意美化日本殖民經驗。影響所及，連國民中學的新編教科書《認識臺灣》系列，都以相當大的篇幅誇大日本殖民統治時期促進臺灣現代化的成就，而掩飾其剝削勞力、榨取資源、荼毒文化的高壓政策。

至於大多數的臺灣知識菁英非但不能對第三世界有同情的了解，甚至還站在西方強權的立場來看待「南北問題」。對於全球資源分配嚴重不均的情形（例如美國以占全球二十五分之一的人口，卻耗用全球四分之一的石油），以及富國盲目追求工業化而嚴重破壞地球生態的事實，都不能正確了解，反而常以輕蔑的態度對待亞洲、非洲、拉丁美洲等曾經飽受帝國主義壓榨的窮國、小國。這就難怪，當西方國家，尤其是美、日兩國，面對一個國力日漸強盛的中國而顯得忐忑不安，以致類似「中國威脅論」、「遏阻中國」等奇談怪說紛紛出籠之際，臺灣竟然還有人在幫腔助勢。一個強大中國的出現，意味著西方獨霸世界、橫行全球二百年歷史的終止，也意味著非西方勢力的崛起，全球秩序的重新盤整。美、日兩國由於地緣政治的關係，首當其衝。值此關鍵時刻，臺灣同胞是要與全體中國人一起走出屈辱的陰影？抑或繼續讓被扭曲的「臺灣意識」誤導，甘為美、日兩國壓制中國的馬前卒，從而導致兩岸武力相向的歷史悲劇？其理豈非至明。

對中國近現代史的兩個根本問題缺乏了解

第三項缺憾是：對中國近現代史的兩個根本問題缺乏起碼的了解。

自從一八四〇年鴉片戰爭以來，為了救亡圖存，任何關心中國前途的人士都必須針對以下兩個根本問題提出解決的策略：第一是如何解放國民生產力，使中國走出貧窮的問題，即工業化的問題，亦即如何讓市場經濟在中國發達起來的問題；第二則是在國民生產力解放之後，如何將創造出來的財富公平分配的問題，此即社會主義想要解決的問題。

一九一一年辛亥革命推翻滿清政府，基本上是革命黨人利用漢民族主義打倒滿清皇朝，希望建立共和體制，但由於舊皇朝瓦解、軍閥割據、混戰，帝國主義則對苦難的中國繼續蠶食鯨吞，內憂外患，無日無之。及至一九二一年中國共產黨成立，而孫文也於一九二三年著手改組中國國民黨，並實施容共聯俄政策。當時在國內各黨派中也只有國、共兩黨有革命建國理念：國民黨原是中間偏左政黨，共產黨則是旗幟鮮明的左派政黨。兩者都矢志要打倒軍閥與帝國主義，而當時俄國的十月革命震撼全球，孫文的民生主義本即一種社會主義，而共產黨人更是直接鼓吹以社會主義作為革命救國的意識形態。這種一定程度的同質性是國共合作的基礎，因此中國國民黨總理孫文才會主張：「民生主義就是共產主義。」[34]然而一九二

---

[34] 關於聯俄容共，見李劍農，《中國近百年政治史》頁六〇二—六二〇，臺灣商務印書館，臺北市，一九九二年九月，臺一版第十九刷。

五年孫文去世之後，國、共失和，終於在一九二七年爆發清黨，國民黨內的共產黨員與左傾人士數百人慘遭殺害[35]，為共產黨武裝革命揭開序幕，自此國民黨漸漸轉變為右傾政黨。直至西安事變後，為舉國一致抗日，國、共兩黨第二次合作。

抗戰勝利後，由於接收、復員、制憲等諸多問題，國、共兩黨歧見日深。一九四六年政治協商破裂，共產黨退出，國民黨聯合民社黨、青年黨及少數無黨籍人士制定憲法，隨即選舉立法委員與國大代表，共產黨則武裝叛變。國民政府乃於一九四八年四月十八日宣布動員戡亂。一九四九年政府遷臺，中共則於當年十月一日建立「中華人民共和國」。兩岸今天的對峙，其實是國、共內戰的延續，對雙方而言，乃是一場「未完成的革命」。

國民政府退守臺灣以後，社會政策日益右傾，尤其從六十年代末更是挑明走資本主義道路，犧牲農、工權益，全力扶持資本家。而中共則在大陸實施「社會主義改造」、「人民公社」。八十年代末臺灣開始民主化，弱勢團體（如農民、勞工、婦女、原住民）的地位漸受重視，社會安全支出逐年增加，社會政策開始向左轉。而中共自一九七八年推行改革開放以來，揚棄左傾冒進路線，經濟政策開始向右轉。經過十四年的摸索與總結經驗，終於在一九九二年十四大決定建立「社會主義市場經濟體制」，並在一九九七年十五大強調在可預見的未來中國仍將長期處於「社會主義初級階段」。刻板的二分法——即將社會主義等同於計畫經濟，

㉟ 關於清黨，見唐振常主編，《上海史》，頁六三〇—六三五，上海人民出版社，一九九一年九月。

資本主義等同於市場經濟——自此打破，政策的制訂不再受困於意識形態教條的束縛，而得以做更細膩、更全方位地規劃。

唯有從中國近現代史的兩個根本問題才能看清今天海峽兩岸對峙的原因，也才能謀求有效的解決之道。易言之，國、共對立反映了革命理念的左、右對立，事實證明，「左」、「右」並非絕對的對立，而是可以互相滲透，甚至互相融合的，「社會主義市場經濟體制」就是具體的成果。

對社會主義理論與制度缺乏了解

第四項缺憾是：對社會主義理論與制度缺乏必要的了解。

國民黨因內戰挫敗的歷史經驗，將「反共」懸為施政的鵠的，臺灣同胞自小即接受「仇匪」、「恨匪」的教育，對社會主義、國際共黨運動、社會主義制度只有醜化、嫌惡的模糊印象，根本沒有機會做如實的了解。而對臺灣最有影響力的美、日兩國：美國是最典型的資本主義國家，向來視社會主義陣營為潛在的敵人，冷戰時期的麥卡錫旋風，更藉反共之名，對知識界、影藝圈進行白色恐怖的大整肅；日本則自明治維新以來，即走國家資本主義路線，軍閥、財閥結為一體，其政權的極右性格，迄今未曾改變。臺灣在美國、日本與國民黨三股反共勢力交互控制之下，「社會主義」只能懸為禁忌。

其實，社會主義是緊隨著工業化而來，它是為了糾正資本主義的流弊而提出的。社會主義最早出現在法、英兩國，但是其最激進的形式——共產主義，則由出生在德國的馬克思首倡。因為德國在西歐國家中是工業化起步最遲而發展卻最快的國家，因此，其社會矛盾最為深刻，要求社會改革的壓力也最為迫切。

其實，自五四運動以來，愛國知識青年深感帝國主義與軍閥對國家的危害，復受到俄羅斯十月革命的鼓舞，社會主義思潮在第一次世界大戰之後，儼然成為中國思想界的主流。中國共產黨的成立以及一九二三年中國國民黨改組並實施聯俄容共政策，正反映出時代的心聲。而當時臺灣的社會主義運動也伴隨著抗日鬥爭，如火如荼地開展，「農民組合」與「勞動組合」皆是當時最活躍的前衛組織。然而隨著一九二七年的清黨，抗戰勝利後的國共內戰，國民政府遷臺，以迄五十年代的白色恐怖，國民黨內部及臺灣社會的左翼勢力徹底瓦解。五十年代前的臺灣知識菁英，參與左翼組織者不乏其人，對於社會主義理論並不陌生。即使如今貴為總統的李登輝，根據國安局內部資料，也曾經隸屬於「中國共產黨臺灣省工作委員會臺灣大學法學院支部」。這位當年的「左翼青年」，自稱是二二八事件的受害者，歷經戰後美、日文化的洗禮，又是國民黨本土化政策中刻意栽培的本省籍政治明星，於今成為「崇日恨中」的反共急先鋒，從他身上即可印證臺灣菁英「知識的斷裂」以及「歷史的弔詭」。

以臺灣的經濟規模，在過去二十多年的快速成長中，雖也出現不少社會問題，但卻由於世界市場足以吸納臺灣的產品，而緩和了勞資衝突與分配矛盾。社會主義的訴求在臺灣不僅得不到政府的重視，也得不到勞工的支持。但是類似臺灣以出口導向為主的經濟體系對外部市場有高度的依賴性。尤其在歐盟與北美自由貿易區出現後，國際經濟有走向區域集團化的趨勢，臺灣能自外於這個潮流嗎？從經濟上來看，臺灣與大陸的整合是勢所必然。自一九九五年以來，臺灣每年對大陸出超已逾一百億美元，沒有這筆出超，臺灣的外貿早就出現赤字了。

中國大陸廣土眾民，對外部市場的依賴相對較小，其經濟發展必然要考慮到內部分配的公平合理，才能持續健全地發展下去。臺灣同胞想要了解大陸，就得把握這個原則。大陸工業化愈快，則其相應的社會保障體系也會更加完備。我們不應以臺灣本位的立場去檢視大陸的社會經濟體制，而應以更多的耐心，從社會公平正義的角度來分析，才能如實地了解中國。

對現代社會的不同類型缺乏了解

第五項缺憾是：對現代社會的不同類型，缺乏全面的、比較的了解。

現代化的途徑是多元的。美國固然是一個現代社會，卻不是最理想的現代社會，更不是唯一的範型。臺灣長期以來所進行的現代化，充其量只能說是美國化。同樣是現代社會，歐洲就與美國大不相同。在歐洲國家中，英國與歐陸就有相當的差異。在歐陸國家中，德語系與法語系國家又各有不同的可取之處。加強對歐洲的了解，有助於開闊臺灣同胞的視野。目前，臺灣留學歐洲學生遠低於留學美、日的人數，而政府決策階層，對歐洲的了解，也遠遜於對美、日的了解。

二次戰後，美、日處心積慮加強對臺灣的控制，臺灣與歐洲發展關係，絕非它們所樂見。尤其歐洲政治、經濟傳統中相當重視分配正義和社會保障體系的問題，並從而發展出介於社會主義計畫經濟和資本主義自由市場經濟之間的「第三條路哲學」，亦即「社會市場經濟」。當前歐洲各國的「社會民主主義」政黨不是位居執政黨，就是隨時準備輪替執政的最大反對黨。這樣的政經結構與美、日市場至上的極端自由主義信仰大異其趣。

不管怎樣，臺灣仍應試圖調整視野，多認識不同性質、不同地區的現代社會。唯其如此，才能導正長期以來唯美、日馬首是瞻所導致的偏執和短視，也才能對潛藏在中國大陸的「俄羅斯因素」有所了解。中共建政之初，曾一面倒地模仿蘇聯，改革開放以來，更是與歐、美、日廣泛接觸。蘇聯瓦解後，中共與德、法、俄的關係絕不下於英、美、日。自一九七八年以來，中國大陸在整個現代化的過程中，英、美、日因素不見得較德、法、俄因素為重。臺灣同胞只有捨棄以美、日為中心的現代觀，才能真切了解大陸的現代化。

以上這五項缺憾嚴重局限了臺灣知識菁英的視野，其結果就是蘊育出變調的臺灣意識。而這個被扭曲的臺灣意識，又製造出虛構的中國觀，將中國形容為落後、封閉而專制的罪惡帝國。事實上，中國是當今世界發展最快速的地區，根據世界銀行的估計，到二〇一〇年大陸對基礎建設的投資將是全球首位。歐、美、日等工業先進國家競相投入中國市場。我們可以大膽地說：「不了解中國，就無從了解世界。」當臺灣刻意與大陸劃清界線的時候，已不自覺地自我困囿於地球的邊緣，像一個賭氣的孩子，再也看不見世界發展的全貌。

中國走出苦難與屈辱的契機

自一九四九年中共建政以迄一九五六年，大陸的經濟成長率平均為百分之八，當時已是戰後非西方國家當中成長最迅速的地區之一。這固然是中國人民的勤奮所累積的成果，卻也證明，只要沒有內戰，只要與民休養生息，經濟的大幅成長是可以預期的。

不幸，自一九五七年開始反右的政治運動，一九五八年起連續三年自然災害，一九六六年起又是十年的文化大革命，極左思潮風行，導致生產停滯、民不聊生、朝不保夕的慘狀。直到一九七八年，中共十一屆三中全會確立改革開放的路線，才為這二十年的災厄畫下終止符。在改革開放之初，大陸國民人均儲蓄僅只四塊人民幣，如今已突破五千元。在外匯存底方面，大陸加上香港的總額已超越日本，成為全球第一。至於外貿總額僅次於美、德兩國，而國民生產毛額則僅次於美、日，皆排名全球第三。

其實，大陸自一九七八年開始的經濟改革（即市場化）與臺灣自一九八六年以來的政治改革（即民主化），都是中國現代史上最具革命性的現代化成果。臺灣的政改打破了中國人不適合實行民主政治的迷思，而大陸的改革開放，尤其是一九九二年以來所建立的「社會主義市場經濟體制」更可視為自商鞅變法之後，另一次變法成功的典範。這些輝煌的成就，足令全體中國人同感驕傲，這也是中國走出苦難與屈辱的契機。

然而，就在兩岸中國人創造出傲人成就的同時，兩岸之間卻仍橫亙著重重心結。臺獨問題，剪不斷，理還亂，已成為兩岸關係的引爆點。為了避免武力相向的歷史悲劇，兩岸亟須簽署和平協議，增加對彼此如實的了解並培養互信，俾為和平統一創造有利的氛圍。而其前提則是確認一個中國的原則。固然統一前誰是代表這個中國的唯一合法政府素有爭議，但一個中國的原則實不容置疑。它意謂著：世界上只有一個領土、主權完整的中國；臺灣與大陸同為中國不可分割的一部分；臺灣同胞與大陸同胞共同擁有這個中國的主權，也是傳統中國文化的共同載體。包括臺灣同胞在內的全體中國人擁有共同的歷史傳統，一起承受過帝國主義的欺凌，也共同面對著現代化的挑戰。我們固然有過輝煌的成就，但也犯下不少的錯誤，這些都是全體中國人的共同記憶。身為中國人，我們應該先承認這個共同記憶——即中國民族的歷史——是我們所固有、所獨有的，繼而對其不斷反省、檢討、批判，揚棄錯誤，光大成就，終必能超越「時」、「空」條件的限制，很有主體性地創造出中國民族光明的前景。在喚醒臺灣同胞的「祖國愛」，讓「臺灣意識」回復其愛國、反帝的本來面貌的同時，大陸也不應迴避政治改革的問題。若大陸推行政改，除了政府機構改造之外，也能實施民主化，建立社會主義法治國家，則不僅可確保經改的成果，對化解「臺灣獨立意識」也將會有莫大的助益。

中國文化主體意識的具體顯現

想當年，臺灣總督府的《警察沿革誌》曾經如此描述當時抗日分子的祖國情懷：「……對中國的將來抱存很大的囑望，以為中國不久將恢復國情，同時雄飛於世界……基於這種見解，堅持在這時刻到來以前不可失去民族的特性，培養實力以待此一時期之來臨。」㊱如此的自信，無非是基於對中國文化主體意識的執著，同時也是中國文化主體意識的具體顯現。相信只要海峽兩岸攜手並進，則有朝一日，一個和平統一的中國「雄飛於世界」，將不再只是抗日前輩們的想望！

最後，筆者想引一則《資治通鑑》中有關匈奴人劉淵的記載來結束本文。

一千七百年前，時值西晉八王之亂末期，也是五胡亂華伊始，北方邊疆少數民族介入晉王室的內亂。鮮卑、烏桓起兵支持東海王司馬越，匈奴則支持當時被封為皇太弟的成都王司馬穎。

㊱ 同註⑭，頁十四。

漢朝末年，曹操將南匈奴五部定居於并州（今山西太原）諸郡，使與漢人雜居，他們因漢高祖以來將宗室女嫁與匈奴單于，而自稱其祖先乃漢朝皇室的外孫，因此改姓「劉」。而劉淵正是并州匈奴左賢王的後裔，他正要起兵出援司馬穎，遭其叔祖劉宣勸諫。劉宣認為晉人以「奴隸御我」，現在中原內亂，乃是復興匈奴的大好時機。因此，他主張應聯結鮮卑、烏桓等胡族共同反晉，以求恢復呼韓邪單于的偉業。

但是劉淵另有他圖。他認為若依劉宣之計，則事成之後必須與鮮卑、烏桓共有天下，以夷統華，終究還是胡人政權。反之，若是援助司馬穎起兵、則先已分享強藩的名分，往後進一步從司馬穎手裡取得政權，那就是中原正朔，華夷都將歸心。他說：「大丈夫當為漢高、魏武，呼韓邪何足效哉！」[37]

劉淵雖是一介胡人，卻以劉邦、曹操自許，有逐鹿中原之志。絕大多數的臺灣同胞本為漢民族後裔，豈宜自是自滿，但求保住臺灣，反而無視中國即將重新成為「上國」的事實？一千七百年前的劉淵，其器識、其襟抱，毋寧讓今之臺灣政治人物為之汗顏！

---

37 關於劉淵，見《資治通鑑・晉紀七》以及田餘慶《東晉門閥政治》，頁三〇—三一，北京大學出版社，一九九六年五月第三版。

從《孟子節文》探討孟子思想的當代意義

——兼論「有中國特色的民主政治」

中共的「十五大」將「鄧小平理論」提高為黨的基本綱領，而鄧小平理論的核心即是建設「有中國特色的社會主義」。朱高正過去也曾對社會主義市場經濟的「經改」方向多所闡發，於今，他更進一步提出「有中國特色的民主政治」，為健全臺灣的民主政治和落實大陸「政改」，提供一個全新的思考方向。

朱高正首先指出，所謂民主政治根源於西方傳統的說法，從歷史發展的角度去做考察，其實是站不住腳的。在西方文化中，至少到十七世紀末為止，非但沒有民主政治的傳統，其主流思潮甚至存在著反民主的傳統。民主政治基本上是工業革命的產物。

反觀中國，自遠古以來即有素樸的民本思想，到先秦時期，學術發達，百家爭鳴，而孟子「民貴君輕」的思想更是獨樹一幟。明太祖朱元璋登基之後，為遂行其「獨制於天下而無所制」的專制統治，誅殺功臣、廢除宰相、大興文字獄，連儒家傳世經典《孟子》一書中有凝其皇權至上的章節，都遭到大肆刪除，並將刪除泰半之後的孟子言論編為《孟子節文》，做為八股取士的教材。

朱高正在任繼愈教授的協助下，從北京圖書館獲得《孟子節文》洪武木刻版縮影本，經過精細比對研究，他發現被朱元璋刪節的《孟子》部分，正足以凸顯出孟子反專制、反壓迫、捍衛人性尊嚴的基本立場。這些不見容於朱元璋的寶貴章節，鑑照出中國傳統文化中進步而深刻的政治理想，於今看來，仍不失其現代意義。朱高正私淑孟子已久，於今更透過對《孟子節文》的深入研究，以孟子思想做為建構「有中國特色的民主政治」的重要質素。

今人談論政治制度，常以為中國歷經數千年的帝王統治，傳統文化的根柢中即有專制集權之遺毒。現代民主政治中的基本理念，如自由、平等、民主、法治、權力分立與制衡等，無一不是舶來品。因此要推動政治民主化，最便捷、最務實的方法，莫過於照搬西方的憲政學理或直接移植西方的民主制度。

民主制度並非根源於西方傳統

然而，所謂民主制度根源於西方傳統，只不過是一個想當然爾的迷思。從歷史發展的角度來做深入的考察，在西方文化中，至少到十七世紀末為止，非但沒有民主政治的傳統，其主流思潮甚至存在著反民主的傳統。有人在追溯民主政治的起源時，喜歡引用雅典式的民主政治。然而雅典式的民主政治，只限於占人口極少數的「自由民」才得享有民主權利。其行使方式是直接民主，亦即按姓氏字母順序來決定與會的「自由民」，這與今天所採行的普及、公開且專業要求甚高的代議式民主有根本的差異。從柏拉圖、亞里斯多德的著作，以至中世紀的經院哲學，都不難找到嘲諷古希臘民主政體的哲學論證。

柏拉圖認為理想的政治應將人民分為哲學家、軍人與農工階級，前兩者為統治階級，農工則為被統治階級。這種階級劃分是世襲的，為了避免社會矛盾尖銳化，柏拉圖主張森嚴的階級劃分。統治階級具有不可抗拒的優越性，只有統治階級能夠接受教育，並堅持統治者有將奴隸作為私有財產的權利。統治者真正的統治技巧「在使那些陷於無知與卑賤的人成為奴隸」。而在統治階級中則要求貫徹共產與共妻的制度，以避免統治階級為私慾所蒙蔽，偏袒自己的子女或積累私自的財貨。《開放的社會及其敵人》的作者波普（Karl R. popper）即將柏拉圖視為極權政治的開山祖師。

亞里斯多德的代表作《政治學》則主張人是組織國家的動物，經營政治生活是人的天性。他認為，統治者與被統治者的劃分、主人與奴隸的區別，正如男女兩性一般，是自然的分別。而奴隸的地位則又高於工匠，只因奴隸的生活與主人的生活緊密相連。此外，《政治學》將政體區分為兩類六種，其標準是：一、從政體的宗旨看，是維護城邦的公共利益，還是維護統治階級自身的利益；二、從掌權的人數看，是一個人、少數人還是多數人掌權。他指出，凡是維護城邦共同利益的就是好政體，反之則為壞政體。好政體包括君主政體、貴族政體與共和政體；壞政體包括僭主政體、寡頭政體與暴民政體。亞里斯多德個人比較偏好君主政體和貴族政體，最為厭惡的則為暴民政體。「民主政體」的英文字「democracy」源自希臘文「demokratia」。而「demokratia」則由「demos」與「kratia」兩字組成，「demos」是「平民」，「kratia」為「統治」，因此，「demokratia」的本意是「平民統治」或「平民政體」，其極端則為「暴民政體」。亞里斯多德認為「demokratia」的極端形式——「暴民政體」——即是最墮落的政體。

主宰中世紀近千年的經院哲學，其主要任務則在為天主教會的神權統治與政教合一提供理論依據。而經院哲學全盛時期的哲學大師聖多瑪（Thomas Aquinas, 1224-1274）即主張：國家所能給予的幸福是現世而短暫的，宗教信仰所給予的幸福則是超越現世而永恆的。因此，若是宗教信仰的要求與國家權力衝突時，宗教信仰有優先權，國家權力應當退讓。於是，宗教凌駕政治之上，教會根本否定一般人有宗教信仰的自由，從而也否定了建立在保障基本人權之上的現代民主政治理想。

反觀中國，自遠古以來即有「民惟邦本，本固邦寧」、「天視自我民視，天聽自我民聽」、「天矜下民，民之所欲，天必從之」（《尚書》）等素樸的民本思想。春秋以降，孔子即反對絕對君權，他認為君臣關係是一種合乎禮義的對待關係，而非君主至高無上，可以為所欲為。因此乃有「君使臣以禮，臣事君以忠」（《論語·八佾》）、「所謂大臣者，以道事君，不可則止」（《論語・先進》）等主張。至於君主與人民的關係，非但不是予取予求，且應以百姓之足衣足食為己任，「百姓足，君孰與不足？百姓不足，君孰與足？」（《論語・顏淵》）。

現代民主制度是工業革命的產物

孔子去世後，儒分為八，其中以孟、荀二人對後世影響最為深遠。孟子主張「民為貴，社稷次之，君為輕」（《孟子・盡心下》），他認為君主為民而設，君主、社稷皆可因人民之需要而變易。荀子與孟子雖有性惡、性善思路之別，但是荀子主張「天之生民，非為君也，天之立君，以為民也」（《荀子・大略》），與孟子的「民貴君輕」說並無二致。

根植於中國傳統政治哲學中的民本思想固然不能等同於現代的民主政治，但是相較於西方傳統中階級森嚴、神權統治或君權至上等主流思潮，不能謂之落伍。有人認為傳統的中國只有關於民主的思想，而沒有建立確保民主的制度，其實，何獨中國如此？傳統的西方同樣也只有民主的思想，而沒有民主的制度。現代民主制度的發展，毋寧是為了適應新興工商階級的崛起，所發展出來的一種新的政治組合方式。在西方思想史上，固然也曾偶爾出現過闡揚民主、人權等理念的主張，但畢竟不是西方的主流思潮。

其實，工業革命之前，西歐國家的人口結構與中國相似，百分之九十五以上皆是從事農、牧業（即一級產業），統治者只要處理好地主與農奴之間的矛盾（不要過度剝削），以及大地主與小地主之間的矛盾（不要兼併過頭），政權即可確保無虞。自從發現通往遠東的新航路以來，經營遠洋貿易可以獲取暴利，西歐沿海港埠遂出現許多富商巨賈，他們要求「自由貿易」主張大幅降低關稅，以利商品的流通。又工業革命以來，新興工廠如雨後春筍般出現，亟需大量廉價勞動力，工廠主遂要求「自由契約」，希望將農奴自封建采邑的土地上解放出來。隨著新興工商階級資本的積累，其影響力日漸增長。他們認為原先適應一級產業的政治組合與政策，已嚴重阻礙工商業的發展，於是強烈要求參與政治，改變不合時宜的政策。英國的平民院與法國的三級會議於焉成形，這就是當今民主政治的濫觴。

現代民主制度無疑是工業革命的產物，而非根源於西方文化傳統。中國悠久的歷史文化固然沒有民主政治的傳統，但是儒家自孔子以降，即講求以德服人的仁政思想，保民愛人的民本主義，反對絕對君權。孟子更以其雄辯滔滔，建立了恢弘闊達的儒學體系，言論中充分表達對個性尊重和人格尊嚴的嚮往，其治國思想固然不宜與民主政治相比擬，但是衡諸古今中外的各種政治思潮，卻仍不失其前衛的啟發意義。然而，中國的工業化起步遠較西方為慢，自一八四〇年鴉片戰爭之後，內憂外患紛至沓來，更嚴重阻礙了生產力的發展。如今，在改革開放的浪潮下，中國的工業化如火如荼地開展，生產力不斷提升，已成為世界三大貿易強國之一。為因應快速的經濟發展，政治改革已是刻不容緩，一個新的政治組合勢將應運而生。中國政治文化中也許含有非民主，甚至反民主的成分，但是在做為傳統主流的儒家思想中卻也不難找到建構民主政治的重要質素。相信只要把握政治改革的契機，我們必能打破中國不適合實行民主政治的迷思；只要有意識地承認我們傳統文化之為我們所固有、所獨有，重建文化主體意識，我們大可如同建設「有中國特色的社會主義」一樣，建設「有中國特色的民主政治」，而不必然照搬西方的民主架構。

朱元璋廢除宰相，君主專制達於頂峰

其實，中國傳統政治從宋太祖趙匡胤廢宰相坐論之禮以來，即開始惡化，到了明太祖朱元璋廢除宰相制度後，君主專制更是達到頂峰。中國的政府組織，自秦始皇一統天下（西元前二二一年）至明洪武十三年（一三八〇年），中央施行宰相制度，地方則以郡縣制度為主。郡縣制度一改封建的弊端，消融了貴族與平民對立的世襲等級制度，為「庶民從政」與「賢人政治」的建立奠定良好的基礎。宰相則「掌承天子，助理萬機」。自秦漢以降的中央政府組織，在皇權之外，還有相權的存在，宰相可以任命官吏，可以施行賞罰，可以決定國家政策。皇帝代表政權，宰相代表治權，兩者比重，歷代縱有不同，如何互相牽制調節，則有賴於兩者的良性互動。

根據《通典》的記載，「丞相進，天子御座為起，在輿為下。有疾，法駕至第問，得戮二千石。」丞相要見皇帝，皇帝必須起立或下車相迎。丞相生病了，皇帝須親臨探問。除此之外，丞相還有誅殺大臣的權力。可見丞相的地位是相當崇隆的。秦始皇除了設立丞相之外，還有配套的「廷議」制度，亦即國家重大決策，非由帝王個人專斷，而是由丞相召集大臣共同討論以做出決議，即使「焚書坑儒」也是經過丞相李斯的提議及廷議的討論才做出的決策。

宰相職權類似近代英國之內閣首相（prime minister），而「廷議」的設置則相當於今天的「國務會議」，已可對帝王的權力做出相當的限制。比諸近代歐洲政治的「絕對君權」，有其進步的意義。相權與皇權的區隔，是中國文官制度的重要基礎，兩者的互動關係是歷來中國的知識分子所深切關注的。宰相身為首輔，乃百官之首，代表群臣，甚至代表士大夫階級。宰相地位的尊卑，直接涉及士大夫階級地位的榮枯。所以文天祥說：「公道在天地間，不可一日壅閼，所以昭蘇而滌決之者，此宰相之責也……天子而侵宰相之權，則公道亡矣。」當代學者錢穆更指出：「往古治亂之原，權歸人主，政出中書，無不治。」皇權（人主）與相權（中書）各有歸屬，其互動的良窳可說是國家興亡之所繫。

中國的宰相制度歷一千六百年而不衰，直到明太祖朱元璋才起了重大的變化。趙翼《二十二史箚記》對朱元璋的評價是：「聖賢、豪傑、盜賊之性兼而有之」。他以一介貧農出身，而得以結聚天下英雄，推翻元朝貪腐政權，驅逐胡虜，恢復中華，對中國歷史的發展有重大的貢獻。但是他榮登大位之後，頻興大獄，任情生殺，「才能之士，數年來倖存者百無一二」。洪武十三年，宰相胡惟庸更以「竊權弄柄，專擅欺蔽」被殺，因案株連者逾萬人。

朱元璋並因此詔令：「以後嗣君並不許立丞相，臣下敢有奏請設立者，文武群臣即時劾奏，處以重刑。」

中國自此進入君主專制政局。明末大儒黃宗羲對於廢相的惡果，有相當深刻的論述。他指出：「古者不傳子而傳賢，其視天子之位，去留猶夫宰相也。其後天子傳子，宰相不傳子，天子之子不皆賢，尚賴宰相傳賢，足相補救，則天子亦不失傳賢之意。宰相既罷，天子之子一不賢，更無與為賢者矣，不亦並傳子之意而失者乎。」因此，他認為，朱元璋廢除相職，官制之壞遂臻極致。

朱元璋為了遂行專制統治，大幅刪節《孟子》

朱元璋為遂行其「獨制於天下而無所制」的專制統治，除誅殺功臣、廢除宰相、大興文字獄之外，最匪夷所思的是，連儒家傳世經典《孟子》一書中有礙其皇權至上的章節，都遭到大肆刪除。

洪武二年，朱元璋欽定八股考試制度，以四書、五經等作為取士的教材。可是在他自己閱讀那些聖賢經典之後，卻又覺芒刺在背，危惴不安。他驚覺《孟子》中的某些言論明顯對君主不遜，嚴重危及他專制統治的根基，於是大為憤怒：「使此老在今日寧得免耶？」以朱元璋當時殺人如麻的記錄來看，孟子要是生錯了時代，恐怕難免人頭落地的命運。洪武五年，朱元璋下令罷孟子配祀孔廟。後來是因執掌星象的司天官員奏告天上文星暗沈，才又收回成命。然而，朱元璋整肅孟子的決心已定。於是，洪武二十七年（一三九四年），命翰林學士劉三吾編成《孟子節文》，將《孟子》一書中不利於其專制統治的篇章盡數刪除。

《孟子節文》洪武年間木刻版，於今僅存兩部，分藏於省立山東博物館和北京圖書館。根據劉三吾的《孟子節文》題辭，《孟子》一書中，「詞氣之間，抑揚大過者」共刪去了八十五條，留下一百七十餘條。「自今八十五條之內，課試不以命題，科舉不以取士。」可是，根據筆者對照統計，劉三吾的算法不盡精當。實則朱熹審定的《孟子》全文，共計二百六十條，《孟子節文》則保留一百七十三條，而實際則刪除八十八條，這是因為節文將本文公孫丑下篇第八章分為兩章的緣故。除此之外，仍有文字脫漏或誤植之處。若以字數計，《孟子》全文總字數三萬五千四百二十字，刪除的字數達一萬六千五百三十七字，因此，節文只剩一萬八千八百八十三字。易言之，被刪除的字數占總字數的百分之四十六點六九。

《孟子節文》於洪武二十七年頒佈，至永樂十二年（一四一四年），明成祖朱棣命胡廣、楊榮等撰成《四書大全》，成為科舉考試的範本。《孟子節文》的流行也不過二十年之久。不過，朱元璋對孟子的忌諱，實已牽涉到「權力王國」和「理性王國」對立與統一的嚴肅問題，同時也凸顯出孟子反暴政、反壓迫、捍衛人性尊嚴的基本立場。學界迄今對《孟子節文》的研究戔戔可數，且多只是強調朱元璋以權力干預學術的負面意義而已，尚未能對孟子思想中維護「理性王國」的用心深入探討。朱元璋所刪掉的《孟子》章節絕大多數與政論有關，這些章節鑑照出中國傳統文化中進步而深刻的政治理想，即使在今日來看，仍不失其現代意義，仍是政治哲學的絕佳典範。本文的目的即在透過這些被刪除的章節，探討其不見容於朱元璋的原因，並從而揭露其在政治哲學上的現代意義。

《孟子節文》提供另一個思考的面向

孟子（約西元前三七二－二八九）名軻，字子輿，戰國鄒人。根據《史記》孟子列傳：「孟子受業於子思門人」，子思為孔子之孫，「治儒術之道，通五經，尤長於詩書」（趙岐〈孟子題辭〉）。孟子承襲仲尼學說而加以發揚，殆無疑義。朱熹審定四書，其中《大學》、《中庸》只是《禮記》中的兩個篇章，《論語》是孔子門人集綴有關記述而成，獨有《孟子》一書，朱熹認為是孟軻獨力著作而成：「《孟子》疑自著之書，故首尾文字一體，無些子瑕疵。不是自下手，安得如此好！」（《語類》卷十九）他又認為孟子發明「四端」，乃孔子所未發。「孟子說義理，說得來精細明白，活潑潑地」（《語類》卷一三七）。總之，孟子思想體大思精，不僅得傳孔子學說的精髓，又自成一套體系，而其文字風格波瀾壯闊，說理鮮活，是朱熹心目中「勇猛精進」的聖人典型。朱熹曾將「善人」與「聖人」做一區別，他說：「善人只循循自守，據定見，不會勇猛精進。循規蹈矩則有餘，責之以任道則不足。」孟子對朱熹乃至儒學道統影響之深遠，於此不難窺見一二。

孟子之世，「天下方務於合從連衡，以攻伐為賢」（《史記》），秦用商鞅，楚、魏用吳起，齊用孫臏，莫不以富國強兵、克敵致勝為第一要務。為了運補、征戰、殺伐的龐大開銷，統治者無不橫徵暴斂，厚賦重役，平民百姓苦不堪言，最悲慘的，甚至已到「易子而食，析骸而炊」的絕境。孟子目睹戰爭所帶來的龐大災難，對窮兵黷武、殺戮掠奪發出最為深沉的批判。他說：「爭地以戰，殺人盈野；爭城以戰，殺人盈城。此所謂率土地而食人肉，罪不容於死。故善戰者服上刑。」（離婁上）對於當時被統治者延攬重用的善戰「良臣」，孟子直斥之為「民賊」，應該處以極刑。他認為國家征戰連年，殘民以逞，終將趨於覆亡。唯有施行仁政，民心歸附，才可無敵於天下。「王如施仁政於民，省刑罰，薄稅斂，深耕易耨……可使制梃以撻秦楚之堅甲利兵矣……故曰：仁者無敵。」（梁惠王上）這一套思想顯然無法說服當時好戰成性的君主，孟子只好「退而與萬章之徒，序詩書，述仲尼之意，作孟子七篇」（《史記》）。

孟子的言論在戰國時代已讓統治者覺得刺耳，到了明朝開國君主朱元璋的手中，更是被改得體無完膚。朱元璋善嫉嗜殺，為鞏固其皇權能萬世一系，無所不用其極。《孟子節文》將孟子七篇刪除殆半，顯然除了「君之視臣如土芥，則臣視君如寇讎」、「聞誅一夫紂矣，未聞弒君也」、「君有大過則諫，反覆之而不聽，則易位」等鮮明的主張直接觸及朱元璋的痛處之外，《孟子》一書中有近半的言論，都可以讓這位集權專制的君主感到強烈不安，必欲去之而後快。我們可以說，朱元璋所刪掉的孟子章句，必然是他認為不利於其專制統治的言論。

許多人認為自漢代「獨尊儒術」以來，孔孟思想即與中國歷代統治者結下不解之緣，「儒術」變成「治術」，是專制君主教化百姓、駕馭臣民的工具。因此，常不假思索地將「儒家價值觀」等同於威權統治，視之為政治民主化的先天性障礙。《孟子節文》顯然可以提供給我們另一個思考的面向。

義利之辨是孟子思想的核心

朱元璋出身草莽而能夠一統天下，自有其過人之處。揆諸歷史，在他之前有黃巢、在他之後有李自成、洪秀全等人，皆曾以草莽之身攻城掠地，權傾一時，最後卻又落得兵敗亡命，不得善終。朱元璋則如同漢高祖劉邦一樣，開國建制，奠定一個長達數百年根基之朝代。究其原因，在於黃巢、李自成與洪秀全皆以草莽始，而以草莽終；朱元璋與劉邦卻都深諳儒學與知識階層的重要性。劉邦起事之初，即與張良、蕭何等知識分子深交。朱元璋幼年貧困，識字不多，投身軍旅後卻刻意與幕府儒生接近，結交馮國用、馮國勝兄弟與李善長、陶安等人。待克服金陵，成一方之霸後，他又重用宋濂、劉基等碩學鴻儒。其討伐張士誠、聚兵反元，都以「檄文」先行。登基後勤讀經史，更加體會儒學的力量，然由於生性多疑，反加深他對知識分子的疑懼。為了排除異己，鞏固其專制政權，乃以細故羅織，誅殺功臣巨室。因案受株連而喪命者動輒上萬，其中較大的案件都有罪狀昭告天下，如「胡惟庸案」有〈昭示奸黨錄〉，藍玉案有〈逆臣錄〉。為了教臣民知警戒、守本份，他又親自撰成《大誥》，於洪武十八年頒佈，翌年又作續編，定為全國訓誡賞罰的標準。朱元璋並要求全國上下熟讀不輟：「朕出是誥，召示禍福，一切官民諸色人等，戶戶有此一本……所在臣民，熟觀為戒。」

《二十二史箚記》說「明祖以遊丐起事，目不知書，然其後文學明達，博通古今」事實上，朱元璋深知文字可以奪權，文字也可以集權，他是把文字視為統御的最佳工具。在朱元璋之後，平民出身的統治者大概只有毛澤東稱得上是「文學明達，博通古今」，同時也與朱元璋一樣，深知文字之妙用。

朱元璋對知識分子有極為矛盾的心理，他知道知識之可貴。擁有知識者，可以幫助他建構權力，但是知識分子若不為他所用，則難免對其政權形成一定的威脅。因此《大誥》中有一條規定：「率土之濱，莫非王臣，寰中士大夫不為君用，是自外其教者，誅其身而沒其家，不為之過。」朱元璋對於孟子的言論大概也是抱持同樣的心理。《孟子》是儒家重要經典，於教化人心、端正風俗有正面的功能。但是孟子的政治思想強調民貴君輕，對他集天下大權於一身的欲望，卻形成重大的威脅。因此，對於孟子言論中有不合其意的地方，就如同他對不聽話的士大夫「誅其身而沒其家」一樣，一概刪除，絕不留情。孟子思想直接威脅到朱元璋集權統治的，首推立國原則的問題。

《孟子》開卷第一章是「義利之辨」。朱元璋刪節《孟子》，首章即不見容。

孟子見梁惠王。王曰：「叟，不遠千里而來，亦將有以利吾國乎？」孟子對曰：「王何必曰利？亦有仁義而已矣！王曰何以利吾國，大夫曰何以利吾家，士庶人曰何以利吾身，上下交征利，而國危矣！」（梁惠王上）

義利之辨是孟子思想的核心，司馬遷說：「余讀孟子書，至梁惠王問何以利吾國，未嘗不廢書而嘆也！曰，嗟夫！利，誠亂之始也。」（《史記．孟子本傳序》）讓太史公廢書而嘆的章句，朱元璋卻棄而不論，正因為梁惠王所說的「利」，無非是罔顧國家之綱紀，意圖開疆闢土、富國強兵，那些不知饜足的專制君主常藉以橫徵暴斂，以擴大其權力版圖。朱元璋大權在握，欲以天下奉一人之私，當然不能接受孟子對「利」的質疑。

用現代民主法治國家的觀念來詮釋義利之辨，則「義」所代表的是立國的基本原則，也就是憲法中所揭示的「本質規定」（Wesensbestimmungen）或核心條款，諸如維護人性尊嚴、保障基本人權、國民主權原則、權力分立制衡、國會至上主義、依法行政原則、司法審判獨立及多黨政治體制等，總之，是指維護人民權益與國家體制的正義原則。這些「本質規定」乃是德國第二次世界大戰以後，其法學界深切反省，為了杜絕「納粹政權」死灰復燃，而確立的「法治國」（Rechtsstaat）的基本原則。至於「利」則指「國家利益」，主要取決於政府或國會中的多數決。「國家利益」只能在不違反「憲法的本質規定」的條件下去追求，否則政黨間的競爭，一旦捨棄「憲法的本質規定」於不顧，將造成「黨」凌駕於「國」之上，從而破壞憲法的尊嚴，使得憲法——做為規範政治活動的最高指導綱領——遭到架空，而淪落為政黨間的單純角力，則國將不國，破壞了人際關係的和諧與社會的安定。因此，孟子更將義利之辨延伸到基本人倫關係的維繫，他說：

> 為人臣者懷利以事其君，為人子者懷利以事其父，為人弟者懷利以事其兄，是君臣、父子、兄弟終去仁義，懷利以相接，然而不亡者，未之有也。（告子下）

「理性王國」與「權力王國」的分野

其實，孟子的義利之辨，即已牽涉到「理性王國」與「權力王國」的分野。「權力王國」講求如何在現實中謀求最大的功利，因此注重權謀、算計，合縱連橫，遠交近攻。其結果是：最有權力的人，也就是對利益擁有最大支配權的人。從國家施政綱領來看，一個國家若是迷信「權力王國」的邏輯，終將形成「強權即公理」（Might is right）的專制統治。孟子卻認為統治者若專事逐利，積累財富，而忽略百姓的生活，無疑是「率獸而食人」：

庖有肥肉，廄有肥馬，民有飢色，野有餓殍，此率獸而食人也。（梁惠王上）

孟子講「何必曰利，亦有仁義而已矣！」正是確保「理性王國」能獨立於「權力王國」之外，不受其掣肘。它可以是一種超現實的理想，是一個自由、自律、自主的國度。人做為理性的載體，可以把潛藏在人心中的善念擴充出來，不必受到私利的誘惑和拘縛。對孟子而言，這就是「求則得之，捨則失之」的仁、義、禮、智四端（告子上）。只要意會到這一點，人格的尊嚴即可確保，不被權力所役，不為私利所惑，發揮到極致，也就是孟子所說的「我善養吾浩然之氣」。這是同樣被朱元璋所刪掉的一段：

「敢問夫子惡乎長？」

曰：「我知言，我善養吾浩然之氣。」

「敢問何謂浩然之氣？」

曰：「難言也。其為氣也，至大至剛，以直養而無害，則塞於天地之間。其為氣也，配義與道，無是，餒也。是集義所生者，非義襲而取之也。行有不慊於心，則餒矣。」（公孫丑上）

孟子的這一段話，與孔子所講的「克己復禮」可以相互呼應，也接近於康德對「自由」的界定：「自由是指人可以獨立於一切經驗因素的制約，而讓純粹理性的要求成為實踐的能力」。儒家傳統對「克己復禮」的詮釋是：「克制一己之私欲，回復天理之本然」（朱熹語）或「存乎天理之極，而無一毫人欲之私」（王陽明語），這種義利之辨、天理人欲之爭，孟子已將其境界提高到「人格的自由、自律與自主」的境地。

人之尊貴，繫乎人之可以不受制於經驗因素，而成為自己行為的立法者，成為自己的主宰者。孔子說：「我欲仁，斯仁至矣！」孟子說：「自反而縮，雖千萬人，吾往矣！」（公孫丑上）「居天下之廣居，立天下之正位，行天下之大道，得志與民由之，不得志獨行其道，富貴不能淫，貧賤不能移，威武不能屈，此之謂大丈夫。」（滕文公下）這就是「人格的自由、自律和自主」。此自由、自律、自主的人格，在每一個人身上一律平等，無分軒輊，不因個人的性別、種族、語言、信仰、宗教、年齡、社會地位、居住所在等經驗條件而有所區別。而「人格的自由、自律與自主」正是自由主義的價值觀。

自由主義衝垮封建體制

「自由主義」是構成當代西方民主政治的重要支柱，它曾經衝垮中世紀的封建體制，推翻近代的專制王朝，從而確立了放任的自由經濟制度，並使新興的工商資產階級成為政治競技場上的要角。但是，這種與個人主義或資本主義相結合的自由主義，固然在形式上也主張尊重個人的自由自治、自立自主與自我實現，在現實上卻由於放任自由競爭，造成強凌弱、眾暴寡的結果。由於一切以追求利潤為最高指導原則，經濟上的強者肆意剝削經濟上的弱者，形成嚴重的階級對立，使得經濟上或社會上弱者的「人格的自由、自律與自主」反而蕩然無存。

這也就是孟子所說的「上下交征利」、「後義而先利，不奪不饜」的現象。

孟子並不反對逐利，而是主張逐「利」不可違「義」，反對先利後義，見利忘義。同樣，孟子也不反對追求「國家利益」，只不過認為追求「國家利益」時，不可違背公共正義的要求。就如同追求個人利益時，不可違背一般倫理規範。誠如程頤所說：「君主未嘗不欲利，但專以利為心則有害，惟仁義則不求利而未嘗不利也。」從自由主義的價值觀來看，孟子反對放任的自由主義，反對利潤至上的邏輯，強調人格的自由、自律與自主，並希望以此來規範國家的生活秩序，亦即國家的基本職責乃在保障每一個人「人格的自由、自律與自主」，以實現群體生活的安定與和諧。

英哲霍布斯（Thomas Hobbes, 1588-1679）在論國家的起源時，將「前國家狀態」稱為「自然狀態」。根據他在《巨靈》（Leviathan）一書中的說法，在「自然狀態」中的人類生活是「孤獨、貧困、惡劣、粗暴而且短暫的」，每個人都傾向無限擴張其一己之利益。要解決逐利的爭議，只有兩個可能。一是每個人依自力救濟的原則，憑藉其私人暴力，來貫徹自己的權利主張。但是這將陷入霍布斯所說的「萬人對萬人鬥爭」（bellum omnium contra omnes）的狀態，每個人恣意地主張自己的權利，其結果是沒有一項權利可以獲得確保。另外一個可能則是，每個人相約放棄使用私人暴力，共同建立一足以公平地保障所有人權利的公共暴力，來仲裁是非，並貫徹公共正義的要求。這個公共暴力的載體就是國家。康德（Immanuel Kant, 1724-1804）進一步發揮霍布斯的國家哲學，依據他的說法，大家相約放棄使用私人暴力的契約就是國家存立的理據，稱為始原契約（Urvertrag）。締結始原契約後，人就離開了「萬人對萬人鬥爭」的自然狀態而進入國家狀態，他本來擁有的自然權利絲毫未損地在國家狀態中重新獲得。所不同的是，不必再靠自己的拳頭來維護自己的權利，而是由「公共暴力」（亦即「公權力」）來保障每個人的自然權利。

孟子對國家的功能和當權者的角色也有相當深入的剖析，但又與霍布斯不盡相同，具有濃厚的人道主義色彩。他對君民關係的論述尤其具體地顯示出他對「公共正義」的要求。

> 孟子見梁襄王……卒然問曰：「天下惡乎定？」
> 吾對曰：「定於一。」
> 「孰能一之？」
> 對曰：「不嗜殺人者能一之。」（梁惠王上）

孟子認為立「國」乃是為了脫離征戰殺戮的狀態，因此，主張「不嗜殺人者能一之」，堅決反對任何形式的暴力統治。他又說，「民為貴，社稷次之，君為輕」（盡心下），國家乃是為了保護人民而存在，沒有人民，何來國家？國家係人民的組合。立「君」是為了管理國家，避免人民之間有紛爭而陷入相互殘殺的局面。因此，國君的首要任務乃是保護人民，決不能輕啟戰端，殘害人民。也因此，孟子主張「善戰者服上刑」（離婁上），他認為如果有人說「我善為陳（陣），我善為戰」，那是一種大罪（盡心下）。荀子也有類似的講法，他說：「故用國者，義立而王，信立而霸，權謀立而亡。」（《荀子・王霸》）

與民同樂，使民以時

孟子認為君民關係的理想境界應是「與民同樂」。〈梁惠王下〉第一章記述國君若是不能保民、不能解除民間疾苦，那麼百姓聽到國君聆賞音樂，看見國君出外圍獵，都要皺起眉頭。若是要百姓對國君的鼓樂田獵「欣欣然有喜色」，那麼就要先解除民困，讓老百姓也有參與娛樂的心情。在另外一個章節，孟子更明確地說：

> 樂民之樂者，民亦樂其樂；憂民之憂者，民亦憂其憂，樂以天下，憂以天下，然而不王者，未之有也。（梁惠王下）

從「樂民之樂，憂民之憂」到「民貴君輕」，孟子固然承襲了孔子的民本思想，卻更據以擴大到政治經濟學的領域。譬如，當時國家與人民的關係，最主要的莫過於賦稅與勞役。孟子主張「省刑罰，薄稅斂」（梁惠王上），而且應「使民以時」。他說：

有布縷之征，粟米之征，力役之征。君子用其一，緩其二。用其二而民有殍，用其三而父子離。（盡心下）

這與唐代的租（粟米之征）、庸（力役之征）、調（布縷之征）法有點類似。孟子認為三者只能征用其一，否則必然傷害人民。除了薄稅賦、輕勞役之外，還進一步要求「養民」、「為民制產」：

是故明君制民之產，必使仰足以事父母，俯足以蓄妻子；樂歲終身飽，凶年免於死亡。

而為民制產，改善民生經濟，以當時的農業社會而言，當然要從土地改革做起：

夫仁政，必自經界始。經界不正，井地不均，穀祿不平。是故暴君汙吏，必慢其經

> 界。經界既正，分田制祿可坐而定也。（滕文公上）

孟子在此已提出「均」、「平」的原則。並更進一步提出「井田」的構想，以促成均、平原則的實現：

> 方里而井，井九百畝，其中公田，八家皆私田畝，同養公田。（滕文公上）

孟子這種平均地權的井田設計，大異於以前封建貴族所規定的井田制。古代土地為國君及貴族個人所私有，孟子則主張百姓應有自己的私有土地，俾獲得均等的生存權利，此乃孔子倡導均平原則的體現。可見孟子對於經濟制度的設計，已帶有社會主義的色彩。

均平原則與社會主義

「社會主義」（socialism）源自拉丁文的 socialis（同伴的）或 socius（喜好社交的），有強調共同、集體、社會連帶的意義。社會主義與民主政治思潮一樣，皆是工業革命後的產物。工業革命使生產力大幅提升，卻也造成貧富兩極化的現象。擁有生產工具的資本家為了獲取利潤，不擇手段，競以壓低工資、延長工時、大量增產、降低成本，來提高產品在市場的競爭力，卻導致勞動世界非人性化，造成經濟上強者恣意剝削經濟上弱者的慘狀。於是有人主張基於平等和正義的原則，改變所有權的形式，合理分配生產所得，達成「各盡所能，按勞分配」的理想。社會主義的先行者，如聖西門（Saint-Simon, 1760-1825）、傅利葉（Charles Fourier, 1772-1837）、歐文（Robert Owen, 1771-1858），都已注意到，要創造一個新而平等的社會，光是改變資本主義的經濟結構和體制是不夠的，他們一致強調知識和德教的重要性。聖西門主張以新的宗教取代舊有的基督信仰，社會的博學者和藝術家應取代教士的地位。傅利葉認為要改變社會，首先要「深刻研究人類靈魂的原動力」。歐文更在他自己的工廠裡實驗他的教育方案，並成功地消除了工人酗酒的惡習。他明確指出，要進入一個「全新的道德世界」，教育扮演關鍵性的角色。

孟子在他的時代提出其一整套先進的政治、經濟制度的設計，鮮明體現了保民、養民、富民和教民的原則，這正是對一個「全新的道德世界」的嚮往。要讓人民脫離戰亂、貧賤的淵藪，可以養生喪死而無憾。他說：「養生喪死無憾，王道之始也」（梁惠王上）。孟子還主張在田事完足之後，還要「設為庠序學校以教育之」（滕文公上）。否則「飽食煖衣，逸居而無教，則近於禽獸。」（滕文公上）「上無禮，下無學，賊民興，喪無日矣。」（離婁上）更具體的說法是：

五畝之宅，樹之以桑，五十者可以衣帛矣；雞豚狗彘之畜，無失其時，七十者可以食肉矣；百畝之田，勿奪其時，數口之家，可以無飢矣；謹庠序之教，申之以孝悌之義，頒白者不負載於道路矣。七十者衣帛食肉，黎民不飢不寒，然而不王者，未之有也。（梁惠王上）

孟子的王道思想關心一般人民基本生活需要的滿足，在這基礎上實現一個「全新的道德世界」，一個「鄉田同井，出入相友，守望相助，疾病相扶持，則百姓親睦」的新世界。這種新世界後來被《禮記》禮運大同篇的作者闡發為「天下為公說」，成為近代以來追求進步的仁人志士倡導人權和嚮往社會主義的價值準則。而以上「五畝之宅，樹之以桑」這段引文之所以能在《孟子節文》中得到保留，大概與朱元璋幼年貧困有關。他認為讓百姓的生活有基本的滿足，對未來抱存簡樸而可以期待的希望，平常教之以人倫義理，是有助於其鞏固政權、長治久安的。但是孟子對「王道」的要求不僅止於此。孟子認為統治者的職責不僅在保民、養民、富民、教民，還要一切以身作則，以民為本，「所欲與之聚之，所惡勿施爾也」。而凡是牽涉到對統治者道德和責任要求的部分，都很難逃過朱元璋的大肆刪裁。以下即是被刪掉的幾個章節：

桀紂之失天下也，失其民也；失其民者，失其心也。得天下有道：得其民，斯得天下矣。得其民有道：得其心，斯得民矣。得其心有道：所欲與之聚之，所惡勿施爾也。

（離婁上）

惟仁者宜在高位，不仁而在高位，是播其惡於眾也。（離婁上）

天子不仁，不保四海；諸侯不仁，不保社稷。（離婁上）

君臣關係是以義相接，不是上下從屬

朱元璋恨惡孟子民貴君輕的思想，也無法忍受孟子鼓勵為人臣民者監督君主、責難君主，甚至誅除無道君主等主張。孟子對於「君臣之道」有很精采的議論，這些部分在《孟子節文》中幾乎隻字不存。

惟大人為能格君心之非。君仁莫不仁，君義莫不義，君正莫不正，一正君而國定矣。（離婁上）

君子之事君也，務引其君以當道，志於仁而已。（告子下）

責難於君謂之恭，陳善閉邪謂之敬，吾君不能謂之賊。（離婁上）

君之視臣如手足，則臣視君如腹心；君之視臣如犬馬，則臣視君如國人；君之視臣如土芥，則臣視君如寇讎。（離婁下）

孟子不斷強調君臣關係是以義相接，而不是上下從屬。臣子最重要的工作在於「格君心之非」，亦即勸諫君主，規邪導正。知識分子從政的理想不在競逐權位，而在做「王者師」，「諫行言聽，膏澤下於民」（離婁下）。若是國君剛愎自用，不聽諫言，則臣子不如歸去。

有官守者，不得其職則去；有言責者，不得其言則去。（公孫丑下）

無罪而殺士，則大夫可以去，無罪而戮民，則士可以徙。（離婁下）

孟子主張君子「不立於惡人之朝」（公孫丑上），但是，他認為若是身為人臣，仍應把持「義利之辨」的大原則。他批判「為人臣者懷利以事其君」（告子下）。又說：

今之事君者曰：我能為君辟土地，充府庫，今之所謂良臣，古之所謂民賊也；君不鄉道，不志於仁，而求富之，是富桀也。我能為君約與國，戰必克，今之所謂良臣，古之所謂民賊也。君不鄉道，不志於仁，而求為之強戰，是輔桀也。（告子下）

孟子講「貴德尊士」，極力捍衛理性王國，維護知識分子的尊嚴。他說：「天子不召師……吾未聞欲見賢而召之也。」賢者是不能任由君主隨便召喚的，凡是有大作為的君主，一定有他不敢隨意召喚的臣子，若是有事商量，必須移尊就駕：「故將大有為之君，必有所不召之臣，欲有謀焉，則就之。」（公孫丑下）對於真正的賢士，要得見一面，都尚且不易，何況要他成為臣子：「故王公不致敬盡禮，則不得亟見之。見且由不得亟，而況得而臣之乎？」（盡心上）

朱元璋廢丞相，濫殺大臣，株連數萬，「才能之士，數年來倖存者百無一二。」（《明史》）對於孟子所倡議的君臣關係當然如芒刺在背，無法接受。洪武年間「京官每旦入朝，必與妻子訣，及暮無事，則相慶以為又活一日。」（《二十二史劄記》）士人為官旦夕不保，讀書人多「以溷跡無聞為福，以受玷污不錄為幸」，但是，他們也沒有不應考、不出仕的自由，因為朱元璋認為「聖賢不為我所用者，必心有二用」，於是誅身滅族，無所不用其極，以致有的秀才寧可自斷手指，也不願為官。孟子主張文官政治、責任政治，君臣是相互對待的關係，士人為官，合則留，不合則去，坦蕩瀟灑，風骨昂然。朱元璋的君臣關係則無非是一種特別權力關係，君主任性生殺，士人的尊嚴蕩然無存。

不畏權勢，弔民伐罪

孟子的君臣關係主張不見容於朱元璋，而像朱元璋這樣的專制君主，卻也是孟子要弔民伐罪的對象。孟子不僅無畏於權勢，「說大人，則藐之，勿視其巍巍然」（盡心下），對於濫用權勢者，即使是貴為君主，也可以大義凜然地予以誅殺，為民除害。他說：

> 暴其民者，則身弒國亡。（離婁上）
>
> 君有大過則諫，反覆之而不聽，則易位。（萬章下）
>
> 齊宣王問曰：「湯放桀，武王伐紂，有諸？」孟子對曰：「於傳有之。」曰：「臣弒其君，可乎？」曰：「賊仁者謂之賊，賊義者謂之殘。殘賊之人謂之一夫。聞誅一夫紂矣，未聞弒君也。」（梁惠王下）

孟子認為腐敗、殘暴的國君，隨時都可以推翻，以武力重建新的政權，這無疑是肯定「革命」的正當性。只要是順乎天、應乎人的政權變革，孟子甚至是加以稱頌的。在〈梁惠王下〉和〈滕文公下〉，孟子兩度讚揚湯武對暴君的討伐，拯救人民於水火之中，他說人民期待起義軍的到來，「若大旱之望雲霓也」。起義軍「誅其君而弔其民，若時雨降，民大悅。」

除了革命之外，孟子甚至認為，如果官吏貪婪怠慢，人民即使起而叛亂，也是情有可原的：

> 凶年饑歲，君之民老弱轉乎溝壑，壯者散而之四方者，幾千人矣。而君之倉廩實，府

庫充，有司莫以告，是上慢而殘下也。曾子曰：「戒之戒之！出乎爾者，反乎爾者也。」夫民今而後得反之也，君無尤焉。（梁惠王下）

孟子強烈表現他對現實政治的不滿，對統治者的批判，也具體地提出他的政治理想和經濟制度的設計，字裡行間無不透露出他要求「變革」的殷切。他從立國原則出發，開展其政治哲學，不厭其詳地闡釋君民、君臣關係，明確指出為人君者的責任與義務。必要時，人民也可以用革命行為推翻無道的君主。孟子高度評價湯武革命為「弔民伐罪」的義舉。固然基於民貴君輕的信念，他認為被壓迫的人民可以起來革暴君的命、造貪官的反。但是，他對政經改革的希望，實際上還是寄託在知識分子的身上。士大夫在治世可以成為良臣，在亂世則是道德理想的支柱。因此，孟子說：「無恆產而有恆心者，惟士為能」（梁惠王上），也只有賢士可以「樂其道而忘人之勢」（盡心上），亦即堅持個人的信念，無視於權勢富貴的誘惑。他認為士是奮發、行動的主體，不必依附於在上位者的激勵或指示，「待文王而興者，凡民也。若夫豪傑之士，雖無文王猶興」（盡心上）。孟子對「士」、對「大丈夫」的高度期許，也等於就是將他們視為推動政經變革的主要力量。這一套思想深刻影響了後世知識分子的風骨和價值觀，並常在動盪的時代中激勵讀書人善用知識的力量，或針砭時政，上抗朝廷，下保民命；或經世致用，擘劃治國利民的藍圖。

明末三大儒，體現知識分子的良知

在朱元璋獨裁專擅，大刪《孟子》之後，能闡揚孟子微言大義，標舉儒家治國理想者，首推明末大儒黃宗羲（一六一〇—一六九五）。黃宗羲治學縝密，窮經證史，撰述甚豐，他的《明夷待訪錄》一書，上承孟子民貴君輕的主張，下開康有為、梁啟超、孫文等人民治思想的先河，其在政治哲學上的開創意義，較諸西方民主政治的先進著作，如洛克（John Locke, 1632-1704）的《政府論》、盧騷（Jean-Jacques Rousseau, 1712-1778）的《民約論》，毫不遜色。關於君民關係，他認為天下為主，君為客，君主應「不以一己之利為利，而使天下受其利；不以一己之害為害，而使天下釋其害。」他控訴專制暴君「以我之大私，為天下之大公，始而慚焉，久而安焉，視天下為莫大之產業，傳之子孫，受享無窮。……是以其未得之也，屠毒天下之肝腦，離散天下之子女，以博我一人之產業。曾不慘然，曰：我固為子孫創業也。其既得之也，敲剝天下之骨髓，離散天下之子女，以奉我一人之淫樂，視為當然，曰：此我產業之花息也。然則為天下之大害者，君而已矣。」（《明夷待訪錄‧原君》）至於君臣關係，黃宗羲認為「君之與臣，名異而實同」，君臣同為天下萬民服務，非為一己之私。他說：「緣天下之大，非一人之能治而分治之以群工。故我之出而仕也，為天下，非為君也；為萬民，非為一姓也。」（《明夷待訪錄‧原臣》）

除了鮮明的反專制主張之外，黃宗羲也提出「有治法而後有治人」的觀念，反對人治，主張法治。認為僅為維繫個人政權而制定的法律是「一家之法」（譬如朱元璋的《大誥》），是有害於天下萬民的「非法之法」。與「一家之法」相對的是「天下之法」（譬如《唐律》或《大明律》），是為天下萬民的生養教化而設立的，「未嘗為一己而立也」。因此，正當法制的建立是首要的工作，否則，如果法制不合理，即使有「能治之人」也無濟於事，因為「非法之法」勢將成為執法的障礙。（《明夷待訪錄・原法》）

黃宗羲也甚為贊許東漢以迄北宋大學生評品朝政，主持公議，「危言深論，不隱豪強」的作風。他據此提出「是非決於學校」的主張。在《明夷待訪錄・學校》一文中，黃宗羲即將學校分為兩類，中央設太學，地方設郡縣學。太學督導朝政：每月初一，皇帝須偕同宰相、六卿、諫議等朝臣到太學聽講，「政有缺失，直言無諱」。郡縣學督導郡縣政事：每月初一、十五，郡縣諸官吏須到郡縣學聽講，政事若有缺失，小則提批評糾正，大則擂鼓公布於眾，甚至群起而逐之。可見黃宗羲所倡議的「學校」，可以形成輿論，決定是非，監督政府，進退官吏，為各階層知識分子開啟議政的權力和參政的管道，其性質實已接近於當今的議會政治。與黃宗羲同時代的顧炎武（一六一三—一六八二）對他推崇備至，他為《明夷待訪錄》寫序，說：「讀之再三，於是知天下之未嘗無人，百王之弊可以復起，而三代之盛可以徐還也。」

顧炎武同樣承襲了孟子的民本思想，他提出「天下興亡，匹夫有責」的近代民主觀念，並主張「以天下之權寄天下之人」。他說：「所謂天子者，執天下之大權者也。其執大權奈何？以天下之權寄之天下之人，而權乃歸天子。自公卿大夫至于百里之宰、一命之官，莫不分天子之權，以各治其事，而天子之權益尊。」這已具有共和體制、虛位元首和權力分立的觀念。對於那些「當天下一切之權，而收之在上」的君主，顧炎武直斥其為「不善治者」。（《日知錄》卷七）依此標準，朱元璋當被歸於「不善治者」之類。

在經濟思想上，顧炎武則一方面承認人性自私自為的本質，因此有類似自由經濟的主張：「天下之人各懷其家，各私其子，其常情也。為天子、為百姓之心，必不如其自為。……聖人者，因而用之，用天下之私，以成一人之公。」（《文集·郡縣論》）然而，他也不斷揭露地主、官僚對平民百姓的剝削，提出其縮小貧富差距的均平理想：「民所以不安，以其有貧有富；貧者至於不能自有，而富者常恐人之有求而多為吝嗇之計，于是乎有爭心矣！」（《日知錄》卷六）

王夫之（一六一九—一六九二）主張「天下者，非一姓之私也」（《讀通鑑論》卷十一）認為王位「可禪、可繼、可革」，「平天下者，均天下也」，其言論同樣是孟子政治思想的發揚。在政治制度上，王夫之針對中央集權的君主專制主義，已相當明確地提出「地方自治」的概念：「州牧刺史統其州者也，州牧刺史統一州而一州亂，故分其統於郡。郡守統其郡者也，郡守統一郡而一郡亂，故分其統于縣。上統之則亂，分統之則治者，非但智之不及察，才之不及理也。」其結論是：「天子之令不行於郡，州牧刺史之令不行于縣，郡守之令不行于民，此之謂一統……上侵焉而下移，則大亂之道也」（《讀通鑑論》卷十六）易言之，天子以下設州、郡、縣，猶今之中央以下設有省、市、縣，應逐級領導，不可越級發令。如果中央不僅對省級政府領導，也不時直接對市級，甚至縣級政府發號施令，那就是中央集權，是「大亂之道也」。這麼徹底的地方自治主張，放在今日民主社會來看，都仍相當前衛。

孟子思想開啟改革者的眼界

孟子生逢戰國亂世，其思想見證了政治、經濟、社會的重大變遷，他的仁政與王道理想在千百年後依然散發著道德、智慧的幽光，而深刻影響了黃宗羲、顧炎武、王夫之等人貞定卓絕、從容蘊藉的生命型態。三位大儒生於明清之交，親歷有明亡國之痛，對專制集權的弊害有很深刻的體認，對於維繫華夏文化命脈也有特別強烈的使命感。他們的政治理想與社會批判既針砭專制惡政之毒害，也開啟了革新保民的現代化政治之大道。然而在他們的時代，適逢康熙、雍正、乾隆三代，自康熙一六六七年親政到乾隆帝一七九五年駕崩，可謂是自唐代開元之治以來，難得一見的百年太平盛世，但由於清統治者囿於種族偏見，黃、顧、王等人對於專制集權的深刻批判，遂無以成為改革的議題和焦點。又雍正元年（一七二三）頒〈禁教諭〉，禁止西洋教士來華傳教，同時也阻礙了西方啟蒙時代的新思潮與中國文化相會通的機會。除此之外，雍正年間編纂《古今圖書集成》，乾隆年間編纂《四庫全書》等整理典籍的龐大工程，一方面以重視中華文化傳承收攬人心，另一方面也動員大批知識分子投入古籍版本考據之學，無形中影響了乾隆、嘉慶之際的學風，重考證而輕義理。直到清朝中葉之後，才有魏源的《海國圖誌》，針對政治制度提出比較性的探討，開西學風氣之先，其後譚嗣同、康有為、梁啟超等人於晚清時期的變法維新，孫中山的領導革命，肇建民國，所秉持的都是自孟子以降的，知識分子入世議政、保國救民的風骨。

在孟子思想的激勵之下，知識分子不僅是傳統文化的負載者，同時也是變革、創新的推動者，他們肩負特殊的社會使命感與責任感。這樣的儒學傳統不僅為中國的現代化開啟了新的紀元，在日本，也曾經對吉田松陰、梅田雲濱、真木和泉等幕府末年的變革思想家與爾後的明治維新運動產生重大的影響。吉田松陰主治《孟子》和《孫子》，他於一八五八年寫成〈議大義〉，攻擊幕府：「傲然自得，以諂事墨夷為天下之計，不思國慮，不顧國辱……天地不容，神人皆憤，准此大義，討滅誅戮，然後可也，不可少宥。」其弔民伐罪之急切，比之孟子，毫不相讓。除此之外，吉田松陰還主張打破閉鎖的封建觀念，號召社會各階層奮起救亡，他說：「普天率土之民皆以天下為己任，不以貴賤尊卑為隔限。」梅田雲濱說：「國之寶萬民。」真木和泉說：「夫天下之人心即天心。」這種源自儒家的民本思想成為明治維新的動力。

孟子的時代雖然距今已有兩千三百年，他先進的思想卻在中國和日本的現代化歷程上起了重大的作用。當傳統文化與現代化接軌的時候，孟子的思想打開了改革者的眼界，讓他們在從事改革時，不純然以西方政經制度為尚，而能夠有信心地在自己的歷史文化傳統中，尋找改革創新的養分與動力。現代化事業是可以與文化主體性的建構相容並舉的；喪失文化主體意識的現代化，終究只是隨波逐流的時尚，經不起時代嚴酷的考驗。筆者在臺灣推動民主化運動，抱持「雖千萬人吾往矣」的決心，堅定「威武不能屈」的意志，孟子的思想始終是我精神上最大的支柱。

結合哲學與生命歷練的「理性自由主義」

回顧三百年來，主導世局發展的兩大思想流派——自由主義與社會主義——皆隨工業革命而產生。然而，中國在工業萌芽的初期，即遭逢鴉片戰爭，列強侵凌，國祚危如懸絲。甲午戰爭的挫敗與割臺的屈辱，為十九世紀的中國寫下了句點。本世紀又以一九〇〇年的八國聯軍肇其開端，緊接著辛亥革命、軍閥割據、抗日戰爭、國共內戰、反右鬥爭、文革劫難，國家喘息尚且不及，遑論工業的發展。所幸，自一九七八年確定改革開放政策以來，二十年的持續發展總算為中國的工業化、現代化奠定穩固的根基。一個新的世紀即將降臨。值此世紀之交，中國的工業革命也許有所延宕，面對隨工業革命而來的自由主義和社會主義，卻是我們應該予以重新省思的時候了。

目前臺海兩岸雖然有制度上的差異，卻都正面臨國家現代化的關鍵時刻，要彌補雙方認知上的歧見，前面所提到的，孟子思想包容自由主義與社會主義的精髓，也許是兩岸可以達成共識的新契機。

大陸過去把自由主義視為資本主義陣營的意識形態，因此不免刻意排斥。改革開放以來，自由主義逐漸朗朗上口，卻無非是與經濟活動結合在一起的自由主義，功利壓過義理。在臺灣，自國民黨政府遷臺以來，自由主義是知識分子在反共、威權的高氣壓之下，一個用以批評時政、宣洩諫言怨語的窗口，胡適、殷海光是代表性的人物。但是他們大抵是沿襲五四以來反傳統的潮流，以西方新文明、新科技為依歸。

除此之外，以徐復觀為代表的，與哲學和生命歷練所結合在一起的「理性自由主義」，則是另外一種型態。在那個危亡的年代，一般人對傳統文化的價值、信心喪失殆盡，徐復觀卻能獨具隻眼，試圖在傳統文化的基本架構中，建構能與現代民主政治銜接的理論框架，表現傳統士大夫以天下為己任的風骨，充分凸顯中國文化主體意識在面對現代化挑戰中的自信與覺醒。做為「理性自由主義者」，徐復觀迥異於反傳統、標榜個人主義的西化派自由主義者，他稟承儒家「士志於道」的傳統風範，探索儒家思想與民主、自由的關係，認為儒家精神可以使民主政治在人性上有本源的自覺，而民主的信念則可使儒家精神確切落實於政治上而有所創新。他強調「理」尊於「勢」：「理只有是非而無大小，勢則不僅有順逆而且有大小。吾人若僅憑勢以自固，則遇勢之小於吾人者，吾人固可肆其志，而覺人之莫可奈我何；但一旦遇勢之較吾人為大，且對吾人為逆者，將立見神消氣沮，張皇失措，此無他，不與理相應之心，便是中無所主，隨風飄蕩的心，真正的信念不會樹立起來的……能於理無所慚，即能於勢無所畏。」這是「理性王國」與「權力王國」的另一種闡釋，也是孟子「義利之辨」的現代化版本。

關於社會主義與民主、人權的關係，徐復觀認為社會主義的民主、人權，不是由反資本主義的民主、人權而來，而是由突破資本主義中對民主、人權的若干事實限制而來。這可以提供我們觀察社會主義民主與法治的一個新的角度。徐復觀的思想承襲了自孟子以降昂然自主的儒家情操，即使在生前與他不無歧見的殷海光，在晚年時，思想也有所轉折，而極為推崇徐復觀在傳統文化中探尋現代化資源的用心與成就。殷海光逝世前的最後一封信是寫給徐復觀的，信中極力稱頌徐復觀的智慧，認為徐極目千里、神馳古今，像現代的採礦師一樣，對中國歷史文化的發展型態求得真實的了解，而他們兩人之間的矛盾，則是「不同的生命火花激盪而成」。

社會主義市場經濟體制的確立

在社會主義方面，社會主義早在民國初年的「新文化運動」中，就已是中國知識界新思潮的主流。孫中山創建民國，即以三民主義為號召。他在演講中多次提到「共產主義是三民主義的好朋友」，其中做為社會經濟綱領的「民生主義」尤其帶有濃厚的社會主義色彩。一九二四年一月，國民黨舉行改組後的第一次全國代表大會，通過「聯俄容共、扶助農工」的重大決策，可見早年的國民黨接受了社會主義的基本訴求，就政黨屬性而言，應是中間偏左的政黨。可是由於內部的權力鬥爭，引爆一九二七年慘厲的「清黨」，國民黨內部的左翼勢力被翦除殆盡。一九四九年國民黨退守臺灣，內戰失敗的慘痛經驗使其如同驚弓之鳥，將社會主義視同洪水猛獸。於是有五十年代的白色恐怖，以反共、防共為名，全面肅清社會主義，凡與社會主義沾邊帶故者，皆難逃被羅網的命運。而長達三十八年的戒嚴體制，更使得一整個世代的哲學、思想、信仰遭到嚴酷的管制。直到一九八七年解除戒嚴，長期被壓抑的社會力勃然興起，社會運動與民主化運動同時開展，弱勢族群紛紛走上街頭。於是，農民、勞工、原住民、婦女、殘障人士等問題逐漸被推上政治改革的議程表，社會安全的立法、預算編列終於有了相當程度的進展，而社會上要求財富合理分配的呼聲也越來越為高亢。

大陸方面，自一九四九年中共建政以來，不到十年的休養生息，就於一九五七年發動反右鬥爭，緊接著連續三年的自然災害，天災人禍，導致人心浮動。一九六六年爆發文化大革命，極左教條主義取得政治主導權，將均平原則導向絕對平均主義，極端壓制個性自由，使得工作積極性普遍喪失，各單位普遍出現怠工現象，生產力大幅滑落，終導致「均貧」的境地。直到一九七八年實施改革開放，先是推行家庭聯產承包責任制，繼而大量引進僑資、外資、港澳臺資，興辦三資企業。一九九二年更進而確立社會主義市場經濟體制，充分運用市場機能，生產力獲得解放，效率也因而大幅提升。如今，中國已躍居為全球第三大貿易國，綜合國力日愈受到國際重視，民族自信心勃興，極左教條主義的陰影也已逐漸消逝。綜觀兩岸的政、經發展，彼此的共識很自然地日愈加強，也許在不久的將來，制度上的落差也將日漸消彌於無形。

建設「有中國特色的民主政治」

其實，孟子的思想體系已含有通向近代自由主義與社會主義的渠道，與西方近代大哲康德相比，毫不遜色。康德所處的年代，雖然法國已爆發一七八九年大革命，普魯士卻還停留在開明專制，而工業革命仍在萌芽階段，民主政治與社會主義對那時代的人而言，皆遙不可及。然而康德對人性的尊嚴、知識分子的角色、君臣、君民關係等都已有獨到的創見。做為啟蒙運動時代的哲學泰斗，康德一方面調和了經驗主義和理性主義在知識論上的爭端；另一方面，在其思想體系中，也已含攝了自由主義和社會主義的精粹。他對當代政治哲學的啟發和影響極為深遠，迄今，德國聯邦憲法法院仍然時常引述康德的著作做為闡釋憲法條文的依據。

康德自許為共和主義者，反對君主專制。他過世之後，追隨者浩浩然形成康德學派，不到一百年，學派中已湧現許多傑出的社會主義者，毅然加入勞工運動的行列。如阿德勒（Max Adler, 1873-1937）、福連德（Karl Vorlaender, 1860-1928）都是赫赫有名的康德學派社會主義者。相對的，在社會主義活動家當中，也不乏以康德信徒自居者，如德國社會民主黨創建人伯恩斯坦（Eduard Bernstein, 1850-1932）和聯邦德國前總理施密特（Helmut Schmidt, 1918-）即是顯例。

自由主義與社會主義皆是工業革命的產物，其精神卻能與康德的思想體系相互契合。同樣的，孟子雖然比康德還早兩千年，未能躬逢工業革命的盛況，他承襲自孔子而加以發揚光大的思想體系中，含有民本、均富以及自主、自律的原則，與當代的自由主義和社會主義等價值觀是可以互通的。孟子思想對當代政治的發展，仍具有啟發的意義。我們今日講民主政治，不能只注重自由市場和自由競爭，否則將無異於「率獸而食人」，淪為資本主義所驅遣的工具。講社會主義，也不能只注重公平分配，漠視富民政策與個人權利，以致於影響生產力與效率的提升。孟子的思想體系中的民本主義與自主、自律的原則，可以成為建設「有中國特色的民主政治」的文化資源。在中國即將邁入二十一世紀的前夕，如何在建構文化主體意識的同時，也完成政治民主化的目標，孟子思想提供了我們一個新的思考面向。

——《鵝湖雜誌》一九九八年十二月
大陸《孔子研究》一九九九年

論「太極思維」

——《周易》現代化方法論初探

《周易》乃中國傳統文化中最為悠久之元典，是群經之首，其影響於後世既深且遠。自漢武帝建元五年置五經博士，迄清光緒三十一年廢除科舉，合二千零四十年，其間為《周易》經文注疏者逾四千家。我們如果將讀書視為與古聖今賢對話之創造活動，則《周易》不愧為兩千年來歷代知識菁英對話之論壇與焦點。

朱高正自弱冠，即以「振興易學，恢復中華」為己任，潛研《周易》既久，自然會通各卦之義理，涵泳其間，樂趣無窮。然而，他有感於當代知識菁英往往對傳統文化嗤之以鼻，視傳統文化為「落後」的同義詞，《周易》若不是遯隱到古籍專業研究的領域，就是流落到民間，成為算命、卜卦的道具。即使有部分知識菁英想學習《周易》，卻往往不得其門而入。於是，他伏案撰述《周易六十四卦通解》、《易經白話例解》以及《乾坤大挪移》三書，做為現代人進入《周易》世界的門徑。

如今，〈論「太極思維」——《周易》現代化方法論初探〉一文，更將《周易》現代化的工作推前一大步，從博大精深的易理中抽繹出一套融合形象思維、整體思維與辯證思維的思維模式，透過卦爻符號來掌握宇宙萬有的生成變化。朱高正的目的在於將《周易》的太極思維定性為「一般知識學」或「科學哲學」，俾與當代學術的各個領域相會通，從而達成《周易》現代化的目標。

壹、序論

《周易》是中國傳統文化的大根大本。自古以來，《周易》對菁英文化或者大眾文化均有極為深遠的影響。誠如《四庫全書》所稱：「易道廣大，無所不包，旁及天文、地理、樂律、兵法、韻學、算術，以逮方外之爐火，皆可援易以為說。」自漢武帝建元五年（即公元前一三六年）設置五經博士起算，到清光緒三十一年（一九〇五年）廢除科舉為止，共二千零四十年，其間為《周易》經傳注疏的著作就超過四千種。學者皓首窮「易」，歷兩千年而不衰！

然而自從廢除科舉以來，經學教育隨之中斷，全面採行西學，尤其五四新文化運動以後，接受西式教育的菁英階層，為了推動國家現代化，往往將傳統文化視為「落後」的同義詞。這使得當代的知識菁英中，擁有留洋博士頭銜，卻對傳統文化所知甚少者，比比皆是。自此原為群經之首的《周易》在知識界就遯隱到古籍專業研究的領域，或者流落到民間，成為算命、卜卦的道具。一般來講，前者仍掙脫不出傳統經學注疏的格局，後者則與民俗、迷信互為表裡，兩者同為接受現代教育的時代菁英所鄙視。

現在即使有部分知識菁英想學習《周易》、理解《周易》，卻往往不得其門而入。煩瑣的訓詁考證固然令人望而生畏，傳統上「經傳不分」，甚至「以傳代經」、「以學代傳」嚴重消蝕了讀者學易的興趣。譬如《周易》開卷第一卦乾卦（䷀）的〈文言〉傳，並非一人所作，它至少是由出自三個不同時期的人對乾卦六爻的注解湊合而成。接受現代教育的讀者在研讀乾卦，試圖對〈文言〉傳做出統一的解釋本無可厚非，但這先天就註定不可能成功。如果再把〈彖〉傳、〈象〉傳對乾卦的解釋一併納入考量，其難度就不言而喻了。這也就難怪大多數喜愛易學的讀者會將《周易》視為天書，乾卦還讀不到一半，早就知難而退了。

其次，不少人捨棄《周易》原典，而只從〈繫辭〉傳著手來研讀《周易》，接著就讀〈說卦〉傳、〈序卦〉傳、〈雜卦〉傳，及〈文言〉傳，以為如此就是《易經》。能讀到〈彖〉傳與〈象〉傳可說還不多見。因為〈彖〉傳與〈象〉傳中的〈大象〉已具體涉及六十四卦每一卦的卦象、卦辭與卦義的詮釋。而〈象〉傳中的〈小象〉則直接涉及三百八十四爻（以及「用九」、「用六」）每一爻的爻象、爻辭與爻義的詮釋。其實〈繫辭〉傳、〈說卦〉傳、〈序卦〉傳與〈雜卦〉傳是《周易》的導論、概論或總論，而〈文言〉傳則是蒐集漢初以前對乾、坤兩卦較為傑出的詮解而成。《易傳》旨在解釋《易經》，並不能完全取代《易經》。

其實，研究《周易》，對六十四卦的卦畫要能一目了然，乃是基本功夫。然而今天莫說一般的《周易》愛好者，連不少《周易》的專業研究者看到六畫卦還得稍為推敲或查閱一下，才能說出卦名，這就是長期以來「以傳代經」和「以學代傳」的結果。研讀《周易》數十年，仍不得其門而入者，不乏其人。這就是教學法出了問題。「工欲善其事，必先利其器」，在現代社會，吾人不能期待一個受過良好教育的知識分子去皓首窮「易」，而卻仍對《周易》一知半解。

所謂《周易》現代化，絕不僅僅指注釋《周易》的經文，讓現代人看得懂而已。它更應包括如何讓一般的現代人可以深入《周易》的堂奧，以汲取其智慧的源泉，而與其自身的專業互相發明。

本文即試圖在方法論上突破傳統經學治易的格局，運用「以易解易」的方法，來建立符合現代學術規範的易學理論，從而揭露潛藏在《周易》之中獨特的思維方式——太極思維。讓這個中國古老傳統智慧的結晶不再是難解的天書，甚且還可以成為推動現代化的助力。透過太極思維，易學將以「一般知識學」或「科學（哲）學」的嶄新面貌與現代各個學門展開會通。這將使《周易》走出經學研究的窠臼，成為中國當代一般知識分子的學術基底，從而豐富各個學術專業的研究內涵。這樣的《周易》才是活的、有生命力的《周易》，也才是與時推移、萬古常新的《周易》。

貳、太極思維的符號系統及其基本原則

〈繫辭〉傳云：「易有太極，是生兩儀，兩儀生四象，四象生八卦。」「太極」是指卦畫或卦象形成之前混而為一的狀態，依漢易的解釋，如同天地未分之前，元氣混而為一的狀態。從這個混而為一的狀態，產生了陰（⚋）、陽（⚊）二爻或奇耦兩畫，是為「兩儀」。依漢易的解釋，如同陰陽二氣或天地。「兩儀生四象」的「四象」是指由陰、陽二爻相交之後所得的老陽（⚌）、少陰（⚍）、少陽（⚎）老陰（⚏），而依虞翻、張載等人的解釋，如同「四時」，亦即少陰為春，老陽為夏，少陽為秋，老陰為冬。天地之所以能長養萬物，就是因為有春夏秋冬、寒來暑往的交替運行，萬物才能展現生、長、化、收、藏的生命現象。「四象生八卦」的「八卦」，乃是指老陽、少陰、少陽、老陰等爻象再與陰、陽爻象相交之後，所得的乾（☰）、兌（☱）、離（☲）、震（☳）、巽（☴）、坎（☵）、艮（☶）、坤（☷）八卦而言。

八卦再自相重疊就產生六十四卦，如明夷（䷣）就是由下離上坤兩卦組成，而賁（䷕）則由下離上艮兩卦組成。從太極到六十四卦乃一生成或展開的系列。歷代的易學家就是試圖藉著六十四卦來模擬、詮釋整個宇宙萬有的生成變化。因此，可知六十四卦源自八卦，八卦源自四象，四象又源自陰陽兩儀，所以說：「一陰一陽之謂道」。在兩儀的基礎上，與陰、陽相交，在陰儀上得出老陰（⚏）與少陽（⚎），在陽儀上得出少陰（⚍）與老陽（⚌），如此就「兩儀生四象」了。同理在四象的基礎上，再與陰、陽相交，在老陰上得出坤（☷）

與艮（☶），在少陽上得出坎（☵）與巽（☴），在少陰上得出震（☳）與離（☲），在老陽上得出兌（☱）與乾（☰）。八卦又稱八經卦，是由陰爻（--）與陽爻（—）兩種符號所組成的三畫卦。而陰爻也稱柔爻，陽爻也稱剛爻。

陰陽相生與貴寡原理

傳統上，初學者多從南宋朱熹所編的〈八卦取象歌〉來記誦八卦。所謂〈八卦取象歌〉乃是：「乾三連，坤六斷，震仰盂，艮覆盌，離中虛，坎中滿，兌上缺，巽下斷。」其實這種記誦方式本來是為當時剛學《易經》的蒙童設計的，在現代社會，成年人初學易經，如仍沿襲這種記誦方式，其最大缺點莫過於誤導初學者不以理性的方式來學易，而以威權、約定俗成、死記的方式來學易。

其實，要認識八卦只要依循幾個理性原則，即可輕易將其含義記誦下來：

首先，以陽爻（—）與陰爻（--）分別象徵男、女兩性的生殖器。陽主動、陰主靜；陽為剛、陰為柔。八卦中代表純陽卦的乾（☰）與純陰卦的坤（☷）在〈繫辭〉傳中有極其形象的描述：「夫乾，其靜也專，其動也直，是以大生焉。夫坤，其靜也翕，其動也闢，是以廣生焉。」這裡「專」釋為「摶」，同「團」，亦即指「乾」靜的時候是團團的，動的時候是剛直的，所以能大生萬物。至於「翕」是閉的意思，「闢」則是開的意思，亦即指「坤」靜的時候是閉鎖的，動的時候是闢開的，所以能廣生萬物。由於乾坤結合能化生萬物，因此，乾坤兩卦在人事上象徵生育子女的父母。此外，從爻象來看，陽為實、陰為虛，因此陽爻也象徵有實才的君子，陰爻則象徵無實才的小人。

其次，爻有陰、陽之別，卦亦有陰、陽之別。在八卦中，乾（☰）為純陽卦，坤（☷）為純陰卦，其餘六卦不是一陰二陽，便是一陽二陰。《易經》中有一個「多從寡」的基本原則，亦即「貴寡」原理。《易經》堅決反對眾暴寡的霸道哲學。一陰二陽之卦，如以陰陽相抵，眾暴寡的結果，只賸一陽，則不成其三畫卦矣；反之，如以陰陽相生，多從寡的結果，眾陽必求孤陰，而陰反為該三畫卦之卦主矣。這就是多從寡的貴寡原理。因此，一陰二陽之卦，如巽（☴）、離（☲）、兌（☱），皆為陰卦；而一陽二陰之卦，如震（☳）、坎（☵）、艮（☶），皆為陽卦。

畫卦應由下往上畫

《易經》可貴的地方在於顛覆一般人的思維習慣，上文提及以「多從寡」替代「眾暴寡」，以「陰陽相生」替代「陰陽相抵」，即其著例。所謂無卦不成易，「卦」是《易經》特有的表達思維的工具，任何有關《周易》的詮釋皆離不開卦畫、卦名、卦象、卦義。而卦畫與卦名更是釋卦的前提。一般人畫卦，不假思索就會由上而下畫下來，其觀象、釋卦自然也將由上而下，如此一來，《易經》就變成一部天書了。其實，正確的《周易》畫卦法也是顛覆常人的畫卦習慣，畫卦要由下往上畫，如〈說卦傳〉所說：「數往者順，知來者逆，是故易逆數也」。由下往上，即是「逆數」，表示可以察來事之吉凶。這也就是六十四卦任何一卦最下爻稱為「初爻」、最上爻稱為「上爻」的道理。而《周易》經文中每卦的爻辭也是依序自「初爻」始至「上爻」終由下往上排列。

只有正確的畫卦法才能導出正確的卦象與卦義。譬如晉卦（䷢）是由下坤（☷）上離（☲）兩卦組成，離為日、火，坤為地。其卦象，坤地在下，離日在上，由下往上看，就呈現出離日漸漸浮現在坤地之上，乃旭日東昇、「明出地上」之「晉」象。反之，如果畫卦時由上往下畫，釋卦時也自然由上往下看，離日即將入於地中，「晉」卦變成夕陽西下、「明入地中」之「明夷」（䷣）卦，這就大錯特錯了。只要懂得畫卦要由下往上（亦即由內而外）的道理，就不會出現到處可見畫錯八卦圖的現象。否則連在甘肅省天水市貴為伏羲祖廟的八卦圖都畫錯了，又怎能期待其他的名山古剎在修復時不畫錯呢？

卦的錯綜及其相對關係

如果以乾坤兩卦為象徵生育子女的父母。一陽二陰的三個陽卦則為三子，即長男、中男、少男。一陰二陽的三個陰卦為三女，即長女、中女、少女。乾（☰）與坤（☷）相交而得三子三女：孤陽在下者為長男，即震（☳）；在中者為中男，即坎（☵），在上者為少男，即艮（☶）；孤陰在下者為長女，即巽（☴），在中者為中女，即離（☲），在上者為少女，即兌（☱）。

卦有錯綜關係。所謂「綜卦」（也稱「覆卦」）是指將本卦的卦畫順序顛倒後所得的卦，如震（☳）卦的綜卦為艮（☶）卦，巽（☴）卦的綜卦為兌（☱）卦。至於其他四卦，即乾（☰）、坤（☷）、坎（☵）、離（☲），其綜卦與本卦相同。所謂「錯卦」（也稱「變卦」）是指將本卦之陰爻皆變為陽爻、陽爻皆變為陰爻後，所得到的卦，如乾（☰）卦的錯卦為坤（☷）卦，坎（☵）卦的錯卦為離（☲）卦，震（☳）卦的錯卦為巽（☴）卦，艮（☶）卦的錯卦為兌（☱）卦。我們也稱震與艮互綜，而與巽互錯；巽與兌互綜，而與震互錯。有錯綜關係的卦，其卦義也有一定的相對關係，諸如上舉的例子即有長少或男女的相對關係。

八卦除了在人事上可象徵父母與三子三女外，也可以代表自然界的八種物象。乾（☰）為純陽，陽因輕清而浮於上，萬物無不為其所覆蓋，故為天。坤（☷）為純陰，陰因重濁而沉在下，萬物無不為其所負載，故為地。乾天既然在上，因此也代表統治萬民的君王。坤地在下，則代表順服的臣民。坎（☵）的卦畫如果豎直起來，與水的象形字（）極似，意為流水。坎的錯卦為離（☲），坎為水，則離為火。又坎（☵）為流水，若將坎的初爻由陰變為陽，即將流水底部堵住，使其不再流動，則成為澤水，亦即兌（☱）。兌的錯卦為艮（☶），兌為澤，所謂山澤通氣，則艮為山。乾與坤初交，坤以陰極，則陽生於下，猶冬至過而春雷生，故震（☳）為雷。坤與乾初交，一陰入於兩陽之下，猶風能入萬物，故巽（☴）為風。而坎又可引申為雲或雨，離為電或日，巽為木或煙。因雲、雨皆為可流動之水，電、日皆有火象。至於看到樹木搖動或煙霧飄浮，則知道有風在吹拂。

八卦不僅代表物象也代表八種性能，又稱「卦德」。乾為天，因其運行剛健不息，故卦德為「健」。坤為地，因其厚德載物，包容廣大，故卦德為「順」。震為雷，一陽處二陰之下，主於上往，故卦德為「動」。艮為山，一陽據二陰之上，進無可進，故卦德為「止」。離為火，火自身無實體，必附麗於他物之上，故卦德為「麗」。坎為流水，深淺難測，流速緩急輒隨上游天候晴雨而異，故卦德為「陷」。巽為風，無物不能入，故卦德為「入」。兌為澤，傍澤水而居，無坎水險陷之災，又無缺水之苦，故卦德為「說」（即悅）。

六十四卦的排列原則

以上筆者將乾、兌、離、震、巽、坎、艮、坤等八卦的卦畫、卦象所取之物象及卦德作了簡要的介紹，這八個三畫卦又稱「經卦」。而周易六十四卦就是由八經卦相互重疊而成，故又稱「別卦」，為六畫卦。每一個別卦由內、外兩卦組成。內卦又稱下卦或下體，外卦又稱上卦或上體，內卦代表一個人的內德，外卦則代表其外行。而下卦也代表在下的臣民，上卦則代表在上的君王。現在通行本的易經其六十四卦的排列順序如下：乾、坤、屯、蒙、需、訟、師、比、小畜、履、泰、否、同人、大有、謙、豫、隨、蠱、臨、觀、噬嗑、賁、剝、復、无妄、大畜、頤、大過、習坎、離（以上為「上經」）、咸、恆、遯、大壯、晉、明夷、家人、睽、蹇、解、損、益、夬、姤、萃、升、困、井、革、鼎、震、艮、漸、歸妹、豐、旅、巽、兌、渙、節、中孚、小過、既濟、未濟（以上為「下經」）。

六十四卦的排列順序是兩卦相耦，非「覆」（或「綜」）即「變」（或「錯」）。如剝（䷖）卦的覆卦是復（䷗）卦。但是六十四卦中，覆卦與本卦相同的有八個，故在排列時，捨棄其覆卦而取其變卦。這八個是：乾（䷀）與坤（䷁），頤（䷚）與大過（䷛），習坎（䷜）與離（䷝），中孚（䷼）與小過（䷽）。研讀《易經》的一個基本原則應是要將互綜或互錯的兩卦並看。此外，在此要順便一提的是，在六十四卦之中，有八個卦其覆卦與變卦相同：泰（䷊）與否（䷋）、隨（䷐）與蠱（䷑）、漸（䷴）與歸妹（䷵）、既濟（䷾）與未濟（䷿）。

卦位的屬性及其應比關係

六十四卦每卦有六爻，也有六位。六位由下而上稱「初」、「二」，「三」、「四」、「五」、「上」。爻分陰陽，位也有陰陽之分。「初」、「三」、「五」為「陽位」或「剛位」；「二」、「四」、「上」為「陰位」或「柔位」。凡爻處陽位則用剛，處陰位則用柔。按人事說，六位各有含意：「初」象徵一個人尚未進入或剛剛要踏進社會，而還沒有社會地位的狀態。「上」象徵已經退出社會而不在位的離職或退休的狀態。「五」為尊位，象徵處在事業高峰的狀態。「四」為近君大臣，象徵身居要津、即將出掌大權的狀態。「三」處下卦之上，位亦不低，象徵擔任地方首長或部門主管的狀態。「二」處下卦之中，與處尊位之「五」相應，象徵一個地方中堅幹部深得最高領導信任的狀態。下卦代表處下的臣民，上卦則代表居高的君王。

六十四卦每卦有六爻，凡陽爻（⚊）皆稱「九」，陰爻（⚋）皆稱「六」。陽爻性剛直，陰爻性柔順。乾（䷀）卦六爻之稱謂由下而上為「初九」、「九二」、「九三」、「九四」、「九五」、「上九」；歸妹（䷵）卦六爻則為「初九」、「九二」、「六三」、「九四」、「六五」、「上六」。因此，只要一看到「六三」，就知道它是某卦自下而上的第三爻，且是陰爻。凡是陽爻居陽位或陰爻居陰位，則為「當位」或「得正」，如「初九」、「九三」、「九五」或「六二」、「六四」、「上六」。反之，如陽爻居陰位或陰爻居陽位，則為「不當位」或「失正」，如「九二」、「九四」、「上九」或「初六」、「六三」、「六五」。一般而言，得正多吉，失正多凶。如謙九三「勞謙，君子有終，吉」，豫六三「盱豫，悔，遲有悔」。

六位又可依三才，分為天、地、人。「初」與「二」為「地位」，「三」與「四」為「人位」，「五」與「上」為「天位」。「初」與「上」象徵一卦的本末：初爻處一卦之始，猶樹木之根本；上爻居一卦之終，猶樹木之末梢。初爻尚看不出一卦的大義，如泰初九「拔茅茹，以其彙，征吉」，否初六「拔茅茹，以其彙，貞吉，亨」。上爻則因該卦已充分展現，物極則反，瀕臨往其他方向發展，如泰上六「城復于隍」，否上九「傾否，先否後喜」。因此，初、上兩爻雖為一卦的本末，但要掌握一卦變化的精髓，卻非從「中爻」下手不可。「中爻」是指「二」至「五」爻。「二」與「五」分居內、外卦之中位，由於易經充滿崇中貴中的思想，故「二多譽」而「五多功」。如蒙九二「包蒙吉，納婦吉，子克家」，明夷六二「明夷，夷于左股，用拯馬壯，吉」；乾九五「飛龍在天，利見大人」，損六五「或益之十朋之龜，弗克違，元吉」。「三」與「四」為人位，周易乃憂患時代的產物，與天位、地位相比，人位尤顯艱難，故「三多凶」而「四多懼」。如小畜九三「輿說輻，夫妻反目」，師六三「師或輿屍，凶」；晉九四「晉如鼫鼠，貞厲」，蠱六四「裕父之蠱，往見吝」。

釋卦除了爻位的屬性（即初、二、三、四、五、上等六位的屬性，六位可分為陰、陽位，也可分為天、地、人三位，以及爻與位相配有得正、失正之分）也要衡量六爻之間的應、比關係。所謂「應」是指內、外卦相對應的爻位而言。如「初」與「四」、「二」與「五」、「三」與「上」。凡陰爻與陽爻相對則為「有應」，有應則能相牽引，如賁（䷕）初九與六四有應，故初九「舍車而徒」，六四則「匪寇婚媾」。反之，凡陽爻與陽爻相對或陰爻與陰爻相對，則為「無應」或「敵應」。無應則不能相奧援，如漸（䷴）之初六與六四無應，無應則初六不急於上往，故能「鴻漸于干」而「无咎」。

所謂「比」是指相鄰之兩爻而言，當兩爻一陰一陽，則下鄰上為「承」，上鄰下為「乘」。凡以陰爻承陽爻為「親比」，可相為輔弼，如觀（䷓）之六四親比九五，故能「觀國之光，利用賓于王」。反之，以陽爻承陰爻則為「逆比」，輒致凶禍，如鼎（䷱）之九四逆比六五，故「覆公餗」而「凶」。

主爻為釋卦的關鍵

此外，在釋卦的理論上，有「卦主說」，即一卦六爻之中，有一爻為一卦之主，該爻為釋卦的關鍵。除了一陽五陰與一陰五陽等十二卦之外，卦主一般來說是位居尊位的第五爻。依「多從寡」原則，孤陽、孤陰之卦，孤爻即為該卦卦主。如一陽五陰之卦，其立象的原則：一陽在上、下者為剝（䷖）、復（䷗），象徵陽的勢力之消長；一陽居中者為師（䷆）、比（䷇），象徵眾陰之所歸；一陽在三、四者，處上、下二體之際，以其自上而退處於下者為謙（䷎），自下而奮出乎上者為豫（䷏）。而一陰五陽之卦，其立象原則：一陰在上、下者為夬（䷪）、姤（䷫），象徵陰的勢力之消長；一陰居中者為同人（䷌）、大有（䷍），象徵眾陽之所宗，一陰在三、四者，處上下二體之際，以其自上而退處於下者為履（䷉），以其自下而進處於上者為小畜（䷈）。

一般而言，「五」為尊位，居「五」之爻常為一卦之主，如果是陽爻居五，則九五象徵剛中之君，如果是陰爻居五，則六五象徵柔中之君。而「五」與「二」、「四」、「上」分別有應、比關係。九二為剛中之臣，六二為柔中之臣。九四象徵有實才，但不得正的近臣，六四則為柔順守正的近臣，上九為柔中之君所親比的賢者，上六為剛中之君所寵信的小人。

六四與九五親比，意味著剛中之君獲得柔順守正近臣的輔弼，凡十六卦皆得吉，如巽（䷸）六四「田獲三品」而九五則「无不利」。九四處九五之旁，兩剛並處，一山難容二虎，爻辭多誡九四必盡其赤誠，方能免除專權越分、欺君奪民之嫌，如萃（䷬）九四必「大吉」乃能「无咎」。九四與六五逆比，大有剛強不正的近君大臣僭偪六五柔中之君的態勢，九四不能盡其臣節，極易招致凶禍，如離（䷝）九四「焚如，死如，棄如」。六四與六五相鄰，象徵得位守正的近臣輔弼柔中之君，無僭偪之嫌，如臨（䷒）六四「无咎」。

九二剛中之臣與六五柔中之君相應，凡十六卦皆得吉。九二有實才本可以輔弼六五，但九二的身分畢竟不是近君大臣，而是身處地方的中堅幹部，不宜主動上往與六五相應。因為易經強調循序漸進的思想，在下者切忌求上，以免有諂媚求寵之嫌，必待在上者有求賢、用賢之決心，並也已付諸行動，才能往應。如升（䷭）九二「孚乃利用禴」，謂剛中賢臣當積其至誠，略備薄禮，靜俟君王之召。九二與九五雖為敵應，但不像九四對九五有所威脅，九二終將為九五所重用。然亦不宜主動求用，而應以至誠安處，靜俟王命前來相求，如困（䷮）九二「困于酒食，朱紱方來，利用亨祀，征凶，无咎」。六二柔中之臣與九五剛中之君相應，多能得吉，如萃（䷬）六二「引吉，无咎，孚乃利用禴」。六二與六五兩者同為柔爻，為敵應關係，六五柔中之君意志不堅定，六二若遽然上往求用，必定遭到疑忌。唯有用其柔中之德，積其至誠，感發六五，則可得吉，如豐（䷶）六二「往得疑疾，有孚發若，吉」。

由此可見易經告誡吾人，在下者宜貞固自守，積其孚誠，切忌主動上往求用，方可確保為人臣者獨立自主的尊嚴，而免受屈己求寵之辱。如此，一旦獲得起用，也才能無所掛慮，一展長才。反之，易經也要求在上者應急於求賢，助己為治，如臨（䷒）六五「知臨，大君之宜，吉」，喻六五委信九二剛中賢臣，不勞而治，即不自用其知，乃能兼採眾知以為己知。這種「下忌求上」、「上求下宜急」的思想再度體現了易經顛覆一般人的思維慣性，從而含有豐富而深刻的智慧。

此外，「五」與「上」相比，在釋卦時也有特別的意義。五為尊位，「五」之所以能屈求於「上」，只因為尚賢之故。當君王的人要尊尚有賢德的長者。因此，上九象徵高世之賢，而六五則為謙沖為懷的虛中之主，如大有（䷍）上九「自天祐之，吉无不利」。反之，九五與上六逆比，象徵九五剛中之君尊寵竊據高位的小人，如夬（䷪）上六「无號，終有凶」。

參、太極思維的價值取向及其基本哲理

在易經六十四卦中，除了謙卦六爻皆得「吉」、「无不利」外，沒有一卦從初爻到上爻皆得吉，也沒有一卦從初爻到上爻皆得凶。這種現象體現了周易作者陰陽互藏、禍福相因的思想。而謙卦六爻雖失位、無應或乘剛，然卻無凶、咎、悔、吝，只因為謙卦的卦義最能彰顯周易「滿招損，謙受益」的基本哲理。

滿招損，謙受益

謙（䷎）由下艮上坤兩卦組成，艮為止、為山，坤為順、為地，謙乃止乎內而順乎外，意指君子內有如山般的崇高之德而不自矜伐，外有如地般的柔順之行而能退讓，如此謙德必能使有道君子先屈而後伸，無往而不利。故卦辭云：「謙，亨，君子有終。」

與謙成為強烈對比的，莫過於既濟。既濟是指已經渡河抵達彼岸，引申為事已完成。既濟（䷾）由離、坎兩卦組成，從卦象來看，離為火，坎為水，水在火上，火性炎上，而水性潤下，兩者相交而相濟。然水決則火熄，火烈則水涸，相濟之中含藏相滅之機。既濟的卦辭是「亨小，利貞，初吉終亂」。事既已完成，切忌自是自滿。所謂「亨小」，是指既已完成還不如剛剛完成之時亨通。因為常人一成功，則易滋生驕心，所以卦辭誡以唯貞固自守才能有利。至於「初吉終亂」則明指「成功是走向敗亡的開端」，唯有成功而不生驕心，胸中另有更高遠的理想，臨事以懼，才能持盈保泰。

禍福相因

六十四卦卦辭中最不吉利的，當為歸妹卦的「征凶，无攸利。」歸妹是將少女嫁出去的意思，亦即少女不待夫家前來迎娶而自歸之意。歸妹（䷵）由兌、震兩卦組成，兌為少女、震為長男，女方主動嫁歸男方，已失婚姻之禮。以少女配長男，尤不如以長女配長男為宜。

因為長女未出嫁時，在娘家就得幫助媽媽照顧祖父母與弟妹，出嫁之後，身為長媳，要侍候公婆或照顧姑叔，總比平素在家嬌生慣養的少女為佳。因此，長女配長男在易經就以表示夫婦關係恆久的恆（䷟）卦展現出來。歸妹（䷵）以少女配長男，不合於正禮，故其卦辭頗為不吉。歸妹的卦畫二至五爻皆不當位，而初、上兩爻雖當位，但上六陰柔在上，初九陽剛在下，猶如三、五兩爻皆以柔乘剛，有婦制其夫之象，故其凶可知。

但偏偏就在如此不吉的歸妹卦，六五爻卻能得吉，這就更加凸顯易經思維的深刻了。其爻辭是「帝乙歸妹，其君之袂不如其娣之袂良，月幾望，吉」。六五以柔爻居尊位，復處上卦之中，象徵此妹乃高貴的帝王之女，具有柔中的美德。「帝乙」是商代的帝王，其女兒沒人敢來提親，因此，帝乙自己選中了駙馬爺，而將女兒下嫁出去。出嫁時，帝王女兒（即爻辭中的「君」）的衣袂反不如隨同陪嫁婢女（即「娣」）的衣袂來得華麗，用來暗喻帝女內有賢德，不尚外飾，出嫁之後，仍會嫁雞隨雞，嫁狗隨狗，不會以其帝女身份自傲自是，其婦德之盛幾至於盈滿（即「月幾望」），但仍未盡盈，故不致亢剋其夫婿，是以得吉。

天地之氣倒置

然而研讀周易最好不要從乾坤，而是從泰否兩卦著手，如此較易掌握六十四卦的內外卦關係，並理解周易處理貴賤關係的基本哲理。

否（䷋）由下坤上乾組成，從卦象看，坤地在下，而乾天在上，這反映了上天下地的自然現象。但是從易經思維角度來看，重濁的坤陰之氣在下而愈下沈，輕清的乾陽之氣在上而愈上揚，終將陰陽分隔，天地不交，而無法長養萬物。從人事上看，坤所代表的臣民卑屈在下，而乾所代表的君王高居在上，兩者不相往來，久而久之，統治與被統治階級的矛盾對立必然日趨尖銳。最後從個人修養來看，否卦內順外健，一個人若內懷柔順之德，而外有剛健之行，亦即內柔外剛，與人交往必然處處碰壁。因此否卦的卦義是否塞、閉塞不通。

否的綜卦為泰，所謂「否極泰來」，泰（䷊）由下乾上坤組成，乾天在下，而坤地在上。這顛覆了上天下地的自然觀，唯有如此才能使變化持續不斷。乾陽之氣在下而上浮，坤陰之氣在上而下沈，陰陽兩氣交合，天地大通，可以長養萬物。從人事上說，乾所代表的君王肯屈尊就下，而坤所代表的臣民能下情上達，「治」與「被治」的矛盾消融，天下大治。從個人修養上說，泰卦內健外順，一個人若能內懷剛健之德，而外有柔順之行，亦即內剛外柔，與人交往當無往而不通暢。因此泰卦的卦義就是通暢、泰通。

以貴下賤

泰卦以乾陽之尊屈就坤陰之下，更加彰顯在位者的謙沖尊貴，而使臣民更加樂於順服，這是易經處理貴賤關係的重要原則。這種思維方式在隨卦有更為凸出的展現。隨（䷐）卦由下震上兌組成。震卦為一陽二陰，依「多從寡」原則，為陽卦；兌卦為一陰二陽，為陰卦。震體陽卦處在兌體陰卦之下，有震剛隨從兌柔之象。進一步來看，震（☳）、兌（☱）兩卦，陽爻皆在陰爻之下，也是陽剛隨從陰柔。六十四卦之中表現「剛來而下柔」最徹底的莫過於隨卦。隨卦的卦義就是追隨：君子當以剛下柔，以貴下賤，以多問寡，捨己從人，如此方能德業日進。反之，若以剛強自是，以尊貴自傲，以博學自矜，而有己無人，如此必然為眾所不齒。

治蠱治家，崇尚剛嚴

與隨卦互綜的蠱卦則不然。蠱是敗壞已極，而生出亂子的意思。「蠱」字由「蟲」、「皿」兩字組成，「虫」是小毒蛇，三「虫」為「蟲」，意指以器皿蓄養眾多的小毒蛇。相傳古人將眾多的小毒蛇置放於密封的器皿之中，不予餵食，而讓其自相吞食，最後活下來那條蛇就聚眾蛇之毒於一身，這就叫「蠱」。易經取蠱之義，用來譬喻禍小不治，終將積為大亂。蠱（䷑）卦由巽、艮兩卦組成。巽為陰卦在下，艮為陽卦在上。依取象原則，下卦代表臣民，上卦代表君王，蠱卦下巽順而上艮止，意味在下的臣民巽順聽命、唯唯諾諾，在上的君王靜止不動、不思有所作為，上下和稀泥，呈現一片頹廢偷安之象。而且巽（☴）、艮（☶）兩卦，陽爻皆在陰爻之上，即「剛上而柔下」，下情難以上達，在上者也不知體恤下情，日久必致弊亂叢生，蠱卦就是在論述治蠱之道，即如何拯弊治亂。

由於蠱亂非一日之積，必經過相當時日才會浮現出來，因此各爻都取親子關係立論，也就是後代晚輩整飭前代先人生前所積累下來的蠱亂。既然要治蠱就應以嚴剛為尚，陰柔非但不足以治蠱，反而會使蠱禍愈益惡化。因此蠱卦六爻之中，「初六」以陰爻居剛位、「九二」以剛爻居陰位，「九三」以剛爻居剛位，「六五」以陰爻居剛位。這四爻不是剛爻，就是居剛位，因此，皆能治蠱。唯「六四」以陰爻居柔位，不能治蠱，甚至「裕父之蠱」。在此順便一提。泰否兩卦與隨蠱兩卦皆互綜且互錯。

與蠱卦相似的是家人（䷤）卦。家人卦由離、巽兩卦組成，旨在論述持家、治家之道。離為火，巽為風，在這裡引申為煙，煙從火出，有家人之象。周易經文創作於三千多年前，當時人們以漁獵或農牧為生，以家為單位，散居各地。家人是同室而居、同爨而炊、同鍋而食。在荒郊野外，看到炊煙裊裊，就知煙火之處，有家人定居。從人事上看，離為中女在下，巽為長女在上，象徵一家之內長幼有序。如果少女（兌☱）在上，中女（離☲）在下，長幼失序，那就變成革（䷰）卦了。因為少女平素驕生慣養，畢竟不如長女有恤幼、敬老等持家的美德。傳統社會，男子出外營生以養家糊口，女子則留居家中以相夫教子。留於家中除女子外，非老即幼，故女子居家又長幼有序，則家和萬事興。家人六二以陰爻居柔位象徵女子得位而居中於內卦，九五以陽爻居剛位象徵男子得位且居中於外卦，亦即女主內而男主外，兩爻皆中正且相應，陰陽相求而相得，頗得家道之正。

治家之道猶如治蠱，應以嚴剛為尚。大凡家居生活難免以情勝理，以恩奪義，唯有剛正不阿才能不以私情害公理，故家人卦六爻之中，「初九」、「九三」、「九五」三爻皆以陽爻居剛位，故皆能治家。「上九」處一卦之終，乃家道之成，以陽爻居陰位，象徵「上九」

剛柔相濟，爻辭特誡以「有孚威如」，意即除孚信之外，仍應輔以威嚴，才能保家道之「終吉」。

過剛則折，以柔濟剛

周易雖然有崇尚陽剛的一面，但隨著卦時、卦義的不同也強調過剛則折、以柔濟剛的思想，有時甚至要求貴柔用陰。如大壯（䷡）卦與夬（䷪）卦，陽剛正在盛長之際，如果陽爻又居剛位，過分剛強有違中道，多不能得吉。

大壯（䷡）卦陽爻已經盛長到第四位，此時陽已過中。依易例，陽為大，陰為小，「大壯」就是「陽壯」，即陽剛壯盛，陰柔正在消退的意思。大壯意味陽剛正處於壯盛，就如一個人要權有權，要勢有勢。在這種狀況下，君子唯有固守正道，不輕用其壯，才能長保其壯。務必要做到有權如無權，有勢如無勢。否則，肆用剛強，極易流於剛暴，如此一來，大壯反足以招殃。因此，大壯卦以剛柔相濟為尚，如九二以陽爻居柔位，剛柔相濟且居下卦中位，不亢而中，故能「貞吉」，最得卦義。至於初九與九三皆以陽爻居剛位，又不得中，過剛則折，故爻辭分別為「征凶有孚」與「貞厲，羝羊觸藩，羸其角」，其凶咎可知。

夬（䷪）卦陽剛之盛尤甚於大壯，陽爻已盛長到第五位，孤陰在上，頗有五剛決除一柔的態勢，「夬」就是決的意思。夬卦的卦義在強調「健而說，決而和」。夬卦乃君子道長，小人道消之時。從卦德上說，乾為健，兌為說（即悅）。剛健則能決，兌悅可致祥和，陽剛君子決除陰柔小人，要能兩不相傷，才是上上之策。因此，九二以陽爻居陰位，剛柔相濟，且居下卦中位，故能「決而和」，最合卦義。至於初九與九三皆以陽爻居剛位，又不得中，過剛則折，故爻辭分別為「往不勝，為咎」與「壯于頄，有凶」。

貴柔居後，不為人先

除了崇尚陽剛、以柔濟剛之外，周易更強調貴柔居後的原則。以論述為臣之道的坤（䷁）卦為例，其卦辭「先迷，後得主」，即要求為人臣者不可為天下先，必待唱而後和，若居「先」則無以和而「迷」，唯居「後」乃有以和而得其「主」。為人臣者要居後用柔，方得坤道之正。通觀坤卦各爻莫不強調貴柔居後的思想。如初六「履霜，堅冰至」，要為人臣者見微知著，防患未然。六二要求順以承天，以陰承陽，則「不習无不利」。六三、六四、六五要為人臣者有功不居（「无成有終」）、不輕露才華（「括囊」）、不以爵位高而驕矜自喜（「黃裳」）。至於上六則誡以為人臣者當以從陽為尚，切忌陰極敵陽，而「龍戰于野，其血玄黃」。

上述這種思想在旅卦尤有凸出的開展。旅（䷷）卦由下艮上離組成，艮為山，離為火，山靜止而不移動，火竄行而居無定所。旅的卦象「山上有火」，意味火隨山上乾枯的草木而流竄，草木燒盡，火即他遷，猶人旅居在外，不久留一處。旅卦即在論述處旅之道。人在他鄉與當地人比，終究有許多不便而處於劣勢，這有點類似坤卦中為人臣者之於君王，故以用柔為宜。在動物行為學上，不少動物有明顯的「領域行為」。譬如狗以自己尿騷味的濃淡來辨別自己的「地盤」或「勢力範圍」，愈接近老窩，尿騷味愈濃，其攻擊性就愈強，這透露出動物自衛的本能。因為牠要保衛住在老窩裡的「家小」。動物這種攻擊行為的強弱與行為地離其住處的遠近成反比的現象，稱為「領域行為」。因此，當一隻大狗遠離自己的住處，而侵入一隻小狗的地盤時，這隻小狗會捨命地吠叫，而大狗則多悻悻然搖尾離去。旅卦正極其形象地將領域行為的理論總結為生活智慧，主張人出門在外宜貴柔守正，儘量不要與人爭執，凡事應多加隱忍。因為隻身在外，若與人衝突，要呼朋引伴或準備刀槍棍棒，總不如在地人方便。處旅上上之策莫過於旅居地有位強有力的東道主接待，以資倚靠。依此原理，旅（☲☶）卦六爻，際遇各有不同。初六是一個尚未有社會地位的旅人（初位），沒有才幹（陰爻），卻好用剛強（居剛位），因此自取災禍。六二以陰爻居柔位，故能用柔；又處下卦中位，故能用中而以謙遜待人；且與九三親比，故有剛強者可資依靠。所以爻辭形容六二出門在外落腳無虞，盤纏不缺，且有童、僕隨身侍候，可說是最善於處旅。九三以剛居陽，過剛失中，又為艮（☶）的主爻，高傲自是。九三顯然違反處旅之道，因此居所被焚，童、僕也受不了其以剛暴下，相繼亡走。九四以陽處柔，又居離（☲）體，喻九四有剛明之才，但因失位不中，長期寄人籬下，有志難伸。六五以柔居尊且親比上九，象徵社會地位崇隆的人旅居他鄉，受到強有力的東道主接待。至於上九處一卦之終，以剛爻居離體之上，旅居在外而高亢如此，其凶必矣。

這種貴柔思想在履、晉兩卦也有深刻的發展。履（☰☱）由兌、乾兩卦組成，兌澤最為卑下，乾天則高高在上，上天下澤，喻上下尊卑各有定分，不可踰越，有踐履執禮之象。而且八卦之中，乾最剛健，兌最柔弱，以至弱而躡於至健之後，唯謹守禮分，臨淵履薄，方能遠禍。故處履之道，貴在用柔，六爻之中，凡居陰位者，為能用柔而得吉。故九二「幽人貞吉」，九四「愬愬終吉」，上九「視履考祥，其旋元吉」，其他三爻則皆不能得吉。

晉（☲☷）由坤、離兩卦組成。坤為地，離為日，日出於地，冉冉升起，有旭日東升之象，故為晉。晉有晉升、上進之意。一個人處上進之時，由於競爭者眾，粥少而僧多，若一味自是自雄，必然阻力重重，若能抑己而謙沖退讓，反多能獲得晉升。故處晉之時凡柔爻皆能得吉，剛爻則危厲難安。

以上所舉十四卦，凸出地體現了先民的求生智慧或人生哲理，所以《周易》成為歷代學人孜孜不倦鑽研，從中汲取智慧的典籍。

肆、太極思維的思維方式及其特色

《周易》自古以來即為群經之首，其獨特的思維方式對中國傳統文化有極其深遠的影響。這種獨特的思維方式表現在太極生兩儀，兩儀生四象，四象生八卦，八卦相重而生六十四卦的生成變化的圖式之上，而具體則顯現在六十四卦與三百八十四爻的卦爻辭之上，因為太極乃卦爻象變化的總根源，這種思維方式可稱之為「太極思維」，此種思維也是易學思維的核心。太極思維的特色有三：獨特卦爻符號的「形象思維」、部分與全體合一的「整體思維」，以及充滿憂患意識的「辯證思維」。

照我的理解，太極思維涵蓋微觀與宏觀思維架構，小自一物一太極，大至廣袤無垠的宇宙也是一太極。任何一件事物絕非單獨存在：一件事物就其內在關係而言，可無窮分割為兩個互為條件的組成部分，而與該事物本身共在；任何一件事物就其外在關係而言，也可無窮展延，與其他事物發生共在關係，終而與全宇（即「空間」）宙（即「時間」）的存有共在。這就是一物一太極的微觀與宏觀思維架構。

從「太極」中生出「兩儀」，兩儀指陰陽二爻，就宇宙觀說，象徵陰陽二氣或天地，但二者乃對立與統一的關係。就陰陽來說，〈繫辭〉傳云：「一陰一陽之謂道」。陽與陰是指凡事皆可從顯與隱、正與反、進與退、剛與柔、上與下……等既對立又統一的兩方面來觀察。陰與陽既相剋又相生，既相反又相成，可說是「陰陽合德」、「陰陽互藏」，亦即陰中有陽，陽中有陰，陽極則生陰，陰極則生陽。「兩儀生四象」中的「四象」就是指陰陽老少爻象的消長或如春夏秋冬、寒來暑往的循環不息。所謂「陽極生陰」是指「老陽」（⚌）的陽剛已極，物極則反，一陰就開始滋生，而出現「少陽」（⚎）。其陰的一方持續增長，就變成老陰（⚏）。陰極生陽，就出現少陰（⚍）。其陽的一方持續增長，就又變回老陽（⚌）。「四象」反映在四時的寒來暑往，春夏秋冬，反復循環，就如同陰陽老少的消長一樣。「兩儀」就天地來講，象徵「空間」；「四象」就四時來講，象徵「時間」。宇宙任何事物莫不在「空間」與「時間」中生成變化。吾人無法想像不在「空間」中的存有，也無法想像不在「時間」中的變化。因此，「兩儀」與「四象」可以成為宇宙生成變化模式的形式要件。

「八卦」代表自然界的天地風雷水火山澤等八種物象，或人事上的父母與三子三女，或健順動止麗陷入說等八種性能。當八卦兩兩相重就產生六十四卦，六十四卦代表六十四種「卦時」，亦即六十四種狀況或模式。每一種卦時依照其內外卦的關係，有其各個不同的「卦義」。六十四卦每卦有六個爻位，也代表在六十四種模式中，每一種模式又細分為六個不同的發展階段。因此，三百八十四爻又意味著三百八十四種狀況，而其意涵則由其卦時與爻位關係所決定。按照〈繫辭〉傳所記載的「大衍筮法」，每一可變的陽爻，其策數為三十六，而每一可變的陰爻其策數為二十四。六十四卦三百八十四爻，其陰陽爻數各為一百九十二，因此六十四卦的總策數為一萬一千五百二十，取其整數「一萬」，就以六十四卦象徵「萬物」之數。而萬物莫不在天地、四時之內生成變化，這樣太極生兩儀，兩儀生四象，四象生八卦，八卦相重而生六十四卦的圖式，便成了宇宙生成變化的模式。

甲、形象思維

〈繫辭〉傳有云：「聖人立象以盡意」。《周易》以獨特的卦爻符號系統展現深奧的哲理。觀「象」玩「辭」是《周易》獨有的思維方式，這也凸顯了卦爻符號乃是太極思維獨特的思維工具，離開卦畫、卦象就無法詮釋《周易》。六十四卦的卦時、卦義乃建立在其卦畫與卦象之上。所謂卦畫係指奇耦兩畫以及三畫卦和六畫卦由下而上的排列次序。所謂卦象係指陰陽爻象的結構以及整個卦所象徵的物象或內外兩卦所象徵的物象及其性能、意義的綜合。如泰卦，下卦三陽為乾，象徵天氣，上卦三陰為坤，象徵地氣，二氣相交，萬物生長，故卦名為泰。又如鼎（䷱）卦，初六象鼎足，二、三、四爻象鼎腹，六五象鼎耳（因鼎耳為虛，可容鼎鉉穿過），上九象鼎鉉，這是就整個鼎卦的卦象來講；就其由下巽上離兩卦組成，巽為木，離為火，「木上有火」也有烹飪之象。鼎乃烹飪之器，引申為烹飪、養賢之意。又如頤（䷚）卦，陽為實，陰為虛，初上兩陽爻象上下兩排牙齒，二、三、四、五爻皆為陰爻，象口中空無一物，故有頤口之象；就其由下震上艮兩卦組成，從卦德來看，下震動，而上艮止，有如人之咬嚼食物，下齶動而上齶止。頤卦即在論述頤養之道，由口體之養論及德性之養，由如何養己到如何養天下萬民。

從形象思維的角度來看，周易符號系統所蘊涵的哲理，十分豐富。譬如損（䷨）卦是由下兌上艮組成，兌為澤，艮為山，艮山在澤水之上，則山上的土石就會剝落，從而壅塞澤水。就像剝（䷖）卦，由其整個卦象來看，陰已盛長至五，即將把上九的孤陽剝落，這是小人道長，君子道消之卦。其由下坤上艮組成，卦象是「山附于地」，有土石剝落之象。而對損卦而言，兌澤比坤地更為卑下，處於兌澤之上的艮山自然就剝落得更為嚴重，從而也壅塞了兌澤。如此山不再那樣高，澤水也不再那樣深，對山是損，對澤也是損，所以是「損」

卦。損卦主要在論述「損過以就中」和「損有餘，補不足」的中道思想。

最凸顯《周易》形象思維的，莫過於賁（䷕）卦。「賁」依〈雜卦〉傳乃無色之意，依〈序卦〉傳則又為文飾，藉著「無色」與「文飾」這組相對立的概念，賁卦論述本質（「質」）與表象（「文」）既對立又統一的關係。賁卦由下離上艮組成。從卦象所取之物象來看，八經卦之中有實體的卦當推乾（天）、坤（地）、坎（水）、艮（山）、兌（澤）五卦，其中以山最為具體而篤實。至於其餘三卦，與震（雷）、巽（風）相比，則以離火之文采最為亮麗。因此以艮、離兩卦分別代表本質與表象。大凡人認識事物總是由表象漸次及於本質，故賁的立卦之道，離在下而艮在上。

以卦象符號表現事物的性能及其相互關係，與數學符號、圖式相比，非但毫不遜色，而且包括事物的質和量及其變化規律等內涵，更具啟發性。形象思維是整體思維與辯證思維的基礎，太極思維沒有形象思維是不可設想的。

乙、整體思維

一物一太極，太極乃一「整體」。整體乃是揚棄「部分」與「全體」對立之後的統一體。「部分」乃瞬間的「全體」，「全體」乃長時段的「部分」。部分與全體是相對、而非絕對的區別。缺乏對全體的觀照所了解到的部分是片面的，同樣，缺少對部分深入的認識所了解到的全體也是虛妄不實的。吾人對客觀世界的認識正是建立在一連串「部分——全體——

部分——全體——……」的無止境辯證超越之上。「部分」與「全體」都是經驗概念，惟有揚棄「部分」與「全體」對立的統一體——「整體」——才是理性概念（或稱「理念」）。

太極思維也是一種整體思維模式，它透過卦爻符號，即六十四卦與三百八十四爻，來掌握宇宙萬有的生成變化。要判定某一卦爻的吉凶，其方式如下：

先辨別該爻所處的卦時。譬如同樣是處於尊位的九五爻，乾（䷀）九五為「飛龍在天，利見大人」，可以大有作為；而屯（䷂）九五為「屯其膏，小貞吉，大貞凶」，意謂處在屯難之時，君王膏澤未施及臣民，此時不能急著大事變革，而應修德任賢，以道馴致，如此還可得吉，否則將招災惹禍。因此，卦時不同會導致同一爻位吉凶迥異，亦即一爻的吉凶非得從整體思維的角度去衡量，則難以判讀。

其次是確定該爻的爻位性質。一卦從下到上有六個位，分別是初、二、三、四、五、上，其中有陰位、陽位之別，也有「天位」、「地位」、「人位」之別。二、五分別為內外卦的「中位」。所謂確定爻位性質就是在辨識該爻是否當位，是否得中，到底處在天、地、人哪個位。譬如乾卦九五爻，當位得中，又高居天位，乃剛健中正而居至尊之位，故有「飛龍在天」之象，比喻九五大人具有剛健中正之德，騰飛在九天之上，而為萬民所瞻仰。唯有從該爻在全卦中的爻位性質，才能判定該爻的吉凶。

確定該爻本身的爻位關係之後，就得推敲該爻與他爻的應比關係。譬如賁（䷕）卦旨在論述本質與表象對立與統一的關係。賁之道，初則以陰柔文飾陽剛，終則返璞歸真，以陽剛文飾陰柔。初九與六二逆比，而與六四有應，因此，接受六四的文飾。六二與六五無應，與初九逆比，卻與九三親比，因此，六二文飾九三。六五與六二無應，而與上九親比，由於賁道已極，有過度文飾而傷害本質之弊，因此物極則反，接受上九陽剛的文飾。這意味著爻與爻之間的關係，也意味著整體思維的脈絡。唯有依循一卦的卦義，才能就爻與爻的關係定其吉凶。

上面已經提及，六十四卦的排列順序非覆（綜）即變（錯），亦即原則上是相綜的兩卦並列，如剝（䷖）與復（䷗）。如果其本卦與綜卦相同，則取相錯的兩卦並列，如乾（䷀）與坤（䷁）。研讀《周易》，懂得相綜或相錯的兩卦並看，算是入了門。只看乾卦而不看坤卦，則其所了解到的乾卦是片面的；只看坤卦而不看乾卦，則其所了解到的坤卦也同樣是片面的。這就凸顯了太極思維重視整體思維的理路了。

然而按照陰陽爻象推移的法則，任何一卦皆可「變為」其他六十三卦，這也稱為「之卦」。任何一卦一爻變與五爻變各可變成六個之卦，二爻變與四爻變各可變成十五個之卦，三爻變可變成二十個之卦，六爻皆變可變成其變卦。譬如乾（䷀）卦一爻變可變成姤（䷫）、同人（䷌）、履（䷉）、小畜（䷈）、大有（䷍）、夬（䷪）等六卦，五爻變可變成復（䷗）、師（䷆）、謙（䷎）、豫（䷏）、比（䷇）、剝（䷖）等六卦。依此而論，其實可視六十四卦為一卦，任何一卦隨著其變爻的多寡（由一至六），其之卦的數目分別是六、十五、二十、十五、六以及一。研讀《周易》若能視六十四卦為一卦，已可謂深得易理矣！

但是，學易的最高境界應為「胸無定卦」，正如〈繫辭〉傳所云「神无方而易无體」。所謂「胸無定卦」是吾人將六十四卦視為作易者（即古聖先賢）提示給咱們後代子孫探究宇宙萬有生成變化的一種途徑，一種思維路向。六十四卦代表六十四種時義。其實，宇宙萬有的生成變化又豈有固定的圖式，然而藉著六十四卦與三百八十四爻特定的卦時、特定的爻位性質及與他爻的關係，再加上兩卦的錯綜關係，合六十四卦為一卦，變一卦為其他六十三卦，終至胸無定卦，則吾人直可以與大化流行共其趨避，合其禍福，同其吉凶，豈非人與天地並參而立！

丙、辯證思維

太極思維的特色，除了上述形象思維與整體思維外，在辯證思維方面尤其有極為豐富而深刻的底蘊。

古希臘的辯證法（Dialektik）做為一種思維的方式，其原意來自於「對話」（Dialog）。西方哲學首先將「矛盾」區分為「分析矛盾」與「辯證矛盾」。所謂矛盾是指主詞相同而賓詞卻互相對立、不能相容的兩個命題。分析矛盾是指兩個相矛盾的命題，如果正命題為真，則逆命題為假；反之，若正命題為假，則逆命題為真。對分析矛盾而言，一般邏輯的思維法則「同一律」（即「A為A自身」）與「矛盾律」（即「A不得同時為非A」）有效。而辯證矛盾則是指兩個看似不相容的矛盾命題，皆只具有「局部真理」。而正命題不能直接證明其自身為真，只能藉著證明其逆命題不可能為真，來間接證明其自身為真。反之，逆命題也不能直接證明其自身為真，只能藉著證明正命題不可能為真，來間接證明其自身為真。對辯證矛盾而言，同一律與矛盾律不能適用，亦即「A可以是非A」。因為在此只要有時間因素介入，A就可以變成非A。要化解辯證矛盾只有讓正、逆命題互相詰難，從而得出一個綜合命題。它既能包容正、逆命題中的局部真理，同時又可以揚棄正、逆命題中的局限性，從而達到一個更高的認識水平。一般來講，在「對話」中，雙方各執一詞，以己之矛攻彼之盾，重點不在論證己方論點為是，而在批評對方論點為非。譬如某甲認為「張三戴眼鏡」，某乙則認為「張三沒戴眼鏡」，爭辯後得出結論：原來張三在閱讀時才戴眼鏡，平常則不戴眼鏡。這就消解了某甲與某乙對張三到底有沒有戴眼鏡這個問題的矛盾了。如果將這種對話「內化」為吾人的思維方式，那就是辯證法。

柏拉圖在其「對話錄」中曾一再使用辯證法做為其主要的哲學方法。透過「對話」，與對手辯難，不斷從對方的主張中挑出理論上的漏洞，從而提出逆命題，再得出綜合命題，終而達到更高的認識水平。在柏拉圖之前，赫拉克利忒斯（Herakleitos）被認為是「辯證法之父」，他曾於宇宙論層面，提出「萬物流變」的命題。近代則有康德、黑格爾、馬克思等大家使用辯證法，而且獲致可觀的成就。尤其是黑格爾為西方哲學的辯證法建立了基本的理論架構：由正命題引出逆命題，從而得出綜合命題，復以綜合命題為正命題，重複上述「正—反—合」程序，這是一種鋸齒狀的思辨方式。而馬克思和恩格斯則將黑格爾的觀念的辯證法廣泛應用在經濟、政治、歷史、社會及自然的研究方面，稱為「唯物辯證法」。

《周易》的太極思維在起源上較西方「辯證法之父」赫拉克利忒斯至少還早六百年。且《周易》本身就是一部「變經」，即以探討變化為宗旨的經典，其所蘊含的哲理經過歷代學人的闡發，早就形成獨樹一幟的風格。太極思維中的辯證思維，其最原始的形式，是以陰陽兩儀的對立與統一出現的。中國民間普遍流傳的陰陽魚太極圖頗能反映出「陰陽相剋而相生」「陰陽合德」（即「一陰一陽之謂道」）、「陰陽互藏」（即陰中有陽，陽中有陰）、「物極則反」（陽極生陰，陰極生陽）等辯證思維的基本原理。而陰陽老少的消長所代表的四象，則具現為寒來暑往的大化流行之上。任何變化只能發生在「時間」之中。沒有時間因素的加入，「變化」是不可能的。太極思維透過六十四種卦時與爻位關係，充分凸顯隨「時」適「變」的辯證思維方式。而黑格爾所建構的「正－反－合」鋸齒狀辯證法，與太極思維一比，毋寧顯得呆板而單薄。

《易經》的恆（䷟）卦即在論述「常」與「變」的對立與統一。恆卦由巽、震兩卦組成，巽為長女，震為長男。從卦象看，長男為夫而動於外，長女為婦而順於內。在傳統社會，長女最適合匹配長男，而五倫關係中就以夫妻關係最為恆久，所以恆卦旨在論述恆久之道，其卦辭云：「恆，亨，无咎，利貞，利有攸往。」意即恆久有達致亨通的可能，唯有亨通才得无咎。恆久之所以能夠亨通，在於要能貞固守正，不隨波逐流。然而如果拘泥於守常而不知道及時權變，則又不能亨通了，必須利有所往，隨時適變，方能久於「恆」道。「利貞」乃不變之恆，「利有攸往」則為不已之恆。唯其不變，所以不已，兩者相輔相成。譬如站崗的衛士，如果兩腿站得堅挺而筆直，動也不動，那種姿勢大概維持不了五分鐘。反之，如果兩腿站得挺立，卻偶而稍微鬆弛一下，那麼站崗時要維持同一姿勢兩小時也沒問題。這就是「利貞」與「利有攸往」，亦即「常」與「變」的對立與統一，權變是為了守常，守常過當，反而不能守常。易言之，唯有不斷微調，才能免於鉅變。恆卦深刻地論述了常與變的對立與統一，強調唯有執中才能恆久，所以初四兩爻處內外卦之初，而未及中，故拘泥於守常而不知權變；三、上兩爻則已過中，好變而不能守常。

此外，誠信本是一種美德，但太極思維對誠信也有極為辯證的論述。中孚（䷼）卦辭云：「中孚，豚魚吉，利涉大川，利貞。」中孚由兌、巽兩卦組成，兌為澤，巽為風，上風下澤，豚魚生於大澤之中，風將起，則浮出水面，朝風而拜。起南風則口向南，起北風則口向北，從不失信。卦辭意指人如果能像澤中朝風而拜的豚魚謹守誠信，可以得吉，可以做些冒險犯難的大事，但要固守正道，方為有利。誠信固然可取，但如果死守誠信，背離中道，反招災殃。倘使主客觀條件都已發生重大變化，而仍信守當初的承諾，過度在乎誠信的虛名，為《周易》所不取，故中孚上九爻辭云：「翰音登于天，貞凶」。如此深刻的辯證觀點，孔子與孟子皆續有闡發。孔子說：「言必信，行必果，硜硜然，小人哉。」又說：「君子之於天下也，無適也，無莫也，義之與比。」孟子也說：「言不必信，行不必果，唯義所在。」這裡「義」通「宜」，是指吾人立身行事要合於事理，入於人心。

由此可知，《周易》做為「變經」而言，將太極思維深刻地融入六十四卦與三百八十四爻之中。六十四卦以兩卦相耦的方式，非覆即變，交錯互綜，既對立又統一，如乾（䷀）之與坤（䷁），剝（䷖）之與復（䷗）。每卦由初爻漸次向上辯證發展，這取決於該爻所處的卦時、爻位性質及與他爻的應比關係。有些卦一進入上卦（亦即第四爻）就開始往相反方向發展，如泰（䷊）卦與无妄（䷘）卦。除了「變經」之外，《周易》也為君子修己安民而立教。一位有德君子如何在急劇變化的環境中自處，如何面對逆境的挑戰，《周易》提出三條可行的途徑：

首先是遇到困境時，一般人多急於脫困，反而困上加困。《周易》則從辯證思維的角度，主張要耐心地等待，直至客觀環境好轉後，再行脫困。需（䷄）卦與困（䷮）卦最能代表這種思路。

其次，等待並非只是消極、被動地等待客觀環境的好轉。太極思維告訴吾人，等待也可以是積極、主動的。那就是有德君子在等待期間要充實自己的才德，以增強脫困的實力。只要時機一到，不動則已，動則有功。大畜（䷙）卦即是最好的例證。

最後，身陷困境的時候也要調整自己的心態，要能夠逆來順受。譬如晉（䷢）初九「晉如摧如，貞吉，罔孚，裕无咎。」初六地位卑下，而處在上進之初，豈能一下子就獲得在位者委以重任？此時初六如能寬裕自處，固守正道，不以不獲重用而稍減其敬業精神，俟時而後進，則可无咎。否則，自以為懷才不遇，怨天尤人，滿腹牢騷，以後縱使機會來了，也很難受到重用。

有些馬克思主義者宣傳「唯物辯證法」，試圖描繪出客觀世界的規律性是不隨著人的主觀意志而轉移的。這固然有其階段性的進步意義，但由此將客觀世界與主觀意志截然劃分的做法，其本身就流於武斷，而且違反辯證思維的基本原理。因此，人的主動性與能動性就有意無意間遭到漠視。其實，「主觀意志」與「客觀世界」，「能知」與「所知」，都是處於既對立又統一的關係，絕不能用一刀切的方式，來草草處理主客問題。能認識的主體與被認識的客體，彼此間的關係是互為條件且互為限制。太極思維一方面固然承認客觀規律的必然性，另一方面卻也凸顯了認識主體的能動性。如上所述，當一位有道君子遇到困境時，不必急於脫困。因為剛剛面臨困境，意味著對新狀況及（與之相關的）新法則尚未充分了解，因此需要耐心等待。但又不是傻傻等待，而是藉機充實自己的才德，以完善脫困的條件，這就凸顯了主體的能動性。要是主體能更進一步調整自己的心態，不讓自己成為慣性或個性的奴隸，則自由意志就彰顯出來了。在太極思維中「自由」與「必然」的關係也是既對立又統一。

西方的辯證法傳統固然也講對立與統一，但卻是偏重在對立面的抗爭。赫拉克利忒斯早就說過：「鬥爭是萬物之父，萬物之母。」西方的辯證法將對立視為對抗或鬥爭，認為鬥爭是社會進步的原動力。黑格爾也認為對立面的鬥爭是事物發展的唯一泉源。這個傳統也反映在馬克思主義的唯物辯證法之上。太極思維，就其價值取向來說，則強調陰陽合德、相反相成，即對立面的互補，而不是陰陽隔離、相反相抗。

《易經》中睽（☲☱）卦專門論述對立與統一的關係。睽卦由兌、離兩卦組成，兌為澤，離為火，火性炎上，兌澤潤下，兩相背離，有睽乖離散之象。但癸乖對立之中，卻也含藏相濟相通之理。故〈象〉傳曰：「天地睽而其事同也，男女睽而其志通也，萬物睽而其事類也。」這就在強調對立之中，也有統一的一面。此外，乾卦〈象〉傳也云：「乾道變化，各正性命，保合大和，乃利貞。」意指乾卦六爻的變化，各爻有其特定的時位，一方面應讓各爻盡其性命，另一方面各爻彼此之間也要保持高度的和諧，如此才能有利而正固。這裡的「各正性命，保合大和」也適用於其他各卦。由此可見，太極思維在處理個別的爻與全卦之關係的基本立場：每個爻要「各正性命」，充分發揮其個性，但也要「保合大和」，彼此互助互補。部分與全體的對立與統一在「保合大和」中再度充分彰顯出來。中西的辯證思維各有其特徵，可以相互補充。

伍、結論

本文揚棄傳統經學治易的途逕，試圖透過「以易解易」的方式，來建構「太極思維」的理論框架。將《周易》的太極思維定性為「一般知識學」或「科學（哲）學」，俾與當代學術的各個領域相會通，從而達成《周易》現代化的目標。

傳統經學治易的途徑，勢將使《周易》逐漸喪失其生命力，而退縮到古籍專業研究領域，其結果甚至流為博物館中的陳列品。如此一來，《周易》將徹底與現代社會的生活實踐脫鈎，永難再為人們所理解。所謂「以易解易」乃是指用潛藏在《易經》的卦畫、卦名與卦爻辭中的理路，來詮解《周易》的經傳。由於周易有其獨特的符號系統、價值取向、思維方式，只有掌握住基本的理路——亦即太極思維——才能對《易經》六十四卦與三百八十四爻做出完整而系統的解釋，才能發揮出其生命力，這也是歷代易家的共同心願。

傳統的中國知識分子，由於《周易》為群經之首，對《周易》都有一定程度的了解。即使在盛行科舉的明、清兩代，雖然考試是以朱熹《四書集注》為出題範圍，但讀書人對《周易》仍不陌生。因此，《周易》在民初以前有條件與其他學門會通。以治史為例，《史記》作者司馬遷父子即對《周易》有相當的研究，其父司馬談更是跟從漢朝第一位易博士楊何學易。《資治通鑑》作者司馬光鑽研《周易》有年，通鑑中的精華「臣光曰」（即司馬光在評論歷史事件）即常常引易評史。近代史論巨著《讀通鑑論》作者王夫之本身即有易著多種，因此其評史常可發人所未發，深刻入微。

《周易》與文藝理論相會通的最重要成果，莫過於劉勰所著的《文心雕龍》，其篇目五十即倣自〈繫辭〉傳的「大衍之數五十」。《文心雕龍》雖然是一千五百年前的著作，但其探討文藝的創作、鑑賞與批評等問題的廣度與深度，迄今為止仍無人能出其右，這都得歸功於太極思維的錘鍊。至於《周易》與中醫、氣功、養生、建築、科技、算術、兵法……等的會通，更不待言。因此，吾人可稱《周易》為中國傳統學問的「一般知識學」或「科學（哲）

學」。

隨著工業革命的推展，人類正漸漸進入一個後工業的現代社會，各種專業學門如雨後春筍，紛紛成立。只可惜當代一般中華學人對太極思維由於歷史的不幸，無緣深入了解，遑論以太極思維與其本行專業相會通。其實，如果運用太極思維在當代史學或當代文藝理論的研究，其成果的豐碩應可預期。如將太極思維進一步與新興學科相會通，應也可有相當成績。譬如在經濟學領域如何處理好效率與公平的對立與統一，亦即建立「社會主義市場經濟」的理論依據。在倫理學領域，要處理好個人與群體的對立與統一，否則會流為極端的個人主義或壓制個性的群體主義。在社會學領域如何處理白道與黑道的對立與統一，否則將出現物極則反，黑白逆轉的現象。在文化學領域如何處理傳統與現代化的對立與統一，亦即建立「老幹新枝」的理論，在維護文化主體意識的同時，也能完成現代化的目標。在電腦研究的領域為如何開發人工智能，推動程式設計的革命。

凡此種種，只是舉其大要。總而言之，只有讓《周易》研究走出傳統經學的窠臼，才能使接受現代教育的各個學門知識菁英了解《周易》，如此《周易》與現代各個學科的會通才有可能，這也是《周易》再度大放異彩的契機，也是《周易》現代化問題的關鍵所在。

——《哲學雜誌》，一九九九年五月號

大陸《國際易學研究》一九九九年

自由主義與社會主義的對立與互動

——「社會主義初級階段」的歷史意義

近兩百年來的世界史，不管就政治、經濟、社會、或意識形態的角度來看，無非就是自由主義與社會主義這兩大思想流派的發展史。要了解近、現代社會，首先就要了解這兩大思想流派，以及它們彼此之間互動、辯證的關係。

兩大思潮皆以抗爭、批判的面貌出現

任何思想流派的產生，都有一定的歷史脈絡與時代背景為其襯底。儘管自由主義和社會主義出現的時間有別，兩者面對的物質條件也有重大的差距，然而，它們最初都是以抗爭、批判的面貌出現，對既有的政治、經濟、社會體制而言，都是站在「破」的立場，而不是「立」的立場。它們最初所要對抗的，都是那個時代最不合理或最不人道的處境和制度。只

不過隨著歷史的發展，兩者內部都有分歧、分化的現象，某些主張也隨著時間的積澱或權力運作的需要，而被定型化、教條化，不僅喪失原有的批判精神，反而成為被批判的對象。又因有了定型化、教條化的傾向而不能與時俱進，背離了時代的潮流，其原始抗爭、求變的力量也往往因而發生質變。

如今，自由主義和社會主義內部流派四起，分支龐雜，兩者的面貌也日愈渾沌、模糊。在此吾人不可能對其歷史發展過程中產生的分支流派逐一分析，只能就其最基本的精神、內涵和價值觀加以檢視，同時也希望藉此探討兩者在歷史上的交會與對話。我們將從這兩大思想流派互動的過程中，尋索其辯證的意義，並希望就此站在一個全新的起點上，以批判、創新的精神，審視我們所立足的這個時代。

自由主義，英文 liberalism，其字根來自拉丁文的 libertas，原義是「沒有鐐銬或不在被奴役的狀態」。中古歐洲實施農奴制度，libertas 即是脫離主人控制而成為獨立自主的個體。在德文裡，對男士的敬稱是 Herr，今多譯為「先生」，其實是「主人」的意思。既然從中世紀封建莊園制度的農奴狀態被解放出來，大家就成為自己的主人了。

因此，「自由主義」的發展，就其語意上來看，首先就是要砸碎鐐銬，脫離奴隸的狀態，是對既定封建體制的抗爭和批判。西方至少到十七世紀末以前，其社會結構是採取以權力原則為基礎的封建等級制，每一個人理論上都有他的「主人」：農奴聽命於地主，地主聽命於大莊園主，大莊園主聽命於國王，國王聽命於皇帝，皇帝由教皇加冕，教皇則在理論上是上帝的「奴僕」。最早的自由主義即在於打破這樣的鎖鏈關係，讓每個人脫離奴隸的狀態，讓每個人成為其自身的主人。

早在古希臘時代，由哲學家芝諾（Zeno，約 335-264B.C.）所開創的斯多葛學派就有尊重個體的主張，強調人有與生俱來的尊嚴，即使奴隸也不例外。斯多葛學派指出：奴隸和帝王一樣享有自由，因為奴隸可以選擇接受或拒絕主人所交付給他的工作，他永遠保有選擇的權利，縱使他必須在服從和被鞭打至死之間做一選擇。斯多葛學派最重大的貢獻是提出「自然法」（ius naturale）的概念，認為最高的立法者是自然本身，它必然合乎人性、合乎理性，是超越時空，是普遍而永恆的，一切實證法都應服膺自然法的指導。自然法的理念後來經由西塞羅（Cicero, 106-43B.C.）的闡揚而成為羅馬法的一部分。

西塞羅認為每個人都有不可剝奪、不可讓渡的自然權利，法律與自由並不衝突，法律的一般性和確定性還可以成為自由的保障。為了確保自由，必須服從法律，而法官只是法律據以說話的代言者。對於個人自由和權利的保障，羅馬法在萬民法（ius gentium）的部分已有相當具體的規定。西元前二十七年，羅馬由共和政體轉為帝國，王權獲得伸張，而個人的自由權利則遭到壓抑。直到一五五九年西班牙薩拉曼卡學派（Salamanca School）的瓦斯蓋茲（Fernando Vasquez, 1512-1569）才將久被塵封的自然法思想從中世紀神學的附庸中解放出來，而開啟了近代世俗的自然法的先聲。其後，德國的亞圖西烏斯（Johannes Althusius, 1557-1638）經由對羅馬法的重新發現和研究，提出比較完整的人權理論。

從神權政治到絶對王權

自由主義的崛起與農奴制度受到新興工商階級的挑戰是分不開的。自從十五世紀末發現通往遠東的新航路以來，經營遠洋貿易可以獲取暴利，西歐沿海港埠遂出現許多富商巨賈。他們要求自由貿易，主張國內各城市間取消關卡，消除貿易障礙，並要求大幅降低關稅，以利商品流通。尤有甚者，自工業革命以來，新興工廠如雨後春筍般出現，亟需大量廉價勞動力，工廠主遂要求自由契約，希望將農奴自封建采邑的土地上解放出來，為新興的工業注入新血。

十六世紀以降的歐洲，由於遠洋貿易的發展和工業的日愈興盛，以封建采邑為主的農奴制度逐漸鬆解，教會至高無上的支配地位也因宗教改革運動而日趨衰微。這時，新興工商階級為了廢除城市間各自為政的關稅壁壘、開拓海外市場、開採原料，在在需要強大的武力為後盾，因此，對國家統一的要求日殷。現代意義的民族國家於焉形成，以君王為核心的專制政權也因而成為時代的趨勢。馬基維利、柏丹和霍布斯等人的思想對這個趨勢起了推波助瀾的作用。

義大利的馬基維利（Nicolas Machiavelli, 1469-1527）首先是站在君王的立場挑戰教會的權威。他指出政治的道德不同於宗教的道德，基督教所教導的價值不符合國家富強壯大的需求。對於王權和教權之間的矛盾，他在《君王論》一書中以一條通則予以概括：「凡是允許別人增強勢力者，即是對自己的毀滅。」他認為政治的德性是勇敢、大膽、靈活相適應的能力，而不是教會所宣揚的那些保守的、拘泥於傳統的道德觀。他說：「我相信最能取悅上帝的、最大的善行，是那些對自己的國家有利的行為。」這樣的主張在那個宗教信仰至高無上、教會組織凌駕一切的時代，無疑是相當驚世駭俗的。因此，後來同樣反對教會權威的宗教改革者也批評他的《君王論》是「出自撒旦之手」。然而，馬基維利的理論已預告了往後「政教分離」的大趨勢。

法國的柏丹（Jean Bodin, 1529-1596）重在闡釋「主權」的概念。主權的法文是 **souveraineté**，源自 souverain，意為最高主宰。主權本來是神學上的用語，原意為自在的、絕對的、至高無上的權力，柏丹利用它來建立「君王主權」的學說。他認為沒有主權，就無所謂國家，就像沒有上帝，世界就不存在。上帝是自在的、絕對的、至高無上的，是宇宙的最高主宰；國王則是受到上帝的委託而成為主權的擁有者，是國家的最高主宰，在其統治範圍之內，擁有絕對的、不可分割的權力。國王全盤制訂法律，成為「合法的政府」，只要心中惦記著老百姓的福祉。「君王主權」是國家穩定、統一與和平的保證。柏丹的論點深受法王路易十四的欣賞，有「太陽王」之稱的路易十四宣稱「國家即朕」，在位期間將「絕對王權」發揮得淋漓盡致。

英國的霍布斯（Thomas Hobbes, 1588-1679）則從「自然權利」的觀點出發，認為人性都是自私的，人只因為利益才會聚集在一起。人類社會的產生，並不是因為人與人之間彼此的善意，而是相互的恐懼。在「自然狀態」（status naturalis）之下，所有的人是處在「萬人對萬人戰爭」的狀態，每個人都可以恣意地主張自己的權利，結果是沒有一項權利可以確保。因此，為了維護個人生命、財產的安全，必須脫離「自然狀態」，進入「國家狀態」（status civilis）。也就是每個人相約放棄任意使用私人暴力的權利，共同建立一足以公平地保障每一個人權利的公共暴力，來仲裁是非，並貫徹公共正義的要求。這個公共暴力的載體就是國家，經由國家而確保了個人的權利。國家即是一切，國家擁有絕對權力（imperium absolutum），它是無數在自然狀態下被撕裂的個體相約放棄任意使用私人暴力的權利而組合的整體，個人完全置於國家的監護之下。

上述三位思想家的主張都凸出了國家和統治者的角色。早期的封建君王還必須受制於傳統的道德約束和教會的絕對權威，馬基維利則將政治的德性連同世俗的道德和基督教的價值觀區隔開來，而著重於統治者如何有利於國家富強的治術。柏丹認為國君在自己的統治範圍內，應扮演類似於上帝的角色。霍布斯強調國家做為仲裁者的地位，國家權力至高無上，服從於國家統治者是不二的律則。他們的思想深刻影響了歐洲的政局：民族國家的建立和絕對王權的擴張，在十七世紀的歐洲取得豐厚的土壤。在此同時，具有政治抗爭意義的自由主義也在同樣的土壤上滋長。因為，絕對的權力造成絕對的腐化，絕對王權難免走向專制暴虐的宿命。

公民意識的覺醒

沿襲了古希臘、羅馬城邦對「自由人」的定義，這時的自由主義表現在反對專制獨裁，爭取參與公共事務，也就是權利的覺醒。「公民意識」（citizenship）於焉形成。公民在英文是 citizen，法文是 citoyen，都是源自拉下文的 civis，原義是「城民」，城民組合成 civitas，即是城邦。在中世紀資本主義發展的早期，「公民」在法文也稱 bourgeois，德文是 Buerger，這個字來自「城堡」（法文為 bourg，德文為 Burg）。城堡在中世紀時多屬封建采邑，是商販、手工業者和自由業者聚集之地，戰亂時則供農奴、貴族入內躲藏。商人為確保財產和人身安全，紛紛組成各種行會，以集體力量向貴族領主爭取權益。許多領主鑑於蓬勃發展的商業有助於其獲得經濟利益，遂紛紛頒布「特許狀」，以法規來保障城邦居民的權利。於是，如威尼斯、倫敦、巴黎、法蘭克福、萊比錫等商業發達的城邦逐漸成為半自治的政治實體，有自己的地方政府，自己的法庭，自己的稅收機構，擁有自己處理自己城邦事務的特權。

民族國家興起後，采邑變成國君屬地，又由於新航路發現，工商業勃興，尤以沿海港市特別發達。當時城市中各主要建築物已凸顯出功能和權力的分配：行政長官的官邸代表政治行政功能，教堂代表宗教信仰的功能，集市廣場代表經濟活動的功能。早在十五世紀文藝復興時，司法行政權、宗教權與經濟權的分辨，已在市民的意識中存在。

隨著資本的積累，新興工商階級影響力漸增，形成進步的力量。相對地，地主、貴族、教會等依靠收租維生的舊勢力則成為進步的障礙。新舊兩股勢力相互交鋒，關係日益緊張。新興工商階級反對關稅壁壘，要求「自由貿易」；工商業亟需勞動力，乃鼓吹農奴脫離地主的束縛，於是要求「自由契約」；為發展工商業又亟須聚累資本，反對教會、貴族的恣意搜刮，於是主張「財產權神聖」。

這些工商業主也就是後來所謂「資產階級」的主力。法文的「資產階級」是bourgeoisie，意即城市居民的後代。社會財富既逐漸掌握在資產階級手裡，他們要求參與政治的呼聲日愈高亢，公民意識隨之擴張。因此，在西方，公民意識其實是工業革命的歷史產物。

思想成為解放的武器

第一個以爭取權利為號召，反對君主專制的政治抗爭事件爆發於英國。一六二八年，英國上下兩院聯合向國王查理一世提出《權利請願書》(Petition of the Rights)，要求任何自由人不能被任意逮捕和拘留，沒有議會的同意，即使國王也不能任意向人民徵稅。這一請願案導致查理一世解散國會，引發內戰（一六四二—一六四九），國王最後遭受處決。在此期間，以「失樂園」聞名於世的英國詩人約翰·米爾頓（John Milton）於一六四四年發表

《Areopagitica》（拉丁文，原意指高踞雅典山丘上的最高審判者），首度呼籲保障出版自由。

不過，英國的這場革命主要還是貴族與專制君主之間的權力競逐。真正以資產階級為主角，以自由主義的核心價值為號召的革命，應是一七八九年的法國大革命。

從十七世紀末到一七八九年法國大革命爆發，啟蒙運動瀰漫了整個歐洲，而這也是「自由主義」開花結果的時期。思想成為一種解放的武器。就如同當時主持文人沙龍而馳名的朗貝爾夫人（Marquise de Lambert, 1647-1733）所說的：「哲學思考，是把尊嚴還給理性，並讓它取得應有的權利；這足以撼動傳統和威權的枷鎖。」這是一個鮮明的意象：自由思想，使人從奴隸的狀態解放出來。

一七八九年的法國大革命，使思想變成行動，主張變成激情，激情擴散，整個歐洲因此發生翻天覆地的變化。法國是啟蒙運動的大本營，人文薈萃，百花齊放，大革命前重要的思想家，如孟德斯鳩（Montesquieu, 1689-1755）、伏爾泰（Voltaire, 1694-1778）、盧騷（Jean-Jacques Rousseau, 1712-1778）、狄德羅（Denis Diderot, 1713-1784）等人，對於當代的政治、經濟、社會、宗教都有相當深刻的批評。基本上他們都反對教會組織的勢力和宗教的教義，針貶無知和迷信，抨擊封建殘餘和貴族特權，要求當權者尊重個人的自由，尤其是思想自由和表達自由，主張法律之前人人平等。他們善於嘲諷、批判，普遍對現狀不滿，卻又充滿淑世改革的熱情。

法國國王路易十六於一七七四年即位，為了與英國爭奪殖屬地和海上霸權，捲入北美獨立戰爭，耗費巨額軍資。加上王后瑪麗・安東尼奢華無度，宮廷開銷浩繁，法國財政瀕臨破產邊緣。路易十六為了挽救財務危機，腦筋動到享有免稅權的第一、第二等級（教士、貴族）頭上。這兩個等級當然不願意放棄他們的免稅特權。眼看財稅改革無望的路易十六只好將希望寄託於代表新興工商業主和知識分子的第三等級，於是宣布召開已經停擺了一百七十五年的三級會議。於一七八九年春天舉行三級會議代表選舉，並將第三等級代表的名額增加一倍。

與「舊體制」徹底決裂

長期要求政治、社會改革的知識菁英藉此機會掀起輿論風潮。也有多位思想前衛的教士和貴族子弟自主投入第三等級代表的選舉，曾經是耶穌會教士卻又對傳統宗教抱持深刻懷疑的席耶斯（Emmanuel Joseph Sieyès, 1748-1836）就是一個相當有活力的代表性人物。他在三級會議選舉之際出版了三本政論小冊子：《論特權》抨擊封建特權結構；《法國議會代表應當擁有的執行工具》對代議制度的發展提出具體的規劃；《何謂第三等級？》則預見了教會和貴族勢力的沒落，以及新興政治勢力的崛起。席耶斯將「第三等級」等同於特權等級之外的全體國民，是「一個自由的、蓬勃強壯的整體」，他說：「自由不是建立在特權的基礎之上，而是建立在屬於所有人的權利的基礎之上。」這些以追求自由、廢除特權等級為號召的小冊子為他在議會運作中取得主導性的地位。

席耶斯順利在巴黎當選為第三等級代表，一七八九年六月十七日，由於反對三級會議的投票制度（每一等級只能有一票的表決權），席耶斯提議第三等級單獨舉行會議，並逕稱為「國民議會」（Assemblée nationale），迫使第一、第二等級代表也紛紛加入國民議會。七月九日，又在席耶斯、拉法耶特（La Fayette, 1757-1834，曾帶領法軍參與美國獨立戰爭）等人主導下，國民議會改名為制憲會議，隨即於七月十一日提出歷史性的《人權與公民權宣言》草案。七月十四日，做為王室威權象徵的巴士底獄被支持第三等級的巴黎民眾攻陷。在風起雲湧的革命浪潮之際，法國自此與「舊體制」（Ancien Régime）決裂。

法國大革命在自由主義的發展上具有標竿性的意義。首先，它宣告結束舊體制下的特權結構，工商業發展過程中形成的新興資產階級成為政治運作的主流。更重要的是，一七八九年八月二十六日正式在制憲會議通過《人權與公民權宣言》做為憲法的組成部分。這一宣言涵括了自十七世紀末以來啟蒙哲學、自然法思想與自由主義的重要主張。自由主義的核心價值第一次具體而扼要地以成文條例彰顯出來。這一宣言成為往後建構民主、自由政體無可規避的參考性原則。

將《人權與公民權宣言》做為制定憲法的指導性原則，事實上也體現出席耶斯等制憲派的「自然法」思想，認為有某些做為「人」的權利與法則是與生俱來的，是與人性不可分割的。席耶斯的創見之一是首度將權力區分為「制定憲法的權力」（pouvoir constituant）和

「被憲法賦予的權力」（pouvoir constitué）。前者源自盧騷的「天賦人權」觀，是以「國民主權」取代「君王主權」，後者則來自孟德斯鳩「權力分立」的主張，據以規範政府的組織架構。法國大革命和啟蒙運動之間的繼受關係藉由這一篇宣言而確立下來。一七九一年的君主立憲憲法和一七九三年的第一共和憲法都理所當然地將《人權與公民權宣言》置於篇首，雖然其內容略有變動。

人權宣言體現自由主義的核心價值

一七八九年制憲議會所通過的人權宣言，包括前言和十七條條文。前言指出「對人權的無知、遺忘和忽視是造成公眾災難和政治腐敗的唯一原因」，人民應該牢記他們擁有「自然的、不可剝奪的、神聖的權利」。在條文中，第一條即規定「人生來即是而且始終是自由的。在權利上是平等的。」第二條明列基本人權：「這些權利就是自由、財產、安全和反抗壓迫。」

涉及權力機制的有「國民是所有主權的根源」（第三條）、「建立分權制度」（第十六條）。涉及法律方面的有「法律是公共意志的表現，在法律面前人人平等」（第六條）、「不准非法控告、逮捕和拘留，任何人在定罪之前應被推定為無罪」（第六、七、九條）、「公民有思想、言論、出版和宗教自由，但必須受法律約束」（第十一條）。涉及賦稅和財產問題的有

「實行納稅平等」（第十三條）、「財產是神聖不可侵犯的權利」（第十七條）。

自由主義的核心價值幾乎都涵括在這些條文裡面。啟蒙運動以來重要的政治思想家，如法國的孟德斯鳩、盧騷、孔德塞、貢斯當，英國的洛克、亞當·斯密、邊沁、密勒，以及德國的康德等人，其主張都可以在上述的條文中找到具體的呼應。

宣言第一條不能說不是對盧騷《社會契約》中「人生而自由，卻又無時不在枷鎖之中」這一感嘆的回應。他主張「公民的集體同意是政權正當性的唯一來源」，這也反映在國民主權的條文當中。

孟德斯鳩在《法的精神》一書中提出分權的理論，「要防止濫用權力，就必須以權力約束權力。」美國是第一個以三權分立原則建構政治體制的國家，一般都將其原始構想歸功於孟德斯鳩。分權制度當然也是法國憲政設計的重點。孟德斯鳩有關立法原則的提法，如「無用的法律減損了必要法律的效力」、「當我們想改變習俗和習慣的時候，不應該透過法律來改變」等，都在提醒立法的節制和法律的侷限性。關於法律與自由的關係，他認為「自由即是從事法律所允許的一切行為的權利」，因此，兩者關係密切。在社會生活中，個人的自由只能由法律來保障，法律既約束被統治者，也約束統治者。他強調：「如果一個公民能夠做法律所禁止的事情，他就不再自由了，因為其他的人也同樣會有這個權利。」

孔德塞（Marquis de Condorcet, 1743-1794）是重農學派葛內（Francois Quesnay, 1694-1774）的門生。葛內私淑孔老夫子，曾說中國的政治是人類社會所存在的最理想的模式。孔德塞和席耶斯一樣，在大革命中都以犀利的政論小冊子介入政治。孔德塞是一七九三年第一共和憲法的主要起草人，他堅決主張以自然權利做為憲法的基礎，並對自然權利提出明確的界定：一、自然權利產生於自然，也產生於人，而不是產生於神。二、自然權利先於人為法而存在，不是由人為法創制出來的。三、自然權利是自然本來具有的，也是理性的人本來具有的，是永恆、堅韌、不變的，對一切人都是一樣，不論種族、膚色與性別。也因此，他是最早主張婦女參政、倡議男女平權的政治活動家和思想家。

自由主義和社會主義初始的對話

一七九三年元月，法王路易十六被送上斷頭臺。六月，通過新憲法。與一七九一年憲法比較，除了君主立憲政體和共和政體的差異之外，主要的是取消了「積極公民」和「消極公民」的劃分（有一定財力的公民才享有投票權），代之以男性公民的普選權。此外還增列了革命權：「當政府侵犯人權時，對於人民來說，起義是最神聖的權利和最不可缺少的義務。」這一條文基本上回應了英國自由主義思想家洛克（John Locke, 1632-1704）的主張，洛克在一六八九年出版的兩卷《政府論》中，明確地指出：人生而平等，人不能未經本人同意即被置於任何形式的威權之下。他認為人有生存、自由和財產的自然權利。他也主張，濫權的君主事實上是置國家於戰爭狀態，人民有抵抗的權利，必要時，甚至可以使用暴力。他認為政府的權力實質上是一種委託權，一旦政府違反了授權時的契約，人民可以取消同意，撤回委託，推翻政府。這其實已是「革命權」的主張。

更重要的是，一七九三年憲法明確列入社會權和經濟權的條文。首先，做為憲法前言的《人權與公民權宣言》第一條改為「社會的目標是共同幸福」，第二條將「平等」列為最重要的權利，其次才是「自由、安全、財產」。另外，在既有的公民權利基礎上，增加了「勞動權」（第十七條）、「受救濟權、生存權」（第二十一條）、「受教育權」（第二十二條），並規定這些權利應由國家加以保障和實現。

這兩個憲法相隔僅僅兩年，卻可說是「自由主義」和「社會主義」最初始的對話。一七九一年憲法強調自由和個人權利，一七九三年憲法強調平等和社會權利。而對於私有財產的態度，在一七九三年的修憲過程中也有過激烈的爭論。當時主導政局的雅各賓黨領袖羅伯斯庇爾（Maximilien de Robespierre, 1758-1794）在修憲過程中發表演說，指出懸殊的財富差距是罪惡的根源，主張對私有財產既要保護，也要加以限制。財產的享有和支配，必須服從於社會和公共利益。後來制定的憲法對私有財產雖未做重大變更，但是自由主義和社會主義對私有財產問題的分歧，在此已初見端倪。

進入十九世紀，由於工業化的快速發展，生產技術和機器設備都有重大的突破，於是生產規模日愈擴張，資本大量集中，金融市場活絡異常，工業資本家和金融資本家成為舊體制瓦解後，新社會中的「新興貴族」。他們不僅掌握了社會中的經濟活動，同時也是政治領域中最活躍的一股勢力。擁有生產工具的資本家為了獲取利潤，不擇手段，竟以壓低工資、延長工時、大量增產、降低成本來提高產品在市場的競爭力，卻導致勞動世界的非人性化。雇庸勞動者被束縛在工廠生產線上，成為大老板積累財富的工具，卻無緣分配生產所得。這種生產關係對廣大的工人而言，是新的鐐銬。舊體制瓦解後所釋放出來的自由和平等權利，對他們而言，只是空話，因為現實的生存環境並不允許他們有能力和閒暇去享用。他們變成一批「除了鎖鏈，再也沒有什麼可以失去」（馬克思語）的無產階級。

馬克思（Karl Marx, 1818-1883）將這種新社會的生產關係定義為「壓迫者」和「被壓迫者」的關係，相當於過去自由民和奴隸、貴族和平民之間的關係，是一種新的階級壓迫。在《共產黨宣言》中，他說：「從封建社會的滅亡中產生出來的現代資產階級社會，並沒有消滅階級對立。它只是用新的階級、新的壓迫條件、新的鬥爭形式代替了舊的。」

社會主義批判新的奴役形式

馬克思可以說是十九世紀歐洲的良心。就如同《人權與公民權宣言》是自由主義思想發展到顛峰的產物一樣，馬克思和恩格斯於一八四八年發表的《共產黨宣言》，是社會主義思想發展到顛峰的產物。前者宣告「舊體制」的結束，後者則是新的生產關係中被壓迫者權利意識覺醒，並採取聯合抗爭行動的起點。《共產黨宣言》的最後一句話是：「全世界無產者，聯合起來！」

與自由主義一樣，社會主義也是源於對自己所處時代政治社會現實的抗爭和批判。社會主義（socialism）源自拉丁文的 socialis（同伴的）或 socius（喜好社交的），有強調共同、集體、社會連帶的意義。社會主義主張基於平等和正義的原則，改變所有權的形式，合理分配生產所得，達成「各盡所能，按勞分配」的理想。

社會主義的先行者，如聖西門、傅利葉、歐文，都跨越了法國大革命的時代，他們既經歷政治結構的重大變革，卻也見識到在資產階級崛起後的新社會中，經濟上強者恣意剝削經濟上弱者的慘狀。他們同樣體認到政治革命之不足，必須建構新的社會組織，才能真正落實平等與正義的原則。

聖西門（Saint-Simon, 1760-1825）首先指出：「被人們認為可以解決社會自由問題的《人權與公民權宣言》，事實上也僅止於宣言而已」，他也質疑孟德斯鳩三權分立的政治架構，認為社會自由問題的解決，「不能通過組織、建立或結合三權的方法來實現」，因為這三權最終還是集中在為了共同利益而結合起來的特權階級的手裡。他認識到工業制度已成為經濟社會的新現實，並把工業制度定義為「依靠科學、藝術和工藝來使勞動造福於社會的政治體系」。至於什麼是政治呢？聖西門說：「政治學就是關於生產的科學，也就是以建立最有利於各種生產的事務秩序為目的的科學。」他首度將政治的目的與工業社會的發展徹底結合，而且不僅是政治，他認為「道德實際上也是隨著工業的完善而發展的」。也因此，掌握政權者必須爭取各勞動階層的支持，並應力求改善最貧困階層的生活條件。

正如同聖西門概嘆法國革命「這一爭取自由的偉大事業只是產生了新的奴役形式」，傅利葉（Charles Fourier, 1772-1837）也不滿意於大革命所揭露的「天賦人權」概念，指出「凡是不能實現的權利都是幻想的權利」，對於飽受剝削的勞動者和連吃飯都成問題的貧苦大眾而言，所謂天賦人權，「只不過是在自由、平等這些名稱掩蓋下的空話」。他批評新興工商業主當家的「文明制度」是「富者對貧者的戰爭」，是「顛倒的世界」，是「社會地獄」。從當時放任的自由競爭和殖民地政策當中，他也預見到工商業文明將進入壟斷階段，而成為「商業的封建主義」、「工業的封建主義」。

歐文（Robert Owen, 1771-1858）則從新興工商業的生產關係中目睹「僱主把僱工只看成獲利的工具，而僱工的性格則日益粗暴」，「人們為了個人的發財致富進行瘋狂的鬥爭，使勞動階級感受到了壓迫和無法忍受的痛苦」。他指出，工業機械的發展使體力勞動的價值大幅降低，以致工人只能過著忍飢受凍的生活。但是工商業主掌握了權力和資本，權力的壟斷和分配的不平等才是災禍的主要來源。他因此嚴厲批判自由主義者所捍衛的私有財產制：「私有財產把私有者的思想局限在只顧自己的狹隘範圍內，妨礙人們去考慮有關人類幸福的重大問題，以及去了解那些可以大大有助於改善人的性格和生活條件的偉大的普遍思想。」

最大多數人的最大幸福

歐文所期待的那種「有助於改善人的性格和生活條件的偉大的普遍思想」也正是馬克思所追求的。社會主義到了馬克思手上，變成一種改變世界的宣言。早在一八四五年〈關於費爾巴哈的提綱〉中，他就寫道：「哲學家們只是用不同的方式解釋世界，而問題在於改變世界。」一八四八年初的〈共產黨宣言〉是理論和實踐的統一，也是以社會主義「改變世界」的行動綱領。

從十九世紀中葉到一九一七年第一個社會主義政權在俄羅斯成立，也是自由主義和社會主義在日益發展的工業社會中對話與互動的重要時期。馬克思不滿於過去的「空想社會主義者」僅止於以預言家的姿態推斷未來，他不僅「要對現存的一切進行無情的批判」，而且要「在批判舊世界中發現新世界」（《馬克思恩格斯全集》卷一，頁四一六）。其實，自由主義的出發點，又何嘗不是源於批判現存的一切，又何嘗沒有在批判中發現新世界的渴望？

一般都認為自由主義與社會主義的區別在於：前者重視個人、自由和效率，其核心價值是自由契約、自由貿易和財產神聖；後者則重視集體、平等和公平，其核心價值是公有制、計劃經濟和按勞分配。如今，這似乎被視為是兩組截然對立的概念。其實，如果我們回顧這兩大思潮在十九世紀的發展，會發現兩者除了都以對現狀的批判為出發點之外，還有許多可以相互會通、參照的空間。

洛克是自由主義的先驅，他首先提出社會契約論，主張政府必須基於被統治者的同意。他把財產與生命、自由同列為人類最基本的自然權利，並指出貿易是一個國家實現人民福利的工具。亞當・斯密（Adam Smith, 1723-1790）首先提出市場是「看不見的手」的概念，個人利益和公共利益會在市場中自然得到協調，每個人追求自己的利益就會促成社會總體利益的實現。因此，一個國家最好的經濟政策就是對私人經濟採取自由放任（laissez-faire）的政策，完全不加干預。

洛克死於十八世紀初，亞當・斯密於法國大革命翌年過世，他們都無緣見識到十九世紀工業高度發展的歐洲社會，對於財富積累、資本集中和放任自由競爭所產生的貧富兩極化現象，也尚未能預見。在政治、經濟關係中，馬克思所指控的，資產階級崛起後，「在現代的代議制國家裡奪得了獨佔的政治統治，現代的國家政權不過是管理整個資產階級的共同事務的委員會罷了」，他們當然也還相當陌生。但是，同樣生在英國，同樣是自由主義重要思想家的邊沁和密勒，由於都經歷了十九世紀初的工業文明，他們對勞動者的處境就有比較多同情的了解。

邊沁（Jeremy Bentham, 1748-1832）建構了功利主義（utilitarianism）的哲學觀，以「最大多數人的最大幸福」做為衡量決策和行為正當性的基本準則。他的許多著作源自對法國大革命的思考，對大革命時期的司法改革也起了一定的作用，一七九二年曾被頒授法國榮譽公民的資格。然而他並不贊同《人權與公民權宣言》所揭示的天賦人權觀。他認為權利若不是立足於平等的機制上，則連自由也無法確保。他指出法律必須要能保障安全、生存和平等，並須致力於必要的政治結構以促成這些目標的實現。他的這些主張形成現代民主制度的柱石。

密勒（John Stuart Mill, 1806-1863）是邊沁的主要追隨者。他進一步把功利主義的原則和自由主義的原則融為一體，將自由視為人類幸福的首要條件，因為真正的幸福意謂著人格的充分發展，而人格的發展不可能在缺乏自由的狀態下進行：自由是幸福的一個面貌，也是尋求其他形式的幸福時所不可或缺的條件。密勒在一八五九年出版的《論自由》一書，常被視為完成自由主義理論架構的一個標誌；他的《論代議政府》則是往後各界討論民主利弊的基礎。

重新思考自由的概念和價值

歐文在《新社會觀》一書中寫道：「任何政府的目的都是要使被管理者生活幸福」，並一再強調最好的政府形式就是實現「最大多數人的最大幸福」的政體。做為社會主義的先行者，歐文思想的發展其實深受邊沁的影響。同樣的，密勒追隨邊沁，完成自由主義的思想架構，而他事實上也曾經對聖西門的社會主義投以高度的熱情。密勒因此深信任何政府組織的理論都應以歷史和社會文化條件為基礎，尤其一八四八年的法國革命失敗之後，他主動捍衛社會主義的陣營。然而，他反對集中制的共產主義，主張自由競爭的經濟，但是企業的所有權則隸屬於該企業的工人。

繼密勒之後，英國另一位重要的自由主義思想家是格林（Thomas Hill Green, 1836-1882）。格林不像一般自由主義者一樣強調國家的干預越少越好，他相當重視國家的職能，認為國家應該在社會發展中扮演積極的角色。格林認為傳統自由主義者所倡導的是「消極自由」，即僅僅不受國家權力壓迫和限制的自由。他則相對地倡議「積極自由」，即「從事值得去做或享受值得享受的事物的能力」，而且這種自由必須是可以與他人共享的。他擴大邊沁的「最大多數人的最大幸福」說，主張「真正的自由就是人類社會的所有成員都享有最大化的能力去實現自己的最大價值」。他認為國家應積極保障這樣的自由，因為積極自由體現了道德與善，而國家則是道德與善的載體。

貢斯當（Henri Benjamin Constant, 1767-1830）是法國立憲自由主義的代表性人物。他透過對盧騷思想和法國大革命轉向恐怖統治的反省，重新思考自由的概念和價值。他批評盧騷的社會契約論將個人權利完全讓渡給代表共同意志的共同體，並將共同意志的外化視為人民主權和自由的保證，是不切實際的。因為任何主權都必須透過具體個人所形成的權威組織行使，其結果是主權的代理人將以自由和群眾為名，行專制濫權之實。他說「革命是為了自由」，而自由即是指「個性的勝利」，自由不僅是公共道德和私人道德的基礎，而且也是個人尊嚴、集體幸福、司法保障的前提。因此，在《憲政論》一書中，他指出立憲主要是為了確立做為道德價值的個人的地位和尊嚴。關於當時喧騰一時的君主立憲制與代議共和制的爭議，他第一個指出，兩者的差別其實只是形式上的，因為兩者都是立憲的政體。除此之外，貢斯當也預見了政黨在憲政體制中的角色。他宣告：「我們正在進入一個政黨的時代」，又對政黨下定義曰：「政黨一詞是指公開信奉同一政治學說的人們所組成的團體」。他構想中的自由黨未及完成即於一八三〇年過世。然而，他組織政黨的倡議卻給予「信奉同一政治學說」的社會主義者相當大的啟發。法國的社會主義者從一八三一年起進入結社的高峰期，他們主張只有勞動者聯合起來，才能向僱主要求工資、休息和自由的權利，不相信結社的人不能稱為社會主義者。

以「異化」闡釋勞動者的困境

一八四八年的《共產黨宣言》標誌一個新時代的來臨。然而，馬克思在一八四四年的《巴黎手稿》尚未以階級鬥爭做為其歷史哲學的出發點，而是以「異化」（Entfremdung）的概念闡釋勞動者的困境：在資本主義的生產條件之下，由於競爭、分工和剝削，勞動者畢生致力於生產，卻無法擁有生產的產品，他既對產品陌生，對生產過程陌生，甚至對他的生命本能都變得陌生。勞動者空有人的面貌，其個性卻遭到全面扭曲。做為一個人，唯有保障其多種潛能有表達的自由和機會，人才能在工作和生存中獲得自我實現。

這樣的主張，放在啟蒙運動後的歐洲來看，其實是積極的人道主義觀點，與上述的自由主義思想家相較，也可以說是典型的激進自由主義者。甚至直到《共產黨宣言》，馬克思仍承襲一八四四年手稿的思維，如此控訴資產階級：「它使人和人之間除了赤裸裸的利害關係，除了冷酷無情的『現金交易』，就再也沒有別的聯繫了……它把人的尊嚴變成了交換價值，用一種沒有良心的貿易自由代替了無數特許的和自力掙得的自由。」

如此對資本主義社會的生產、消費、分配過程提出全面性批判，不正是為了要求個人有免於經濟上受壓迫的自由嗎？不正是替經濟上的弱者向經濟上的強者爭平等嗎？這種不論貧富貴賤，為每個人爭取自由、平等的主張，不也是自由主義的核心價值嗎？馬克思和他同時代的社會主義者所不滿的自由主義是放任的、漫無節制的、為資產階級的剝削、掠奪張目的自由主義。但是，至少到十九世紀，這樣的放任自由主義並不是歐洲自由主義思潮的主流。

當然，在總結啟蒙運動的影響之前，不能不談完成啟蒙運動哲學理論架構的德國哲學家康德（Immanuel Kant, 1724-1804）。前面提到，自由主義和社會主義都源於對現狀的抗爭和批判，康德對他那個啟蒙時代的說法是「我們所處的時代，原本就是一個批判的時代，一切事物都必須服從批判的時代。」康德的批判後來發展為《純粹理性批判》、《實踐理性批判》與《判斷力批判》，這個「批判」有別於一般的用法，其哲學意涵為理性對其自身認識能力的嚴格審查。然而他所建立的龐大思想體系，他對人的尊嚴，人的自由、自律、自主，乃至人格的自由發展等理論的建構，可以說是自由主義理論的極致。

康德過世之後，追隨者浩浩然形成康德學派，不到一百年，學派中已湧現許多傑出的社會主義者，毅然加入勞工運動的行列。如福連德（Karl Vorlaender, 1860-1928）、阿德勒（Max Adler, 1873-1937）都是赫赫有名的康德學派社會主義者。相對的，在社會主義活動家當中，也不乏以康德信徒自居者，如德國社會民主黨創建人伯恩斯坦（Eduard Bernstein, 1850-1932）和聯邦德國前總理施密特（Helmut Schmidt, 1918-）即是顯例。用康德的哲學來處理不公、不平、不義的社會現象，解決強凌弱、大欺小、富者恆富、貧者恆貧的社會問題，就自然而然出現「左翼自由主義」（Linksliberalismus）或「社會主義的自由主義」（Sozialistischer Liberalismus）。

其實，康德強調人的尊嚴必須建立在人格的自由發展之上，這又何嘗不是馬克思所積極探求的？在《共產黨宣言》裡，馬克思先是控訴「在資產階級社會裡，資本具有獨立性和個性，而活動著的個人卻沒有獨立性和個性」，繼而主張以一個新的聯合體代替資產階級舊社會，「在那裡，每個人的自由發展是一切人的自由發展的條件。」從這樣的脈絡來看，康德的信徒會成為社會主義活動家，並不令人意外。

自由主義和社會主義都是歷史的產物，都深深刻劃著時代的烙印。馬克思如果生在一七八九年前的法國，他肯定會積極參與第三等級爭取權利的運動，會是一個為基本人權而奮鬥不懈的自由主義者。同樣的，康德如果活在十九世紀下半葉，他也很可能成為一個誓為勞動者鳴不平的社會主義者。這兩大思想流派在不同的歷史階段呈現出不同的風貌，當然也有不同的內涵。但是其基本主張不僅不是截然對立，甚至可以有相互會通之處。我們也許可以透過辯證的觀點，揚棄兩者不合理的、不合時代的成分，而在其有價值的部分達到良好的互動。

從英國的「憲章運動」到德國的「社會市場經濟」

在現實政治操作的層面上，邊沁和密勒的主張對英國十九世紀三、四十年代如火如荼的「憲章運動」有重大的影響。一八三七年，「倫敦工人協會」公布《人民憲章》，主要訴求是男性公民普選權和國會改革。運動者透過聲勢浩大的簽名、進行示威、請願和罷工向政府施壓。雖多次遭到鎮壓，卻是前撲後繼，不絕如縷。到一八四八年，在請願書上簽名的已超過五百萬人。發動憲章運動的主要有兩股勢力，其一是以礦工和城市大工廠工人為主的「暴力派」，另一派是以技術工匠和進步資產階級為主的「道義派」。前者傾向革命的社會主義，後者則是以邊沁和密勒的思想為主導的激進自由主義。密勒後來甚至直接投入社會主義運動，而被稱為是一個「自由社會主義」者。十九世紀下半葉活躍於英國的「自由黨」有相當多工人階級的菁英。一八九三年獨立工黨成立，從十九世紀末到二十世紀初，自由黨與工黨在選舉中常有聯合協議，在議會鬥爭中也常採取一致的立場，共同對抗保守黨。

在德國，除了上述的康德學派中出現「社會主義的自由主義」之外，一八七一年以來，第二帝國議會裡的自由主義者亦分裂為左翼的「進步國民黨」和右翼的「國家自由黨」。第一次世界大戰後，威瑪共和期間同樣出現兩個標榜自由主義的政黨，其中，右翼的「德意志國民黨」係大資本家資助，左翼的「德意志民主黨」則結合了小資產階級和中智階級。二次大戰後，在東西陣營對峙的冷戰結構之下，聯邦德國推動「社會市場經濟」（Soziale Marktwirtschaft），巧妙地調和自由市場經濟和中央計劃經濟，使慘遭納粹肆虐、飽受戰火摧殘的西德，得以快速地從殘垣斷瓦中站起。一九八九年，柏林圍牆戲劇性地拆除了，東、西德邁向統一。儘管兩德統一後，有許多歷史遺留下來的問題須一一去克服，其進程基本上還是相當平順的。德國的經濟力和在歐盟的領導性地位更進一步獲得確認。這不能不歸功於「社會市場經濟」的設計，融合了自由主義和社會主義的內涵，使得在不同體制下生活了四十餘年的東、西德人民，可以很快地取得互信和諒解。

法國左、右翼政黨的折衷共治與美國的「新政」

一八七〇年，法國在普、法戰爭中慘敗，第三共和（一八七〇—一九四〇）成立。翌年，爆發有史以來第一個以無產階級國際主義為號召的革命，成立了巴黎公社。但公社為時未久即遭到政府軍的血腥鎮壓。此後，法國的政壇雖然一向左、右陣營壁壘分明，但是不管是左、右翼政黨執政，迫於現實政治的考量，多會採取比較調和折衷的政策。第三共和初期是資產階級政黨掌權，為了防止保皇派勢力的復闢，確立了男性公民的普選權，立法保障出版、言論、集會、結社、組織工會的自由。這些民主權利也正是當時廣大的勞工大眾所極力爭取的。從此，他們可以公開組織工會和政黨，可以光明正大地透過刊物和集會表達意見、宣傳理念。法國社會黨的創黨人饒勒斯（Jean Jaurès, 1859-1914）曾對這個時代做出如下的評價：「現在，社會主義的無產階級是公開地在民主合法性和普選的廣闊陣地上準備、擴大並組織它的革命。」

第三共和末期，一度由左翼取得政權，在社會黨領袖勃魯姆（Léon Blum, 1872-1950）的領導下，成立了「人民陣線」（Front populaire, 1936-1938）政府。人民陣線政府積極調整勞資關係，法國總工會會員短短一年間，從一百萬增加到五百三十萬；改善勞動者工作條件，實施帶薪休假，將法定工時縮減為四十小時；並加強國家對經濟生活的干預，重要企業國有化，加強對銀行的控制。這些基本上都是社會主義價值的實踐。但是，人民陣線政府也同時保障多黨政治和民主體制，保障一定的經濟自由。勃魯姆主張：「國家的權力不是去限制生產，而是去增加消費，不是去毀壞和禁止，不是去定量供應和壓抑，而是去創造和刺激。重新賦予一個由於蕭條而破碎、由於緊縮通貨而失血過多的經濟機制以生命。」又說，其施政的目標是「在現行制度中獲取其所能提供的秩序、財富、安全和正義的最大值。」

這樣的政策其實與凱恩斯學派的理論相去不遠。英國經濟學家凱恩斯（John Maynard Keynes, 1883-1946）對二十世紀自由主義陣營的經濟決策影響十分深遠。他認為不能迷信市場的效率，主張國家積極介入經濟活動，透過公共工程、政策性鼓勵投資和消費，以刺激、滿足民眾的需求並保障充分就業。國家即使因此必須編列赤字預算，其赤字也將因為經濟增長所帶來的稅收而獲得彌補。他基本上是贊同資本主義的經濟體制，但是，他又說：「條件是必須在明智的計劃之下。」一九二九年爆發全球性的經濟大蕭條之後，凱恩斯的主張提供了經濟復甦的藥方。而在二次大戰後，北歐福利國家的形成，也多少有凱恩斯的影子。

進入八十年代，法國的政局基本上還是以左、右為分野。但是，特殊的政治文化加上第五共和「雙首長制」的憲政設計，竟戲劇性地出現了「左右共治」（cohabitation）的局面。自從一九八六年迄今，已先後出現三次總統、總理分屬左、右政黨的局面。「左右共治」逐漸成為法國政府的常態，民眾也早就習以為常。似乎，社會主義和自由主義在這個《人權與公民權宣言》的故鄉，是很可以既對立又統一的。

英、德、法是歐洲三個工業文明大國，其左、右兩股政治勢力辯證發展的歷史經驗有一定的代表性。英國是工業革命的發源地，是世界上最老牌的民主國家，也是最早萌生自由主義思想的地方。德國的工業化起步較晚，但是階級的矛盾和鬥爭也最為激烈。因此，社會主義最高級的形式——共產主義，就誕生在德國。法國則就其地理位置和思想、文化的活力而言，都是歐洲的心臟，在法國發生的事情，會以最快的速度向外輻射、擴散。而在這三個國家中，我們發現，在理論上和實踐上，自由主義與社會主義都是透過綿密交錯的對峙和對話而互動發展的。

即使在做為資本主義大國的美國，於羅斯福（F.D. Roosevelt, 1882-1945）總統的時代，也曾透過國家的大力干預和強制性的社會立法，以解決大蕭條所帶來經濟危機和嚴重的失業問題。羅斯福是美國有史以來任期最長的一位總統（一九三三－一九四五），他認為一味自由放任的資本主義市場經濟體制，既無法將美國從經濟衰退中挽救出來，也使得社會正義蕩然無存。因此，競選時即以「新政」（New Deal）為訴求，並從一九三三年起大力推行。其主要內容是對金融業加強控管、政府規劃大工程以促進企業投資並增加就業、補助農業生產、廢除童工、減少工時、制定最低工資和失業保險制度、鼓勵組織工會並保障其與資方談判、協商的權益。

「新政」是一套調和自由市場與國家計劃的經改方案，經濟學家常將其視為混合經濟的一個傑出典範，既保持了自由主義所重視的市場機能，也擴大了社會正義的範疇，使社會主義的理想多少有所依附。「新政」使美國得以擺脫大蕭條的陰影，經濟逐漸復甦，社會矛盾也大為消減。第二次世界大戰爆發後，美國全國上下能夠以比較從容、寬裕而團結的態度投入烽火戰場，應歸功於「新政」所奠下的基礎。

官僚主義是執政的共產黨最大的毒瘤

東歐國家的工業化水平與歐、美先進國家相較，仍有一大段距離。但是，在一九六〇年代，東歐共產主義陣營中也曾有過融合兩大思潮的嘗試。南斯拉夫實施「自治社會主義經濟體制」，匈牙利則進行「新經濟體制」，都試圖以分層決策和有調節功能的市場機制配合中央計劃模式，即「運用市場來實現社會主義的目的」，但在蘇聯的干涉之下，並未獲得明顯的成果。

其實，在早期的蘇聯，列寧雖然已強調無產階級專政，卻也還允許其他黨派的存在，對資本主義相對地採取比較謹慎、客觀的態度。對社會主義制度所可能產生的弊端，也有比較務實、冷靜的認識。早在十月革命前，列寧即發出警訊：「沒有民主，就不可能有社會主義……勝利了的社會主義，如果不實行充分的民主，就不能保持它所取得的勝利。」（《列寧選集》卷二，頁七八二）

十月革命後，列寧曾主張吸收小資產階級的代表參加政權，在「新經濟政策」時期，他甚至認為也應容許「耐普曼」（即資產階級）參與政治合作。他尤其注重黨內民主，要求在黨組織內讓黨員充分發揮其自主精神，他說：「在全黨必須遵守的黨的決議未經通過前，應展開廣泛的討論和爭議，充分自由地進行黨內批評，集體制定全黨性的決議。」而對於少數不同的意見，他甚至主張出版爭論專頁或專門文集予以刊登（見〈蘇聯共產黨代表大會、代表會議和中央全會決議匯編〉，第二冊，頁五四，人民出版社，一九六四年）。

一九二三年，列寧在一篇題為〈寧肯少些，但要好些〉的文章中，對於那些「過於輕率地侈談什麼無產階級文化的人」，提出如下的諍言：「在開始的時候，我們能夠有真正的資產階級文化也就夠了；在開始的時候，我們能夠拋掉資產階級制度以前的糟糕至極的文化，即官僚或農奴制等等的文化也就不錯了。在文化問題上，急躁冒進是最有害的。」他已敏感地意識到官僚主義將是共產黨最大的「毒瘤」，並提出警告：「一切工作中最大的毛病就是官僚主義，共產黨成了官僚主義者。如果說有什麼東西會把我們毀掉的話，那就是這個。」（《列寧全集》卷五十二，頁三〇〇）

列寧過世後，斯大林先是對黨內異議分子進行全面整肅，繼而對自由主義採取一刀兩斷的措施，造成「黨外無黨，黨內無派」的局面。與此同時，斯大林大力推動計劃經濟，嚴重違反經濟發展規律，將社會主義引向平均主義，使得全蘇聯的勞工普遍喪失積極性，而共產黨官僚則因掌控計劃經濟分配資源的大權，而成為傑拉斯筆下的「新階級」。這種斯大林主義與《共產黨宣言》中所許諾的「每個人的自由發展是一切人的自由發展的條件」顯然背道而馳。然而斯大林主義歷經赫魯曉夫（僅止於對斯大林執政風格的批判）、布涅日列夫、安德魯波夫、契爾年科等領導人，仍一直主宰著前蘇聯，以致柏林圍牆一坍塌，整個前蘇聯再也經不起歷史的考驗，隨之土崩瓦解。

斯大林的獨裁專制、蘇維埃政權的不斷擴張以及中央計劃經濟的雷厲風行，使整個西方感受到強烈的威脅，遂逐漸對蘇維埃政權產生戒心。二次大戰期間，為了共同對抗納粹的侵略，蘇聯與西方國家有過一段蜜月期。然而，大戰結束後，蘇聯的「革命輸出」導致共產政權向東歐、亞洲、南美擴散，與西歐和北美的國家儼然形成兩個對立的、以社會主義和自由主義為分野的陣營。這種對立的顛峰就是全球冷戰的「恐怖平衡」局面。

中國：一個跨世紀的重大實踐

自一九八九年以來，東歐共產政權乃至蘇聯以骨牌效應紛紛解體。以美國為首的西方國家一度慶幸這是「歷史的終結」，冷戰結束，資本主義自由市場經濟獲得最後的勝利，並從此將定於一尊，成為人類社會唯一可能的制度。美國甚至派出一批號稱「金童」的金融財政專家，企圖以「休克療法」，儘速將原社會主義國家轉軌到美國式的資本主義。如今，十年過去了，我們看到的卻是東歐標榜社會主義的左翼政黨紛紛復歸、擴大，甚至透過民主選舉，取得執政的機會。在這些國家，自由主義和社會主義的對話依然持續在進行當中。

這樣的世界局勢，有助於中國更清楚地認識自己的過去、現在和未來。同時也較能夠從容、客觀、自主地選擇自己的道路。我們有過文革的教訓，那是一個如列寧所說的「急躁冒進」的年代。我們也嘗過「官僚主義」的苦果，不同的聲音曾經遭到百般的壓抑。我們都已經知道，專制、封閉，不是國家之福。其實，大陸過去對自由主義的了解多透過馬、列、斯、毛的著作，他們以如椽巨筆嚴厲批判早期的資本主義，對自由主義難免有較片面的觀點。五十年代以來，在全球冷戰結構之下，自由主義也被社會主義陣營視為資本主義陣營的意識形態，因此更是刻意排斥。改革開放之後，由於清理極左思潮，自由主義逐漸風行，卻無非是與經濟活動結合在一起的自由主義，功利壓過義理。

如今，大陸提出「社會主義初級階段」的說法，一九九七年的中共第十五次全國代表大會確認社會主義初級階段是「不可逾越的歷史階段」。到一九九九年的修憲，更將憲法序言中原先的「我國正處於社會主義初級階段」修改為「我國將長期處於社會主義初級階段」。這是一個機會，讓我們可以沉靜下來，以比較從容舒緩的態度，好好重新審視自由主義和社會主義在歷史上的發展與遇合。

鄧小平生前確立下來的「社會主義市場經濟」，其實不妨視為自由主義和社會主義的跨世紀對話。鄧小平不斷強調要解放思想、實事求是，超越「姓資」與「姓社」的爭議，避免兩極分化。他說：「社會主義和市場經濟之間不存在根本矛盾……計劃經濟不等於社會主義，資本主義也有計劃；市場經濟不等於資本主義，社會主義也有市場。」自由主義向來強調市場的調節功能，鄧小平的說法為自由主義和社會主義的辯證性發展提供了廣闊的空間。其實，早在一九二一年，中國社會主義先行者李大釗一篇題為〈自由與秩序〉的文章中，就說：「個人主義與社會主義絕非矛盾……真正合理的個人主義，沒有不顧社會秩序的；真正合理的社會主義，沒有不顧個人自由的。」個人主義也是自由主義的核心內容之一。而在此之前，推翻中國君主專制政權的革命領袖孫中山，更在其一九一九年制定的《建國方略》中寫道：「欲使外國之資本主義，以造成中國之社會主義，而調和此兩種人類進化之經濟能力，使之互相為用，以促進將來之文明也。」《建國方略》無非是中國最早的一部國家現代化綱領，孫中山已認為資本主義與社會主義的相互為用，是我國經濟建設「最直捷之途徑」。孫氏於一九二三年在國民黨內部推動「聯俄、容共、扶植農工」三大政策，更是上述思維的具體實踐。

歷經十年文革的慘痛教訓，鄧小平告訴我們，只有解放思想、實事求是才是邁向進步、發展的道路：一九七八年底，十一屆三中全會確立改革開放政策。一九八二年提出「以計畫為主，以市場為輔」的經改策略。一九八八年，進一步提出兩者並軌。如此一來，以計畫經濟為主導的社會主義和以市場經濟為核心的自由主義，在祖國大地上不僅日漸趨於和解，甚至可以並行前進。

一九九二年，中共「十四大」秉持鄧小平南巡講話的精神，將「社會主義市場經濟」寫入黨綱。翌年三月，八屆人大更將「社會主義市場經濟」寫入憲法，為深化改革，推動中國現代化的事業，奠下了穩固厚實的基礎。這持續二十年的改革開放政策，以及從實踐中摸索出來的發展模式，無疑是一個跨世紀的重大實驗。這些年來，中國的經濟得以持續高度增長，綜合國力大幅提升，人民的生活也普遍獲得改善。

總結自由主義與社會主義的歷史經驗

自由主義與社會主義原都是工業革命的產物。近兩百年是西方國家工業發展最迅猛、現代化腳步最豪闊的時代，同時也是兩大思潮交會、交鋒最密集的時代。要掌握現代思潮，就不能不對這兩大思想流派做必要的爬梳與整理。西方的工業化是一個十分曲折的歷程，既有輝煌、進步的一面，也不乏陰暗面與逆流。自由主義與社會主義既是因應工業社會的變革而產生，也對相關的經濟、社會問題做過回應與深刻的對話。

今日的中國不能迴避工業化的挑戰，為免於重蹈覆轍，避開現代化進程中可能出現的誤區與陷阱，我們應站在既有的基礎上，總結自由主義與社會主義的歷史經驗，記取教訓，萃取其進步合理成分。絕不能再像過去那樣，以簡單的二分法來片面地對待自由主義，也不能使社會主義淪為僵化的教條。唯有深入探索自由主義和社會主義從對立到互動、互補的歷程，才能為「社會主義初級階段」定性，也才可能確切掌握「社會主義市場經濟」的要義。

如今，面對一個全新的歷史階段，我們有幸找到了一條適合自己國情的道路。然而，當我們堅持「有中國特色的社會主義」道路時，似乎也不應忽略，國家現代化理想的實現，「特色」與「共性」其實是相互為用的。所謂「特色」即是文化主體意識，所謂「共性」是世界歷史發展的普遍律則。我們唯有站在中國文化主體意識的立場，深入了解發達國家現代化歷程的共性，才能在此基礎上去比較、吸納，去蕪存菁，為我所用，並從而完成國家現代化的宏偉目標。

——大陸《中國社會科學》一九九九年十一月

近現代中國輸入西方思潮的經驗與教訓

——兼論「重建文化主體意識」對「建設有中國特色社會主義」的現實意義

自鴉片戰爭以來，古老的中國面臨了「數千年來未有之變局」（李鴻章語）。西方殖民帝國主義的欺凌對閉鎖、積弱的中國帶來巨大的衝擊，工業革命以來的西方思潮也在這段期間大量湧入，與中國的傳統文化思想難免有許許多多的轇轕與互動。中國從沉睡中驚醒，如何面對西方，如何迎接現代化的挑戰，這是所有關心國是的知識分子無可迴避的課題。從十九世紀中葉的自強運動，歷經晚清的變法維新、辛亥革命，以迄五四以來風起雲湧的新文化運動，中國的近現代史，有相當重要的一部分，是知識菁英殫精竭慮，為中國的文化趨向和發展道路對話或交鋒的紀錄。雖然其中不乏因救亡急切而產生的偏執與激情，但是有關中國傳統文化面對西方思潮的調適、轉型、應變、求變的歷程，為我們留下了極為豐富的經驗與教訓。

十九世紀的西方，正處於工業發展最迅猛、現代化腳步最豪闊的時代，同時也是支配近現代世界政治、經濟與社會的自由主義和社會主義這兩大思潮對話、交鋒最密集的時代。中國從十九世紀下半葉開始大量引進西方的技術與思想，難免也為這兩大思潮在中國的傳播留下難以抹滅的刻痕。西方的工業化是一個十分曲折的過程，既有輝煌、進步的一面，也不乏陰暗與逆流的另一面。自由主義與社會主義都是工業革命的產物，既回應了新生的政治、經濟、社會問題，彼此之間也一直進行著深刻的對話。同樣的，西方思潮湧進中國後，身處變局的中國知識分子也被迫面對新形勢，探求理論，相互辯難，思索中國發展的方向。

師夷長技以制夷

早在鴉片戰爭以前，較敏銳的晚清士大夫已察覺到西方勢力的入侵以及封建社會瀕臨瓦解的危機。龔自珍（一七九二—一八四一）死於鴉片戰爭第二年，但是他所留下的詩文已深刻反映了一個衰亡中的舊時代，同時也讓我們看到一股新生的力量正在這塊舊時代的腐土上滋長。龔自珍大量揭露現實社會黑暗面、批判封建衰世，率先指出變革的必要與必然。他同時也掀起了批判傳統權威的風氣，否定儒家的獨尊地位。龔自珍的思想在他的時代堪稱前衛，具有啟蒙意義。難怪在《清代學術概論》中，梁啟超評道：「晚清思想之解放，自珍確與有功焉；光緒間所謂新學家者，大率人人皆經過崇拜龔氏之一時期。」

在中國近現代史上第一位明確提出向西方學習的知識分子首推魏源（一七九四—一八五七），他開啟了晚清自強、維新運動的先聲。依據林則徐主持編譯的《四洲志》的基礎上，魏源於一八四二年編著五十卷本的《海國圖志》，次年刊行，一八五二年又擴充為百卷，對西方史地和科技文明首度做系統性的整理與介紹。《海國圖志》的完成，是直接受到鴉片戰爭的刺激。魏源在序言中痛陳戰爭的挫辱是「凡有氣血者所宜憤悱，凡有耳目心知者所宜講畫。」因此他具體主張「師夷長技以制夷」，並明確指出：「夷之長技三：一、戰艦；二、火器；三、養兵練兵之法。」魏源的主張也正是整個自強運動的重心所在。至於傳統與西學之間的關係，魏源主張：「今必本乎古……善言古者，必有驗於今」，又說，「執古以繩今，是為誣今」（見《默觚》）。這是一種很進步的歷史觀，古今之為用，全看是不是有助於提高人民的福祉，魏源的說法是：「治不必同，期於利民。」《海國圖志》後來傳到日本，受到高度重視，對明治維新產生一定的影響。

早期自由主義的影子

其實，我們若是回顧近現代中國輸入西方思潮的歷程，將不難發現，從十九世紀中葉到國共內戰結束的這一百年間，雖然中國工商業的資本和規模都還處於醞釀階段，自由主義和社會主義的主張卻已相當程度地左右著知識菁英思考的方向。從洋務運動時期薛福成、馬建忠、鄭觀應等人對富強之術的追求以及重商論的提出，不難看到早期自由主義的影子。

薛福成（一八三八—一八九四）先後受到曾國藩和李鴻章的重用，是洋務運動幕後的靈魂人物。曾、李二人相繼擔任直隸總督兼北洋大臣，掌管清廷外交、軍事、經濟大權，而他們許多對國計民生有重大影響的奏摺、文牘皆出自薛福成之手。薛氏不僅參與鐵路、船政、礦產、軍備等國家基礎建設的規劃，對於生產機械化、公司組織與管理的完善乃至商業貿易的拓展也都有其遠見。他在〈西洋諸國導民生財說〉一文中，指出西方「工藝之興，新奇日著，又能切於民生日用，質良價廉，為遐邇所必需，是不但不遺地利，又善用人力矣。商務為上下所注意，風氣既開，經營盡善，五洲萬國，無貨不流，各挾巨資以逐十一之利，是不但鳩之境內，又輦自境外矣。」這對西方資本主義工業社會的形貌已是十分精當的描述，同時也透露出洋務運動核心人物對西方世界的嚮往與追求。馬建忠（一八四五—一九〇〇）也曾在李鴻章麾下辦理洋務，於鐵道運輸、郵政、海軍等都提出過建言，而他在〈富民說〉中更具體主張積極發展國際貿易，開宗明義即言：「治國以富強為本，而求強以致富為先。」他舉英、美、俄、德等西方國家為例，證明通商是求富之源。而他的留法經歷，也使他認識到器物以外的其他面向。他從巴黎寄呈李鴻章的書信中，寫道：「初到之時，以為歐洲各國富強專在製造之精、兵紀之嚴。及披其律例，考其文事，而知其講富者以護商會為本，求強者以得民心為要。護商會而賦稅可加，則蓋藏自足；得民心則忠愛倍切，而敵愾可期。他如學校建而智士日多，議院立而下情可達；其製造、軍旅、水師諸大端者皆其末焉者也。」雖然馬建忠於信中不免述及議會政治賄賂公行、朋黨營私的現象，但是他在有關重視教育和廣開言路方面的論述，已不妨視之為從洋務運動向維新變法的一個轉折。

然而，在十九世紀的著作中，對西方工業社會資本主義精神有如實掌握，對中國工商業發展真正有實務經驗並做系統性論述的，首推鄭觀應（一八四二—一九二二）的《盛世危言》（一八九三年刊行）。鄭觀應曾任職英國商行，又自營貿易，投資航運，於商界極為活躍。他提出「恤商惠工」的政策，在國際關係，則主張應以商戰為主，兵戰為末。他批評洋務派追求「船堅砲利」只不過是專事購買西方船砲，是「遺其體而求其用」，主張自行製造機器，以得「機器無窮之妙用」。洋務運動時期流行「中體西用」的說法，鄭觀應雖然在《盛世危言》的〈西學〉篇中，也提出「中學其體也，西學其末也；主以中學，輔以西學」，為中國傳統文化和西方文化之間的關係定位。然而，鄭觀應的體、用之分，在實際上已超出了中、西的界線。在實務上，他所認知的「體」已不僅是傳統的倫常價值，他比洋務派更進一步主張君主立憲、設立議會，並從務實、效率、利害等觀點論證議會政治優於專制。這些觀點給康有為、梁啟超等人日後所發起的變法維新運動相當大的啟發。

自由為體，民主為用

清廷內部主持洋務運動的代表性人物是曾國藩、左宗棠、張之洞、劉坤一、李鴻章等實力派官僚。他們一方面要與耽溺於「天朝上國」迷夢的皇親國戚周旋，一方面目睹大好河山淪為西方列強的刀下俎肉，其圖強救亡之急切可想而知。然而清朝早在雍正元年（一七二三）即頒布〈禁教諭〉，禁止西洋教士來華傳教，從而也阻絕了西方啟蒙思潮與中國文化相會通的機會。洋務派的世界觀在這種鎖國政策下難免受到侷限，但是其務實求治、保國衛民的努力，仍是不容輕忽的。矢志追求船堅砲利的洋務運動固然經受不起甲午戰爭一役的考驗，但是他們所積極創辦的洋務機構，如北京的同文館、上海的江南製造局和福州的船政學堂，都對日後的中國產生深遠的影響。西方重要著作的翻譯、傳習以及政策性資助學子出國留學，為新一代的知識青年開拓了眼界，同時也為更進一步的政治、社會改革蘊蓄了必要的能量。曾國藩在〈擬選子弟出洋學藝摺〉中即主張「凡遊學他國得有長技者，歸即延入書院，分科傳授，精益求精，其於軍政、船政，直視為身家性命之學」，其中將軍政、船政「直視為身家性命之學」的說法，可見其嚮慕西方工業技術之急切。

翻譯名家嚴復（一八五四—一九二一）是福州船政學堂的首屆畢業生，一八七七年負笈英國學習海軍，回國後曾擔任福州船政學堂教習、北洋水師學堂總教習，可以說是洋務運動的典型人物。然而，卻也是他最尖銳地指出，洋務運動的侷限性在於未能觸及政體的改革。洋務派主張「中學為體、西學為用」，乃是針對西學中的「民權平等之說」而發，其目的在於維護封建秩序的綱常名教。「中學為體」中的「體」指的是君為臣綱的專制政體，具有一定程度的保守反動性格。嚴復則大力批判專制政體，認為中國的專制與西方列強的差別在於「自由不自由異耳」，並提出「自由為體，民主為用」，與洋務派的「中學為體，西學為用」相抗衡。

甲午戰後，嚴復在痛心之餘，決意「致力於譯述以警世」，於是自一八九五年起，翻譯了赫胥黎《天演論》，並據以發表〈原強〉一文，推介達爾文「物競天擇，適者生存」的學說，認為這種理論「近之可以保身治生，遠之可以經國利民」。其後又創辦《國聞報》，鼓吹變法維新。嚴復試圖以《天演論》喚起國人救亡圖存的覺悟，對當時的知識界可謂起了醍醐灌頂的作用，因此風行一時，成為變法圖強的理論依據。維新運動因戊戌政變而夭折，嚴復在失意之餘，潛心於譯事，先後譯出亞當・斯密的《原富》、史賓塞的《群學肄言》、密勒的《群己權界論》和《名學》以及孟德斯鳩的《法意》等西方自由主義的經典名著。自由主義中有關自由、民主、人權的學說，終於比較有系統地進入中國讀書人的知識領域。

甲午戰敗，割讓臺灣，康有為公車上書，揭開了變法維新的序幕。康有為固然也打著「中體西用」的旗號，並以《新學偽經考》、《孔子改制考》等今文經學著作為理論依據；但就其變法內容而言，已大大超越了「中體西用」的格局。康有為提出「泯中西之界線，化新舊之門戶」，力主採取西方政教之長，以變中國之成法，「外採東西強國，立行憲法，大開國會，以庶政與國民共之，行三權鼎立之制」，尤其推崇俄國彼得大帝改制及日本明治維新。他甚至說：「吾謂百年之後必變者三：君不專臣不卑，男女輕重同，良賤齊一」。這些主張無疑已觸及祖制的變更，涉及封建綱常名教的存廢。所謂「孔子改制」不過是變法維新的護符罷了。

維新運動後來雖告失敗，但其影響卻極為深遠。早在一八九五年秋天，康有為、梁啟超、嚴復、譚嗣同等維新派主事者先後在北京和上海組織以變法維新為宗旨的「強學會」，創辦《中外紀聞》和《強學報》，積極介紹西方新學。強學會旋即於翌年初遭清廷勒令解散，學會刊物遭查封。但是，維新派卻因此更向全國擴散：康有為在澳門創辦《知新報》；梁啟超在上海創辦《時務報》；譚嗣同在湖南設立時務學堂，組織南學會，創辦《湘報》和《湘學新報》；嚴復在天津辦《國聞報》。各個維新派陣地無不全力鼓吹變法，提倡新學，培養維新人才。這種藉由學會、報刊以組織群眾、傳播新知的啟蒙企圖，嚴復闡釋得非常清楚：「疏者以親，滯者以達，塞者以流，離者以合，幽者以明，羸者以強；又多報章，導之使言，毋令少有壅蔽。」不可否認的，維新志士所積極傳播的「新學」為因應政治改革的需求，有相當重要的一部分即是自由主義的內涵。

譬如，嚴復在甲午戰爭期間發表〈辟韓〉一文，藉由對唐代大儒韓愈〈原道〉一文的質問，抨擊君權神授、君尊民賤的封建思想。他說：「秦以來之為君，正所謂大盜竊國者耳。國誰竊？轉向竊之於民而已……斯民也，故斯天下之真主也……是故西洋之治者曰：國者，斯民之公產也。」這已明確宣告以「國民主權」取代「君王主權」。在戊戌政變中遭狙殺的譚嗣同（一八六五—一八九八）在他的著作中一再宣稱要「衝決君主之網羅、衝決倫常之網羅」，其《仁學》一書傳頌一時。譚嗣同在書中盛讚法國大革命，說「彼君之不善，人人得而戮之，初無所謂叛逆者。叛逆者，君主創之以恫嚇天下之名」，這已與洛克所主張的「革命權」相近。他又說「君也者，為民辦事者也；臣也者，助辦民事者也。賦稅之取於民，所以為辦民事之資也。如此而事猶不辦，事不辦而易其人，亦天下之通義也。」這是「國民主權」的張揚。至於「生民之初，本無所謂君臣，則皆民也。民不能相治，亦不暇治，於是共舉一民為君……夫曰共舉之，則且必可共廢之」的論述則與盧騷的《民約論》若合符節。此外，他主張集會結社的權利，認為集會結社乃「生人之公理不可無也」；也同情太平天國的農民革命，認為「洪楊之徒，苦於君官，鋌而走險，其情良足憫焉……會匪之興，亦兵勇之互相聯結，互相扶助，以同患難耳」。譚嗣同畢生衝決網羅，最後仍無法逃脫慈禧等守舊勢力的網羅，但是他鮮明的主張卻是將變法維新導向暴力革命的預言。

從變法維新走向革命

戊戌變法的悲劇性結局，使寄望於改革的知識分子徹底絕望。加上八國聯軍與辛丑和約的刺激，使他們紛紛走向革命，要求推翻帝制，建立共和。其中，以二十一歲英年殉難的鄒容（一八八五—一九〇五）最具代表性。鄒容年少即深受維新思想影響，自費赴日留學，鑽研盧騷、孟德斯鳩等啟蒙思想家的著作。他回上海後，撰成《革命軍》一書，被譽為中國近代的〈人權宣言〉。鄒容雖遭清廷下獄致死，《革命軍》銷售量卻大幅攀升，居晚清書刊之首，對於革命思想的傳播，起了十分重大的作用。而章太炎（一八六八—一九三六）則是另一個從維新走向革命的典型，他因參與強學會，擔任《時務報》主筆，戊戌政變後被通緝，流亡海外，與康有為等革新保皇派的主張逐漸分道揚鑣，成為激進的革命者。章太炎一九〇三年發表〈駁康有為論革命書〉，指出滿漢之異乃貴族與奴隸之別，「漢人無民權，而滿洲有民權，且有貴族之權」，唯有推翻貴族統治，漢人才能脫離奴隸的地位。這種分析已相近於法國大革命前第三等級對教士、貴族等特權階級的控訴。同一年，章太炎又為鄒容的《革命軍》作序，進一步指出，驅除異族，原應稱為「光復」，而不是「革命」，鄒容既以革命為書名，則「不僅驅逐異族而已，雖政教、學術、禮俗、材性，尤有當革者焉」。可見當時對革命的認知，已不僅止於推翻滿清皇朝，還包括整個制度、教育與國民生活習性的改弦更張。

章太炎的心路歷程也顯示出，當和平改革無望，暴力革命將是最後不得已的選擇。德國哲學家康德總結歐洲啟蒙運動以迄法國大革命的教訓，論證政體的改革遠比國體的變更來得重要，亦即，與其推翻帝制、創建共和，不如將專制轉化為民主。他重視理性的反省與批判，重視思維方式的改變，而對革命相對地採取較為謹慎的態度，指出：「經由革命，個人的專制以及貪婪心和權勢欲的壓迫固然可以一掃而空，但絕不會出現思維方式的真正變革，而是新的成見將和舊的一樣，成為駕馭沒有思想的廣大人群的助行帶（按助行帶原文為 Leitband，即是提攜幼童學步之布條）。」（引自《答覆這個問題：何謂啟蒙運動？》）法國大革命之後，歷經血腥的恐怖統治，強人拿破崙執政、稱帝，波旁王朝復辟、二月革命、路易拿破崙政變、稱帝，直到第三共和之後，政情才漸趨於穩定，社會動盪將近一百年。在中國，成立興中會後，歷經辛亥革命、袁世凱稱帝、二次革命、張勳復辟、護法戰爭、軍閥混戰、北伐戰爭、國共內戰、新中國建立後的不斷革命，直至一九七八年十一屆三中全會，整個社會也付出近百年離亂、殺戮的代價。中國從洋務運動到維新變法的這段期間，也正是日本明治維新和德國鐵血宰相俾斯麥統一德國的時期。日、德兩國都在十九世紀下半葉崛起，成為叱吒風雲的新強權，其間並未經歷暴力革命，而是君臣精誠團結、勵精圖治。這與清廷那拉氏剛愎自用，光緒帝懦弱駑鈍，形成強烈對比。晚清的知識分子並不是沒有做過和平改革的努力，但是面對清皇朝的部族政治，任何理性的主張只能以百般委婉、曲折的方式提出，處處要顧及滿清權貴的利益。而大權在握的西太后對於不同意見者又採取極端不寬容的態度，動輒刑獄屠戮，終於迫使改革者走向革命之路，同時也注定了中國的現代化道路，要走得比別人更為艱困坎坷。

孫文與早期社會主義思想

一九一一年以孫文（一八六六—一九二五）為首的同盟會，提出「驅逐韃虜，恢復中華」的號召，終於推翻滿清皇朝，創建民國。孫文自十二歲即在檀香山接受西方教育，嗣後在廣州、香港學習西醫，倡議革命後，為了向華僑募款，常年遊走海外，於西方文化浸濡甚深。其主要政治主張，乃是藉鑑於西方的歷史經驗。尤其於一八九六年十月被誘禁於倫敦中國使館，幸蒙其英籍老師康德黎救出，孫文遂藉機在大英圖書館埋首苦讀半年。當時正是德國崛起且左右歐洲政局的年代，孫文對於締造德意志帝國的俾斯麥尤其傾心。俾斯麥謀慮深遠，是全世界第一個推行「國家社會主義」（Staatssozialismus）建設的人。所謂國家社會主義乃指由上而下的社會主義，有別於由下而上的、以勞工運動為主的社會主義。孫文推翻帝制、建立民國，乃以西方共和體制為典範，但他也肯定中國傳統政治中的監察御史與考試制度，因此有「五權憲法」的提出。而他平均地權、節制資本等「社會革命綱領」（民生主義），基本上則是由上而下推行社會主義的構想。他認為民生主義可以針對資本主義的弊端，防患於未然。在《民報》發刊辭上，他說：「夫歐美社會之禍，伏之數十年，及今而後見之，又不能使之遽去；吾國治民生主義者，發達最先，睹其禍害於未萌，誠可舉政治革命、社會革命畢其功於一役。」

《民報》是一九〇五年同盟會成立後的機關刊物，幾乎每一期都有介紹社會主義的文章。當年年底就有留日攻讀法政的朱執信寫了〈德意志社會革命家小傳〉一文，對馬、恩生平首度做了較完整的介紹，對《共產黨宣言》的內容和剩餘價值學說也有所闡釋。翌年六月，他又發表了〈論社會革命與政治革命並行〉，論述馬克思的科學社會主義已從學說漸漸趨向於實行。朱執信後來長期跟隨孫文，協助孫氏撰寫《革命方略》等著作，可見在國民黨發展的過程中，很早就有了社會主義的思想內涵。孫文也正是基於這樣素樸的社會主義思想，使他與譚嗣同一樣，對太平天國的農民革命深表同情，認為一八六二年英國出兵協助清廷蕩平洪秀全、楊秀清的太平軍是「敗壞我等志向」、「窒吾等之進步」。這與洋務派、維新派人物普遍忌諱農民運動，惡聲詈罵太平天國的態度大相逕庭。

遺憾的是，孫文所追求的「舉政治革命、社會革命畢其功於一役」終未實現。至於推翻滿清皇朝，基本上與朱元璋推翻蒙古皇朝一樣，是種族革命，而非真正的民主主義革命，才會出現日後一連串的洪憲帝制、張勳復辟等鬧劇。值得一提的是，孫文雖浸淫西方文化甚深，卻極為重視傳統文化，不時藉由呼喚傳統的榮光，力求恢復民族的自信心與自尊心。他認為，《大學》所說的「格物、致知、誠意、正心、修身、齊家、治國、平天下」是一套相當有系統的政治哲學，「講到政治哲學的真諦，歐洲人還要求之於中國」。有關西方新學與固有傳統之間的矛盾和取捨問題，他的態度十分明朗：「一般醉心新文化的人，便排斥舊道德，以為有了新文化，便可以不要舊道德。不知道我們固有的東西，如果是好的，當然要保存，不好的才可以放棄。」

質疑傳統，否定傳統

國民政府從清廷承襲下來的是一個千瘡百孔的中國，內憂外患並未因改朝換代而獲得緩解，西方列強各自劃定勢力範圍。舊的權威已然瓦解，新的秩序遲遲未能建立，整個中國處於軍閥割據的局面。一九一九年，在第一次世界大戰結束後的巴黎和會上，中國做為戰勝國，竟然再度被出賣：和會決定把德國在山東的利權轉讓給日本。消息傳回國內，舉國嘩然。知識青年集結上街抗爭，風起雲湧的五四運動於焉爆發。

「五四」是一個精神面貌極端複雜的年代。五四青年所面對的，正是一個革命之後國無寧日的混亂政局。在他們看來，自鴉片戰爭以來，洋務運動已積極學習西方的器物，維新運動則嘗試過變法，辛亥革命也完成推翻帝制的目標，為何中國還是處於貧弱衰萎、任由列強欺凌的局面？透過從有形到無形的推衍，他們於是從最根本處對中國傳統文化提出質疑，認為一切病因，皆因老舊傳統在作祟。於是出現對內全面否定傳統文化，對外抗拒帝國主義侵略的強烈訴求。

「五四」從一場學生遊行示威擴大為全國性的、持續性的運動，基本上有兩層意義。其一是愛國主義的發揚，也就是救亡圖存的群眾運動，其總訴求可以概括為「外爭主權，內除國賊」八個字。其次是思想的啟蒙，也就是「新文化運動」，最響亮的口號就是「民主」與「科學」。

「外爭主權」的訴求蘊涵著對帝國主義侵略、壓迫與剝削的批判，尤其第一次世界大戰的慘酷殺戮，更暴露了西方文明血腥、掠奪的一面。西方列強對中國主權的威脅當然是自鴉片戰爭以來就始終存在，但是，過去從洋務運動、變法維新到創建民國，中國進步知識分子一向力主學習西方，「師夷長技以制夷」。第一次大戰那種非理性、大規模的相互屠戮，以及巴黎和會那樣赤裸裸坐地分贓的行徑，不禁讓許多知識分子開始懷疑西方文明的價值，也使他們在價值取向上產生重大的轉變。梁啟超的《歐遊心影錄》和梁漱溟的《東西文化及其哲學》都留下艱苦調整與轉變的痕跡。另一方面，也有不少知識分子認為，西方帝國主義的恣意掠奪是資本主義制度過度發展的必然結果，因此，轉而投向資本主義的對立面。社會主義自此取得在中國生根發展的機會。

自由主義者與社會主義者團結在民主與科學的旗幟下

五四時期反傳統、反禮教的口號盛極一時，與「內除國賊」的激亢氣氛不無關係。在五四青年的眼中，所謂「國賊」除了親日派政客曹汝霖、章宗祥、陸宗輿等人之外，還包括民國以來稱帝復辟，返古守舊，置國家於危亡落後境地的一切「封建」勢力。五四時期的「新文化運動」以《新青年》雜誌為大本營。《新青年》係陳獨秀創辦，李大釗、胡適、劉半農、錢玄同、魯迅等人先後加入編撰的行列。他們普遍將中國的衰敗歸咎於舊體制的封建殘餘勢力，而舊體制的權威正是根植在傳統文化的權威裡，而傳統文化又以孔教為代表。因此，陳獨秀說：「主張尊孔，勢必立君；主張立君，勢必復辟。」李大釗說：「孔子者，歷代君主專制之護符也。」可見，「打倒孔家店」所傳達出來的訊息，實是對封建體制的厭惡以及對舊權威的不滿。李大釗很清楚這種反傳統文化的邏輯，他說：「故余之掊擊孔子，非掊擊孔子之本身，乃掊擊孔子為歷代君主所雕塑之偶像的權威也；非掊擊孔子也，乃掊擊專制政治之靈魂也。」

也正是在這樣的時代氣氛之下，傳統文化揹負了舊體制陳腐、封閉的一切罪責，「西方」和「傳統」的二元對立，於五四時期達到顛峰。陳獨秀在〈敬告青年〉一文描述現代人的生活態度：一、自主的而非奴隸的，二、進步的而非保守的，三、進取的而非退隱的，四、世界的而非鎖國的，五、實利的而非虛文的，六、科學的而非想像的。這固然是延續了晚清以來維新志士「新民」的理想，另一方面卻也將「西方」與「傳統」以截然對立的二組語詞劃分，而形成了往後「全盤西化」的主張與嚮往。

然而，積極主張西化者也因意識形態的歧異而有兩個不同的趨向：其一是以胡適、林語堂、梁實秋等留美學人為代表的自由主義西化派，另一方面則是以陳獨秀、李大釗、魯迅、瞿秋白等深受蘇聯布爾什維克革命所鼓舞的社會主義西化派。這兩者的分歧隨著中國共產黨的成立而逐漸擴大。但是，五四運動期間，他們統一在「德先生」(民主)與「賽先生」(科學)的旗幟下，共同向他們眼中「陳舊、腐臭」的傳統宣戰。其實，在第一次大戰與巴黎和約之後，那些仍然堅決主張向西方學習的知識菁英，已很清楚西方文化的多元性和複雜性，而追求器物的完善終必指向科學精神的發揚，政法制度的建構則終必以民主為依歸。也因此，他們從工業革命以來西方歷史發展的經驗，抽繹出「民主」與「科學」這兩個普遍性的價值，並據以作為中國現代化的指標。

於今回顧五四，我們不得不讚嘆那種思想解放、百家爭鳴的大時代氣象。不僅在「西化派」當中出現一波波勇於批判、獨立思考的知識菁英，那些對西方的價值觀抱持深刻疑慮的「傳統派」文人，又何嘗不是對東、西方文化和現代化的問題做過深刻的自省與思辨！當時，做為現代中國第一高等學府的北京大學對西化派學者和傳統派文人兼容並包，同時，以胡適為代表的自由主義者和以陳獨秀為代表的社會主義者也不乏對話的機會和空間。蔡元培（一八六八—一九四〇）於五四期間擔任北大校長，他寬闊的胸襟和勇於任事的氣度為學術的獨立與自由提供了基本的保證。其實，蔡元培本身的經歷即是一個轉型期知識分子的典範。他曾經應試科舉，中過舉人、進士，在清廷擔任過翰林院編修，加入過同盟會，參與革命。他又曾負笈德國四年，民國成立後，擔任南京臨時政府教育總長，一九一七年出任北大校長。蔡元培以其尊重學術自主的態度，體現了現代自由民主社會中「寬容」的價值。而跨時代、跨中西的閱歷也使他得以將北大經營成一個百花齊放的園地。

梁啟超對西方的重估

自五四以降，中國的知識界為中國社會的性質和國家發展方向的問題，進行過不知凡幾的論戰，為一個鉅變的時代留下了豐饒而深刻的紀錄。第一次世界大戰後，梁啟超前往歐洲考察，返國後撰成《歐遊心影錄》一書，對西方文化全面重新評價與反思。他在書中舖陳大戰所暴露出來的文明危機，同時也注意到了西方世界的多樣性及其內在的矛盾。依他的分析，有「哲學上唯物和唯心的矛盾，社會上競存和博愛的矛盾，政治上放任和干涉的矛盾，生計上自由和保護的矛盾。」於今看來，其實就是自由主義與社會主義這兩大思潮的矛盾。這種觀察在當時有突破性的意義。五四以前，進步知識分子對西方的認知無非是十九世紀的資本主義（或自由主義）文明；同時，他們普遍認同從《天演論》衍伸出來的社會達爾文主義，對於中、西文明的比較常常是以「落後」和「進步」為對比。梁啟超的觀察打破了這種成見，一方面注意到西方現代文明中與資本主義形成對立態勢的社會主義思潮；另一方面，因有感於戰後西方文明的危機，而重新審視中國傳統文化的價值，並據以提出「中西互補」的新觀點，其程序是：「第一步，要人人存一個尊重愛護本國文化的誠意；第二步，要用那西洋人研究學問的方法去研究他的真相；第三步，把自己的文化綜合起來，還拿別人的補助他，叫他起一種化合作用，成了一個新文化系統；第四步，把這新系統往外擴充，叫人類全體都得著他好處。」

梁啟超的《歐遊心影錄》是受到巴黎和約的刺激而寫成的，其中不無「外爭主權」的悲願，其精神與五四青年應是相契相應的。然而他在文章中抬出「孔、老、墨三位大聖」，稱頌他們是「求理想與實用一致」的典範，終使他與康有為、嚴復等人同樣被五四新青年列為「老古董」。這些晚清的維新志士目睹民國肇建後整個社會一片殘破、墮落、失序的景象，寄望從類似西方基督教的宗教情懷中重建傳統的信念，於是成立「孔教會」，推動將儒教列為國教的運動。這與聲嘶力竭吶喊「打倒孔家店」的激進青年當然成為截然對立的陣營。

東西文化論戰與科玄論戰

一九二一年，獲蔡元培延攬為北大講席的梁漱溟（一八九三—一九八八）出版《東西文化及其哲學》，隨即爆發一場延續多年的「東西文化論戰」。梁漱溟融合了《周易》的宇宙觀和柏格森（Henri Bergson, 1859-1941）的生之衝動，既剖析了過去有關東西文化競存或調和的主張，同時論證了中國文化復興的必然與必要。他與梁啟超一樣，也注意到了西方文明的危機，認為西洋社會無止境的經濟競爭、生存競爭，將導致在生活型態上「以對物的態度對人」。隨著經濟的發展，人類從「物質不滿足時代」轉入「精神不安寧時代」，又因為「物質不足必求之於外，精神不寧必求之於己」，西方的路到此走到盡頭，中國文化則適合於人類未來發展的趨勢。因此，他主張為適應世界未來文化的發展，我們應該「批評的把中國原來態度重新拿出來。」梁漱溟從中國文化在現代化進程中所可能扮演的角色，以及中國文化如何參與到世界文化等發展性的觀點，試圖賦傳統予新意，並以批評的態度，完成復興文化、創新傳統的使命。他對中國文化的信心和積極的態度，可以說是當代「新儒家」共通的一個出發點。然而，主張文化復興的梁漱溟對社會主義在中國的發展並不排斥。因此，他在三十年代發起「鄉村自救運動」，基本上是對掠奪性資本主義的反感，甚至斷言：「近代資本主義的路，今已過時，人類歷史到現在已走入反資本主義的階段，所以不能再走此路。」

一九二二年，張君勱（一八八七—一九六九）以〈歐洲文化之危機及中國新文化之趨向〉為題在中華教育改進社講演，從對西方文化危機的檢視導引向中國文化發展方向的探索，基本上延續了梁啟超、梁漱溟等人的思路。張君勱先後留學日本、德國，對康德哲學下過工夫，回國後同樣任教於北大。他對政黨活動十分積極，早年參與過梁啟超的「政聞社」活動，民國初年組織「民主黨」，後來又創辦「民主社會黨」並擔任黨主席。做為活躍的政治組織者，他在探討文化問題時，比較務實，也比較重視其可操作性。在政治上，他強調政治家的角色，「政治家須有一定之政策，時時演說於公眾；政治家本守法之精神，依政策之行不行為進退。」在文化上，他則強調「文化之擔負者」（Kulturtraeger）的責任，「新文化之要件在解放，故人人當從自己解放起；新文化之要件在自立，故人人當從不依賴他人做起；新文化之要件在勞動神聖，故人人當從自食其力做起。」對於當時人云亦云的「新文化運動」，這是相當明朗而貼切的定義。張君勱更進一步從康德哲學出發，對於民族文化的發展提出相當具體的主張，他說：「文化為物，發之自內，由精神上之要求，見之於制度文章；其性質為自我的、獨立的……故吾國今後新文化之方針，當由我自決，由我民族精神上自行提出要求。」對當時批判孔教舊學蔚為風潮，而於西方文化卻鮮少以批評的眼光對待，他深深不以為然。他認為「西方人生觀中如個人獨立之精神，如政治上之民主主義加科學上之實驗方法，應盡量輸入。」然而，「盡量輸入，與批評得失，應同時並行。中國人生觀好處應拿出來，壞處應排斥他，對於西方文化亦然。」

一九二三年，張君勱在一個題為〈人生觀〉的講演中，對於當時盛行於知識圈的科學主義和社會達爾文主義提出批判，引爆了一場科學與人生觀問題的論戰，也有人稱之為「科玄論戰」。張君勱對這種科學萬能的風潮提出質疑，指出科學有其侷限性，認為人生觀、直覺、自由意志都不是科學能夠解釋的。張君勱的提法一方面受到康德理性批判的影響，一方面也源於他對社會主義的同情的了解。披上科學外衣、強調適者生存的社會達爾文主義，在西方社會事實上成為放任自由主義和掠奪性資本主義擴張的工具。

梁啟超、梁漱溟與張君勱所代表的思路其實可以與以胡適為代表的自由主義西化派及以陳獨秀、李大釗為代表的社會主義西化派鼎足而立。他們既不像西化派將傳統文化當作封建勢力的代罪羔羊，也與強調綱常名教、死抱傳統不放的守舊分子不同。他們對傳統文化有同情的了解，對西方文化則在看到其優點之餘，也看到其缺點。譬如，梁啟超在《歐遊心影錄》中對自己長期信仰的社會達爾文主義提出反省，認為這種鼓吹生存競爭的學說激化了侵略戰爭，也導致第一次世界大戰的浩劫。他說：「科學愈昌，工廠愈多，社會偏枯亦愈甚，富者愈富，貧者愈貧」，同時預言：「社會主義，恐怕是二十世紀唯一的特色，沒有一個國家能免，不過爭早晚罷了。」換言之，無論對傳統或西方，梁啟超、梁漱溟與張君勱都採取既非全盤肯定，也非全盤否定的態度，他們的基本立場比較接近於孫文，既珍視傳統，對西方思潮又能夠有動態的、辯證的了解，既同情社會主義，也不排斥自由主義。他們獨立思考，自主行動的風範已隱約浮現出「文化主體意識」的立場。

社會主義在中國成為主流思想

五四時期，國人眼界大開，西方工業革命後的各種思潮匯流到中國，然而證諸歷史發展，則以社會主義對中國現代史影響最為巨大。社會主義思潮中有尊奉克魯泡特金為西方聖人的無政府主義者，以留法的李石曾和留日的劉師培為代表；有奉馬克思、列寧為革命導師的共產主義者，以陳獨秀、李大釗等中國共產黨的創黨人為主導。在早期，無政府主義者有較大的渲染力，中國是透過他們了解西方社會主義的傳統。直到一九一八年「十月革命一聲砲響」，給予苦悶的中國知識分子極大的鼓舞。列寧首先伸出友誼的雙手，宣布將放棄所有在中國的特權，贏得中國人民的好感。李大釗隨即發表了〈法俄革命之比較觀〉、〈布爾什維克的勝利〉等文章，論述資產階級革命和社會主義革命的性質。一九一九年五月，也就是五四青年在北京進行示威之際，他又發表了〈我的馬克思主義觀〉長文，開始以實踐革命的觀點，系統地介紹馬克思主義學說。

一九二一年初，第三國際殖民地委員會秘書馬林抵達中國，受到進步知識分子的熱誠接待。七月，中國共產黨成立。一九二三年一月，孫文與蘇聯代表越飛在上海發表聯合聲明，確定「中國當得俄國國民最熾熱之同情，且可以俄國援助為依賴」。十月，蘇聯共產黨人鮑羅廷到廣州，協助孫文進行國民黨的改組，確定聯俄、聯共、扶助農工等三大政策。一九二四年一月，國民黨舉行改組後的第一次全國代表大會，李大釗即成為加入國民黨的第一位共產黨員，並列名國民黨中央委員，瞿秋白、張國燾、毛澤東則為候補中央委員。

值得注意的是，社會主義在初始時並不是做為自由主義的對立面引進中國，毋寧是知識青年有意識的「另外一種選擇」。也因此，在五四運動期間，社會主義者可以和代表自由主義的胡適等人共為民主、科學而奮鬥。之後，又很自然地與現實政治勢力結合，終以「國共合作」為五四畫下了句點。而國民黨內菁英階層對社會主義並不排斥，孫文本人也主張採行社會主義政策。因此當時的國民黨應屬中間偏左政黨。這樣的情形其實不難理解，就如同法國的啟蒙運動以一七八九年大革命為終結，當時代表勞工階級與女性主義者的進步力量皆寄希望於第三等級。直到一八四八年二月革命後，由於勞工階級受到資產階級政府的血腥鎮壓，社會主義者才走上無產階級革命鬥爭路線。同一年，馬克思發表《共產黨宣言》，階級鬥爭成為時代的主軸。同樣地，一九二七年四月，國民黨內部由於權力傾軋，展開清黨，掃射屠殺示威群眾，大肆搜捕左翼人士，共產黨方才走上階級鬥爭路線，國、共對峙的歷史場景從此拉開序幕。

蔣介石發動清黨後，在國民黨內部取得定於一尊的地位。但是，他出身日本士官學校，滿腦子充斥軍國主義思想，對異己分子極端不寬容，比之清廷西太后有過之而無不及。與戊戌政變中受難的六君子相比，蔣介石赤裸裸的清黨屠戮，根據當時英文媒體《密勒氏評論報》（China Weekly Review）的估計，在五千人以上。蔣介石的不寬容，將左翼人士逼向全面造反、奪權的革命路線。

社會主義者對自由理念的嚮往

其實，中國共產黨的先驅，如陳獨秀、李大釗，早期都傾向於民族主義和激進自由主義，他們批判腐敗官僚，呼籲振興中華。陳獨秀主張科學與人權並重，「如舟車之兩輪」。他對來華講學的杜威相當客氣，只是批評杜威的民主觀念「還有點不徹底」。《新青年》說明要「打倒孔家店」，乃是因為獨尊儒術的傳統與「自由平等」的思潮牴觸。而自由、平等的理念，在工業革命以來的西方思潮中，始終是自由主義的核心價值。李大釗一篇題為〈自由與秩序〉的文章中說：「個人主義與社會主義絕非矛盾……真正合理的個人主義，沒有不顧社會秩序的；真正合理的社會主義，沒有不顧個人自由的。」而個人主義也是自由主義的內核。在陳獨秀之後一度擔任共產黨領導人的瞿秋白，則基本上是一個傾心於文學的青年，他自述在思路上走向共產主義，是因為馬克思主義的共產社會是「無階級、無政府、無國家的最自由的社會」。這種對自由的高度嚮往，比較接近於文學的浪漫情懷，而不是對主義的堅定信仰。

蔣介石對共產黨的一再圍剿，反而堅定了毛澤東等人進行共產革命的信心。兩萬五千里長征證明了中國的確有一批對共產主義堅定不移的信徒，毛澤東從而醞釀出人民戰爭的新觀念。然而，在早年的書信中，毛也寫道：「愚於近人，獨服曾文正」，可見他對以曾國藩等人為代表的洋務運動，曾給予相當高的評價。五四時期毛澤東所發表的文章，都還可以看到嚴復、梁啟超、譚嗣同，乃至蔡元培、胡適等人駁雜的影響。後來毛澤東在其岳父楊昌濟的指導下，還曾經研讀了波爾森的《倫理學體系》（蔡元培翻譯），該書是新康德學派哲學的著作。可見，作為一位活躍、進步的知識青年，毛澤東對近現代史的重要人物、思潮，曾廣泛涉獵。這種對當代社會的用心與關心，正是他旗幟鮮明投入戰鬥的基礎。法國知識界喜歡用「engagement」這個字眼來表達一種強調主觀能動性的參與，尤其指知識分子以言論和行動介入社會活動，對特定事件表達個人的立場和態度。毛澤東所代表的正是當年眾多社會主義青年「engagement」的一個典型。相對於蔣介石等當權派在思想上的枯萎和理想上的墮落，似乎也標示了往後雙方不同的發展格局。

一九二一年，中國共產黨成立之後，毛澤東即積極投入組織工作。一九二三年，在一篇題為〈北京政變與商人〉的文章中，毛指出：「因歷史的必然和目前事實的指示，商人在國民革命中應該擔負的工作，尤為迫切而重要……商人的團結越廣，聲勢越壯，領袖全國國民的力量就越大，革命的成功也就越快！」也就是說，即使作為共產黨人，毛澤東在當時對資產階級革命都還寄予厚望。直到一九二六年，毛澤東才在〈國民革命與農民運動〉一文中提到「農民問題是國民革命的中心問題」，確定以農村作為革命的出發點，中國共產革命自此走上獨特的發展路線。因此，當毛澤東在一九三八年提出「馬克思主義中國化」的命題時，並不令人驚訝。他說：「今天的中國是歷史的中國之一發展；我們是馬克思主義的歷史主義者，我們不應該割斷歷史，從孔夫子到孫中山，我們應該給予總結，我們要繼承這一份珍貴的遺產。」他批評洋八股、教條主義，認為馬克思主義固然是來自西方的重要思潮，要將其運用到中國的具體環境，就要儘量使其中國化，「使之在其每一表現中帶著中國的特性，即是說，按照中國的特點去運用它。」

從「馬克思主義中國化」到「建設有中國特色社會主義」

毛澤東在一九三五年長征途中所召開的遵義會議上確立了黨內的領導地位，繼而提出抗日民族統一戰線的主張，結束了長期瀰漫於黨內的「右傾機會主義」和「左傾教條主義」的爭執。翌年發生西安事件，蔣介石被迫接受「停止內戰，聯合抗日」，國共再度含作。毛澤東於抗戰期間發表了〈實踐論〉、〈矛盾論〉、〈中國革命和中國共產黨〉、〈新民主主義論〉等重要的革命理論篇章。一九四五年中共七大將毛澤東思想明定為全黨的指導思想，毛澤東自此在中國共產黨內取得定於一尊的地位。

在〈新民主主義論〉裡頭，毛澤東不贊成孫文將「政治革命、社會革命畢其功於一役」的主張。他將中國革命的歷史進程分為兩步，即民主主義革命與社會主義革命。他將辛亥革命定位為「資產階級民主主義的革命」，是一個「尚未成功」的革命。而抗日民族統一戰線、國共內戰，以至一九四九年新中國的建立。則屬於「新民主主義革命」階段。這期間由於整個革命策略與中國社會現實密切結合，因而也取得空前的勝利。相反地，新中國建立後，由於斯大林主義與一面倒政策的影響，一九五六年過早地宣布三大改造完成，一九五七年開展反右鬥爭，將自由主義推到社會主義的對立面，一九五八年搞三面紅旗，這無不與中國社會現實徹底決裂。一九六六年毛澤東發動文化大革命，破四舊、立四新，傳統文化遭到空前的摧殘，為國家和人民帶來嚴重的災難，生產停滯，建設落後，中國的現代化走入了歧途。

直到一九七八年十一屆三中全會後實施改革開放，糾正僵化的極左路線，強調「解放思想，實事求是」，並確立社會主義的本質是解放生產力、發展生產力，消滅剝削，消除兩極分化，最後達到共同富裕的理想。鄧小平提出「建設有中國特色社會主義」的理論，並在一九九二年的中共十四大規定為全黨的指導思想。鄧小平所強調的「實事求是」，是毛澤東在三十年代即一再提出的；而「建設有中國特色社會主義」，與毛澤東所主張的「馬克思主義中國化」也有一定的繼受關係。這樣的觀念，事實上是幾十年的摸索、試誤和經驗積累才獲得的一個結論，是中國人民在經歷無數苦難之後才獲致的一個現代化的指標。

「馬克思主義中國化」以及「建設有中國特色社會主義」的論點，其實也指出：就如同社會主義不必然是自由主義的對立面一樣，傳統文化與西方文化也不是截然對立的。「全盤西化」和「回歸傳統」在現實上都是不切實際的提法，不管是堅持哪一方，都可能造成民族的災難。三十年代中也出現過類似「中國本位的文化建設」、「科學的文化建設」等折衷的觀點。但是，中西文化問題不能兩者折衷就一了百了，各種形式的「折衷派」都表現出不同程度的含混與糾纏。我們所認識到的是：傳統文化與西方文化的確是兩個不同的範疇，彼此的拉鋸是每個時代都要復歸的主題。一個有趣的現象是：全球化的腳步越是加快，文化特殊性的要求反而越為凸顯。放眼當今世局，日本有「再亞洲化」的呼聲，阿拉伯世界有「再回教化」的浪潮，印度則有「印度教復興運動」。這種不斷擴散的現象，一言以蔽之，即是「文化主體意識」的覺醒。大陸於九十年代掀起的國學熱，或許也可以歸於這樣的世界潮流。

重建文化主體意識

近百年來，特別是五四以來，我們的文化主體意識淡薄了，因為輕視傳統，甚且否定傳統，以致面臨問題時，不知何所適從。直到改革開放以來，在振興中華的號召下，隨著經濟上創造出傲人的成就，民族的自信心、自尊心與文化主體意識才逐漸恢復。到底什麼是「文化主體意識」？文化主體意識是指一個民族自覺到其所擁有的歷史傳統為其所獨有的，並對此歷史傳統不斷做有意識的省察，優越之處予以發揚光大，不足之處奮力加強，缺失之處則力求改進。也就是對自己的民族文化重新予以認識，從而接受傳統、承認傳統為我們所自有、獨有、固有的，進而批判傳統、超越傳統，從而創新傳統。

其實，我們可藉由個人人格自由發展的意義來了解民族文化自由創造的真諦，因為民族做為一個文化創造的整體，其文化的自由創造即相當於個人人格的自由發展。對個人來說，「自由」可以從時間的三個向度（即過去、現在與未來）來理解。「過去」若從時間序列來看，是已被決定的；但若從個人實踐自由的角度來看，「過去」則應理解為「已實踐的自由」，正因為是「已實踐的自由」，是自己所做的決定，因此吾人必須對過去負責。「現在」是「正在實踐中的自由」。「未來」則是「尚待實踐的自由」。對一個做決定的主體而言，單純的「現在」毫無意義。「現在」只有處於「過去」與「未來」之間，才有意義。尤其「過去」更是「現在」與「未來」的基礎。人格的自由發展必然是奠基於對道德主體本身的「過去」的不斷反省、檢討、批判和重新評價之上。從自己的「過去」自我學習，吸取教訓，這種「過去」才是鮮活的、有新義的，也才能不斷影響現在的決定和對未來的規劃。

對整個民族而言，「過去」是民族的歷史傳統文化；「現在」是民族在生存發展的過程中，於關鍵時刻所做的決定；「未來」則是全民族共同奮鬥的理想與目標。一個民族的文化自由創造也必然是奠基於對自身傳統文化的不斷反省、檢討、批判和重新評價之上。易言之，我們絕不僅僅是傳統文化的承襲者而已，我們更肩負著檢討、批判、創新文化的責任；我們不只是被動地、無意識地承受傳統文化的「客體」而已，我們更是重新評價傳統文化，進而創新傳統文化的「主體」。如此的傳統才是鮮活的傳統，如此對「過去」負責的文化創造，才是真正的文化自由創造。而這一切都得從喚醒全民族有意識地接受、有意識地承認我們的傳統文化之為我們所自有、獨有、固有的做起。

傳統文化可以成為現代化的助力

海禁大開以來，中國面臨一個亙古未有的大變局，現代化成為中國無可迴避的挑戰。而西方現代化的過程是我們不能不參酌鑑照的歷史經驗。然而，中國近現代史上對西方思潮的引進卻相當片面，不僅在深度、廣度上都遠遠不及日本，甚至與南韓比較，都顯得相對薄弱。主要是因為中國近現代史上，內憂外患不斷，學術在國難當頭之下，未能取得從容、自主的發展空間。尤其在四九年之後，馬列定於一尊，計劃經濟的觸角進而伸進學術領域，翻譯西方著作常須配合現實的需要，加上極左風潮瀰漫，意識形態的篩檢越來越為苛刻，知識分子動輒得咎，學術空間受到嚴重壓擠。在這段期間，由於羅織成風，多位在四九年前即已聲名大噪的學者，如梁漱溟、熊十力、陳寅恪等人，都幾乎處於喑啞狀態，即使有著作，也必須以極為隱晦的方式表達。如此窒悶、寒冽的高壓氣候，直到改革開放後，才在解放思想、實事求是的政策下，慢慢解凍。

內憂外患和政治運動不斷，使我們在引進西方思潮時流於片面，比起東鄰的日、韓兩國，現代化腳步相對遲緩。其實，現代化固然不等同於西化（當然也不等同於歐化或美國化）。因為現代化不是單一的途徑，而是有不同的類型與進程，各民族應該自主地選擇適合自己的現代化道路。追求現代化不能脫離傳統，全世界沒有任何一個國家可以徹底否定自己的文化傳統，而能夠完成現代化的。德國和日本即是自覺、自主地完成現代化的鮮活例子。它們現代化的成功都是立足於傳統，由自己直接掌握全民族發展的方向，印證文化的主體性。但是，現代化也不能墨守成規，緊抱傳統不放，而是根植於對傳統的確實認識、認真檢討、重新評價，而後有方向、有重點地規劃屬於自己的現代化藍圖。這種立基於文化主體意識上的傳統，非但不是現代化的障礙，更可以成為推動現代化的助力。

社會主義與自由主義發展的文化條件

其實，現代化的歷程是相當曲折而艱辛的，西方的現代化也是經過三百年的摸索才有今日的成績。雖然各個民族現代化的途徑不盡相同，先進國家的歷史經驗卻也有許多值得我們借鑑和擷取的。西方所面對的現代化挑戰事實上是工業革命所帶來的，隨著工業革命而來的生產力解放，使得西方的「舊體制」（Ancien Régime）遭逢前所未有的衝擊，自由主義思潮正是因應新興工商業而產生，在政治上推翻了封建特權階級，在經濟、社會、文化方面也迭有創新。社會主義在十九世紀的興起，則基本上是因應自由主義高度發展所帶來的弊端。自由主義和社會主義是西方工業化過程中所產生的兩大思潮，兩者之間既有對立，也有繼受的關係。中國不談工業化則已，一旦接受工業化，就不能不正視自由主義與社會主義這兩大思潮以及其彼此間的對立與互動。

社會主義在中國的發展有其特定的歷史條件。一百年來，中國面對的是飽受列強欺凌、軍閥割據的殘破山河，工業化才剛剛萌芽，對資本主義世界依然十分陌生。就歷史進展的軌跡來看，社會主義在中國實在是相當倉促的選擇，缺乏與自由主義辯證發展的過程。然而社會主義在中國被接受並成為主流意識形態，有其特定的文化背景因素。中國長期受到帝國主義壓迫，對於標舉反帝的社會主義當然有所好感。而作為第一個社會主義國家的俄國又率先宣布將放棄在華特權，贏得中國人民的敬重，因而社會主義在中國被視為人類新希望之所在。再者，社會主義所體現出來的人道主義精神，與中國傳統文化也能相互契合。《禮記·禮運·大同》篇那種「大道之行也，天下為公」的理想，早於一九〇二年康有為的《大同書》中，被描繪成無國界、無私產、共同勞動、共享財富的烏托邦社會。儒家講「仁」，強調人與人之間的對待關係，傳統社會以家族為中心，重視恤老扶幼、互通有無。儒家的中庸之道也講求不患寡而患不均，富者不宜太富，貧者不能太貧。社會主義容易在中國重視集體的傳統價值中取得參照、附會的理解。

然而，社會主義在西方思想史上原是針對自由主義的流弊而提出，亦即，其發展是經過一個漫長的、與自由主義對話的歷程，是一種辯證的發展。在中國，卻缺乏這樣的一個歷程，自由主義在中國的傳播尚未真正開展即已夭折。從洋務運動到變法維新，我們對西方的模仿、學習從器物層面提升到政法層面，到五四運動則以「科學」（器物）、民主（政法）為總結。活躍於五四的知識菁英已有許多是留洋歸國的學者，自由主義的重要著作也有多部已經翻譯出版，應該已有條件從器物、政法的層次進入到更根本的哲學思想層次。事實上，五四的言論中的確已觸及發展獨立自主人格的問題。然而，五四的救亡激情終究淹沒了理性的訴求，不僅未能進一步鼓吹發展獨立自主的人格，反而是以歸咎傳統、批判傳統，甚至否定傳統為基調。自由主義的內核，如重視個人價值、人性尊嚴、人格的自由、自律、自主、尊崇理性等主張未受到應有的重視，而這些基本價值卻正是歐陸啟蒙運動的主要內涵。西方世界正是經過啟蒙運動的洗禮，結束舊體制，跨入現代化的社會。

更諷刺的是，像萊布尼茲、伏爾泰、吳爾夫、席勒等啟蒙運動的健將，莫不以中國作為尊崇理性的範例推介給他們同時代的歐洲民眾。沒有教會的中國卻能發展出極其文明的文物典章制度，對他們來說，正是理性力量的顯示。

其實，自由主義的蘊育需要特定的土壤和氣候，需要一個較為和平穩定的發展空間。以最早出現自由主義思想的英國來說，英國是在一六四九年英王查理一世被處決之後，政治、經濟、社會進入一個相對穩定的局面，洛克、亞當．斯密、邊沁等思想家才相繼在這一段時間發展自由主義的理論架構。除了洛克有「革命權」的提法外，一般的自由主義者皆不主張以革命來達到政治改革的目的。

自由主義的主要訴求是有限政府、天賦人權——主張人生下來即有不可讓渡的權利，自由、生命、財產皆屬天賦，不可恣意剝奪。自由主義也堅決反對無限政府的概念，反對絕對王權（Absolutism），認為政府不能為所欲為，不得濫用公權力，政府的責任在於保障人民的天賦權利不受侵犯。很不幸，中國的近現代史長期陷於兵荒馬亂，缺乏蘊育自由主義所需要的土壤。所謂「緊急狀態之下無法律」（necessitas non habet legem），在內憂外患的情境下，為了維護國家統一，抵禦外族侵略，國家長期處於「緊急狀態」，政府的權力無限擴大，乃至可以為所欲為，自由主義的根苗得不到伸展的空間。

十九世紀的德國也有類似的處境。在三十年代，德國的自由主義和民族主義兩股力量原是勢均力敵、不相上下。然而，在一八七〇年普法戰爭之後，整個德國即往民族主義傾斜。日本又何嘗不是如此：作為明治維新時期重要思想家的福澤諭吉，早期是典型的自由主義者，到晚年由於征韓論高唱入雲，也變成國家利益至上的民族主義者。

建設有中國特色社會主義

總結中國近現代輸入西方思潮的經驗，我們有過太多的挫折與教訓。所幸，自一九七八年確定改革開放政策以來，二十年的持續發展總算為中國的工業化、現代化奠定穩固的根基。一個新的世紀即將來臨。值此世紀之交，中國的工業化也許有所延宕，面對隨工業革命而來的自由主義和社會主義，卻是我們應該重新省思的時候了。而自五四以來有關傳統文化和西方文化的爭議，我們如今也有比較舒緩的空間和長期積累的經驗來做更細膩的比對與探討。

從文化主體意識的角度來看，社會主義是針對自由主義的流弊而產生，兩者存在著批判繼承的關係。自由主義的部分內涵事實上已成為社會主義的「傳統」。譬如，自由主義的發展是源於對封建貴族的抗爭，對自由、民主的價值當然特別重視。而自由、民主又何嘗不可視為社會主義的資產。在抗日戰爭期間，毛澤東在中共代表大會做報告，即大聲吶喊「為民主和自由而鬥爭！」列寧也曾說：「勝利了的社會主義如果不實行充分的民主，就不能保持所取得的勝利。」這樣的聲音何其熟悉！我們不也聽到做為改革開放總設計師的鄧小平如此說道：「只搞經濟體制改革，不搞政治體制改革，經濟體制改革也行不通。」

中國經過百餘年坎坷困頓的摸索，於今終於確定以「建設有中國特色社會主義」做為國家現代化的目標。在〈新民主主義論〉中，毛澤東即指出：「必須將馬克思主義的普遍真理和中國革命的具體實踐完全地恰當地統一起來，就是說和民族的特點相結合，經過一定的民族形式，才有用處。」改革開放後，鄧小平提出「建設有中國特色社會主義」，與上述的「民族形式」提法有一定的繼受關係。

「建設有中國特色社會主義」所主張的「社會主義」，當然不再是過去那種僵化的教條，而是一種更為圓融、成熟的社會主義，是真正以歷史的、辯證的觀點來看待工業社會新思潮的生成與發展。因此，我們可以很坦然、自信地提出「社會主義市場經濟」，不再過分化約地將市場經濟等同於資本主義，更不再認為凡是資本主義社會中的事物，即是不合理。同樣的，我們也可以有步驟地進行民主法治建設，對於代議民主政治，不再以「資產階級民主」一句話即全面拒斥與否定，建設「社會主義法治國家」已成為現階段的重點工作。「有中國特色社會主義」要承認中國社會主義發展的條件與西方有重大的差異，我們要的「社會主義」必須能夠批判繼承「自由主義」良好的、合理的成分，這也就是「中國將長期處於社會主義初級階段」的原因所在。

至於所謂「有中國特色」，則是指必須與中國的實際狀況相結合：既不能脫離中國當前的現實，要解放思想，實事求是；也不能脫離中國的傳統文化，傳統文化是完成國家現代化的精神資產，而不是負債。早在三百年前，像萊布尼茲、伏爾泰、吳爾夫、席勒等啟蒙運動的健將，莫不以中國作為尊崇理性的範例推介給他們同時代的歐洲民眾。沒有教會的中國卻能發展出極其文明的文物典章制度，對他們來說，這就是理性力量的顯示。而孔子所開創的儒學正是中國傳統文化的主流思潮，儒學中這種講理、崇理的態度則可以成為吾人與西方兩大思潮相會通的依據。今即以儒學為例，略論中國文化主體意識與自由主義、社會主義的結合之道。

首先要指出的是，儒家的道德哲學（尤其有關人格自由、自律與尊嚴之說）與政治哲學（尤其是民本思想），通過創新，可以會通自由主義、並補西方自由主義之不足。儒家講「仁」，強調人與人之間的對待關係，因此「自由」並非為所欲為的自由。自由不僅要受社會規範的制約，也應受到道德責任感的制約。立足於人格的自我完善，才能真正落實自由主義的理想，否則將出現富者愈富、貧者愈貧、強凌弱、富欺貧的流弊。而儒學中「民惟邦本、本固邦寧」的民本思想則應是一切國家制度的基石。將民本思想予以更新，揚棄世襲君主政體，也可以與民主政治相會通。讓民主化植根於「民心」之中，「得民心者昌，失民心者亡」，確保民主政治免於受到金權與黑道的操縱。

其次，儒家倡導的均平原則和群體為上原則，通過創新，拋棄其封建等級制度，可以通向社會主義，並補西方社會主義之不足。孔子強調「不患寡而患不均」，落實均平原則可以縮小現代化進程中貧富懸殊的差距，有助於社會的和諧與安定，同時保護個人的生存權利和各階層應有的利益，「使百姓各得其所宜」。至於儒家倡導的群體為上原則，以家族或家庭為中心，推廣到國家與天下，尤其提倡推己及人的美德，必要時可為群體利益而犧牲個人利益，所謂「殺身成仁」。在家族中重視恤老扶幼，互通有無，把這種思維方式推廣到整個國家，就可以與現代社會保障體系相會通。此種價值觀將個人的合理利益同社會全體成員的共同利益結合起來，形成一種有中國特色社會主義的價值觀，解決了西方傳統中個人與社會相互對立的問題，即揚棄了或有個人而無群體、或有群體而無個人的二元對立思維模式，有助於人類新道德的建設。

如今，我們要振興中華，先得恢復民族的尊嚴與自信心，而這又得從重建「中國文化主體意識」做起。唯有立基於中國文化主體意識，重新認識傳統、批判傳統、創新傳統，在進行工業化的同時，我們才能夠很有主體性地吸收自由主義和社會主義這兩大思潮的合理成分，即時解決我國在現代化過程中所遭遇的問題，從而屹立於世界先進國家之林。

大陸政治改革與兩岸和平統一

本文發表於一九九九年七月十日在香港舉行的「和平統一研討會」，文中提出如何在大陸推行法治建設，包括共產黨分黨與兩岸三地「通黨」等問題，頗具創意，值得細讀。

一九七八年底中共十一屆三中全會確定改革開放政策，旋即於翌年與美國建交，並由全國人大常委會發表〈告臺灣同胞書〉，「和平統一、一國兩制」遂逐漸成為中共對臺政策的主旋律。臺灣則於一九八七年開放大陸探親，為兩岸的民間往來打開了一條合法渠道，似也為兩岸的和平統一創造了有利的條件。然而，隨著一九八八年蔣經國逝世、李登輝繼任總統以來，先是一九九三年臺灣推動加入聯合國運動，開始引起中共的疑慮，乃有〈臺灣問題白皮書〉之發表。而一九九四年千島湖事件的「土匪風波」與李登輝接受司馬遼太郎的訪談，深深傷害兩岸關係。一九九五年李登輝訪美，終於導致中共於一九九五年與一九九六年發動三次導彈演習。一九九六年以後，兩岸關係雖趨和緩，卻未有突破性的進展，臺灣方面對於和平統一的問題始終不甚積極，甚至刻意推拖。

其實，國際局勢對兩岸關係的影響至為重大。在冷戰時代，美國為了對抗蘇聯而打「中國牌」。為了拉攏中共，美國承認「一個中國」，承諾兩岸事務由中國人自行解決。然而，隨著蘇聯解體，「中國牌」成為多餘，目睹中共可能成為一個強權，美國深感不安，因此積極規劃、部署新的全球戰略。臺灣就是美國在太平洋防線上圍堵中共的一顆棋子。此外，日本在兩岸關係上也扮演著極微妙而敏感的角色。從地緣政治的角度來說，日本當然不願看到中國的統一與強大。因此，臺灣在處理對美、日關係時應該特別慎重；謹防臺灣問題被「科索沃化」，即應避免臺灣問題成為國際干涉的對象，否則兩岸統一將被迫以武力解決，這不僅是臺灣的悲哀，也是整個中國的不幸。要以和平的方式完成兩岸統一，需要全體中國人付出更大的智慧與耐心。

大陸的經濟體制已有了根本的變革

無可否認地，十年前談兩岸和平統一的確不切實際。因為當時兩岸的生活水平差距太大。然而，今天若再以經濟的理由反對統一，論據已嫌薄弱。大陸自改革開放以來，社會主義的三大原則，即公有制、計畫經濟與按勞分配，均已重大調整。一九八二年制定新憲法，首先將「計畫經濟」改為「以計畫經濟為主，市場調節為輔」，一九八八年第一次修憲時，再改為「計畫經濟與市場經濟雙軌制」，到一九九三年第二次修憲時又改為「社會主義市場經濟」。今（一九九九）年三月的第三次修憲，更將「公有制」改為「以公有制為主體的多種所有制共同發展」，「按勞分配」則改為「以按勞分配為主體的多種分配形式」。大陸的經濟體制經過一連串的改革，已與臺灣相差無幾。此外，今日臺灣與大陸發達地區的生活水平差距已遠小於大陸內部發達地區與欠發達地區的差距。若以生活水平差距為由拒絕統一，依此類推，則大陸自身內部豈不早該四分五裂？

其實，兩岸和平統一的關鍵在於大陸的政治改革，而政治改革的核心就在於「法治」。只要中國大陸落實法治，臺灣人民自然心向祖國。據筆者所知，目前不少常住廈門的臺商多肯定廈門的城市建設比臺北好，包括環境、治安、交通等方面。然而，他們卻不願因此改持中共護照。這是因為大陸的法治建設落後，他們擔心一旦改持中共護照，接受本國人民待遇以後，基本人權的保障反倒不如持臺胞證來得好些。

再就臺灣本身來說，主張「臺灣人不是中國人」的極端臺獨論者畢竟是少數，多數人之所以不願統一，不過是不想讓中共統治而已。至於不想讓中共統治的最重要原因就在於大陸未實施法治。近年來，大陸銳意加強法治建設，一九九七年的「十五大」將「建設社會主義法治國家」列入黨章，今（一九九九）年的修憲更將其列入憲法。然而，目前的法治建設基本上仍停留在因應經濟改革需要的層面，尚未將「法治」視為現代化國家的基本價值。「法治」的精義絕不僅在於約束人民的自由而已，更重要的，毋寧在於要求政府依法行政，排除任何形式的恣意統治，以保障人民的自由與權利。因此，基本人權的保障是否完善乃是建設法治國家的關鍵所在。其次，「法治」與「民主」乃是一體兩面。法律必須是國民總意志的體現，因此必須由國民的代表所組成的議會來制定。而議會要能充份地反映民意，就必須以自由而公平的民主選舉為前提。由此觀之，目前中國大陸地（市）級以上人大的間接選舉及其他種種選舉制度顯需改弦更張。此外，「司法獨立」乃是落實法治所不可或缺的要素。然而，現今中國大陸的法院受到同級人大、地方政府以及黨組極為嚴重的干涉，已成為法治建設中的重大障礙。

大陸法治建設重心在於建立政黨競爭機制

為了加速推動大陸的法治建設，吾人不能只寄望於共產黨的善意。因為一個不受監督、缺乏制衡的政黨不可免地會濫用其權力。目前許多共產黨幹部的貪污腐化即是例證。為了加強法治，吾人也無法等待人民的自覺。因為政治改革已經箭在弦上，不得不發，它關係著改革開放的成敗，也決定了中國全方位現代化的目標能否達成。筆者以為，只有建立政黨競爭機制，亦即引進多黨政治體系，才能有效推進中國的法治建設。因為要建立政黨競爭機制，就必須保障言論自由、新聞自由，並完善選舉制度，才能提供各政黨公平競爭的條件。一旦建立了政黨競爭機制，在憲法的規範下，經由反對黨對執政黨的監督，政府違法乃至干涉司法的情況才能大幅減少，國民的基本人權才能因此獲得較充份的保障。因此可見，建立政黨競爭機制是目前大陸法治建設的當務之急。

要建立政黨競爭機制，必須先實施黨政分開，讓各級人大確實根據憲法成為最高權力機關，取代共產黨的組織來監督行政部門；共產黨則退居第二線，針對重要公共議題提出政策方案，並在選舉中為國家舉薦優秀的政治人才。其次，共產黨應該讓黨內的派系鬥爭公開化、規範化乃至合法化。過去因為黨內派系鬥爭未能公開化、規範化與合法化，失敗的一方常被打成「反革命」。如何擺脫這種惡性循環，建立黨內派系競爭機制，乃是政治現代化的重要課題。過去共產黨極左路線實行「黨內無派、黨外無黨」，實際上，黨內一直存在著派系鬥爭，就如毛澤東所言「黨內無派、千奇百怪」。政治現代化則要求「黨內有派、黨外有黨」，亦即不僅要建立黨內派系競爭機制，也要建立多黨競爭機制。因此，在黨內派系鬥爭公開化、規範化與合法化的基礎上，共產黨還可以考慮「分黨」，即將共產黨分為甲、乙兩黨。甲黨為執政黨，其施政可側重發展生產力，以提高國民生活水平。乙黨為反對黨，則負起監督甲黨的職責，隨時督促政府在發展經濟的同時，是否也建立了一套與經濟發展水平相稱的社會保障體系。況且，乙黨在中央雖為反對黨，卻可能在部分省區是執政黨。如此即可避免出現「毀滅性的政黨政治」，即除了一個獨大的執政黨外，盡是些從無執政經驗，且在可預見的將來也無執政希望的小黨，這極易破壞政局的穩定。換言之，甲、乙兩黨雖然相互監督、制衡，卻也能培養兩黨對公眾事務的責任感。在共產黨分派、分黨的基礎上，進而促成八大民主黨派的獨立自主運作，並階段性讓其擁有各自的輿論陣地，多黨政治格局自然水到渠成。

三通之外再加上「通黨」

此外，為了加速兩岸相互理解與和平統一，筆者還有另一備選方案，分四階段逐步建立適用於兩岸的政黨競爭機制。第一階段先讓臺灣各政黨到香港、澳門公開活動。其次容許臺、港、澳三地政黨到大陸公開活動。第三階段則容許大陸人民自行組黨。第四階段則是臺灣容許大陸政黨到臺灣公開活動。在兩岸互相容許對方的政黨到各自的領域內活動同時，雙方都應該建立公平的政黨競爭規則，使各政黨都有平等的機會爭取選民的認同。另一方面，無論哪一個政黨都應遵守當地的法律（當然包括香港基本法與兩岸的憲法），絕不搞革命黨或地下黨。筆者相信，這不但是建立政黨競爭機制最溫和、漸進的方式，更是推動兩岸和平統一的有效方案。也就是在「三通」——通郵、通商、通航——之外，再加上「通黨」，亦即以兩岸的政黨互到對岸發展，俾增強兩岸互信的基礎。

改革開放以來，中國共產黨已初步建立起市場經濟的框架，這的確是個傲人的成就。在經濟方面的改革與開放取得重大成就的同時，歷史也要求我們應該更進一步促成政治方面的改革與開放。競爭機制不僅在經濟領域有效，在政治領域同樣有效。中國共產黨將無可避免地也要接受競爭機制的考驗。既然多黨政治格局的形成總有一日要到來，何不先未雨綢繆，主動規劃，有計畫、有步驟地建立政黨競爭機制，既能促進未來政黨政治的良性發展，又能推動中國法治建設的發展，更重要的是，能夠藉此號召臺灣民心，成為和平統一的一大動力。

總而言之，大陸的政治改革不但涉及大陸本身的發展，更是兩岸和平統一的最大保證。因此，謀求建立政黨競爭機制，建立法治國家，是每個關心兩岸和平統一的政治菁英與知識分子無可迴避的責任。

把握歷史機遇　引進臺灣人才參與西部大開發

——向中共中央暨全國人大常委會提出的說帖

值此世紀之交，全球中華兒女當前所關注的兩大挑戰：無非是西部大開發與祖國的和平統一大業。由於這是關涉到中華民族的全面復興，因此既需要大戰略、大格局，也需要妥善的規劃與經營。

有人質疑，西部大開發是面向西部內陸地區，而祖國和平統一則是針對東南海嶼；前者側重平和穩健及可持續發展的長遠計劃，後者的重點則在於打破僵局，並應對可能的變局。兩者之間是否會相互牽扯，從而延滯了祖國全面現代化的腳步，深值吾人關注。本人雖出生在臺灣寶島，卻長期為祖國的現代化事業殫精竭慮，而屢有建言。爰不揣翦陋擬定此方案，俾使上述兩大挑戰合而為一，相輔相成，互為奧援。

這個方案就是：積極引進臺灣人才參與西部大開發。

西部大開發是一個歷史性的機遇，若是能夠爭取臺灣同胞更積極地參與，那麼，不僅可以為西部開發迅速投入一批精力充沛、歷練豐富的生力軍，同時也可以為祖國的統一大業奠定堅實穩固的基礎。而臺灣人才的參與，不宜僅侷限於工商企業的投資，不妨進一步引導他們進入政府管理部門，使其貢獻心力，以達到開溝導渠，順情制勢的功能。

目前大陸已有相當多省市區級重要職務由非共產黨黨員幹部擔任，這種廣納天下英才，拔擢四海精英的做法，普遍受到人民群眾的認同與贊賞，也顯現出中國共產黨大公無私、大刀闊斧推動改革開放的壯闊襟懷。筆者相信，人才是建國之本，只要是有才幹、有正德，肯為中國的發展奉獻心力的人，就應該讓他們有機會在祖國壯麗的山河上一展長才。何況西部大開發的人才所需何止千萬，相信未來，在這一片遼闊的大地上，將會是許多人築夢的所在，也是許多人情願流汗滴血，獻身於中國現代化事業的地方。

筆者曾數次走訪大西部，也接觸到不少到大西部考察的臺灣企業家。基本上他們對西部大開發的決策深感興趣，也樂觀其成。但對目前的總體投資環境則心存疑懼，其中很重要的一點就是對現任西部地方各級政府幹部的觀念和視野缺乏信心，特別是看到有些幹部輕諾寡信的作風和等、靠、要的架勢，著實令人難以苟同。如果大陸能夠引進臺灣人才擔任西部地區的政府幹部或顧問也就加強了臺灣企業家參與投資的信心，不僅可以積極引進臺資，同時也形成西部大開發的一股助力。筆者曾私下了解過臺灣不少大中型企業負責人，以及有過縣、市長行政經歷人士的看法，包括一些有臺獨傾向的人士都表示，如果中國共產黨真有如此的胸襟，他們可以考慮把本身的企業交給股東或第二代經營，而放手前來西部貢獻心力與才智。

西部大開發既是有劃時代意義的大格局、大戰略，也就應該允許有突破性的、讓人一新耳目的作為。筆者因此大膽提議：聘請臺灣學養、歷練豐富並有一定社會聲望的管理幹才出任西部省市區的分管經貿與基建的副首長，或者首長助理；同理，地、市、縣也可同步聘請。

這種構想若能實現，那麼它所帶來的新聞效應以及所將造成的後續效用將難以估算。首先，對臺灣企業界而言，有臺籍菁英出任西部地方政府幹部，可以消解他們的疑懼，增強他們的投資的力度。其次，在國際上，也可以取得開明、開放的良好觀感，無形中將大幅提高國際媒體暨企業界對西部大開發的興趣與關注。此外，就兩岸的關係而言，既有主動突破的積極意義，也為往後的發展埋下良性互動的基礎。

臺灣同胞歷經外族殖民統治以及國民黨高壓政策的壓抑，不免有當家做主、出頭天的強烈願望。若是容許他們有機會加入大陸地方政府管理團隊，成為當家的一分子，其才能得以在實際參與祖國建設的過程中獲得展現的機會，那麼，臺灣同胞長期的壓抑將得以舒解。同時相信祖國的包容與器重，將是對臺灣民心最大的感召。這一構想的實現，也將打開臺灣政治人物的格局和視野。試想，若是有臺灣同胞受聘擔任新疆維吾爾自治區政府副主席，那麼，他所管理的土地面積是一百六十萬平方公里，比起作為臺灣最高領導人所管理的不過是三萬六千平方公里而言，其眼界、氣度，相形之下，高下立判，從而促使臺灣同胞從此將以更寬闊的胸襟看待日愈發展、壯大的祖國大陸。

回顧新中國成立之初和六十年代三線建設時期的兩次西部開發史，雖然也給西部帶來了幾條交通幹線和幾個有利於西部發展的項目，卻也出現資金浪費、投資項目空洞化的嚴重現象。這其中固然有政治形勢變動的因素，欠缺經營、管理的幹才也是主因之一。因此，西部大開發能否順利推展，延攬人才、善用人才將是重大關鍵。

就人才的引進而言，改革開放初期的深圳、廈門、珠海、汕頭、海南等經濟特區，在招商引資的同時，也是廣納五湖四海中擁有技術專長、管理經驗以及先進觀念的人才，形成百川匯流，千軍萬馬闖南方的壯觀場面，為南中國的經濟飛躍提供了豐厚的人力資源。

沿海和特區的經濟成就非凡，其中作為先鋒部隊的港澳同胞和海外僑胞發揮了重大作用。然而，往後更深入內地、更廣泛貢獻於祖國經濟建設的則是臺灣同胞。因為，港澳同胞主要是將資金和技術投注於與其毗鄰的廣東省；海外僑胞則明顯側重於祖居僑鄉。臺灣同胞的老家卻是遍布於全國各地，不少人翻山越嶺返回故里，將資金、人才和進步觀念一併帶回老家。隨著改革開放的深化與擴展，臺商投資規模、領域、地域都將遠遠超過港澳同胞和海外僑胞。因此，筆者深信，西部大開發一旦啟動，臺灣資金和人力的投入當擁有很大的揮灑空間。

然而，臺灣企業界目前對於西部大開發難免仍心存疑懼與觀望。若是有臺灣人才出任省區市級的管理部門幹部，臺灣資金和人力的投入，力度必然隨之擴大。即使在初期的評估作業階段，也可優先考慮聘請臺灣的科技及管理人才組成顧問團，協助西部省、市、區進行項目規劃、分析，做出合理的建議，供決策部門參考。此外，聘請臺灣專家組成中長期講師團，對大西部的幹部進行培訓輔導，也未嘗不是可以配套進行的方案。

中華民族在悲憤與屈辱中，從十九世紀跨入二十世紀，直到一九四九年新中國成立，得以重新站起。然而，反右鬥爭與文化大革命延緩了中國現代化建設的腳步。直到一九七八年底，中共十一屆三中全會確立改革開放政策，鄧小平提出「解放思想、實事求是」的方針，才逐漸走上了和平發展的道路。二十餘年來，中國的經濟得以持續高速成長，綜合國力大幅提升，人民的生活也普遍獲得改善。如今，我們帶著自豪與希望從二十世紀邁向二十一世紀，而西部大開發無疑是新千年的重大標誌。我們應珍惜當今的成果，透過擴大參與，廣結善緣，讓包括臺灣同胞在內的中華兒女共同投入祖國的跨世紀建設大業，並分享中華民族全面復興的喜悅。

西部大開發展現了祖國邁向強盛、均富的美好願景，而祖國的和平統一則是中華兒女的共同使命。所謂「遠人不服，吾其修德以來之」，筆者有幸作為中國大家庭的一員，謹以一片愛國赤忱，提出把握歷史機遇，引進臺灣人才參與西部大開發的建議。懇請中共中央暨全國人大常委會，仿晉室南遷時重用吳地士大夫以收攬人心的做法，認真考慮本建議。如蒙不棄得以付諸實行，則是國家幸甚！人民幸甚！

朱高正　二〇〇〇年十一月十二日

關於建立「臺閩粵自由貿易區」的設想

自從民進黨取得政權以來，經濟一路下滑，民眾普遍有藉由改善兩岸關係以振興臺灣經濟的願景。大家心裡有數，卻礙於本土主流意識的尊嚴和體面，說不出口。即使承認改善兩岸關係的重要性，卻也是吞吞吐吐，提不出具體可行的方案。

目前臺灣社會百業蕭條、市場緊縮、失業率節節上升，人民的危機感日益沉重。然而，危機也正是轉機。許多人開始深刻認識到：要化解危機，重振經濟，首先必須要突破當前的政治僵局，煽情的口號和法西斯化的族群動員逐漸被厭棄。過去被視為禁忌的「三通」和「一國兩制」議題，逐漸在公共領域中受到密切的關注和討論。

振興臺灣經濟

越來越多的人認識到：一個自我封閉、自我設限的社會，貨不能暢其流，則生產必然停滯；物不能盡其用，消費必然不足；人不能盡其才，失業問題必然無從解決。而在目前，要達到貨暢其流、物盡其用、人盡其才的理想，兩岸三通是一個無可避免的趨向。

但是，在目前兩岸的僵局下，三通可謂是渺渺茫茫，遙遙無期。難道我們就只能陷溺在虛耗空等的噩夢中嗎？難道沒有一個可以突破僵局、化解疑慮的過渡辦法或試行方案嗎？

不！「臺閩粵自由貿易區」的設想，就是具體可行的出路。

什麼是「臺閩粵自由貿易區」？要知道，臺灣本省籍當中，閩南人來自漳州、泉州，客家人則主要來自福建龍岩和粵東地區。臺灣與閩南、粵東地區在語言、風俗、習慣，飲食，乃至宗教信仰上，同宗一脈，彼此溝通容易，相互之間的同情、了解與互信可以很快建立起來，因此，經濟活動的管道一旦暢通，雙方互助、互補的功能很快可以發揮出來，這就像港澳地區和珠江三角洲之間的關係一樣。

改善兩岸關係

大陸當局在二十年前設置經濟特區時，深圳、珠海是相應於香港、澳門的需要；廈門、汕頭兩特區的設置，則無疑已考慮到臺灣早期移民多源自閩南、粵東地區的事實。如今，臺灣人到閩南、粵東經商、旅遊、尋根、祭祖的人次已相當可觀，如果在此基礎上，成立「臺閩粵自由貿易區」，使高雄先與廈門、汕頭直航，姑且稱之為「中三通」。「中三通」對兩岸而言，阻力最小，卻能滿足經濟活動的需要，也可打破兩岸大三通之前一事無成的僵局，改善兩岸關係，為臺海安全建立更堅實的基礎。

廈門、汕頭兩特區已積累相當成功的發展經驗，如今將廈門特區擴大及於漳州、泉州與龍岩等地，將汕頭特區擴及於潮州、梅州等地，據此規劃為「臺閩粵自由貿易區」。如此一來，臺灣同胞到閩南、粵東投資、就業、就學、觀光、居留可享有更寬鬆的政策，即比照港澳同胞，以身分證即可換取回鄉證，在閩、粵兩省的境內自由活動。臺灣與閩南、粵東地區的海空客運也將先行通航，就如同港、澳已回歸大陸，卻仍繼續與臺灣通航一樣。此外，也可仿效「上海外高橋自由貿易區」，從廈門、汕頭做起，包括兩地機場和碼頭在內，將原有的保稅區與出口加工區劃出部分地區為針對臺灣同胞，乃至全球的華商。並以廈門、汕頭先作為試點，引進臺灣地區的銀行，辦理新臺幣與人民幣的匯兌業務。

「臺閩粵自由貿易區」不僅充分顧及臺灣本土的尊嚴，也滿足了當前經濟上的需求與利益，臺灣人從此多出六萬多平方公里的發展空間，何樂而不為?

一旦「臺閩粵自由貿易區」成立，落實「中三通」，高雄的海、空運輸將進入空前繁榮的狀態。臺灣同胞前往大陸一年為三百萬人次，至少將有一半的人，不再經由港澳地區，而取道高(雄)廈(門)航線轉進大陸。屆時湧入高雄的商旅將大幅增加，旅館、餐飲、觀光業將大發利市。大陸臺商也將紛紛在高雄成立分公司，房地產勢將由谷底翻身，市民也不怕沒有就業機會。高雄經濟發達了，稅收增加了，基礎建設更可以大手筆投入，整體居住環境將因此改頭換面，高雄成為世界一流大都會的願景，將不再是夢想!

兩岸關係其實是一個國家內部兩個「交戰團體」間的關係

此外，陳水扁上臺以來，在兩岸問題上，什麼也不敢說，什麼也不能做，導致兩岸僵局拖垮了經濟，受害最深的是生活陷入困境的升斗小民。這一年來，我們看到的是支持「一國兩制」的比率直線上升，民調從百分之三、百分之十六、百分之二十七、百分之三十一，到最近的百分之三十三，臺灣已有三分之一的人接愛「一國兩制」為解決兩岸問題的首選方案。凡是負責任的政治人物，都應該正視到：臺灣政治經濟的發展，必須與兩岸關係連結起來思考。任何解決兩岸問題的可能方案，我們都應該嚴肅對待，認真思考。這其中，當然包括民意支持度越來越高的「一國兩制」。

從歷史上來看，兩岸問題是國共內戰的延續。在內戰的架構下，大陸地區相對於中華民國而言，是「匪區」或「淪陷區」。臺灣地區對中華人民共和國而言，則是尚待解放的「白區」。兩岸對於主權、領土、人民的主張高度重疊，兩岸爭的是中原正朔。因此，兩岸關係，在國際法的定位上，應是一個國家內部「交戰團體」（belligerent）之間的關係。正因為是「交戰團體」，所以兩岸應先商討簽訂和平協議，終止內戰狀態。

在和平協議的基礎上，兩岸可以對等、有尊嚴地展開理性的對話。不管是「一國一制」、「一國兩制」，或是連戰所主張的「邦聯制」都應該公開討論。

「一國一制」不可行

曾經有意識形態對峙的內戰狀態，而後來採用「一國一制」的國家，先有越南，後有德國。越南的痛苦經驗根本不足取，臺灣也不可能接受越南模式。德國的經驗是西德併吞了東德。譬如，兩德合併後，司法制度採用原西德體系，原東德的法官、檢察官全部免職。一旦碰上法律糾紛，德東人民對司法體制的熟悉程度遠不如德西人民，在訴訟上難免吃虧。迄今，德東地區的老百姓因被當作「次等國民」而將德國政府稱作「他們的政府」，對合併後的德國有嚴重的疏離感。而德西人民則除了原來百分之十四的增值稅之外，還要多繳百分之十四的「團結稅」，用來投注於德東地區的基礎建設，德西百姓在沉重的稅負之下，也是怨聲載道。

從這些經驗來看，要在兩岸之間實行「一國一制」，其可行性更低。國民黨的「三民主義統一中國」，恐怕自己都已不相信。何況國民黨早在內戰期間被大陸同胞掃地出門，中共也不可能再回頭接受國民黨所主張的制度。同樣的，要臺灣人民接受共產黨的領導，也是強人所難。

「兩國兩制」不能要

事實上，民進黨長期以來主張「臺灣是一個主權獨立的國家」與「臺灣主權不得做為兩岸政治談判的議題」，這是赤裸裸的「一中一臺」的臺獨論，是導致兩岸關係緊張的根本原因。至於親民黨則主張三階段論：一、兩岸在美、日等國見證下，簽訂三十年的和平條約（按，條約只能是國對國的關係）；二、兩岸分別以主權國家的身份，仿效歐盟二十年（按，這是典型的兩國論）；三、臺灣政治前途的終局解決交付臺灣全體公民決定（按，這與民進黨的公民投票無異）。換言之，親民黨的兩岸政策與民進黨如出一轍。此外，新黨部分公職人員在三年前公開鼓吹「一中兩國」，引爆黨內激烈爭議，迄今未見處理。

至於連戰最近提出來的「邦聯制」，基本上是一種「先獨後統」的主張，可行性甚低。因為，所謂「邦聯制」，就是由兩個以上主權國家所組成的國際組織。亦即，必須是臺灣先成為主權獨立的國家，才有可能與大陸組成邦聯。對大陸當局而言，等於要接受臺灣從「事實上（de facto）獨立」，提升為「法理上（de juris）獨立」，中共根本不可能接受。這種從「事實上獨立」發展到「法理上獨立」的主張，其實就是「一中一臺」或「兩個中國」，因此，「邦聯制」不可能成為兩岸對話的議題。何況，凡組成邦聯的國家，其領土、人口必須相當，如今，大陸人口是臺灣的六十倍，土地是臺灣的二百六十六倍，兩岸組成邦聯，等於是要將巨人矮化成侏儒，大陸會接受嗎？

認真對待「一國兩制」

剔除以上這些可行性甚低的主張，只有「一國兩制」在兩岸可能有最大的討論空間和最廣泛的共識基礎。對大陸而言，「一國兩制」已明載於一九八二年的新憲法，等於是中共當局的基本國策。對臺灣而言，一國兩制等於是現狀的維持和就地合法，頗能符合臺灣人民的意願與利益。從民調來看，「一國兩制」即使遭歷來執政當局長期的抗拒與醜化，卻仍然有三分之一的支持度，已具備了不容忽視的民意基礎。

凡是有責任感的政治家，不應再以空洞的口號延誤對臺灣出路的思考。

唯有充分掌握兩岸關係發展的趨向，才有可能在談判的過程中，為臺灣爭取最大的利益。

因此，我們有必要對「一國兩制」的實際內容做更深入的研究與探討。不管其結果可行與否，「一國兩制」畢竟已是我們必須嚴肅對待的選項。

為了對歷史和選民負責，現階段確有必要認真思考「一國兩制」的可行性與「一國兩制」的臺灣模式，以共同為臺灣在兩岸的和平談判中爭取更積極有利的條件。

唯其如此，才是真正的愛臺灣！唯其如此，才是疼惜臺灣的兩千三百萬居民！也唯其如此，才是真正有自信、有尊嚴地立足於臺灣本土！

中國文化對歐洲啓蒙運動的影響

——以利瑪竇、萊布尼茲與吳爾夫為例

自古以來，中歐文化交流向來是經由陸路進行：西元前四世紀亞歷山大大帝的東征，曾進佔波斯，直抵印度河；而十三世紀蒙古大汗的西征，也曾橫掃中亞、東歐，並統治俄羅斯長達兩百四十年。後來由於鄂圖曼土耳其帝國崛起，於一四五三年滅了東羅馬帝國，回教勢力斷了基督教世界與中國的陸路交通。中國與西歐經由陸路的文化交流，由於地形阻隔，數以百種民族交錯雜處，因而其過程是間接而緩慢的。

至於經由海路的中西文化交流則應從明朝鄭和七度下西洋，歷時二十八年談起。鄭和艦隊的足跡遍及東南亞的爪哇、蘇門答臘、錫蘭、印度西海岸、波斯灣、阿拉伯的麥加，甚至遠抵東非索馬利亞的摩加迪休，這已是十五世紀上半葉的事了。鄭和七度下西洋為中西文化經由海路的交流打下良好的基礎，因此，一四九八年葡萄牙人達珈瑪繞過南非好望角之後，才能很快打開通往中國的航道。一五一四年葡萄牙商船抵達南中國海，開啟了中國與基督教

世界的直接交往的序幕。

重啟中西文化交流

一五八五年龔薩雷茲（Juan Gonzalez de Mendozas 生卒年不詳）蒐集西方傳教士與遠赴東方的歐洲商人有關中國的報導，編纂成書，已廣泛引起歐洲人的注意。當時由於明朝實施海禁，而歐洲人又不懂中國語文，因而有關中國的報導大多局限於地理與風土人情，但卻已經不只一次提到孔子了。當時歐洲人對報導中所提及中國歷史的悠久，深感詫異。如果報導屬實的話，那中國歷史將比《聖經》中的〈創世紀〉更為久遠，這涉及世界起源的問題。須知，直到十八世紀末，歐洲人仍認為世界起源於耶穌誕生前四千年。因此，他們不相信中國歷史悠久的報導，直斥之為「童話」。倒是令他們訝異的是，何以中國古代沒有關於「大洪水」的歷史記載。因為依據聖經的記載，上帝後悔造人於地上，因此除了諾亞一家人之外，要用大洪水「將所造的人和走獸、並昆蟲，以及空中的飛鳥，都從地上除滅」。這使得歐洲人懷疑大洪水可能只是地區性，而不是世界性的災難。這挑戰了聖經的權威性，也促成了十八世紀聖經考古學的研究熱潮。

耶穌會與利瑪竇對中西文化交流的貢獻

在耶穌會教士華里納諾（Alessandro Valignano 生卒年不詳）的倡議下，他們決定要學習中文，研究中國的經典，不把中國當成無知的野蠻人來看待。其實中國文化對十七、八世紀歐洲的知識界到底有多深遠的影響，迄今尚未曾有人認真研究過。但是無論如何，由於與中國接觸，使得基督教世界的視野擴大了，甚或是爆炸了。有人乾脆用哥白尼的新發現，比喻中國對歐洲的衝擊。一五八三年，時當明朝末年，義大利的傳教士利瑪竇（Matteo Ricci, 1552-1610）來到中國，一六〇一年到一六一〇年則住在北京。他是個虔誠的耶穌會教士，也是個飽學之士，堪稱是歐洲第一個漢學家。利瑪竇對中國的瞭解，影響深遠。他認為光從「中國是個古老而偉大的國家，擁有極其眾多而且愛好和平的人民」這一點，就足以令歐洲人驚訝和贊歎。歐洲各國不僅歷史短淺，國土面積狹小，政治上四分五裂，文字各不相同，與中國相較顯得貧窮，尤其那時歐洲各國還為了宗教改革而面臨大分裂。利瑪竇是透過朱熹的新儒學來瞭解中國的社會、國家體制與士大夫階層。朱熹的《四書集注》、《周易本義》乃是科舉應試的士子所必讀，朱子的學說深刻地影響中國人的思想、行為以及社會、國家體制。利瑪竇認為儒家思想在倫理道德、國家管理以及政治哲學上都非常傑出，值得歐洲人學習。利瑪竇指出，中國文化雖然由釋、儒、道三家交融而成，但他認為佛、道兩家無法對現世的社會及國家體制提出自己的主張。只有儒家可以為政治、行政、哲學、科學、教育體制與禮俗規範提供準繩，扮演類似「國教」的角色，使精神、文化生活與社會結構互為表裡、融為一體。尤其有關善惡的學說，利瑪竇發現儒家思想並不借助於任何形式的「天啟」，而是直接訴諸人的理性。無論是公或私的領域，善意與善行都不是靠外在（法律或禮俗）或內在（神的賞罰）的強制，而是靠古聖今賢的典型來自我砥礪。因此對像利瑪竇這麼一個虔誠的基督教徒而言，也不得不同意這種學說，難怪他推崇孔子是古代最偉大的哲人之一。做為耶穌會的傳教士，利瑪竇認為在中國傳教不是在糾正錯誤的信仰，而是在肯定儒家思想的前提下，使儒家思想臻於完善。易言之，藉著基督教的「天啟」，給由人的理性論證出來的道德予以不可搖撼的支撐。中國與歐洲比，無疑是一個更美好的世界，就只欠宗教而已，他希望中國也能成為「上帝的國度」。至於中國人受到儒家學說的影響，祭孔或祭祖，利瑪竇認為這與宗教信仰無關。而且他也肯定中國的士大夫階層遠比歐洲的教授更具影響力，因此，他要求耶穌會傳教士著中國服飾（不穿神父的制服），並適應中國人的生活習慣，與中國的士大夫階層多交往。在他看來，服飾、生活習慣皆與宗教信仰無關，宗教信仰是內在的，不是外在的。由於他努力與歐洲知識界頻仍通訊，介紹中國，並大量出版圖書資料，對當時歐洲影響頗大，尤其是法國。因為耶穌會教士中，以法國人最多，而十七世紀下半葉號稱「路易十四時代」，法國文化水平執歐洲的牛耳，而這時正是啟蒙運動的前夕。

在利瑪竇的努力下，耶穌會在中國傳教得到空前的成功。到清康熙三年（一六六四年）受洗人數已經多達二十五萬七千人，教堂有一百五十九座。但是從一六三〇年起，天主教的其它教派，道明會與方濟會也開始前來中國傳教。他們由於對中國文化瞭解有限，且以正統自居，完全站在西方的立場，認為教徒不可以祭祖，並攻訐耶穌會教士不著神父制服，而著異教徒的服飾，因此，一狀告到梵諦岡。教皇多次派遣特使前往中國瞭解，終因歧見太大，而於一七一五年諭令禁止耶穌會在中國的傳教活動。在中國方面，康熙皇帝本已於一六九二年下詔容許各個教派自由傳教，而今耶穌會因容許教徒祭祖而遭教廷禁止在中國傳教。言下之意，日後信基督教者不得再祭祖，自古「百行孝為先」，無父則無君，是可忍，孰不可忍。幾經交涉，乃於雍正即位後，即一七二三年，下禁教諭。但是耶穌會教士則在中國仍一直擔任欽天監的職位，直到一八〇一年。

值得一提的是清聖祖康熙皇帝（在位期間一六六一——一七二二）在十七、八世紀之交，被他同時代的歐洲思想界推崇為世界史上最偉大的統治者。因為他領導著一個龐大而廉潔的官僚體系（一六五〇年約一億人，一八〇〇年則為兩億七千五百萬人），平定臺灣，並臣服蒙古與西藏。康熙皇帝是位典型的「哲王」，不僅使中國的學術、文化綻放出璀璨的花朵，也將道德原則提升到指導政治生活的規範。他不僅對中國的四書五經有精湛的造詣，對西洋的學術也充滿興趣，他本人也曾撰述《數理精蘊》一書。在一六八九年俄羅斯與中國邊界發生糾紛時，他也重用耶穌會教士參與調停，並協助以拉丁文起草「尼布楚條約」。一六九二年他更下詔准許各教派傳教自由，當時中國的基督教徒已逾三十萬人，這種治國的胸襟與氣度對當時為宗教戰爭所苦的歐洲毋寧是個楷模。

萊布尼茲與吳爾夫皆推崇中國文化

這就難怪萊布尼茲（Gottfried Wilhelm Leibniz, 1646-1716）於一六九九年其《中國近事》（Novissima Sinica）一書再版時，特別將康熙皇帝的畫像置於首頁。萊布尼茲是當時歐陸理性主義的代表，與英國的牛頓同時發明微積分，也是全世界最早發明計算機的人。他透過法國耶穌會傳教士白晉取得八八六十四卦方圓圖，研究之後，發現如果採用二進制的觀點來解析六十四卦，而以零代「陰」（⚋）、以一代「陽」（⚊），則坤（䷁）卦換算為十進制，其值為零（$0\times2^0+0\times2^1+0\times2^2+0\times2^3+0\times2^4+0\times2^5=0$），復（䷗）卦換算為十進制則為三十二（$0\times2^0+0\times2^1+0\times2^2+0\times2^3+0\times2^4+1\times2^5=32$），井（䷯）卦則為二十六（$0\times2^0+1\times2^1+0\times2^2+1\times2^3+1\times2^4+0\times2^5=26$）。易言之，坤到乾六十四卦，剛好為零到六十三，這與他發明的二進制可說是異曲同工。因此在一七〇三年他向英國皇家學院提交論文「關於僅用零或一兩個記號的二進制算術的說明並附有其效用及關於據此解釋中國古代伏羲圖之探討」。在天主教會為了中國傳教而發生禮儀爭議時，萊布尼茲是當時歐洲唯一支持耶穌會做法的哲學家。萊布尼茲自一六八九年即與在中國傳教的耶穌會經常通訊，到他去世為止，未曾中斷。他認為歐洲人應向中國人學習，尤其是在倫理道德與政治方面。在中國，政治為道德服務，一切的政治作為都要謀求公共福祉與個人幸福的增進。他對中國的興趣，並非為了研究陌生的世界，來滿足好奇心與求知慾，而是要為歐洲引進有益的理論與實踐。萊布尼茲強調，歐洲人和中國人一樣，也擁有理性，但是理性在中國卻起著巨大的作用。尤其在實踐哲學的領域，理性為中國帶來很大的進步。儒家學說對萊布尼茲而言，不僅正確，而且有用，尤其當人們考慮到歐洲在道德上墮落的時候。萊布尼茲甚至想從中國語文發展出哲學的世界語言，並提出世界公民的理想，他建議成立「世界科學院」（Welt-Akademie der Wissenschaften）來專責推動這個構想。他認為「普魯士學院」也應致力於使中國的知識對歐洲有所助益。

繼萊布尼茲之後，歐陸最主要的理性主義代表當推吳爾夫(Christian Wolff, 1679-1754)。他是德國啟蒙運動的要角，提出歷史上第一份人權清單，是十八世紀上半葉歐洲最重要的哲學家之一。萊布尼茲的哲學經由他的努力，系統化而成為萊布尼茲—吳爾夫的理性主義哲學，而這正是康德批判哲學的出發點。吳爾夫著作等身，其《數學》、《物理學》、《形而上學》、《一般實踐哲學》、《自然法》、《倫理學》等拉丁文著作被當時歐陸各大學採用為教科書。吳爾夫中年以後，更將其主要著作一一譯成德文版，由於將哲學術語由拉丁文譯為德文，以致對日後德國哲學的發展影響至為深遠。吳爾夫與萊布尼茲一樣，對中國文化極為推崇。他曾擔任啟蒙運動的重鎮哈勒大學（Universität Halle）的校長，一七二一年七月十二日任期屆滿，在離職演說中，他提及其實踐哲學基本上與中國孔子的學說並無二致，引起軒然大波。因而於一七二三年吳爾夫被迫離開哈勒大學的教職。一七二六年他將離職演說稿整理為《關於中國人的實踐哲學的講話》（Oratio de sinarum philosophia practica）一書，並詳細附加二百一十六個注解，付梓出版。經過一番折騰之後，一七四〇年吳爾夫光榮地重回哈勒大學。

吳爾夫突出理性的重要性

事實上，早在一七二二年，吳爾夫就曾經為文介紹法國耶穌會教士諾爾（Francois Noël 生卒年不詳）翻譯，而於一七一一年出版的《六本中國經籍》（Sinensis imperii libri classici sex），即《大學》、《中庸》、《論語》、《孟子》、《孝經》、與《小學》。諾爾是位傑出的幾何學家、數學家與天文學家。他曾為中國二十八個城市確定經、緯度，也為像爪哇或馬達加斯加等大島重新定過地理位置。諾爾翻譯的這六本經籍是以朱熹的注解為基礎，諾爾的譯本將儒家最重要的著作翻成拉丁文，對當時歐洲思想界而言，是很好的版本。而諾爾的譯本就成為吳爾夫瞭解中國文化最主要的依據。吳爾夫認為，儒家學說對中國文化與政治的影響，要比《聖經》對基督教世界的影響大。在一七一八年吳爾夫在其著作中即強調在一般實踐哲學的領域，其學說與中國的儒家學說若合符節。吳爾夫哲學的基本概念是「完善」（Vollkommenheit），而他依據諾爾的譯本得知孔子主張人有理性（Verstand），經由格物致知，可以分辨善惡，從而決定其意志（Wille）要好善惡惡。一切行為的目標乃在謀求自身行為與他人行為的完善，而「最高善」則是一切行為的終極目標，縱使它永遠也無法達到。而這不就是《大學》開宗明義所講的「大學之道，在明明德，在親民，在止於至善」嗎？

吳爾夫於一七二〇年出版的《德文版倫理學》（Deutsche Ethik）中，第一編就是「一般實踐哲學」，它綜論倫理學、經濟學與政治學等三門學科共通的基本原理。在此他表現出是個典型的理智主義者，主張正確的行為並非建立在意志決定之上（意志常常是任性的，不能用理性解釋），而是在「理性的洞見」（vernuenftige Einsicht）之上。惟有理性才能分辨善惡，從而成為決定行為的動機。他認為一切的惡行來自於無知、愚昧與錯誤。他說：「由於能洞見事物關係的是理性（Vernunft），因此理性也能辨別善惡，理性要求我們行善去惡」，「客觀上的善與惡的結果，可為人的理性所認知，因此，理性不需基督教的天啟，甚至不需任何宗教」，「理性乃自然律的大師」（見《德文版倫理學》第二十三節）。吳爾夫仿效後期經院學派的口吻說道：「就算沒有上帝，人的自由行為仍有善、有惡」（見上引書第五節），「就算是無神論者，也可以有正確的知見及行為」（見上引書第二十一節），「就算沒有上帝，自然律仍然有效」（見上引書第二十節），「藉著理性，人就是他自己的律則」（見上引書第二十四節）。在此，吳爾夫突出理性的重要性，這在久經神權統治的基督教世界，是件極不尋常的創舉。對吳爾夫而言，宗教在行為問題上並非不重要，只是不是最重要而已。儘管他與中國人在宗教信仰上有所區別，但這並不影響彼此對實踐哲學有相同的看法。因此吳爾夫提出「自由行為的一般規則」：「做那些使得你或他人之狀況能更完善的事；不要做使得這些更不完善的事」（見上引書第十二節）。一七二〇年七月十二日，吳爾夫接任哈勒大學的簡短就職演說中，又稱讚中國的國家學說在道德實踐上有較好的效果，中國人由於謹遵孔子的學說而使得中國和其它國家不同。一七二一年四月吳爾夫在其《德文版政治學》（Deutsche Politik）第一版前言中就提到，中國在統治藝術上超過其它各民族。在「德文版政治學」中，並沒有探討儒家的國家學說，但卻指出中國的「胎教」為小孩日後的健康與教育奠定良好的基礎，且認為「胎教」是極度理性（hoechst vernuenftig）的表現。

《關於中國人的實踐哲學的講話》

在一七二一年七月十二日的離職演說中，吳爾夫首先指出何以題目不是「孔子的實踐哲學」，而是「中國人的實踐哲學」。他說孔子並非中國哲學的創始人，在孔子之前已經有很多重要的哲學家，他們是古代的哲王，所謂孔子「言必稱堯舜」，「述而不作」。這些哲王自身都有很好的道德修為，足以為臣民的表率。孔子是誕生在禮崩樂壞的春秋晚期，他試圖將堯舜之道發揚光大，以拯救世道的衰微。孔子之於中國，猶如摩西之於猶太人，穆罕默德之於土耳其人，耶穌之於基督徒。然後就進入主題，他強調中國之所以有如此傑出的典章文物制度就因為運用理性（ratio）的緣故。吳爾夫將道德分為三個層級，以道德是建立在自然的力量、自然神學或天啟的真理之上而定。他認為中國人的道德是建立在自然的力量之上，因此，中國人的道德應屬最低層級。但「自然的力量」（Kraefte der Natur）足以分辨善惡，因此中國人據此足以行善去惡，其道德行為是建立在很好的理由之上。他介紹中國古代經籍中對於教育體制中有關小學和大學的區分，小學教育主要是經由對長上的敬畏來培養順從的道德，大學教育則是經由理性，探討事物之理，即窮理盡性，以培養獨立自主的道德，後者亦稱為君子之學。《大學》一書正是教人如何循序漸進，止於至善。理性的完善乃道德洞見與道德行為的前提。在此，吳爾夫特別提及中國人的「胎教」，也就是在女子懷孕時，以音樂或講述前言往行來達到教育胎兒的目的。在當時歐洲的自然科學也已證實，母親與胎兒之間存在著肉體與靈魂的聯繫。而中國早在耶穌出生以前，就已有「胎教」的習俗，這種理性的產前道德教育不得不令人佩服。在離職演說結束時，吳爾夫再次強調其實踐哲學與中國的儒家學說相一致。

吳爾夫這篇校長離職演說之所以重要，乃是因為其實踐哲學與基督教世界——以神學立論的——倫理學之差異，過去只是在其著作中以隱晦的方式表達而已，而今卻以公開的方式，向全校的教授與學生陳述。他是以儒家學說在中國社會的實踐，來否定以神學立論的道德哲學，因此顯得頗具說服力。沒有宗教的道德，在理論上不僅可能，它毋寧是一個既予的事實，它在中國人的倫理道德與國家生活中已被證實。它是純粹哲學的、非宗教的道德，中國人不應被視為一般的「無神論者」。在演說中，吳爾夫固然沒說在中國傳教是多餘的，但他也沒說是必要的。中國人並不因沒有宗教而讓人覺得惋惜，毋寧是正因為沒有宗教而仍有良好的道德風俗而令人讚歎，中國無疑是歐洲的楷模。非基督教世界的中國思維方式，由此看來，並非錯誤的根源，而是合於理性洞見的根源。吳爾夫的離職演說無疑是德國啟蒙運動的訊號：公然向教會天啟的權威挑戰，充分相信理性的自主能力。

從「中為洋用」到「師夷之長技以制夷」的轉變

除了利瑪竇及其耶穌會教士對中國的研究，以及萊布尼茲與吳爾夫等歐洲第一流哲學家對中國的推崇以外，在一六八五年荷蘭商人圈子則流傳出對中國的負面報導。事實上，一六〇二年荷蘭人在印尼成立東印度公司，一六二四年佔領臺灣以後，就想方設法企圖壟斷歐洲對中國的貿易。孰知一六六一年荷蘭人被中國的鄭成功打敗，退出臺灣，而一六八三年康熙皇帝又命施琅平定臺灣，荷蘭人眼看要壟斷中國市場已不可能，因此在一六八五年出版有關中國的報導中，怒斥中國人為「天生的騙子」。但這種看法對當時歐洲思想界的影響要遲至十八世紀中葉時，孟德斯鳩才對耶穌會所講述的「在中國理論與實踐一致」的觀點提出質疑。然而在十八世紀下半葉康德的著作中，對中國仍多持肯定。到了十九世紀，由於歐洲工業革命在英、法、比、荷等國已基本上改變了社會生產關係，再加上一八四〇年英國為了出售鴉片而向中國發動了一場不名譽的戰爭，從而揭開了歐洲帝國主義侵略中國的序幕。自此，中國在歐洲的圖像有了一百八十度的大轉變。

值得吾人訝異的是，早在一五一四年葡萄牙的商船已抵達中國南方，而在這一百年前，鄭和下西洋時也已遠達非洲東岸，這意味著當時中國並非沒有遠程航海的實力與經驗，為什麼中國當時沒想到也繞過好望角，探訪一下未知的世界。在一六〇一年精通中文的耶穌會教士利瑪竇，已抵達北京，並與徐光啟、李之藻等士大夫過從甚密，他們曾將部分泰西名著譯成中文。但耶穌會教士能夠花上百年的功夫將中國的儒家經典詳加譯注，介紹給當時歐洲思想界，從而在啟蒙運動中，「中為洋用」，使沒有基督教會的中國一而再、再而三成為伏爾泰所引述的對象。耶穌會也為當時歐洲的第一流哲學家如萊布尼茲與吳爾夫提供中國的第一手材料，擴大了他們的視野。同時與歐洲接觸的日本，在十八、九世紀時蘭學（即由荷蘭引進的西學）已成為顯學，何以在中國知識界一直到洋務運動以前仍然看不到西學的蹤影。反觀中國在十九世紀初雖先有包世臣、龔自珍等人倡議改革，後有林則徐與魏源幫國人開拓視野，但也僅只於「師夷之長技以制夷」。必得等到十九世紀末，甲午戰敗後，嚴復才提出向西方學習的呼聲。即使如此，時隔一百年，已進入二十一世紀的今天，西學在中國仍難謂之為顯學。大概從一九四九年中共建政後到八十年代中，馬列主義在大陸算是顯學，但馬列主義並不足以全面代表西學，且當時馬列主義之所以成為顯學乃是官方的意識形態，而非學術界自主發展的結果。隨著改革開放，如今已非顯學。

在中國人的歷史經驗中，與中國來往的多為蠻夷之邦，因此當與基督教世界接觸時，仍然將洋人視為夷狄。中國長久以來以天朝上國自居，只要蠻夷不侵擾邊疆，向來多任其自生自滅，未曾想要征服蠻邦。十五、六世紀歐洲人為了尋找新航路，而開啟大航海的時代，以當時中國的人力、物力、造船技術而言均在洋人之上，只因缺乏誘因，再加上明朝晚期的海禁政策，使得中國人習於閉關自守，缺乏冒險進取的精神。當十八世紀歐洲對中國，尤其是中國的長處，相當瞭解的時候，中國人仍自以為是，對歷經啟蒙運動、工業革命、法國大革命洗禮而迅速崛起的泰西諸國仍懵然無知。這就難怪在鴉片戰爭英國人戳破了中國這隻紙老虎的假面具後，歐洲各國爭相投入搶食中國這塊肥肉的行列。

——《鵝湖雜誌》二〇〇一年二月

《康德四論》自序

一九九九年筆者應北京大學之邀，前往北大講授「康德法權及國家哲學導論」，聽講學生多為來自哲學、法律及政治系之研究生。本書《康德四論》即為在北大授課期間逐次整理出來的四篇康德哲學論文，其中第一篇〈康德批判哲學的啟蒙意義〉已發表在九九年七月號的《哲學研究》（大陸），第四篇〈康德的國家哲學〉則以〈永久和平與外在自由——康德國家哲學要義〉之名刊載在九九年十一月與十二月兩期的《鵝湖》（臺灣）。

一九八八年筆者在政務倥傯之際，得以有三個月的時間前往德國波恩大學從事博士後研究，將八五年的原博士論文略予刪改，終能於一九九〇年在德國正式出版《Kants Lehre vom Menschenrecht und von den staatsbuergerlichen Grundrechten》（《康德的人權與基本公民權學說》）一書。該書出版承蒙「阿登納基金會」（Adenauer Stiftung）資助，出版後基金會負責人認為該書對統一後德東地區的民主重建與「社會法治國家」（sozialer Rechtsstaat）的建設大有助益，因此率先採購四百冊分贈德東地區各大學及研究機構，其隆情高誼，令人感佩。爾後，奧地利學者卡瓦拉（Georg Cavallar）也在「維也納促進學術研究基金會」資助下，針對拙作撰述書評，並刊載於全球最具權威之哲學專業雜誌《康德研究季刊》（一九九二年第二季）。該書評高度評價拙作對康德法權哲學研究之貢獻，並將該書列為研究康德法權哲學四本必備著作之一。

此外，一九九六年英文劍橋版之《哲學史名著譯叢》（Cambridge, Texts in the History of Philosophy）出版康德法權哲學主要著作《道德形而上學》之英譯本，由瑪麗．葛雷格教授（Prof. Mary Gregor）編譯。在該書的導論中，拙作與耶賓浩斯（Julius Ebbinghaus）的作品被推崇為研究康德法權哲學「特別有益」（especially helpful）的歐洲著作。

筆者自一九八五年秋返臺，隨即投入臺灣的政治改革運動：一方面反對國民黨一黨專政，另一方面則堅持中國統一、反對臺獨。其中的執著很難說沒受到康德哲學的影響。自從八七年進入立法院擔任立委之後，先是為了推動國會全面改選，後是為了反對臺獨，歷經政治風暴，不免荒廢所學。還好，八八年猶能騰空三個月前往母校做博士後研究，才有《康德的人權與基本公民權學說》的問世。一九九四年在歐洲舉行「法治國家與人權」（Rechtsstaat und Menschenrecht）研討會時，邀集全球在這個領域拔尖的二十五位學者與會，筆者正因為《康德的人權與基本公民權學說》而有幸成為唯一獲邀的黃種人。一九九九年一月底筆者卸下立委職務後，能有機會前往北大講授康德，並趁機將授課內容整理為一本比較系統且全面性介紹康德法權哲學的著作，總算不負所學。

其實，康德哲學在中國流傳也有近百年的歷史，梁啟超早在一九〇三年即發表〈近世第一大哲康德之學說〉。其後，張君勱留學日本期間，受到梁啟超的資助與鼓勵，先是留意當代歐洲社會主義思潮，後則負笈德國，攻讀康德。歐戰之後，梁啟超赴歐考察，即由張君勱陪同，《歐遊心影錄》即留有張君勱的身影。一九二三年張君勱所引發的「科玄論戰」，正是張君勱受到康德批判哲學的影響，對五四以來流行的科學主義、社會達爾文主義以及放任的自由主義所做的批判。

牟宗三早年擔任張君勱的秘書，他對西方哲學的理解當得益於張君勱的啟迪。康德哲學近二、三十年在臺灣成為顯學，與牟宗三大力倡導不無關連。牟宗三雖不諳德文，卻能獨力將三大批判自英譯本再轉譯為中文，這種毅力不得不叫人佩服。而牟門子弟大多出身中文系，無法直接閱讀康德原典，只能經由牟宗三的譯本來研究康德，不可不謂為一大缺憾。然牟宗三極力推崇《純粹理性批判》（1781）、《實踐理性批判》（1788）與《判斷力批判》（1790），甚至有將這三大批判絕對化的態勢，這種治學精神似與批判哲學有所出入。康德哲學貴在批判，而非樹立權威；貴在提倡新方法，而非在提出新主張。新儒家長年希冀「內聖而外王」，殊不知在三大批判之中永遠開不出「外王」之道。

三大批判誠然是康德批判哲學最具代表性的著作，康德的批判哲學、先驗哲學就是藉著三大批判建立起來的。但康德的哲學體系一般區分為理論哲學與實踐哲學，後者又區分為倫理學與法權哲學。而法權哲學又區分為自然狀態與國家狀態的法權哲學，前者稱為自然法學，後者稱為國家哲學。有關「外王」的學說，即集中在法權哲學。而康德有關法權哲學的主要著作幾乎都出版在一七八九年法國大革命之後，尤其是在一七九三年元月法王路易十六被送上斷頭臺之後。康德有關國家正當性依據以及「革命權」的討論都是圍繞著法國大革命而來。康德法權哲學的專著《道德形而上學》上卷——《法學的形而上學原理》——即出版於一七九七年，這也是康德生前除了三大批判外最重要的著作。

本書第一篇即綜論康德哲學，第二篇論述康德實踐哲學，第三篇為康德的自然法學，第四篇為康德的國家哲學。第一、二兩篇為第三、四兩篇的基礎，後兩篇則是到目前為止在中文世界有關康德「外王」之道較系統與較完整的論述。希望本書的出版對臺灣社會重建民主有所助益、對大陸建設「社會主義法治國家」有所助益、對補足國內康德研究的空缺也有所助益。

附錄一

朱高正在北京

——看大陸的政治、經濟、社會變化，及兩岸關係的發展

在臺灣，朱高正雖稱不上家喻戶曉，卻是許多人印象深刻的名字。

在北京，朱高正也算小有名氣，特別是在知識圈，已有不少人認識這來自臺灣的「康德專家」。前不久，中央電視臺海外頻道還專題介紹了他，很出了一陣鋒頭。

自從立委落選後，朱高正這三個字就很少在臺灣的媒體上出現。不少政治觀察家私下評論：老朱的政治生命大概已經走到終點了！更多人則對他一變再變的政黨屬性搖頭嘆息，認為如果不是過於善變，以他的才華，應該不致「淪落」至此。

如今這位昔日的臺灣國會戰艦，竟然一變而為北京高等學府教席，他究竟在盤算些什麼？

莫非他已成為馬列信徒？應該不是，因為依他的觀察，中國大陸現在已不是靠共產主義在領導。那麼他是個純粹的民族主義者？似乎也不完全。不過他並不否認，民族主義是中國現代化十分重要的動力，而他來到北京，也只是想為中國的現代化盡一分心力而已。

或許就是這分「愛國」的心，使朱高正在分析中國情勢時，多了幾分過去在臺灣從事反對運動時少有的寬容與包容，讀者不妨從訪談中細細察覺。

但這種變，其實是要付出代價的。他在北京授課微薄的工資，甚至不夠支付房租，遑論每個月往返兩岸的旅費，但朱高正似乎頗能甘之如飴。

結束此地的講學之後，今年八月間，他又將應俄羅斯國家科學研究院之邀，走訪莫斯科、基輔等地進行學術之旅。而此刻他對中國的觀察，或許也只是一項暫時性的註腳而已！

主持人：黃清龍
對談人：朱高正
地　點：北京海淀

主持人：為什麼會到北京講學？是因為選舉失利暫時棲身？還是藉此機會想了解大陸或者影響大陸？還有，這是你生涯規劃的一部分嗎？

朱高正：我自一九八五年從歐洲學成歸國即涉身政治，前後當選四屆十二年的立委，但其實早從九年前我就覺得當立委是在浪費生命；因為不講話有失言責，一講話就會得罪人，而當時我又有不得不選的壓力。一直到去年，我決定在臺北市參選，結果沒選上，讓我有如釋重負之感，終於可以離開。看看現在立法院的情況，那種地方化的程度以及某些委員的寡廉鮮恥，我真的很慶幸不必再整天待在那裡跟他們攪和。

對於中國，我的確長期寄予關注，因為中國太重要了。過去五年來我平均每個月到大陸一趟，每趟約七到十天，但還是覺得時間太短，一直希望能有比較長的時間，做一些別人做不來的工作。剛好社科院聘我擔任特邀教授，而北大、清大及政法大學也都對我的專長有興趣，因此我就以特邀教授的身分來到北京並在這四個單位開課，其中在北大開設的是「康德講座」，對象是研究哲學、政治、法律的碩士生，在清大主講「易經」，對象是本科生，在社科院開的是「社會主義法治國家與民主政治」，對象是博士生與正部級幹部。據我所知，像北大及清大這樣的國家重點大學，通常不允許教授到其他學校授課，我的情況算是個特例。

大陸民主化是必然趨勢，我的理論與經驗可讓他們少走些冤枉路

簡單來說，我覺得我能為臺灣的民主化作出貢獻的都已經做了，不幸的是臺灣的民主化走入歧途，我實在無能為力。至於大陸，大陸的民主化將是必然的趨勢，而我個人無論在理

論上的造詣或者實踐的經驗，都可以提供給他們，使他們在過程中可以少走一些冤枉路。另外，透過講學，我也有機會接觸一些較傑出的中、青年，藉著討論康德實踐哲學、自由主義等等，一方面幫助我更加了解他們，另一方面，大陸最近正興起了康德熱，大陸學界所欠缺的那一部份剛好是我的專業，改革開放後的第一批留學生我都很熟，他們搞新馬克斯主義，搞康德，只能搞第一批判，沒法搞第二批判，我則可以直接從第二批判下手。

當然，我既然來到北京講學、生活，也想藉此印證大陸的變化軌跡。

主持人：那麼你看到了哪些變化？

朱高正：變化是相當顯著的，以講學來說，就遠比過去活潑開放許多，可以說，享有相當充分的講學自由。我舉一個例子，在我的課堂上，有學生問我：最近三個民主黨派提議修改憲法，將憲法中有關「中國共產黨領導」的規定刪除，問我有什麼看法？你看，連這種問題都被提出來討論了，這在以前根本就不可能。

主持人：那你怎麼回答？

朱高正：我就說，同學們，讓我們先從歷史背景談起，了解這段文字是在什麼狀況下放進去的。「中華人民共和國憲法」原是在一九五四年制定，還算不錯，到一九七五年文革時又頒佈新憲法，但那是個笑話，七八年又修了憲法，七九、八〇年再修還是不敷所用，才在一九八二年制定了現在這部憲法。在制定這部憲法的時候，當時還有不少人對改革開放存有疑慮，因此如果不把「中國共產黨領導」這一段放進去，那麼這些疑慮就會發酵，進而對改革開放造成阻力。

舉例來說，社會主義有所謂的三大要素，即公有制、計畫經濟與按勞分配。一九八二年制定的憲法首先從計畫經濟部分加以突破，變成了「以計畫經濟為主，市場經濟為輔」，到了八八年修憲時，進一步把它併軌，變成「計畫經濟與市場經濟雙軌制」，等到九三年修憲就變成「社會主義市場經濟」。今年三月，憲法第三次修正，公有制部分已變成「以公有制為主體的多種所有制共同發展」，按勞分配則變成「以按勞分配為主體的多種分配形式」。可以說，改革開放的主張在這三大原則上都已佔了上風，政治是要講究誠信的，不能得了便宜還賣乖，這個時候如果要把它翻了，下一次當大家面臨重大問題有歧異而要對方讓步時，可能就要付出更大的代價。

政治改革也要軟著陸，不必急著刪憲法中「中國共產黨領導」字眼

其次，乍看之下，把「中國共產黨領導」刪掉，好像可以加速改革開放與民主發展，事實上如果是多數人比如說三分之二以上的人都贊成，要刪掉也不是不可以，但現在大家明明知道有不少人是反對刪掉的，而且又逢國有企業職工下崗、分流，在這種情形下，如果硬要把它拿掉，就可能爭論再起，鄧小平這二十年為改革開放訂下的原則就是不爭論，如果現在

刪改，必然會起爭議。這當然也牽涉到對中共領導的評價問題，平心而論，過去二十年共產黨的領導表現雖然不到滿分，至少也可以給個七、八十分，換言之，如果讓共產黨繼續領導，將意味著改革開放路線最強而有力的保證，從現實上來講，其實也不必急著去動這個條文。

　　退一步換個角度，我問學生說：如果修改憲法，規定中華人民共和國永遠由中國共產黨領導，你們同不同意呢？大家都搖頭說不同意。所以說憲政的問題不是白紙黑字就有用的，但既然中共不可能永遠領導中華人民共和國，我們身為知識分子，就要未雨綢繆，不能等到有一天中共不能領導了，再來想要用什麼機制取代它，而是從現在就要想辦法。經濟改革要軟著陸，政治改革當然也要，應當竭盡所能，吸取西方先進國家經驗，再汲取過去的歷史經驗，擬出一套確實可行又符合中國現實條件的機制，來代替中共的領導。

主持人：談到政治改革，外界大都認為，中共近年來為了促使經改順利，反而更加抓緊政治控制，以避免情勢失控，在這種情形下，政治改革有何遠景？你的觀察如何？

政治改革遠比經濟改革複雜困難，且須在權力結構穩定下進行

朱高正：中共自一九七八年推行改革開放政策後，終能於一九九二年總結歷史經驗，找出一條穩健的現代化道路——「社會主義市場經濟制度」。但是，欲確保社會主義市場經濟

的有效運行，必須改革政治體制。換言之，經濟改革的成果能否確保，端賴政治改革是否成功，而政治改革因觸及許多人的利益，比經濟改革要複雜而困難。此外，政治體制的改革唯有在政治權力結構相對穩定的條件下才能進行，歷史一再地告誡我們，在政治權力結構的重組過程中，最忌諱同時進行政治體制改革，因為角逐政治權力的各個派系不可能理性地從事論辯以決定採擇哪一種政治體制，他們只是在盤算，改革後的制度對其權力的消長有何影響。

當前中國政治改革的重點有三：首先是黨政分開問題，其次則是權力下放的問題，以解決中央與地方的關係，第三則是精簡機構的問題，但歸本溯源則是共黨角色調整的問題。

黨政分開有兩項重大的意義：其一是讓各級政府依照憲法與法律的規定行使公權力，並接受同一等級立法機關的有效監督，而不再直接接受共產黨的指揮，這也就是「依法行政」；其次是保障各個政黨法律地位的平等，提供各個政黨公平競爭的機會。目前的黨政關係是黨領導政，各級行政首長之旁均設置一位職級較高的黨委書記，兩者之間本來是黨監督政的關係，然而依法要向立法機關負責的，卻是行政部門。黨務部門一則缺乏名分，二則權責不相當，三則易於濫權。在立法機關權利意識日漸抬頭的今天，已出現了黨配合政，甚至有黨委書記兼任行政首長的情形。

我認為，如果確保行政中立的法律體系尚未制定，即將黨政突然分開，則依照憲法與法律的規定，各級人民代表大會即應負起監督各級政府的責任，然而揆諸各級人民代表大會的組成方式、人員素質與運作模式，根本不足以勝任。因此，目前應先鼓勵黨委書記兼任各級人大主任，如此即可依法監督行政首長。而為使行政機關接受立法機關的有效監督，可將各級人民代表大會的常委會予以專職化、專業化，並鼓勵由黨務部門釋出的人力投身常委會。

主持人：即使如此，這似乎也和西方社會所理解的民主政治有別，譬如政黨政治，如何在憲法規定「中華人民共和國由中國共產黨領導」的環境下出現呢？

中共應記取臺灣民主化的慘痛教訓，可考慮將共產黨一分為二

朱高正：黨政分開的另一重要意義，就是要開啟多黨公平競爭的新局。隨著社會階層與利益的多元化，多黨競爭之局勢不可免。以臺灣為例，創立民主進步黨的領導階層幾乎早年多為國民黨黨員，當初也許因為政治主張稍有不同，或人事安插不盡理想，而欲另謀出路，但卻一再遭到國民黨中央的冷落、抵制、孤立與打擊，甚至以「莫須有」的罪名送入監牢。雖然國民黨最後不得不接受民進黨存在的事實，但兩黨之間卻已積累了許多仇恨與怨懟，導致政黨間的競爭無法常態發展，兩黨耽溺於權力鬥爭而無法在參與建構國民總意志的過程中扮演建設性的角色，像這樣的政黨政治根本無法有效地反映民意、歸納民意、整合民意、乃至代表民意。

假使在五十年代，蔣介石能接受「分黨」的建議，主動將國民黨分為兩個黨，必能避免政黨間仇恨的滋長，有效地防制政黨政治的惡質化。

其實在非西方世界的政治領袖，如列寧與土耳其國父凱末爾亦曾有引進多黨制或分黨的構想。因此中共應該記取臺灣民主化的慘痛教訓，可考慮將共產黨分為甲、乙兩黨。甲黨為執政黨，其施政可側重發展生產力，以提高國民生活水平。乙黨則負起監督甲黨的職責，隨時督促政府在發展經濟的同時，是否也建立了一套與經濟發展水平相稱的社會保障體系。

況且，乙黨在中央雖為在野黨，卻可能在部分省區是執政黨。如此即可避免出現「毀滅性的政黨政治」，即除了一個獨大的執政黨外，其餘盡是些從無執政經驗，且在可預見的將來亦無執政希望的小黨，適足以破壞政局的穩定。

換言之，甲、乙兩黨雖為相互監督、制衡的關係，卻也能培養兩黨對公共事務的責任感，有助於社會主義市場經濟制度的健全發展，以加速達成共同富裕的理想。不過在分黨之前，必須在憲法中明訂各政黨所應共同遵循的根本原則。一旦有政黨違反此等原則，即得依法定程序予以處罰，甚或解散，以維政黨政治的良性發展。

大陸民主法治非遙不可及，未來黨務菁英可透過選舉監督行政

一旦黨政分開的問題獲得妥善解決，讓各級立法機關能確實根據憲法成為最高權力機關，取代共產黨的地位來監督行政部門，原來的黨務部門菁英則經由黨的提名，參加選舉，

被選為各級的人大常委，名正言順地來對行政部門行使監督權。至於其他的政治改革工程，即落實權力的分立與制衡，如司法審判獨立、依法行政等原則，自然水到渠成。

主持人：你的構想誠然遠大，但會不會過於理想化，而無實現的可能？

朱高正：實際上共產黨已在改變中，一九九七年中共十五大通過將「社會主義法治國家」放入黨綱，就是大陸建立民主化很重要的契機。江澤民說，包括共產黨在內，都要在憲法規定的範圍內活動，足以說明：法治之於中國大陸已不再遙不可及。

至於民主選舉，目前大陸在縣以下正逐步採行直接選舉，縣以上則採間接選舉，選舉的形式沒有問題，重點是要落實黨政分開，使多黨競爭的環境能夠出現。

主持人：由於北約轟炸中國駐南聯盟大使館，造成館毀人亡的慘劇，引起大陸內部強烈的反彈，因此也使得大陸的民族主義情緒格外受到注意，為什麼大陸會有如此強烈的民族主義情緒？這種情緒是建設性的還是破壞性的？

中國的軍艦已開到西方，中國讓西方國家備感威脅其來有自

朱高正：過去兩百年來，人類歷史上只有三種力量能夠發揮集體動員的作用，第一是民族主義，第二是宗教的力量，第三則是像馬克斯主義之類的政治信仰。在中國，過去馬列主

義曾經是很重要的社會動員力量，但現在只有第一種力量也就是民族主義還有作用。民族主義為什麼在中國作用大，當然和中國的近代史息息相關。就像孫中山先生所講的：民族主義是種族求生存發展的寶貝，江澤民現在常掛在嘴上的口頭禪，就是一切要以完成中華民族的偉大復興、重建中國人的自豪感與自信心、恢復中國人的地位為目標。像現在中國的海軍到南洋訪問，甚至跨越國際換日線，抵達美、墨西岸，這在以前是無法想像的。以前是西方的軍艦到中國來，現在則變成中國的軍艦到西方去，美國人看到這種景象，心情一定很複雜。有朝一日當中國的軍艦可以到波羅的海、北海，想想看那會是個什麼樣的景象？因此，西方人會覺得中國讓人有威脅感，可以說其來有自。但無論如何，今天在中國大陸，愛國主義絕對強過馬列主義，中共動員群眾和群眾結合在一起，絕對是靠愛國主義，愛國主義在中國現代化過程中是最重要的精神要素，沒有愛國主義，其他都免談。

主持人：那麼這種愛國主義是內聚型的，還是擴張型的，臺灣又該如何面對？

當中共高唱愛國主義時，臺灣主政者應去體會，而不要觸怒它

朱高正：本身是內聚型的，因為圖的是要發展自己，而非侵犯別人。不過中國的愛國主義如何發展，和臺灣會有密切關係，如臺灣在這一點上觸怒了它，或者被詮釋成是帝國主義

箝制中國的馬前卒的話，必將引起大陸的強烈壓制與反擊。

因此，當中共高唱愛國主義時，我們非但不應予以抵制，且應順水推舟，促使它擴充愛國主義的內涵，使其成為與民權主義、民生主義密不可分的民族主義。

簡單來說，臺灣的主政者應當充分了解與體認這個問題，掌握自己該走的路才對，而非一味跟著西方走。事實上，假如臺灣的民主與法治都能上軌道，代表中國人也可以發展民主與法治，則臺灣將會變成中華民族現代化的一塊瑰寶，可以扭轉整個大陸，但不知臺灣同胞是否有此體會？臺灣的領導人是否有此體會？

主持人：對於兩岸關係的未來發展，目前已有多種模式被討論，你的看法如何？

臺灣最大的危機是不瞭解大陸，聯邦制是和平統一較可行之路

朱高正：臺灣最大的危機是不了解大陸，也不想去了解，什麼事都跟著西方走，這很危險。就以這次科索沃危機來說，臺灣完全跟著美國走，實在很糟糕。

關於兩岸和平統一的模式，我曾和王兆國談過，他說聯邦制還可研究研究，但大陸內部仍然有不少成見，因為條件還不具備。至於邦聯制，則幾乎不可能，因為邦聯是兩個國家，從邦聯到聯邦等於是先獨後統的做法，中共不可能會接受。

我認為比較可行的做法是，大陸先實施聯邦制，臺灣再視情況加入。也就是說，中國大陸必須先改變現有的中央集權狀況，先分權到地方來，當各省或自治市有足夠的自主權之後，臺灣再加入這個聯邦，如此臺灣才能多一層保障。

有沒有可能呢？我認為無論從中國的歷史傳統或中國大陸自身的利益來看，聯邦制都勢在必行。

——載於一九九九年五月三十日《中時晚報》

附錄二

俄羅斯科學院關於朱高正講學的報導

朱高正於一九九九年九月二十一日應俄羅斯科學院之邀，前往莫斯科與彼得堡講學。科學院當局還特別為朱高正安排到蔣經國與鄧小平在蘇聯學習的舊址——即今天科學院屬下的哲學研究所——做了兩場極為成功的學術報告。本文則旨在介紹朱高正在東方研究所的活動情形及其反應。報導者A.A.克魯申斯基為東方研究所研究員，著作等身，近著有《嚴復》、《易經邏輯學》等。

「俄羅斯科學院東方研究所」新聞簡訊

一九九九年九月二十九日國際易學研究基金董事長朱高正博士做了一個題為「周易與中國現代化」的報告。朱教授向聽眾介紹了中國傳統文化中最古老的文獻《周易》，該文獻的研究歷史已達兩千多年。朱教授已經在北京的清華大學舉行一整個學期的系列講座，取得了很大的成就。

易學的復興和中國的發展是朱教授一生所追求的理想。為了實現這個理想和宏偉計畫，朱教授提出建立研究機構進行這項研究；並且把這項研究成果變成廣大知識界的共同財富。為此，要徹底改變對《易經》的研究方法，要廢除陳舊的傳統做法，代之以現代的科學方法。由於《易經》很難懂，甚至在《易經》的故鄉許多人都找不到正確的方法來挖掘中國人民這一智慧的寶庫。

朱教授力圖從現代科學和哲學的角度來解釋《易經》，用通俗易懂的案例來論證《易經》。朱教授提出獨特的古代文獻與現代化問題，即用《周易》的精神研究中華人民共和國現行的四個現代化問題。前提是必須掌握正確的方法，把《易經》理論應用於受教育者的具體生活中去。

朱教授在報告中簡單明瞭地闡述了解讀《周易》的卦畫結構的基本原則。對卦爻辭，無論是整個六畫卦，還是其中每一爻，都給予典範的解釋。通過對卦爻辭的解釋，他成功地把陰陽爻用各種直接分析的方法組合起來，組成三畫卦和六畫卦。如第五十六卦「旅」卦和第三十七卦「家人」卦，引人入勝地闡述了它們的歷史發展狀況，即這些組合方式賴以產生的自然條件（如第五十四卦「歸妹」卦）。但是最容易讓人們記住的是他對卦爻辭通俗易懂的解釋（如對第六卦「訟」卦的卦爻辭的解釋）。這裡充分體現出他把古代的事物用現代的手法表現出來的非凡能力。

許多出席者對中國學者才華橫溢的演講很感興趣。在演講過程中，朱教授對《易經》倒背如流（順便說一句，現代《易經》研究者是很難做到的）。學者對報告人提出了許多問題，並且進行了熱烈的討論。

聽眾對《易經》表現出濃厚的興趣證明，有必要建立「俄羅斯易經研究會」，以便團結和協調各種熱心研究者的力量。之所以要做到這一點是因為目前令人頭痛的、與此有關的、低水平的出版物太多。在這些出版物中，浮顯在輕信的讀者面前是連篇累牘的、神秘的、自以為是的解釋，並且依此作為洞察東方神秘智慧的一種指導，這是對《易經》的褻瀆。這種危險的趨勢在上升，在書市上現在是一片混亂狀態。

（A.A.克魯申斯基）

——俄羅斯《東方》雜誌二〇〇〇年第二期

國家圖書館出版品預行編目資料

中華文化與中國未來

朱高正著. – 初版. – 臺北市：臺灣學生，2001 [民 90]

面；公分

ISBN 957-15-1092-0 (平裝)

1. 政治 — 中國

2. 中國 — 文化

541.262 90012727

中華文化與中國未來（全一冊）

著作者：朱高正
出版者：臺灣學生書局
發行人：孫善治
發行所：臺灣學生書局
臺北市和平東路一段一九八號
郵政劃撥戶：〇〇〇二四六六八號
電話：(〇二)二三六三四一五六
傳真：(〇二)二三六三六三三四
本書局登記證字號：行政院新聞局局版北市業字第玖捌壹號
印刷所：宏輝彩色印刷公司
中和市永和路三六三巷四二號
電話：二二二六八八五三

定價：平裝新臺幣五〇〇元

西元二〇〇一年八月初版

54127

ISBN 957-15-1092-0 (平裝)